为人师表

杨东坪　等著

北京
冶金工业出版社
2015

内容简介

全书共分四篇。第一篇为“陶冶师德”，以师德为契领，梳理东西方师德文化发展简史，以直观鲜明的故事为轴，辅以适当评论，进而以文化的视角全景呈现教师的起源和发展；第二篇为“铸造师魂”，从教师“职业信仰”和“职业定位”入手，融进哲学、教育学逻辑观点，围绕师者核心价值观和基本操守，阐述教师行业灵魂的塑造；第三篇为“提高师能”，围绕“能者为师”的基本要求，具体指导启蒙教育、初级教育、中学教育、高等教育的从业者如何提高职业素养和业务水平；第四篇为“为人师表”，紧密承接前三篇内容，着眼大儒风骨，生动展现近代以来的名师名家风范，为广大教师树立榜样。希望本书能对教学一线从业人员树立教师新风貌有所帮助。

图书在版编目（CIP）数据

为人师表 / 杨东坪等著. —北京：冶金工业出版社，2015.9
ISBN 978-7-5024-7089-0

Ⅰ.①为… Ⅱ.①杨… Ⅲ.①师德—研究 Ⅳ.① G451.6

中国版本图书馆 CIP 数据核字（2015）第 229562 号

出版人 谭学余
地　址 北京市东城区嵩祝院北巷 39 号 邮编 100009 电话 (010) 64027926
网　址 www.cnmip.com.cn 电子信箱 yjcbs@cnmip.com.cn
责任编辑 程志宏 美术编辑 吕欣童 版式设计 吕欣童 孙跃红
责任校对 石 静 责任印制 李玉山
ISBN 978-7-5024-7089-0
冶金工业出版社出版发行；各地新华书店经销；三河市双峰印刷装订有限公司印刷
2015 年 9 月第 1 版，2015 年 9 月第 1 次印刷
169mm × 239mm；25.5 印张；499 千字；398 页
48.00 元
冶金工业出版社 投稿电话 (010) 64027932 投稿信箱 tougao@cnmip.com.cn
冶金工业出版社营销中心 电话 (010) 64044283 传真 (010) 64027893
冶金书店 地址 北京市东四西大街 46 号 (100010) 电话 (010) 65289081（兼传真）
冶金工业出版社天猫旗舰店 yjgycbs.tmall.com

《为人师表》编委会

主　　任：杨东坪

编　　委：杨东坪　张　璐　程　宏
　　　　　赵冬颖　王　婷　孙玉鑫
　　　　　杨　澈　李瑞奇　贾天蕊

顾　　问：孙　萍

艺术指导：张丽娜

【序　言】

悠悠历史长河，荡涤着人类的进步和文明，中华民族繁衍生息至今，为人师者发挥了灵魂砥柱之用。在《荀子·大略》篇中有这样一段话：国将兴，必贵师而重傅；贵师而重傅，则法度存。在这位战国年间集儒家大成的宗师荀子看来，对教师和教育工作者的尊重和肯定，是一个国家法治完善乃至兴旺发达的基础。而只有做到为人师表，才有资格获得这种尊重和肯定，也才能做到立德树人，进而为天地人和、国家昌盛做出贡献。我想这应该是本书创作的初衷。

鉴于此，本书作者不断酝酿、反复推敲，历时五年，终成此书。《为人师表》分为师德、师魂、师能、师表四篇内容，从历史文化、哲学与教育基本原理、知识技能和经典案例分析等多个视角，为读者系统呈现了有关教师的精神文化和物质需求，希望对教育工作者，尤其是对教师和师范类学生，提供借鉴和启迪。

“教师的工作是塑造灵魂、塑造生命、塑造人的工作，要成为人师，就要有理想信念、道德情操、扎实学识和仁爱之心”（习近平）。全书正是以此为线索，四篇内容环环相扣。第一篇“陶冶师德”，以师德为契领，梳理东西方师德文化发展简史，以直观鲜明的故事为轴，辅以适当评论，进而以文化的视角全景呈现教师的起源和发展；第二篇“铸造师魂”，从教育信仰和教师职业定位入手，融进哲学、教育学逻辑观点，围绕师者核心价值观和基本操守，叙述教师行业的群体意义和个体价值；第三篇“提高师能”，基于“能者为师”的基本要点，具体指导启蒙教育、初级教育、中学教育、高等教育的从业者如何提高职业素养和业务水平；第四篇“为人师表”，着眼大儒风骨，生动具近现代以来的名师名家风范。

在我看来，《为人师表》的价值不在于考据“师表”的出处与含义，也不在长篇累牍的说教，更非纯粹成功学意义上励志作品，她根植于历史文化和哲学，呈现基本理论和案例经典，通过案例和故事，将教师的世界观、价值观和方法论有机整合，从中华五千余年教育文化的精髓，到提高当代人民教师的素养，将理论探索和实践提升有机地结合在一起。同为教师和教育工作者，必然有着相同的生存状态、职业诉求和工作困惑，而本书恰为读者带来一种亲切和共鸣，使大家在教育实践中共同发现、思考和解决问题。相信每一位教师和教育工作者，都有“智”性“仁”心，也都能正视师者当下的困惑、直面人性本真、理解发展诉求，共同努力永葆“一世师表”的活力。孔夫子曾说教育的秘诀是“不愤不启，不悱不发”，在当下，愿本书在某种意义上尽到“悱而启之，愤而发之”的作用！

诸上小绪，发于心而止于诚，是为序。

赵继

2015年8月

【目　　录】

第一篇　陶冶师德

第二篇 铸造师魂

第三篇 提高师能

第四篇 为人师表

第一篇　陶冶师德

《为人师表》第一篇章“陶冶师德”中，核心在一个“德”字。浩瀚千年，终成烟土，然而主宰宇宙的“道”长存，“德”贯穿始终。在人文社会科学中，最难定义的便是“道德”。

德是什么？从现代辞典的解释可以得出结论：一种社会意识形态。而道德的英文单词“Morality”起源于拉丁文 Mores，意为“风俗和习惯”。由此可见，要想考察“道德”，就要从历史和文化入手。

“道德”二字，出自老子《道德经》。这位伟大哲学家对中华民族乃至世界文明的重大贡献正是归纳并命名了“道德”。在老子眼中，“道”是孕育一切并主宰宇宙的普遍规律和最高法则，道是不可名状的。所以圣人说：“我不知道它（主宰宇宙运行的至高法则）的名字，只能勉强命名为道”[1]。

而“德”，是无上大道的一部分。“德”和“道”是一体的。顺应普遍规律和最高法则去发展，就是“德”。通观《道德经》，全篇有很多比喻，圣人是想借助通俗易懂的比喻，来指导世人如何了解“道”和“德”。

最著名的比喻大概就是“上善若水。水利万物而不争，处众人之所恶，故几于道。”[2]道德就像水，使万事万物顺利成长，却又不争荣宠、潜移默化。由此我们可以得出关于道德作用的结论。

其一，遵循道德，就能得到很好的发展；其二，这是一种潜移默化，令人自然而然向往的力量。

对于人类社会来说，道德就是顺应社会发展普遍规律而产生的风俗和规范。

在开篇探讨这个话题，是因为只有讲清“道德”，才能厘清“师德”。由于“道”和“德”是不可名状的，我们才要借助历史文化的发展脉络来显现它的风姿。师者的道德，即“师德”，同样也要借助人类教育的历史与文化长河中的关键节点和实例来感受。

而历史和文化又是反复浩大、呈螺旋式上升的。哪些是“道”，哪些“似道”，哪些又“非道”；哪些是“德”，哪些“有德”，哪些又“无德”，需要我们细致梳理、甄别、凝练、显现，而这个复杂的过程，用一个简洁的词来说，就是“陶冶”。

---

[1] 语出老子《道德经》中《道》经第二十五章：吾不知其名，强字之曰道，强为之名曰大。

[2] 语出老子《道德经》中《道》经第八章。

陶冶道德，是“陶冶师德”的重要内容，又是《为人师表》的基石。

而由陶冶道德到陶冶师德，还需了解“师”的含义。甲骨文中并没有“师”字，而其始现于金文[1]，说明它是文明发展的产物[2]。《说文解字》对师的解释是从“帀”从“𠂤”——很多小土包围着一个中心[3]。围着这个中心干什么？用途有很多。至少这个中心，是起到团结引领和令人向往的作用的。这个作用和道德的作用十分相似。

中国文字是世界上最可爱、最精明的文字之一。多少深刻的含义都蕴含在小小的、象征式的方块字中，却又不说下文，给人以无限补充的可能。中国也建立了世界上最严谨和完整的祖先崇拜体系。由此，我们可以从崇拜体系的文字解说上读出重要的文化意蕴。举个最简单的例子：国人敬重“天、地、君、亲、师”，其中“天”“地”不必说，“君、亲、师”其实属于一个系统：君，甲骨文字形是旗帜（权杖）“”，指集体行动中指挥的人；亲，以父为首，而父的字形是棍子和权杖“”，也就是指挥者；师，很多小土包围着他，至于围着他干什么，就没有说了。但按照类比的逻辑进行推理，应该是围着他，听从其指挥和引领。

而指挥和引领的内容，恰是文明前进的线索。最早的“师”是军事单位，指的是两千五百人[4]。进入秦汉时期，“师”进化成了某一专业最著名的行业精英。例如荀子，就被史家评为“最为老师”[5]——儒家行业的头号精英；具备标志性的唐宋时代，一篇《师说》[6]，赋予了“师”沿用至今的涵义“传道授业解惑”；及至明清，“老师”则发展成了某种既可以宽泛又可以具体的称谓，一直沿用至今。

同比于西方，则有介于先知和国王之间的“士师”——英雄中的佼佼者[7]；人天至尊的“导师”；乃至行业公会中的领袖“大师”[8]。虽然这都是西方概念的中文翻译，但由他们的事迹可以看出，“师”对群众的教导、引领乃至对文明的存亡继绝作用是一脉相承的。同样连绵不绝的，还有人们对“师”的尊重、向往和顺从。至于用英文翻译我们的“师”，也有优秀、指导、榜样等义[9]，虽泛泛，

---

❶ 指镌刻在殷周青铜器上的文字，又称钟鼎文。金文应用在商朝至秦灭六国的约1200年中。

❷ 商代甲骨文是中华文明“信史”的最古老文字，金文则是殷周青铜器上篆刻的铭文。

❸ 见清代陈昌治刻本《说文解字》。

❹ 同见《说文解字》。

❺ 见《史记·孟子荀卿列传》“田骈之属皆已死，齐襄王时而荀卿最为老师。”

❻ 作者韩愈（768—824），字退之，唐代文学家、哲学家、思想家。

❼ 在以色列进入迦南到第一位国王产生这一段时间里以色列经历了士师时代。“士师”一词，希伯来原文是“审判官”的意思。这些人为神所选派，有真神的灵赐予独特的能力，奉命作百姓的领袖。他们的工作不仅是裁判案件，最重要的是拯救以色列国民脱离外邦仇敌之手。

❽ 即master。

❾ 即teacher；master；model；example，上述词汇均可按释义翻译成“师”。

却丝毫没有贬低其重要地位。

所以今天，只要有些本事又被人尊敬（乃至恭维）的人统称“老师”，人民教师也具体称为“老师”。这是一个清晰的历史与文化脉络。

鉴于师者的特殊地位，师德应该是道德中最为精华的部分之一，可以称得上“道德中的道德”。

师德高尚者，可以获得很好发展，取得极高成就。如同古希腊的圣人亚里士多德，他敬畏真理、坚持原则，以至有流传后世的名言“吾爱吾师，吾更爱真理”；勤奋治学，善于思考，在哲学、法学、文学、科学等多个领域做出光照后人的成绩，是名副其实的跨学科大师；关爱学生，倡导德、智、体全面发展，尽心尽力教导出了像亚历山大大帝这样出色的弟子。

而唯有师德高尚者，才能够让人发自内心的向往和追随。如同华夏民族的圣人孔子，他忠君爱国、心系民生，时刻不忘为邦国和百姓谋求福利；不畏艰难、大气处世，在被人围困、断粮绝水的险境中尚能安然奏乐，鼓励旁人；积极入世、躬身践行，奔波列国十数载只为践行学说，甚至有“道不行，乘桴浮于海”的勇气。所以他从者如云，门下群贤毕至。后人送给他“虽不能至，心向往之”和“德配天地道冠古今”的美誉，传颂至今。

这是对“师德”的笼统认识。要想厘清它的具体内容，则要在历史文化的梳理、凝练和对比中寻求答案。而另一方面，“师”没有成为一个鲜明的“教师”职业之前的历史，同样是孕育师德的丰厚土壤，不可忽视。

师的历史和文化，正是陶冶师德乃至为人师表的重要抓手。

正是基于上述观点，陶冶师德的第三层意义才显得尤为重要：从历史和文化中汲取营养。而目的则是以史为鉴、继往开来。

总的来看，道德（包括师德）中包含着融入人类基因中的本性之德，诸如博爱，勇气等。但道德中更重要、并占绝大多数的组成部分是人类文明后天积累并传承的技能和文化。正是这些技能和文化，将人们本性向善的道德凝练和升华成文化乃至文明。进一步比喻，文明是进化优势的载体，而道德则是能使容器更好发挥功能的钥匙。而不论容器还是钥匙，是硬件还是软件，最重要的使命是传承。

代表道德进而传承道德，才能成为“师”。这里的道德，既有无形大道，例如我们为什么活着，生命如何才有尊严等；也有价值观、风俗等领域的取向；更有细化在各行各业的操行标准——也就是三百六十行，行行皆有道德。

由此可以得出结论，陶冶师德，是一项复杂而递进的工作。生命的意义、文明的密码；历史文化的世界观和价值观；作为教育工作者的操守和追求，这三个层次，共同构成了师德。

师德的使命在于如何更好引导人类及其文明的传承。

如果把师德比喻成一把钥匙，那它的使用者群体最主要的就是教育工作者，但又绝不是他们的专属物。正因为此，人们直到今天还把各行各业德高望重的成功人士成为“老师”；才有津津乐道的所谓“一字之师”、“一技之师”；乃至才有各行各业老师们的典范和故事。

作为第一篇，以历史为经，以中西文化中的代表性风俗规范和品质风貌为纬，去概括文明传承的道德体现，为教育工作者的职业道德寻求根基，才是陶冶师德作为《为人师表》第一篇章的重要指导意义所在。

尔曹身与名俱灭，不废长江万古流。作为文明传承进程中的教育者，切记师者不仅仅是在授艺，更是在立德。而德在何处，我们续意此篇。

是为开宗明义，并与天下师者共勉。

第一章 神祇之名

每个人都随着年龄的增长而分化，智商，情商，心态，境遇，成败……莫不如此。文明也是一样。在最早“从猴变人”[1]的那一阶段里，华夏文明、地中海文明、希伯来文明、印度文明乃至于他们在年纪上的老祖母古埃及文明，都是有大同而存小异的。母系氏族、生殖与生殖崇拜、狩猎与图腾……等等，大致都是共同的符号。之所以有如今百花齐放的差异，不外乎归因于两个重要因素：一是环境，在孩子的成长中，环境对他的影响不言而喻。这种观点发展到极致，便形成了“文化的地理决定论”[2]；二是关键人物，这就好比每个人不同的人生都是由不同的人来开启的。这种观点的极致就是英雄史观[3]。

梳理历史与文化的脉络，从最高处看是很简单：所有文明都是一个老师教出来的，她叫做自然，而这位老师的“助教”，叫做“巫”。巫是本章的主角。严格上来讲，巫的历史和文化，尽管不能说是人类历史文化传承的起点，但至少是可以考证的、最早的师者。

我们必须要强调的是，严格地讲，首任文明教导者一定是“助教”。因为在上古神祇[4]时代，全人类公认老师，是苍茫不可预知的“道”（自然）[5]，以及她的化身[6]。由此推论，最早的“师德”，其实应该是“巫”之德。

显然，这里面的第一个逻辑关键，是厘清“教师”和“助教”的身份。

人类的第一任教师是自然，风雷水火，地震疾病，时时刻刻都在上课，教授

---

❶ 即起源于距今200万年前的人类最古老文明的诞生，我们称之为“上古”，例如中国的“盘古开天”。

❷ 地理决定论是指认为人物的生活习惯及其文化特点由其地理条件而形成的理论。

❸ 即由神或英雄，以及关键事件创造历史与文明的史观。

❹ 来自天上的超自然存在为神，地上的为祇，俗称天神地祇。

❺ 即老子口中主宰宇宙运行的最高法则。

❻ 即神或英雄。之所以包括英雄，是因为无论华夏文明还是希腊文明的古老神话中，一些英雄（如轩辕黄帝）等在文明中的地位和贡献属实不低于神祇。

的内容也很简单：就是生存。因为苦于雨雪风霜，人类发明了巢穴；因为惧怕病痛死亡，人类发明了医药；因为苦恼于饥饿流亡，人类发明了畜牧……这都是最好的例证。但在人类早期书写的文明史中，这些真正的老师缺席了。在华夏，他们被替换成了遂人、神农；在希腊，他们成了奥林匹斯十二主神[1]；在印度，他们成了毗湿奴、梵天[2]。但这些名称，并不是我们首任老师的真实姓名。而只有极个别的智者（例如老子）才能正确看待这一点，但他又无法全部传递给民众，就只能感慨“无，名万物之始；有，名天地之母”[3]。由此，老子才是华夏民族哲学和思想史上的顶点，是“天地境界”[4]的圣人。

当然，这一章我们要说是“巫”。自然是教师，而“巫”是助教。助教的任务是什么？如果用我们现在的思路来举例子，就很明显了：一是维持课堂秩序，让学生都听老师的，保障教学正常进行；二是批改作业和课后答疑，老师讲了一遍，总有不会的学生，助教则要检验教学效果，组织聪明的去教会那些愚笨的，尽量不让老师重复劳动；第三则是从第二点引申来的：如果所有学生都没听懂老师讲什么，那助教就只能扮演最聪明学生的角色，给学生们补课。

以学术的观点审查上面这个比喻，巫（助教）的主要职能就是：依靠权威凝聚人，通过“神启”教育人，发动“授佑”庇护人[5]。

所以“巫”这个字，从甲骨文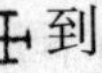到现在，几乎是变动最少的一个字[6]。一横，代表天；一竖，代表地；四周的短线，代表沟通天地的“巫”和她的信众[7]。

为此，人类历史文化中的师德起点，就蕴含在巫的主要职责中：虔诚地敬颂权威，热情地答疑解惑，严谨地见证成果。

巫，是一群最值得尊敬、最可爱也最称职的助教。这些道德要求，即便放之现在也一样具有深刻的启示意义。

在探讨了巫的身份定位以后，接下来的一个重要话题就是：巫的业务范围是什么？大概是分为两种的。

一种是“巫祝”[8]，另一种是“巫医”。前者是宗教的鼻祖，而后者是科技的滥觞。

---

❶ 即我们所熟知的宙斯、赫拉、雅典娜、阿波罗等。

❷ 印度教传说中的创始和主宰神。而在佛教中，他们的神格地位有一定程度的降低。

❸ 见《道德经》第一章“道可道，非常道”。

❹ 引自中国近代著名哲学家冯友兰（1895—1990）《人生的境界》，天地境界是洞悉宇宙一切规律、驾驭世间一切道德的境界。冯认为，在天地境界的只有老子一人，而孔子等圣人在境界上要比其低一等。

❺ 神启即传达神的启示；授佑即祈求和给予神的祝福。

❻ 完全没变动的一个字是“王”，至于为什么没变，也与陶冶师德的主题有关，但要在后文详述。

❼ 由此我们可以看出，巫最早描述的是一种行为，按照本节的观点，即人类文明向天地自然学习的“教学行为”。

❽ 即专门与神沟通并传达神启的巫。

以现代人的眼光去审视，巫术形式很多是无稽甚至可笑的，但其中属于“工艺流程”范畴的技巧仍然令人叹为观止。比如玛雅文明的水晶颅骨❶，比如古老埃及的木乃伊技术。

一方面是无稽可笑，另一方面是叹为观止，这种矛盾的性质在人类文明古老的巫身上完美统一起来。而正是这种性质，才是我们追寻师德的关键。

为什么这么说呢？因为要陶冶师德，首先要承认这种德性的拥有者是你的老师。这是起码的逻辑起点，但也是最难转过来的弯。巫文化的很多成分是蒙昧、无稽、甚至是黑暗的，从现代的眼光看上去，绝大多数更是错误的，于是乎人们觉得，既然是错了，我们就不用向她学习了。

有问题的恰恰是这种观念。

原始的蒙昧并不是错，而是人类文明最宝贵的“试错”。你不去试验，又怎么能知道什么是对，什么是错？而去做试验，除非运气相当好，否则一开始得出的成果，十有八九是不完美甚至错误的。

试错并不是错，道理就在于虽然他不对，但在当时的环境和历史条件中，毕竟提供了原始的、有益的解决方法，或者朝着解决问题的方向迈出了一步。

举个最简单的例子：原始人类生存条件极差，其实一直从上古延续到西汉初，人们的平均寿命也只有 25 岁左右❷。在这几千年漫长的进化中，医学的进步是缓慢的，没有巫术的虚假安慰，我们的祖先怕是挨不过漫长的病痛，也战胜不了死亡的恐惧。

另外一个例子就是：无论是华夏文明春秋战国时代的诸子百家争鸣，还是古希腊文明传承上百年的辩论传统，都讲求一个“真理越辩越明”的过程。就像华夏文明，当墨家和道家的宗师们在争论究竟“广利天下”还是“一毛不拔”才是顺应道德的处世真理时，又有谁能预料到后世数百乃至上千年确立的却是二者取其中间的、倡导“仁爱”❸的儒家学说？西方文明也是一样，人们坚信了那么多年的亚里士多德物理学说，讲求物体越重下落越快，可偏偏伽利略❹不以为然，在比萨斜塔上扔了两个铁球，将这个物理法则翻了案。可没有人能够否定亚里士多德在西方科学发展史中的宗师地位。而这种崇拜，恰恰跟感谢伽利略见证了真理一样的热烈和真诚。

前一个例子说明，即便没有最好的办法，但勇于尝试并给出解决办法，本身就是一种进步。后一个例子说明，即便最适合我们的、相对正确的发展道路，也

---

❶ 在 2008 年以前，这些模型曾被某些博物馆宣称是古代美洲阿兹特克或玛雅人所制作。也有争论说是出自 18 世纪前后的工艺品。

❷ 见上海人民出版社《人体革命》2000 年版。

❸ 儒家的仁爱，即阶级爱，在博爱和自私间取其中。

❹ 伽利略（Galileo Galilei，1564—1642）。意大利数学家、物理学家、天文学家，科学革命的先驱。在科学上为人类作出过巨大贡献，是近代实验科学的奠基人之一。

需要我们看来是“错”的东西来奠基，“错误”中的重要因子或许能够加快成功的速度。

这就是所谓的“试错”。失败是成功之母的情况本身就不存在，正确的提法应该叫做：试错是成功之师。

也许“试错”才是历史本来的面目和逻辑。历史传承久了，就是传说；传说久了就是神话；而神话根植在一个民族的意识形态中，就成了文化；文化孕育的公共“潜规则”就是道德的重要组成部分。

简单整理一下目前为止的观点：我们的第一任助教叫做“巫”，她的业务范围实际上是“试错”，而试错才是文明前往正确道路的关键所在。师德（及其文化）的开端，也是建立在“试错”上的。她要敬畏自然的权威，自然要懂得谦卑；因为前路未知而且结局难料，所以才要严谨。追寻历史的源头，那些蒙昧和黑暗告诉我们：

师德的基石是如何正确且敬畏地看待“试错”。

这个词就是第一章的重要线索。

而另一个线索正是它的反面：我们为什么又惧怕“试错”呢？

一切的源头在于“权威”二字。

“问渠那得清如许，为有源头活水来”，我们就从它说起。

第一节　子履和摩西——中西方文明的首师

我们要从“权威”二字说起。由权威所带来的，是敬畏。在人类文明起步的阶段，这种敬畏是“巫”[1]们能够进行“试错”并借以规范道德的基石。而他们的学生，并不是具体的张三李四等某一个人，而是一个部落、乃至国家和民族的雏形[2]。

当然，蒙昧时代漫长进程中的“巫”们是前仆后继的，而我们需要选取其中尽量早且著名的案例。用通俗比喻，就是通过权威“教案”，去追寻国家与民族之师的德行。

在古华夏，这个伟大民族第一位从“巫”变成师者的人姓子名履[3]，兼职做奴隶制社会的国王，后人为他评定的谥号为“汤”。

需要强调的是，我们要研究的是作为华夏文明首师的子履先生，而不是作为

---

[1] 即第一章中提到比喻——文明的“助教”。
[2] 按照文明演进的历程，也有可能是部落、部落联盟。
[3] 子履（公元前？—约公元前1588），又名天乙，商代第一位君主，是有史可考的华夏文明第一位王。

国君的商汤陛下。虽然在他之前，有轩辕、尧舜、夏禹等“先君”和“圣人”，但那毕竟不是信史[1]，因而用起来没有那么多底气罢了。但子履先生的“教案”是鲜活存在于历史中的。

子履的政治功绩主要是推翻了残暴的夏朝统治，所以他的谥号是“汤”[2]。史载他之所以能完成这项功绩，有赖于其善于发现和大胆任命人才——原本是厨子和家庭教师，后来被他提拔为优秀政治家和军事家的伊尹[3]；此外还得益于他的勇敢——率先以《汤誓》反对残暴的夏桀[4]。

彼时神权远远大于王权，因而天命的代表（君王）神圣不可侵犯。史载夏桀残暴，但又极其自负，宣称自己是太阳。百姓忍无可忍，只能每天指着太阳咒骂说：“你怎么还不亡啊，我们宁愿跟你同归于尽。”[5]从这些描述中可以得出两个结论：一是百姓虽然不满，但仍然承认夏桀自比为太阳的比喻，并把两者不自觉地混淆起来；二是即便怨声载道，却没有人敢向其“开第一枪”。

所以率先起义的子履虽然有勇气，但也是个“愣头青”，事实上他也真因此遭到不少非议。不过他毕竟依靠过人的眼光和勇气推翻了旧政权，并坐上新政权最高领导人的位子。这本身，就是一种挑战神权的“试错”。

然而，后人并没有对他的起义行动给予过高的评价。“汤”这个谥号仅仅是客观评论而已，对其政治与军事才能并无记载。或者这意味着，子履也许并不具备那样的才能。但他假借天意教育民众的才华，确实让他成为信史中的第一位“先师”[6]。

就像传说中夏朝的开国君主禹是通过治水赢得“天命”[7]一样，子履刚一执政，他的国家就遭遇了一场大旱灾。史载连续五年[8]，固然有夸张的成分，但各地陆续发生严重旱情的报告还是可信的。子履没有别的办法，他只能组织大家进行祈雨。

以科学眼光来看，遭遇旱灾最有效的解决办法是兴修水利。这一点在先秦时代就已经得到了印证[9]。所以说，子履在长达五年时间里组织人们进行毫无结果的祈雨，正是文明史上的一次典型试错。

旱灾严重影响了人们的生活。经济基础决定上层建筑，一种说法开始得到普

---

❶ 即没有文物证明，只在史书中提到的上古史。事实上史学界严谨的态度也是将商代作为中国史的开端，而不是传说中的夏朝。

❷ 按《谥法》，除残去暴曰汤。

❸ 伊尹，姓氏不详，又名挚。“尹”是其官名。伊尹是中国第一位见于甲骨文记载的家庭教师，负责教授烹饪，此说法《孟子》亦赞同。

❹ 夏桀也是后人追封的谥号。按《谥法》，残人多垒曰桀。

❺ 见战国·魏史官《竹书纪年》。

❻ 正因立足信史，故将轩辕、尧、舜、禹等上古贤王略去，而选择从商汤王讲起。

❼ 即上天的意志。《孟子》皆是天命为民心和政治威望。

❽ 其历史细节已不可考，据《墨子》转述，引自《尚书·商书》中。

❾ 彼时最著名的实例就是郑国渠。

遍的支持，那就是子履推翻夏桀的做法触怒了上天。由于上天不承认现在政权的合法性，才招致这样的灾难。

为此，子履选择通过重塑神的权威来捍卫统治的合法性。他准备了一场祭祀，祭品是一头黑牛，以及他自己[1]。

一个重要问题是为什么用黑牛而不是白牛。商代是崇尚白色的，这一点从甲骨文上反复出现的“得到白狐，大吉大利”、“王打猎得到了白鹿”等记载可以清晰所见。而黑色是夏代崇尚的颜色。子履用黑牛而放弃商代官方的白牛，等于变相承认夏朝统治的合理性——上天你看看，我们还用黑牛向您献祭，天命并没有改变。这是种政治妥协，更从一个侧面验证了他率先起兵推翻夏桀的无比勇气。

而把自己作为祭品，则很有些搏命的味道，要么成功，要么死。子履对上天说：如果真的是我的错[2]，就请把我的命收回，但不要伤害我的百姓。

请注意其中的逻辑：他说的是“如果”有错，那就应该去死。而且百姓是“我的”，而不是“上天您的”。后一句措辞是破天荒的提法，这在华夏文明的祭祀史上是一种伟大的革新。与此对比的是西方以色列王所罗门的说法，同样是上天降下灾祸，同样是祭天，所罗门说的是：“如果我错了，请耶和华惩罚我一个人，这不关您那绵羊般温顺的百姓的事。”[3]

一个“我的”，换了概念。至于起到了什么破天荒的作用，容后再叙。

需要立即介绍的是，子履用生命做的试错终于成功了。他把祭祀的祝词说完后，天降大雨，下了三天三夜，此后国家各地普降大雨，一举缓解了旱情。

如果仅仅止于此，那么子履先生就只是一个平凡的王而不是出色的教育者。更精彩的是，他自我牺牲的壮举感动了万民，而且一举使天下承认了其统治地位。其中的逻辑也简单：因为他没死，所以就没有错，换言之上天的震怒并不是子履的问题。百姓为他歌功颂德，把这个事迹谱写成了当时的“流行歌曲”传唱。这就是《诗经·商颂》中绝大部分作品的灵感来源。

子履高明的地方就在于，他在赌命赢了以后乘胜追击，利用百姓对他的爱戴和这些传唱的诗歌做文章——既然不是我子履国王的错，那么是谁的错？

这个问题问得好。在此基础上，子履于祭天时问了六个问题：是我行政懈怠么？是过度使用百姓的人力么？是我的宫殿太过豪华么？是我听信了女人的枕头风么？是官员行贿的风气我没有纠正？是进谗言的小人得势了么？

听听这些问题你就会发现，他大概涉及了三个方面：滥用民力、特权泛滥和

---

[1] 同见《墨子》引用《尚书》说法，下同。
[2] 其中自然包括推翻夏桀。
[3] 见《圣经·旧约·列王记》。

贪污腐败。纵观后世所有王朝的衰亡，这三点也是其重要诱因。

由此可见，赌命成功的子履先生从试错的宝贵经验中逐渐悟出了正确道路。这六个问题，无论措辞怎么改变，竟大致成为后世帝王“罪己诏”[1]的范本。尤其春秋名家墨子认为，商汤王的这个壮举和他自我反省的六个问题，是“爱”的典范。

但其实，子履是借助这个难得的机会，成功履行一个国王教育民众的神圣使命。而在他之前，神的启示和命令则直接通过“巫”来传达，并没有哪个人可以如此堂而皇之地对人们进行教育。

这正是前文所提的那个重大变革。

于是，子履成了华夏民族信史上第一位代天教育民众的师者。而且考察他的六个问题，都是一个政治家应该做的、正确的事，他成功地远离了蒙昧和祈祷，第一次将华夏民族的国家行为从试错进而再错的恶劣循环中解救了出来。

子履另一个伟大壮举在于，他借机向祭司们索要了“授佑”[2]的神圣权利，并暗示子孙们就国事和民生问题向他直接禀告[3]。进而从国民精神偶像一举进化成了教主。从此以后，子履先生的教诲就不必再经过献祭仪式宣告国民了。

总结起来，他的壮举有三点划时代的意义：第一，百姓要聆听君主的教导，并包容他的政治尝试；第二，代天发言的不仅仅是神，也有活生生的人[4]；第三也是最重要的，就是从此以后，虽然全民迷信的局面没有改变，但君王可以兼任教主。甚至变成可以“授佑”万民的至尊导师。

第一、第二点意义都是具有教育性质的。而第三点是保障这种教育形式能够延续。通俗地讲，子履告诉他的百姓：我将成为老师，代表上天教导你们。

神权中掺入了王权。而后者毕竟是相对先进的。君王担任国家之师，代表神对民众进行教育，教育内容不仅仅涉及祭祀，也涉及廉政、爱民甚至个人修养等方面内容。

其核心，就是权威与敬畏，以及由敬畏所带来的谦卑，乃至由谦卑衍生的反思。这个过程才是一个民族和国家能够不断成长、攻坚克难的原动力。

在这一点上，子履先生为华夏民族开启了第一扇文明之门。

接下来我们要说的另一位圣人，在教育的效果上，做得比他要好。他叫做摩西[5]。

摩西的大名，在《圣经·旧约》中出现了170次，《新约》中出现了70余次，

---

[1] 每逢天灾人祸、国家危难时，皇帝都要下诏公开自责，曰“罪己”，这正是模仿商汤王子履的仪式。

[2] 即代表上天赐福，见殷商甲骨文。

[3] 事实上所有古代文明都相信灵魂不灭，通过祭祀能够实现生与死的沟通。

[4] 在中国的祖宗崇拜体系中，这仅限于历代君王。

[5] 摩西，希伯来语“从水中拉起”，生卒年已不可考，大致生活于公元前12世纪。他是公认的《圣经·旧约》的主要作者之一，其事迹集中在《出埃及记》和《民数记》中，下同。

由此可见其在以色列历史文化上的重要地位。

除去宗教神圣外衣的包裹，我们还原历史上的先知摩西。这位圣人是以色列民族埃及移民的后代。在他出生时，民族对立已经相当激烈，甚至演化成了各个领域的仇杀，以至于埃及法老公开下令：凡是以色列的小孩，男孩都要杀死，女孩要罚为奴隶。这虽然有夸张的成分[1]，但当时的血腥味历经千年，仍然喧嚣纸上。

作为以色列的新生男孩儿，摩西本难免被杀的命运。但负责执行命令的人不忍心，就把他装进篮子放在水里，打算自生自灭，却被埃及公主的侍女捡了回来。于是摩西成长在埃及宫廷，从小就被培养成以色列人奴隶的管理者，靠鞭子和霸术成为埃及统治者的大管家。事实上他也深谙此道，这从法老的残酷命令、以色列埃及人的卑微地位和他地位权力的巨大反差可以略窥一二。

但摩西也有痛苦和迷茫。痛苦的是以色列同胞并不臣服于鞭子和霸术，迷茫的是同样作为以色列人，身处夹缝中的他也不得不时刻思考未来的道路。既然矛盾不可调节，那就不能永远这样夹在中间混下去。

为此，摩西尝试了很多种方法，但都失败了。于是他更加懊恼和沮丧。然后他只身出逃，在荒野上隐姓埋名做了一名牧人，这一做就是四十年。在这四十年里，摩西学会了忍耐、温柔以及细致地引导，最重要的是树立权威和牺牲精神，这些都是一个好牧人的技巧和美德。

随后，历练成熟的摩西站出来，很快成为在埃及的以色列人的代表，人们推举他向法老索要大赦令，为民族争取独立平等地位。

至于完成这样艰巨的任务的过程，不得不说，堪称以色列民族“至圣先师”的摩西还是很具有一整套章法的。他充分利用了埃及国家多神崇拜体制[2]，代替耶和华神，向太阳神化身的埃及法老索取自由，并通过所谓的“行奇事”[3]取得了法老的认可。于是这场以色列民族的解放运动其实就变成了：耶和华神从太阳神手下索要了一些人口，作为他的部众。这不得不说是摩西谈判手段的高明之处。

然而很快，法老就后悔了，他撕毁合约，要把以色列人捉回去。这时候，作为民族领导人的摩西，在开战和出逃之间选择了后者。要知道，以色列人不是不能战，从他们后来在迦南地区灭掉原住民十二国就可以得见其战力非凡[4]，但在埃及作战，非但难以胜利，而且难以进行有效统治。有鉴于此，摩西选择了退却。

---

❶ 没有埃及文物证明有法老下过这道命令。

❷ 埃及宗教最高神为太阳神，每位法老即位，太阳神都会变化（或融合）成法老所在部落守护神的形态，由此带来超过一千位主神的庞大神谱。

❸ 用超自然力证明自己所代表神的能力。《出埃及记》记载，这是摩西晋见法老时对方的要求。

❹ 见《圣经·旧约·民数记》等篇章，此时摩西已经逝世，完成这项事业的是他的弟子约书亚。史载以色列人灭迦南地区十二王国后，在他们的土地上建国。

这个事例说明，摩西不见得是个伟大的军事家，但他是一名远见卓识的政治家。

而带领以色列人成功出逃，使摩西的权威和地位达到了无以复加的程度。即便这样，他仍然没有忘记敬神，无论是个人态度，还是从律法上，都充分提高了以色列民族信奉的耶和华神的至尊不可侵犯地位。

毫无疑问，如同子履一样，摩西也选择出任当时的至尊导师，代替神教育子民。这在刚刚从原始社会进化到部落联盟文明形态的人类来说，无疑是最好的形式。但摩西比子履更加像一名教师的地方在于，在成为民族的最高祭司和实际统治者之后，他把所有精力都放在了培养弟子和师德修养上，而子履则选择让自己成为一个好国王。

出逃的以色列民族并没有顺利抢到地盘，他们白白浪费四十年，成为流浪者。《圣经·旧约》把这些归结为不敬耶和华神，而事实上，是因为他们内部不团结，频繁的内耗极大削弱了战斗力。摩西知道，在自己有生之年无法看到民族实现真正独立自由了。但他没有放弃，一边继续培养接班人约书亚，一边继续勉强维持这个松散民族的生存。

而后来的事实证明，摩西是个好老师。他的弟子约书亚勇敢刚毅，在老师过世后，只用了三天便平息了民族内部的叛乱，接掌了全部大权；他也决胜千里，和迦南十二国血战，保持了全胜纪录，奠定了以色列民族不可动摇的军事地位；而最重要的是，他富有道德和继承精神，虔诚侍奉自己的老师，尊重恩师颁布的“十诫”并且把老师的事业发扬光大。在经历四十年的失败后，终于领导民族取得了独立自由。

这可以称得上是最原始、也最典范的师德传承。

所以在以色列历史上，摩西被称为“先知”，即传达神谕，指引人民走向正确道路的人❶。在他之后，方有“士师”❷，最后才进入“王”❸的时代。

由此可见，子履和摩西是当之无愧的民族之师。

他们区别于职业巫师的重要特点有两个：一是进行了除宗教行为以外的“试错”；二是借机教育民众，传播了当时的先进理念。而其道德表现，则是遵从神的权威、敬畏神（其实也是他自己）的事业、必要时甚至具备令人崇敬的牺牲精神。这些道德表现就是民族文化的起源，也是道德和师德的鼻祖。即便过了几千年，人们仍然能从专职或兼职的师者身上看到。

而在这一原始师德的基础上，我们接下来要继续探讨“课本”的问题——它是教师执教的重要载体。这个课本，尽管内容和形式千差万别，但说穿了只有两

---

❶ 先知直译即预先知晓正确道路。
❷ 英雄中的出众者。
❸ 蒙神恩的国家权力的掌管者。

个字："敬畏"。

延续"权威"，"敬畏"便是下一个线索。

第二节 敬畏：师德文化的滥觞和基石

从古至今，任何师者的道德情怀中都有或多或少的权威感，这种权威意识来源于古老文明中巫的文化意识形态。代天授命、不断试错是他们的重要使命。因而这种权威感既是职业需要，也是职业文化长期熏陶的结果。

而有了"权威"这种道德表现，随之而来的便是敬畏。事实上对自身从事的职业存在敬畏，是所有行业的古老文化，但对职业工作内容心存敬畏，则是师者（包括各行业内主要从事传艺工作的人）特有的道德情怀。

通俗地说，每个行业都有自己崇拜的对象，比如酿酒的工匠会崇拜杜康[1]；行医的会崇拜张仲景和华佗[2]。在工作前，他们也会把行业偶像供奉起来，以求得保护，这一点中外皆同[3]、行行皆同。

但一个老师（或传艺者）在授课传艺时所特有的道德表现是，不仅崇拜行业偶像，也同时敬畏他的工作对象，比如学生、书本、甚至课程表，即要对它（她）们负责。

以酿酒作对比：酿酒的师傅不会敬畏酒，也不会敬畏喝酒的人；同理，行医的人不会敬畏药材，也不会敬畏病人。职业礼貌和敬畏是明显的两码事。

这是因为一个国家民族先师奠定的是所有人的道德意识基础，进而由此决定这个国家和民族的未来[4]，这是存亡继绝的大事，没有人错得起。而他的服务对象（全体子民），反过来会共同作用于这个国家和民族的历史文化，没有人能够忽视和践踏他们的存在。

比如说子履，如果他的祈雨仪式失败了，商王朝会怎样？难以想象。如果他对上天提出的六个问题不是如何治理好国家，而是祭祀用什么牲畜、继承人起什么名字、王宫朝向何方这样迷信而且无聊的话题，偏偏又被百姓信服了，那这个国家又会如何？正因如此，子履先生不仅敬天，更对他的国家和子民产生深深敬

---

❶ 相传杜康为夏代第五任国君，姒姓，是酿酒工艺的发明人。据《大元大一统志·卷三百八十三》记载，民间同样供奉杜康为酒神。

❷ 二者均为名医，但没有被作为神祇进行崇拜。

❸ 例如古希腊各行业都尊奉一名神祇为行业保护神。比较为人所熟悉的是邮差和商人的保护神赫尔墨斯。

❹ 最典型的前文说到的摩西"十诫"。

畏。除了作为上天的合法代表以外，他能为国家百姓所信服，相信这种敬畏的诚意也起了很大的作用——至少三千多年后，再读到这段文字，我们不会因为惧怕神而尊敬他，但却会为他心念国家人民的诚意所折服。

与之相同的还有摩西。如果他当初不是选择隐忍出逃，而是率领以色列埃及人跟法老决一死战，那么以色列民族会如何？如果“十诫”的任何一条律法有变动，变成了类似“脸上要涂红”、“身上要刺青”之类鸡毛蒜皮的小事，那么还能否有如今这伟大的以色列民族？正因如此，摩西才在敬畏上帝的同时，也敬畏“十诫”律法，敬畏以色列的子民。同样道理，直到今天，人们还在敬重他，非犹太教、基督教的人们自然不会因为耶和华的权威而待见这位先知，而是因为他的睿智、牺牲和博大胸怀。

从古至今，这种敬畏的形式和内容发生了变化❶，但其灵魂却延续了下来。令笔者记忆犹新的是一位私塾先生或是普通退休后的返聘老教师。一次授课时，数十名本应来上课的学生却只来了三名，但他仍然工整地在黑板上书写板书❷，一丝不苟地完成了讲课。经过简单对比就会发现，手工业者如果没有市场便会歇业，服务行业者如果没有顾客便会休假，但教师却完整地传承着古老的敬畏。对于知识传授的严谨，对学生的竭诚，依稀可见古老的影子。

这种敬畏是师德的起点。随着文明演进，由部落结成联盟，由联盟发展成国家，敬畏的突出表现由此而衍生分化，形成了不同民族文明的不同形态。

在西方，尤以契约意识作为代表，师法传承者敬畏的对象是契约内容。它的起源，从文化的地理环境决定论❸角度来看，是因为地中海松散的岛屿分布导致了人口的稀松和物质的贫乏，为了能够生存，平等意义上的交换取代了征服和奴役❹。而在交换过程中，可漫天要价，也能坐地还钱，可一旦达成约定便不可再随意更改。这就是契约精神的发端。

用这样的精神来考量摩西和以色列文明：圣经分为《旧约》和《新约》，这个“约”指的就是契约。它被完整地记载在“十诫”中。摩西严谨地著书立说、敬颂神明，同时也身体力行遵守着誓约内容。即使他的学生不服管教❺，这种敬畏仍然被固守。

这正是师德在敬畏方面的另一个重要表现。试想，如果酿酒师的酒酸了，他

---

❶ 就像古代选择跪拜祭祀、而现在被鲜花和鞠躬替代一样。

❷ 据新华社沈阳 2013 年 9 月 25 日电“最美老教师”。

❸ 即以自然过程的作用来解释社会和经济发展的进程，从而归结于地理环境决定政治体制。这种理论从古希腊时代萌芽，直至今日仍然不断得到补充发展。

❹ 起因上古时代没有哪个岛的力量强大到足以征服另一个。

❺ 摩西第一次受“十诫”下山时，他的子民正在对异族神明跪拜，于是他砸碎石板，惩罚了异教徒，并重新回到圣山西奈领受“十诫”石板。

会一直保留它并等待变好么？如果医生的病人无药可救，还会不停地喂药并等待他康复么？但一个教师的学生不成器并犯下错误，老师不会轻易放弃，并且绝大多数会选择继续教导而等待其改过向善。这被普遍认为是合乎师德的。

民族之师亦然。只不过摩西的学生不是哪个具体的人，而是整个以色列民族而已。

看到子民严重的违纪行为，摩西生气砸碎了刻有“十诫”的石板[1]，但在稳住族中混乱局面后，他又主动为犯错的族人辩护[2]。更难得的是，即便面临着违约的严重惩罚——整个以色列民族在迦南地外徘徊四十年不得进入，摩西在绝望中也没有丧失希望。他悉心调教弟子约书亚，最终在死后，由他的学生完成了遗愿。

这种富有契约精神的铁律，奠定了以色列民族守信、精明的风格，而更重要的是，有了这样一种样板式效率的民族教育和师德榜样，以色列民族的自我认同为世人所赞叹——亡国两千多年，直到二十世纪才重新建国，散落在世界各地的子民却能以极大的热情和毅力参与国家防卫和建设，被异族、异教包围的以色列国，历经半个世纪，竟然跻身发达资本主义国家，这种伟大的奇迹，正是得益于伟大的教育。

时至今日，摩西和他的“十诫”在以色列文明中仍然有巨大的指导意义：对唯一神的敬仰造就了团结，劳作有序保障了生产力的活跃，不得杀人、淫邪维护了基本治安，承认私有财产神圣不可侵犯以及商业活动诚信原则[3]，使这个民族积累了世界上最为良好的商业信誉及经验……

课本是个好课本，然而我们需要看到，为整个民族重塑权威并传递敬畏的摩西是个好老师。这位民族之师居功至伟。

由此可见原始师德的感召力。而在这种力量影响下，中国和华夏民族产生了一点不同，它是中华民族文明史上的又一次划时代巨变。

这个不同之处就是以祖先崇拜为核心的专制意识觉醒。简而言之，华夏文明在演进的过程中仍然保持着敬畏的同期主旋律，不同的是我们把敬畏的对象从契约、智慧、理性等抽象道德转化成了祖先和王权。

这种转化最早源自于原始部落联盟首领和祭司的身份转变。任何文明发端时，神权和王权都是处于水乳交融的状态，道德引领作用大于律法规范。这时候的领袖人物，往往身兼民族导师和国家（或曰部落联盟）领袖两种身份。以摩西为代表的以色列民族，包括古希腊民族和古印度文明，出于环境和“先知”本人的意志和操守，这些至圣的先师更加倾向于成为优秀的导师而不是国王。而古中国和

---

[1] 一说摩西因为担心“十诫”的要求太高而主动砸碎。

[2] 引自《旧约》：出三十二 31—34。

[3] “十诫”之一：不得做假证谋求他人房屋、奴隶及其他任何财产。

古埃及的先师似乎更倾向于做一个好国王，正是这种有倾向性的选择，才使得道德的风向标发生了偏微的变化。这种变化尤以中国为甚。典型的产物有两个：一是专制统治，二是祖宗崇拜。

先说专制统治，绝大多数人们都认为中国的封建专制统治是秦始皇亲手缔造并绵延至今的，这其实有误。始皇帝嬴政固然是一名出色的政治家和战略军事家，但他还没有睿智到能够为整个华夏文明及其道德定下基调。古代中国的专制思想，以及由此带来的个人崇拜作风，从商时代便已经开始了。

其中最典型的案例出自商朝第二十二代君主盘庚的迁都诏书。他要将国都迁往殷地，这自然是要招致反对声音。于是按照王朝惯例，需要祭告神明，询问开国君主、道德导师成汤（子履）的意见。结果卦象显示“大吉”。接着，盘庚下达诏令，晓谕臣民，强调了迁都的种种好处后，公然填上一段极其凶残血腥的话：

如果你们胆敢反对这件事，我就会杀掉你们，诛除你们的种族，并且不会让你们的孽种在我的新都城内继续繁衍❶。

这种赤裸裸的残暴威胁，即便翻开其他几大文明知名暴君的政令，也不会见到如此文字❷。而盘庚则在迁都后中兴商朝，成了后世赞扬的“圣君”，这在西方人看来简直不可思议。在盘庚身后六百多年，以色列王朝进入鼎盛时代，当朝君主所罗门即便力排众议做了什么事情，也要战战兢兢地祈祷上苍：“如果我做错了，不要怪罪你的人民，是我个人的错误，那些绵羊一样温顺的人们是没有罪的”。这是多么强烈的对比。

而由专制思想带来的一系列复杂礼仪形式和道德标准，就是祖宗崇拜的核心。为此记载上古历史文化与政治情况的《尚书》就曾特别注明，为了保证君主权威和国家稳定，就要把天下最好的衣食住用都集中在君王身上，并由此建立阶梯式的物质享受原则❸。这种思想在周代正式成为国家意识形态，也就是孔子口中的“礼”。

甚至华夏民族的“至圣先师”孔子也在自觉维护这种礼仪道德。他崇尚真理和道德，如果不能实现主张，宁愿“乘桴浮于海”❹；但如果有谁僭越了这种专制的“礼”——例如鲁国大夫季孙师欣赏歌舞时动用了天子仪仗，孔夫子愤然离席的同时，高呼“是可忍孰不可忍”，在他看来践踏礼是比践踏理想抱负还要严重的事情❺。

毫无疑问，孔子所敬畏的对象——周礼，在现代已经不具备指导意义了。

---

❶ 见《尚书·盘庚》。

❷ 最多就是诸如古罗马皇帝尼禄因想要扩充宫殿而火烧罗马城后拙劣的辩解。

❸ 见《礼记·王制》转述《尚书》。

❹ 见《论语·公冶长》：孔子说，如果我的主张不能实现，我就坐船出海，到世界另一边、远离周王朝的荒蛮之地授徒。

❺ 见《论语·八佾》。作为《论语》的开篇，这个故事奠定了孔子“礼”思想道德的核心。

但这种敬畏的精神，仍然是足以称为广大民众之师的榜样。观照这段文化史和孔子这样的圣人，如今的教师当扪心自问：我们是否真心敬畏真理？是否足够尊重大师？是否认真备课并教学？一言以蔽之，我们是否能为教育事业和学生负责？进而更关键的问题是，我们还有没有“道不行，乘桴浮于海”的操守和勇气？

要知道，这样的敬畏和由此而来的反思与操守，不是仅供感悟的故事，而是师德最古老的基石。

但自汉代起，这样的基石逐渐变质。儒家思想成为国家官方意识形态，并由此发展出了儒教[1]。区分两者的重要标志就在于是否存在成体系的祖宗崇拜。

简而言之，它可以理解成“天地君亲师”。究其成因，大概有三，一者我们是一个封闭的、幅员辽阔的、自给自足的农业国家，很多经验依靠长幼、上下传承而不是平等自由交换；二者我们的典型人物（包括子履先生）做得足够好，人们崇拜他就可以得到稳定和谐的发展经验而不必再另投他人门下；三来没有什么重大事件（尤其是外界力量）刺激，这样稳固的古老文明就能做到自行繁荣、改革和进化，直到最近的重大刺激，已经发生在公元1840年。

因此我们形成了全世界最为独特的崇拜体系：“天地”就是神，名字叫做“玄天高上帝”[2]，可是这个崇拜对象虚无缥缈、来历不明，到了宋代才因为国家需要而被临时创作出来；“君”，一切美好字眼儿和绝对权力都加诸其上，若问中国历朝历代最庞大的书籍是什么？“帝王起居录”[3]毫无疑问当选冠军。遇到任何不明白的问题，从生活起居到政治活动乃至道德伦理，只需要翻看帝王起居录，看看先君是怎么做的即可万事无忧；“亲”，以讳法[4]为代表的尊者崇拜成为最高教条之一。唐代才子李贺[5]去考进士，嫉妒他的人告发说“进”字与李贺父亲的名讳“晋”发音相同，李贺为了避讳父亲尊字竟然吓得连考场都不敢进，从此废了功名……[6]

最后单单要说的是“师”。华夏民族的师德中同样有着深深的敬畏，这一来表现在敬畏学生和敬畏学术，同时也表现在学生对老师、老师对自身的敬畏。从

---

[1] 即加入封建迷信和祖宗崇拜的儒家变种宗教。

[2] 儒教神明，有趣的是他只是一个崇拜对象，却没有神谱体系和独立神格。

[3] 记载皇帝话语、政治行为甚至房事……总之一切行动的书。

[4] 讳法是中国封建社会特有的现象，大约起于周，成于秦，盛于唐宋，至清代更趋完密，民国成立后废除。彼时，人们对皇帝或尊长不能直呼或直书其名，否则就有因犯讳而坐牢甚至丢脑袋的危险。避讳常见的方法是用意义相同或相近的别的字来代替要避讳的字。

[5] 唐代著名诗人，代表作《李凭箜篌引》：女娲炼石补天处，石破天惊逗秋雨。

[6] 见《新唐书·列传·李贺》和《齐东野语》记载。

封建王朝皇子拜师的“束脩礼”可以看出，皇子准备好束脩[1]，摆放到老师门前，磕两个头，然后默默退去，为的是老师答应收徒之前不能亵渎他的面容。这时候老师出来，收下礼品，对着皇子的方向拜两拜，然后就大摇大摆回去了。随后皇子还得回来，再给老师磕两个头，才算礼毕。[2]

皇子尚且如此，普通民众就更应该尊敬老师了。

可见我们敬畏的对象确实是人，而这样的人竟然也在这样的敬畏下“自尊”过了头。由此给中华文明道德标准带来的影响十分深刻。带来的结果是，中国的师德似乎更注重礼仪、崇拜和规矩了。

在最后，系统总结一下本节内容：

民族的教育、发展和传承需要“权威”，由此带来了“敬畏”。而在这个关键问题上，西方文明和我们产生了一点分歧，前者是人本的，敬畏契约和律法规则；后者是人治的，更重视礼教、崇拜和规矩。

而文化的发展就如同一股麻花绳——有分歧，就有共识。在敬畏的基础上，我们又回到了下一个逻辑必然，那就是严谨。

带着这个关键线索，我们继续徜徉历史文化之海，去追溯师德之源。

第三节 严谨：师德规范的重要法则

文明的形成和延续，要归功于先贤们的“试错”，为了更好地凝聚力量进行有效尝试，势必需要敬颂权威的力量；人处于天地神祇的权威之下，自然会生出敬畏，并以此作为处世存身之道。但我们不能忘记，具备这些前提后，要进行“有效尝试”，即控制错误成本，从而尽可能顺利将文明和道德推向有利于生产力发展和人性解放的方向。这样伟大的尝试，一定需要严谨的精神。这便是神祇之名指引下师德形成和发展的必由之路。

换言之，正因为这条试错之路充满艰辛风险，严谨的态度才更应成为保命甚至走向成功的关键。

尽管时人已经无法体会孕育文明的巨大风险，但我们仍然可以从民族的童话——神话中看出许多明示和隐喻的痕迹。这些危险包括“挑战天命”所带来的流血和亲人挥刀相向的悲剧：例如希腊神谱中的天神乌拉诺斯被阉割[3]；或许带

---

[1] 语出孔子“自行束脩以上，吾未尝无诲焉。”原意仅指腊肉，发展到后来，则需要绢一匹，酒一壶，干肉五条。

[2] 典礼见唐《通典》和《明会要》。

[3] 按希腊神谱载，天神乌拉诺斯是第一代主神，因神位争夺和遭嫉妒而被阉割。

来死亡的威胁：例如日本神话中创世母神伊岐那美命[1]因火神迦具土[2]出世而殒命；或许会引发部落联盟之间的激烈战争：例如祝融战共工、黄帝战蚩尤；甚至会引发文明的重大变故乃至绝迹：例如旧约巴别塔中的语言变乱[3]、灭世洪水、或者柏拉图《理想国》中大西国的灭亡等。

另外，任何技术的一小步，都将成为文明的一大步。在各个民族中，火的使用都具有划时代的意义。而且相当有趣的是，火神的形象无不是暴虐和富有攻击性的，而向人类传授火种的人则被称为大英雄，集善良、坚韧、智慧、牺牲等诸多美德于一身。这种矛盾的崇拜形象塑造与崇拜，恰恰说明文明“试错”的艰难和那些伟大先师们的巨大付出。

其中最出名的是普罗米修斯[4]。在希腊神话的古老记忆中，肩负文明试错使命的英雄都以自身的蒙难为人类开启光明前路，但对其探索的艰辛，却没有描写太多，这或许是因为传说久远，很多事实已经失传了；或许是在文学或文艺作品中，为了更能感染观众，所以特别强调了痛苦受难的细节。

这是独属于西方的浪漫。相对地，古老中国的华夏文明则更务实些，他们把严谨的精髓发挥到了极致。究其原因，正如前文所述，从文化的地理环境决定论上看，古中国相对封闭和自给自足的农业环境，使大家更为重视经验的“版权”和准确性。大到民族先贤，小到普通匠人，都用其事迹证明了这一点。

能与普罗米修斯盗火功绩比肩的大概就是神农尝百草，而华夏文明的严谨正体现在至今尚有《神农百草经》[5]传世，其中内容估计有绝大部分是后人撰写，将美名归结到神农的身上，但这种行为以及尝百草的形式，则无疑是神农氏本人亲历亲为。例如草药的形状、味道、主治功能、害处，全都十分详尽和生动。可以想象，除了亲身尝试外，很多药性估计也至少要经历几次观察记录才能得到稳定可靠的结论，这其中的艰辛可想而知，而其中的严谨则为人称道。

说到严谨，我们举一个更加确凿却不常见的例子。说它更确凿，是因为神农氏的诸多事迹很可能不是一个人完成的，并且单凭尝百草的功绩，还不能确认他民族文化导师的地位，而这则事例的主人公却当之无愧；说它不常见，则是因为这些事迹完全颠覆了他征服者和部落联盟领导人的威武形象。

这个例子的主人公就是公孙轩辕[6]。职务是部落联盟首领，后人称他为“黄帝”[7]。

---

❶ “命”是日语中神号的后缀。

❷ 对这位神名的翻译迥异，在《古事记》中称夜艺速男神、炫毗古神、迦具土神；在《日本书纪》中，则称轲遇突智、火产灵等名。

❸ 《旧约》中的著名故事：人类为了挑战神的权威而修造通天塔，神则派天使下凡，扰乱了人类的语言，使其彼此无法沟通而被迫停工。

❹ 需要注意的是，这位希腊神话中的泰坦族神明是盗火者而并非火神。

❺ 本名《神农本草经》，因神农尝百草的故事而讹传为“百草经”。

❻ 公孙轩辕（约公元前 2717—公元前 2599），号黄帝，华夏民族上古五帝之首。

❼ 《史迹》将《黄帝本纪》列为华夏史的开篇，从而奠定了轩辕黄帝在华夏民族中无可代替的重要地位。

黄帝名号轩辕，这不仅是为证明他的高贵血统或者出生地[1]。毫无疑问，轩辕二字也是在肯定他的突出贡献[2]。公孙轩辕不仅是一位出色的领袖，更加是一名发明家。“车”的出现，奠定了他身后将近两千年的战争兵器水平和五千余年的交通方式。尤其指南车，配备了简易导航功能，并由黄帝在战争中亲身试验、冲锋陷阵，这才取得了战斗胜利。而鼓的发明，也是他亲自挑选材料，吩咐打磨、组装，小心谨慎试验并取得优良效果后，才下令广泛应用……[3]如此这般的例子还有很多，看来他即便不做联盟领袖，也会是一位受人尊敬的发明大师。

而这些成就的取得与严谨态度是分不开的。这里需要传看另一位先贤，那就是庄周[4]。《庄子》里面提到了很多有趣的经历，比如说世间最小的生物，可以成群结队在蚊子睫毛间飞行，蚊子竟然看不到它们。而黄帝和他的朋友们则率先发现了这种生物。在先贤的论述里，可以经常看到黄帝“斋戒三月[5]”、亲身观察的记载。我们姑且不论观察的对象和结果是否真实——例如是否真的有如此小的生物，但“斋戒三月”，不仅反映出敬畏的态度，更有长期坚持、反复试验的严谨作风。

这样的严谨作风还影响了他的亲人。公孙轩辕的妻子嫘祖是养蚕业的发明人[6]，为了传授技艺，她也手把手地教会每个学徒，常常不眠不休，还做义务劳动、免费赠送样品。也正是这样严谨奉献的精神，才值得后世传颂。

中国人对于工艺流程的严谨传承，从传说的遂人、神农，到部落领袖和导师黄帝，再到后人，延绵五千年不绝，渗透到了各行各业。在这里，还要举一个例子：清康熙三十四年，康熙皇帝玄烨打算重修因为失火而被焚毁的紫禁城太和殿，但由于年代久远加上战乱，大殿如何施工、配料的各项数据记载已经完全丢失。这时有一位从业四十余年的明朝工部老匠人，他凭借自己的记忆和在同行处的考证，制作了一个太和殿十比一的模型进献给了皇帝。随后，太和殿按照这个模型动工，这座直到今天还是世界上最大木质建筑的大殿，按照老匠人的指导，竟然严丝合缝、不差毫厘，甚至连一根钉子、一点胶也没有用过[7]！

能有如此严谨的传承和对技术孜孜以求的钻研，老匠人的德行和成就竟然没有被列入彼时的大师行列，不得不说这的确是我们民族对师者的高标准，更是中华民族工艺技巧的骄傲。

非如此，华夏文明不能延绵五千年，至今仍然绽放绚烂的光芒。

---

❶ 史载黄帝生于轩辕之丘，故名。
❷ 轩辕的另外一个词义是车辀。
❸ 见《山海经・大荒北经》。
❹ 庄周（约公元前 369—公元前 286），战国时期著名思想家、哲学家和文学家。代表作《庄子》。
❺ 这里的“三”为虚数，即斋戒数月。
❻ 嫘祖与公孙轩辕的故事同见《史记・五帝本纪》。
❼ 见《太和殿纪事》。

这些严谨传艺的人物，或圣贤，或渺小，但毕竟因为青史留名而幸运。然而文明的传承不仅是无数“有名华盛顿”的功劳，还有无数“无名华盛顿”的辛酸。

每个古老文明都有他独特的权威敬畏，从而使民众学会团结和守秩序。如此才能适应和改造自然，更好地生存下去。这就好比是所有孩子的本能。而敬畏的对象不同，便指引不同孩子形成了不同的性格。西方文明大多崇拜契约和自由精神，无论是圣经还是希腊神话，都可以频繁看到它的影子，而后者甚至出现了“不平等条约”——凡人利用契约捉弄神明。而神明只能恨恨地老实执行，可见这种敬畏的强大❶。

中国的权威敬畏体系是祖宗崇拜。敬畏天地、崇尚祖宗是基本特点。其实说穿了，国人敬畏的本质是秩序和经验。而供奉神明则多了不少功利色彩。

比如说，我们常讲“三教九流”❷，大凡中国人，都能对儒、释、道品评一二。而在评价三教优劣得失时的一个重要标准，是能为自己带来好处的实用主义：儒是处理好社会关系，道是人与自然和谐相处，佛讲因果报应。

而古苏美尔—巴比伦文明❸则敬畏正义法。其巅峰时期的古巴比伦文明❹即是见证。对于法治精神和法律条文的敬畏，甚至成了国家意识形态中最重要的组成部分。需要特别注意的是，古巴比伦的“正义法”其实是“公平法”，它的核心是八个字：以眼还眼，以牙还牙。

在这样的系统下，“法官”成了社会教育中最重要的老师。同样是肩负这个使命，西方把他交给了先知和祭司；中国人把它交给了圣君明主。对比之下会发现，古巴比伦文明的法官，更接近平凡的普通人，更接近现代生活和思维方式，也在当时环境下显得更加超前和格格不入。

正因如此，他们的权威就更加依赖于严谨。因为先知和君王偶尔可以犯错，但法官却错不起。所以楔形文字记载的历史中，记载了很多法官的判例；而当时的法庭，就是教育民众的唯一课堂。法官的一言一行，就要严格遵守法律条文，甚至在里面还规定如果不遵守条文要受到哪些处罚❺。其中一则很有趣的故事就是：一个富人状告穷人偷窃财物，穷人矢口否认，并且找来了一个自由人作证。按照法典规定，法官恭恭敬敬地向在场民众宣读法典，并且询问有没有人没听清，随后按照法典规定将穷人无罪开释。正在这时有人检举证人是个奴隶，而奴隶是不能作证词的。法官无奈，只好当庭改判，重新宣读了法律条文，并且把奴隶送

---

❶ 于是乎闹出了荷马口中的特洛伊战争。
❷ 见《汉书·艺文志》。
❸ 因其文明特性一脉相承，故史学界将这前后相连的不同国家（或城邦）合并研究。
❹ 起源于公元前约 3500 年的中东地区，世界文明四大古国之一。
❺ 见《汉谟拉比法典》石柱文物。

给检举人，把穷人扔进河里——如果沉下去就代表有罪，如果浮起来就无罪开释。其实法官很清楚穷人的无辜和证词的可信性，但由于证人身份改变，他必须严格按法律执行，否则就要受到鞭笞并且赔偿官司中涉及的财产❶。

从这则史例中我们可以看出，法官不仅是严谨的审判者，还承担了教育者的部分使命，只不过未免留下了"死磕书本"的坏印象。但在今天看来，却是一种进步。正因如此，这样的法制教育从公元前三千年一直延续下来，才诞生了《汉谟拉比法典》这样伟大的标志性著作，才奠定了西方法律体系下流传至今的"正义法"原则。这其中，充当老师角色的法官功不可没。

而苏美尔文明为世界贡献的另一项伟大发明就是楔形文字。它向世人昭示"六义"❷并不是华夏文明方块字的专利。不同的是，中华民族在祖宗崇拜中将文字的发明归功给了轩辕黄帝的大臣仓颉❸；但苏美尔民族却把发明和传承的过程与角色全部忠实记录了下来。这其中，就有人类历史上最早的匠人——制笔匠、泥板匠和书吏❹。这些古老职业的记载中，我们发现了很多古代教育事业中的片段❺。

比如说技术标准：制笔匠的老师规定了每一支笔的长度、形状、材料，甚至三角形笔尖的棱度。再比如工艺流程：如何选土、加水、摔泥、晾晒。还比如匠人的实习制度：律法的书吏从六七岁开始学习书写，十四岁左右毕业，毕业后，需要到法官那里做助手，直到法官认为合格后才能独自书写法律条文……

而在这些记载中，更应该为我们所重视的是师承关系。"师傅"、"学徒"这样的词汇第一次出现在人类文明史上，并且以这样严谨的传承模式公诸于世，这样的贡献，是整个人类文明史中的亮点。

这样的亮点同样充满了人本主义温情。它告诉我们，推动人类文明前行的是那些职业工作者——例如法官、匠人；以及严谨传承的教育关系——例如师傅与徒弟。文明不是哪个圣贤随便"拍脑门"的产物，文明的传承更不是圣贤一个人苦心孤诣的事。

正因如此，楔形文字和楔形文字法才得以跨越文明而传播。从苏美尔，到古巴比伦，再到亚述，再到新巴比伦。我们可以从中读出文明传承的密码——种族不同、国家不同、技术手段不同，但对正义法精神的传承却一脉相承。靠着这样的传承，让古巴比伦文明成为与希伯来文明、印度文明、华夏文明并肩的伟大成

---

❶ 天津古籍出版社《世界上下五千年》上古史篇章，根据民间传说整理。

❷ 许慎《说文解字》汉字六书：象形、指事、会意、形声、转注、假借。按照此理论，楔形文字是世界上最早具备六义的文字。

❸ 引自《说文解字》。

❹ 指的是刻写这些法典的匠人。

❺ 据古希腊《巴比伦尼亚传》记载的神话传说，楔形文字的工艺是由神祇传授给人类。

就，绝不是偶然。

其中还有一个有趣的猜测：为什么亚述人在终结了拥有空中花园这样世界奇迹的巴比伦文明之后，能够快速继承和发展后者的先进技术？这是否跟工匠们严谨的传承和记载，使得军事强国亚述能够将技术标准快速复制并且迅速享用巴比伦文明成果有关呢？

这或许就是那段文明传承的密码。这是知识和文字的魅力：不仅能教明白自己人，还能教明白敌人，最终又把敌人变成自己人。

历史要鸣谢那些作为文明无名之师的匠人们！

讲到这里，我们可以对文明发端（上古）时期的师德风貌做出一个大致的结论了。

无论是部落联盟，还是初步形态的国家，人类都以各自的形态团结起来，逐步形成民族及其意识形态。这个时候的先师，严格上来讲是“助教”，而国家和文明的真正老师是神明，以及背后的真相——面对自然的伟力，为了生存诞生信仰从而凝聚力量。

而彼时的师德，与整个民族道德重叠的也最多。教师这个职业尚未真正诞生，而他们传授的对象也还是整个民族主体。师德的首要因素是权威，其中掺杂着神的权威和领袖（君主）的权威，后者是前者的衍生品。每个伟大文明的先师都几乎同时担任着宗教领袖和国家、部落联盟领导人的角色。他们当中有的愿意做一个专职的先知：如摩西；也有人一门心思学着做个好国王：如子履。这是大环境中诞生的伟人们自己的选择。

随着权威而来的，是敬畏。先师们不仅敬畏神明，而且敬畏自己的教育事业，更加敬畏自己的学生——人民。这或许不是老师的最黄金时代，但却是最无私、伟大的时代，乃至这种敬畏的精神一直延续至今，成为师德的重要组成部分。值得我们注意的是，每个民族文化意识形态中敬畏的对象都有不同：西方更加注重自由前提下的契约精神；古老中国在祖宗崇拜的名义下顺利诞生了专制思想；而古巴比伦人民则对正义法的精神情有独钟。

有了敬畏，就会有严谨。这其中有契约精神的严谨、对天地祖宗一丝不苟的崇拜和对法理精神的严格遵守。其实这才是文明得以延续最重要的东西。不仅仅是大圣贤，就连小人物也充分践行着这样的精神。

而特别闪光的便是古巴比伦楔形文字和楔形文字法的记载，它最早证明了工艺流程标准和师徒传承关系，证明了文明的衍生和发展不仅仅是英雄的专利，更凝聚了无数严谨匠人的默默奉献。

浩瀚千年，终成烟土。但师德的种子却随着文明的延续得以保存下来。这种开端是朴素的，以至于尚没有人明确打出教师的旗号，都是借着神祇之名行教化之实。而正是这样的种子，终将开出美丽的花朵。很快，我们就将走出蒙昧，走进文化与思想的黄金时代，而它也必定是师德文化发展乃至走向成熟的黄金时代。

最后，让我们牢记权威、敬畏和严谨的原始师德之风。并带着它，告别神祇之名，走进大争之世。

第二章　大争之世

还记得第一章开篇留下的那个小谜语么：古往今来哪个汉字变动最少？前文说过，“巫”字变动微乎其微，但还有历经五千年没有变动丝毫的——那就是“王”字。

从甲骨文到现代简体字，“王”的字形和含义都没有变化。用汉字“六义”分析，这个字虽然简单倒也复杂：它可以理解为“会意”，三个横分别代表天、地、人，王的意思就是沟通天地人（的那个人）；王字古音有两个，一个是名词的阳平音❶，直到现在还在用。另一个则是去声（音“忘”），动词。

意义就复杂在，王是名词，是个职称；而王（音“忘”）的动词则是工作内容，要去沟通天地人，这难道不是世间最复杂的事情么！

就像“巫”字开启了《神祇之名》的旅程一样，这个“王”字同样将统领第二章《大争之世》。争的内容是什么？是“王”的职责。进一步解释，是王的动词用法，即沟通天、地、人的职责。

“王”字的出现，代表一个文明的划时代进步。从名词角度来看，它比“巫”多了一横，即“人”。人类开始认识到自己的主体地位和光荣使命。这也就代表着文明的教化和引导者——师也开始认识到人民的重要。无论是讨论民贵君轻还是君贵民轻❷，毕竟他们已经开始在一个平台做出比较。而作为动词，沟通天、地、人的工作不仅是君王和首领的职责，也要有专职人员来分担，然而这些人并不再是神祇时代全民族共同的老师，而更多是国君的辅臣和教导者。

做王的不见得能够很好履行职责，履行王职责的却未见得有名分，这是“大争之世”的重要特征。

而处在这个时代的先师，虽然已从神坛上走了下来，走进民众，同他们亲切

---

❶ 即汉字四声调中的第二声。

❷ 前者是儒家孟子的观点，后者来自于法家。

地交往，但在后人看来，他们的能力尤其是品德仍然是座不可跨越的高峰。

我们可以把这座高峰出现的时间锁定在公元前一千年左右[1]。造物主对所有文明都是公平的，他们有着大致的起点和同样的辉煌。部落联盟已经消失在历史尘烟中，真正意义上的国家已经崛起：他们有着一个共同领袖；有着同样的民族归属感；有坚固的城墙和完备社会分工组成的城市；更重要的是，他们有着某一个（或几个）为君王和民众仰仗的伟大导师。

在神与人谁是世界主宰的重要命题上，他们率先站了出来，以不世出的功业和谆谆教导提醒人们：是人，真正令世界闪光的是人[2]。

正因如此，才没有比大争之世更加令人后世激动并向往的了。

公元前一千年到来的大争之世里，人类的各个重要文明都在干什么？

地中海流域，特洛伊城[3]下的烽火点亮苍穹，由诸神参与的人类文明之战拉开帷幕，这是希腊诸神的最后一战，也是希腊文明的第一战[4]。

西亚（中东）地区，一个叫大卫的青年在摩西约柜[5]前宣誓遵守人类与耶和华的约定并出任国王，他的国号以民族为名，称为以色列[6]。

而在古中国，朝歌城[7]鹿台的黑烟弥漫，旧王朝的一切将随之远去。一位名叫姜尚的老人，正和君王促膝而谈。要不了多久，一个占地一百五十万平方公里、人口过千万[8]的人类历史上空前的王国[9]即将屹立，它更将开启中华文明史数百年春秋战国的黄金时代……

而更令人振奋的是，师者不再装神弄鬼，也不再挥舞权杖，你做你的国王，而我，堂堂正正教诲着你，并指引国家文明前行。

那么，文明能够前行、文化能够发展的动力是什么呢？答案仍然在“王”和“巫”上，在天和地以外多出的那一横代表“人”，对人的重视，是文明的一贯主旋律。其中的核心是平等、自由和生产力的解放。

正如同公元前一千年的伟大时代，赫克托耳[10]挺身而出，他保卫着城邦，同

---

[1] 彼时，人类四大古文明不约而同地步入第一个辉煌期。

[2] 率先提出这个命题的是希腊哲人苏格拉底，而较为进步的解释则出自中国孟子的“民贵君轻”思想。

[3] 又名伊利昂城，约建于公元前16世纪的古希腊，公元前1000年左右，在这座城市发生了著名的希腊文明兼并战争。

[4] 即特洛伊战争。

[5] 《旧约》中供奉“十诫”的宝柜。

[6] 同出《旧约》，即“与神角力者”。

[7] 位于河南省北部鹤壁的淇县，商朝中期以后的国都。

[8] 伊藤道治著，江蓝生译：《中国古代王朝的形成：以出土资料为主的殷周史研究》（北京：中华书局，2002）。

[9] 即周王国。

[10] 特洛伊王子和抗击希腊联军侵略的领袖。

时也在保卫平等自由恋爱的权力[1]，保卫人能与神交流对话的资格；而大卫的理想则是抵抗外族侵略和迅速凝聚国力，让天下万邦称颂以色列的荣耀。

自由平等的理念同样贯穿古希腊神话。十二泰坦巨神从小便反抗自己的父亲天神乌拉诺斯，甚至不惜阉割了他，夺取天地的统治权；而泰坦巨神的后代宙斯推翻了残暴父辈的统治，建立了奥林匹斯政权；到了最后，仍旧是神族里看似放荡不羁的洛基[2]颠覆了奥林匹斯政权，使泰坦重见天日……[3]这些神话有一个共同的线索，那就是在不知不觉中种下反抗压迫、保障自由的种子。

相比用暴力争取人的解放，思想上的解放则更加重要。这就是伟大智者乔达摩·悉达多所做的事情。需要强调的是，我们要剥去他宗教领袖和神明的外衣，探讨他作为师者的宝贵品质：

在他诞生前，婆罗门教[4]主宰印度，它将人分为等级森严的四种姓[5]，压迫践踏人权并使之老死不相往来。悉达多则倡导人人平等，而且进一步提出了宝贵的博爱思想：一切完成觉悟的智者，都源自于普通的人、甚至比人更低等的牲畜草木[6]。只要你虔诚、坚定、善于探索宇宙的奥秘，并且忠实于自己的责任，你就能达到涅槃，获得解脱和正果。一位开宗立派的大师，能够承认所有人（甚至牲畜草木）都能达到自己的境界，这是一件多么气量恢弘的事情！一位民族的导师，能够教给子民这一点，实在功德无量。

由思想解放而产生的是社会制度的解放。这就是华夏民族的圣人——姜子牙[7]毕生追求的事情。这个线索，且让我们留到下一节专门论述。

大争之世，本质是人权和神权之争，以及先进社会理论和落后社会理论之争。能够及时教会子民这些的，就能带领他的国家和民族走向昌盛，也能让自己获得万世师表的美名。不能够及时引导国家民族顺应时代潮流、甚至站在对立面的，就要衰败，要被淹没在历史中。

可以验证这个论断的最佳反例是世界文明的老祖父——埃及文明[8]。它在公元前五千年建国，公元前三千年完成统一，但或许正因为这个过程太顺利、太古

---

❶ 特洛伊战争的导火索是赫克托耳的弟弟、特洛伊王子帕里斯拐带海伦私奔回国。

❷ 神话中的欺诈之神，正是他的儿子“巨狼”在诸神黄昏战役中杀死了主神奥丁。

❸ 见北欧神话“诸神的黄昏”。

❹ 婆罗门教（Brahmanism）是印度古代宗教，起源于公元前2000年的吠陀教，现在流行的印度教的古代形式。以吠陀经为主要经典；因崇拜梵天及有婆罗门种姓担任祭司而得名。

❺ 婆罗门教的“四种姓”即贵族阶层婆罗门、武士阶层刹帝利、农民阶层吠舍、手工艺阶层首陀罗。在四种姓之外，还有罪犯和不同种族通婚的后代（在当时也是一种重罪）组成的贱民。

❻ 见《佛本生经》。

❼ 吕尚，姜姓，字牙，周代首任太师，尊称“师尚父”，即后世熟知的“代天封神”姜子牙。

❽ 约公元前5000—公元前641年，是最早从原始社会进化到奴隶制的文明。

老了，所以他们拒绝了进化，文化形态几乎一直停留在原始部落的图腾崇拜上。所以从埃及的第一王朝到第二十王朝，图腾挂满了每一个金字塔和主要建筑的墙壁，多得连埃及历史学家也讲不清楚到底多少部落领袖主政过。这种局面的必然后果，就是国家力量十分分散，民众也一直在接受各种部落图腾崇拜教育，根本无暇顾及其他，也无心钻研其他。

于是这位世界文明的老祖母自食其果。公元前一千年，当其余文明进入大争之世时，埃及的第二十王朝走向了衰落。整个王朝最知名的君主——拉美西斯三世❶一生最重大的功绩就是成功抵御外国入侵❷。但正因为王朝力量分散，他不能彻底赶走侵略者，而眼睁睁看着他们在附近建立殖民统治，最终也只能让王朝苟延残喘。拉美西斯三世竭尽全力调和中央王朝和各部落的关系，从而腾出力量练兵御敌，结果响应者寥寥，甚至到了最后，他本人都死于反对派祭司们精心策划的谋杀❸。而埃及文明也在第二十王朝之后，经历了被外族殖民统治的苦痛。

总结这些历史，我们可以提炼出第二章的精髓和线索：

随着文明演进，国家和民族的先师逐渐摆脱了政教领袖的身份，这其中有国家英雄、专职教主乃至国家的领导者。而师德也随之进化，从“巫”字沟通天地的两横，变成了“王”字（用作动词，音“忘”）沟通天地人的作用。多出来的一横——“人”，也就是现代观念中的广义的人，它包含人性的自由平等，也要关注人的发展与解放。

由此，以王字为线索，我们开始追寻大争之世的师德灵魂。而教导世人为“人”的发展而努力，其典型可以从古老中国说起。这个人就是前文屡次提到的姜子牙。

第一节 姜尚——中华民族的师德奠基人

在古代中国，有一文一武两尊偶像。唐肃宗❹时，他们被追尊为王，一是“文宣王”孔丘，与他相对的就是“武成王”姜尚。他的身份是周文王之师，周武王之“师尚父”❺，是有记载的千古帝王第一师❻。

---

❶ 生年不详。公元前 1197—公元前 1166 年在位，其一生都在致力于抵抗外族侵略和保卫国家领土。

❷ 史称“海人”，即利比亚人入侵埃及。

❸ 见《都灵司法文献》等。

❹ 公元 756—763 年在位。这位皇帝政绩平平，一生最重要的政绩大概就是追尊孔丘和姜尚了。

❺ 即如父亲般的老师。

❻ 有文字记载的第一位家庭教师是伊尹，但无证据表明他和商汤王有明确的师生传承关系。故姜尚作为“千古帝王第一师”的地位是明确的。

在中国的祖宗崇拜体制下，姜尚也被神化，成为“百无禁忌”、“代天封神”[1]的姜子牙。以至于流传到现在，这位先师几乎以神仙的形象示人。与悉达多一样，我们依然要剥去这种荒诞的外衣，还原本真的姜尚，从他的著作《六韬》[2]残篇以及周代的主要国策中，读懂他的教育事迹，品出他的师德风貌。

姜尚，字牙，因为祖先协助舜治水有功，被封在吕地，以吕为氏，所以后世又称他为吕尚[3]。东海上人[4]。他的官方职务是周国的“太师”，周文王姬昌拜他为师，后因为把女儿嫁给了周武王姬发，并且受文王托孤之重，所以武王又尊称他为“尚父”，因此合称“师尚父”，即如父亲一般的老师。这也许就是后世“师父”这一称谓的文化源头[5]。

有一种论调说，姜尚是后世“纵横家”的鼻祖[6]。事实上春秋时期一些政治家、军事家[7]也把姜尚作为崇拜的偶像。但自宋朝以后，这种论调逐渐被主流意识所摒弃。例如学者兼宰相洪迈[8]就说，所谓纵横家，是不能与姜尚等先师并称为宗师的。因为他们没有安身立命的技艺，道德上又不坚贞，往往一国君主不采纳他们的意见，就立刻背弃他们寻找其他主子，借此博取荣华富贵，例如苏秦、张仪等，都是这样起家的[9]。

显然姜尚并不同。他不仅有谋生的技艺，而且有谋国的眼光。重要的是，他一直坚守从上古流传下来的尊重并敬畏权威的朴素师德。这也是他成为帝师的重要原因。很多神话小说（例如封神榜）将他描写为连卖面都卖不好、只会出谋划策的老书生，这是受后世浮躁的成功观和纵横家事迹所影响。事实上，姜尚在成为周国太师之前，就已经是很有名望的老师。

商朝的最后一任君王帝辛子受德[10]在任时，为了修鹿台而召集匠人，姜尚也报名为国家效力，并加入了后勤大军——他非常会杀牛，千斤的大牛，没有用第二刀杀死的，因此被帝辛赏识，提拔他成为主管庖厨的官吏，并且教授首都朝歌的匠人屠宰技能[11]。

然而没过多久，他家乡的部族叛乱，帝辛率兵成功平叛。历史往往与后人的

---

[1] 见以明《封神演义》为代表的神魔传说。

[2] 又称《太公六韬》、《太公兵法》，最早收录在《隋书·经籍志》中，部分已散佚。

[3] “氏”是功绩的代表，相当于贵族身份。

[4] 一说东夷族后裔。

[5] “师父”一词起源于唐代，见《梁书》、《文苑英华》等，师、父并称，体现了中国人尊师如同尊父的祖宗崇拜。

[6] 自唐代起，《六韬》和纵横家经典《鬼谷子》并为一类合述。

[7] 例如纵横家弟子。其后人黄石于秦末整理出了最完整的《太公兵法》。

[8] 洪迈（1123—1202），南宋饶州鄱阳（今江西省上饶市鄱阳县）人，字景卢，号容斋。南宋著名文学家。

[9] 观点见其主要著作《容斋续笔·苏秦张仪》。

[10] 即后世熟知的商纣王，公元前1075—公元前1046年在位。

[11] 见《战国策·秦五》和《尉缭子》记载。

传说不同，帝辛是个爱才的君主，作为叛军的族人，姜尚并没有被牵连，反而更加受到信任。但姜尚非常惭愧，并因此辞职。

在辞职以后，姜尚的内心十分痛苦，这时候他开始自学帝王之术❶，想要研究为什么会发生叛乱以及如何预防叛乱的政治学说。很快地，凭借自身的聪明才智，他研究的新学问得到了大家的认同，甚至一些诸侯都来聘请他担任老师。当时的西伯姬昌❷是个爱才而又有抱负的人。几番诚心求教后，姜尚被姬昌的诚心感动，欣然受邀担任他的老师。教授他被后人称为“帝王显学”的治国之道❸。

师生两人亦师亦友，常常谈到通宵达旦。姜尚教姬昌的课程只有两门，一是分析动乱产生的原因❹，另一个是如何使国家富强。他的很多理论一直影响后世三千余年，比较出名的是“四民”❺之分，由此可见，姜尚不仅是个政治家，还是一位千古不世出的经济学家，这也是姬昌待其为师的重要资本。

很快，周国比以前更加繁荣富强起来。渐渐有很多诸侯国愿意归附他。随着军事力量的壮大，姬昌将他最信任的老师姜尚任命为太师。“师”最早是军事单位，太师就是国家军队总司令。而这道任命，除了与军事才能有关以外，更多的是政治才能和道德操守——

当时姬昌的很多大臣和儿子都劝他废除西伯封号而称王❻，唯独姜尚力排众议，向主君进言反对。他从综合国力和道德标准两方面说服了姬昌，最终确定了“三分天下有其二，以服事殷”❼的国策，这对维护国家稳定和社会繁荣具有重大意义。所以姬昌任命他为太师，出面约束军队。姜尚担任太师期间，周国发动的战争都是正义战争，且是局部战争❽，并没有给人民带来多少灾难。为此姬昌对他更加信任，命世子姬发❾娶了姜尚的女儿，并让儿子尊称他为“师尚父”。

由此可见，姜尚不仅有一国之师的能力，而且用他的道德水平赢得了君主和国家的爱戴。这其中，权威和敬畏的朴素道德依然存在，而尊重大义名分、服务社会发展的“以服事殷”国策，更是周国父子两代都愿意拜他为师的原因。

但这还不是姜尚对后世的最大贡献。作为万世帝师，他的功绩主要表现在另两件大事上。

---

❶ 这个说法起源于汉代，至于姜尚所处时代的名称，已不可考。

❷ 即西伯侯。但需要特别指出的是，“西伯”是职务，即被商天子授权管理西方各诸侯国的方面军领袖。侯是封爵。姬昌侯爵的封号并不是西伯侯。

❸ 见战国《韩非子》。

❹ 姬昌是西伯，有监督管理诸侯国服从中央、安分守法的职责，这并不是僭越。

❺ 即士、农、工、商。姜尚认为，国家要富强，就要把四民聚集起来，发挥集群优势和通商作用。

❻ 例如姬昌的大臣和重要谋士散宜生和次子发。

❼ 见《论语·泰伯》。

❽ 比较著名的是行使西伯权力，剪除残暴害民的崇国叛乱。

❾ 同《封神演义》等神话小说不同的是，历史上姬昌的长子伯邑考病故，故二儿子姬发继任世子。

一是谋划分封制度。姜尚和姬昌不仅研究如何富国强兵，还在积极探索解决国家动乱的根源。他们认为，导致商朝动乱和国力衰退的根本原因是王权不正常继承。商王朝的兄终弟及制度使所有王子都有觊觎王位的资本，让王族内部的倾轧斗争十分激烈，以至于反复迁都了七次[1]，造成了国力衰退，人心不稳，东方各诸侯国频繁叛乱。有鉴于此，姬昌在临终时确立了嫡长子继承王位、其余儿子分邦建国的制度，并将监督的权力交由“师尚父”姜尚。

嫡长子继承制奠定了中国两千余年封建皇权传承制度体系。而封邦建国制度虽然在后世成为国家动乱的根源[2]，但在周王朝前几百年，确实是发展国家的重要基石。在周王朝七十余个诸侯国中，王室一脉的姬姓占了过半[3]，这对于国土开发和国家治理起到了推波助澜的作用。姬昌作为首倡者居功至伟，但这个制度得到了亦师亦父的托孤大臣姜尚忠实执行，也是十分重要的。

姜尚的另一大历史贡献就是建立齐国、教育子民，使齐国从蛮夷一跃成为拱卫中央政权的礼仪大国。作为师尚父，他辅佐文王姬昌的时间相对短，而辅佐武王和周公执政的日子相对长[4]。应该说武王姬发和周公姬旦敬重姜尚并愿意听从他的教诲，也成全了其美名。姬发是一名雄才大略的君王，他不满足于西伯的地位，而是顺应潮流取商朝而代之。尽管在军事和政治上推翻了商朝，但在道德层面上，姬发仍然恪守“以服事殷”的谦恭。这从他对待反对者伯夷、叔齐的态度[5]，以及封帝辛的儿子武庚为“殷候”并善待商王朝遗民两件大事中就可以看得出来。这些举措，对缓解社会矛盾、维护国家安定起到了重要作用。在这一过程中，姜尚的教导和规劝起到了很大作用。

而在周王朝建立后，东夷诸国仍然是重大的安全隐患。师尚父姜尚以一百零六岁高龄前往东方齐国出任国君。在他的任上，不仅通过“四民”划分、铸币煮盐等政策使人民迅速富足，更用礼仪和历史教化人民，使一向荒蛮的东夷从王朝叛乱的“火药桶”变成了重要的藩镇。姜尚教育国民的成果，虽无国史记载，但可以从《诗经·齐风》中略窥门径。对比各诸侯国的《国风》就可以发现，齐国除了歌颂民间爱情的诗篇，还有大量发展畜牧业（养鸡、捕鱼）、矿石开采（雕琢美玉）、伦理道德（大事不瞒父母、尊敬兄长）甚至反腐倡廉[6]等各方面内容。

---

❶《尚书·商书》记载商王朝是因水患迁都，但经考证并没有发水的记录，故推断是王位不正常变动，新王为了避免旧势力对己不利而迁都。

❷ 采取封邦建国制度的周、西汉和西晋，出事率为100%。

❸ 周初分封时，姬姓国占45个。

❹ 见《史记·齐太公世家》，武王即位七年而崩，太公执掌齐国二十年，时间大多在其逝世后。

❺ 见《史记·伯夷列传》和《吕氏春秋·诚廉》记载。二人为孤竹国王子，反对武王伐商并公开批评他。武王非但没有生气反而褒奖了这两个人。

❻ 最出名的大概就是《诗·齐风·硕鼠》，“硕鼠”直到今天仍是贪官污吏的代称。

就连乡野草民都有这样的丰富生活和道德觉悟，并且自觉关心政治，可知姜尚作为齐国开国君主的教育和榜样力量。这足以让他作为政治家、军事家的同时，跻身出色教育家的行列。

在老成谋国、教育民众的同时，我们也能看出姜尚作为师尚父关心和信任晚辈的细节。他和姬昌亦师亦友，常常促膝长谈、通宵达旦；他和姬发亦师亦父，九十岁高龄的姬发在送别一百零六岁的姜尚去齐国赴任时，拉着他的袖子热泪盈眶，一直送了三十余里还不肯罢休；更难得的是周公旦执政的时候，遭遇了武庚和“三叔”叛乱❶，一时间谣言四起，盛传周公旦不回封国鲁国是要废王自立❷。这时候姜尚甘冒风险，只身前往都城镐京听周公解释，最终消除了误会。这说明姜尚不仅保持着老臣的忠诚，更像老师和父亲那样信任和关怀学生、晚辈，在其可能犯错的时候，没有诉诸暴力和责难，而是赤诚相待、谆谆教导❸……

这些美德，不仅赢得了国君和臣民的敬重，也为后人留下了辉煌榜样。历朝历代的知识分子（包括春秋诸子），都以能和君王坐而论道作为毕生最高的学术与政治荣誉。帝王对功高德劭、地位尊崇得无以复加的老臣都以“尚父”、“仲父”称之❹。

而君子不能轻易怀疑和背弃弟子这一道德律条也进入了人们的视野，以至于后世大圣人孔子在错怪弟子颜回偷吃米饭后，也要埋首叹息，称“践行周初三公的道德实在不容易”❺。

正因如此，姜尚才能以“武成王”和“封神者”的身份，被统治阶级和民间百姓共同尊重。而其史载千古帝王第一师的身份也从来没有动摇。在姜尚的行为模式中，尊敬君王权威、敬畏律法规则等传统美德依稀可见——这从他辅佐文王建立分封制度、规劝武王封殷侯以及日后平定王朝叛乱都可以看出。忠实自己的事业，忠实道德标准，即便帝师也不例外。

而在权威和敬畏之外，姜尚更关心的是“人”的发展，即国家于人民的稳定和富足。为此，他不仅能够教诲文王、武王父子两君王，也能把这种理念灵活运用到齐国子民的教育上。奠定他们敬天孝亲、关心国事的风俗根基。

除了这些，姜尚的一些个人品质，例如忍受寂寞、不辞辛劳、不顾个人安危等，也因为他师尚父的光辉事迹而流传后世，成为师德的重要标杆。

顺应时代召唤的姜尚是如此幸运，能通过自己的教育和政治事业，把“人”

---

❶ 即武王姬发的三个弟弟鲜、度和蔡联合商纣王之子武庚发动的叛乱。

❷ 周公以成王年幼为由，让儿子出任鲁国国君，而他自己则留在周王都继续掌权，故引来当时无数流言。

❸ 随后就是“周公东征”的典故，但姜尚并没有直接参与军事行动。见《尚书·大传》。

❹ 如秦王政尊称吕不韦“仲父”。

❺ 见《吕氏春秋·审分览·任数》。孔子落难之时，曾经错怪弟子颜回偷吃米饭，后真相大白，孔子非常惭愧，便说出这番话。他正是对比姜尚信任弟子周公的德行而反思自己。

的发展和国家民族振兴完美统一起来。无论作为个人之师，还是国家之师，乃至奠定后世千年基业的时代之师，他都是合格的。这是姜尚的大幸，也是其余后世宗师们念念不忘的事业。

鉴于此，我们不得不提到前文所说的师德文化发展的另外一个表征，那就是“师”与国君两种角色的自然分离。通俗地讲，这时的“师”已经渐渐褪去国君和最高祭司的伪装，渐渐有了俯首甘为孺子牛的气质。

“只是一个人成功”的这种成功是不适用于教师的，唯有学生出色，才能检验他们的心血。姜尚一生最重要的三个学生（和朋友），正是后来的万世师表——文（姬昌）、武（姬发）、周公（旦）[1]。从这个层面，姜尚这位老师方显功成。

于是在民间传说里，姜子牙（即姜尚）代天封神，可是到了最后唯独忘了自己。元始天尊感念其功劳，授命姜尚成为光明使者，附于灯火之上，替凡人照亮前路，天地诸神、妖魔鬼怪见到灯火都要敬畏回避，是为“百无禁忌”。这怕也是将教师比作烛火的一种传说来源，证明高尚师德自古有之。

姜尚之师德，在于权威、敬畏和为“人”的发展呕心沥血。这样的精神不仅可以从事例，也可从比较的眼光中窥测一二。

同为开国谋臣，周之姜尚是“师尚父”，商之伊尹乃至其余朝代的功臣却没有这样的待遇，其中的差别就在于前者的道德教化与感召力量。姜尚的“革命”[2]是建立在为人民谋求幸福生活和维持社会道德风尚基础之上的。这样的“革命”往往为后世倾心称颂。与之相比，即便被称为开国贤臣典范的伊尹，也难逃道德诟病——他作商国派往夏的使臣，却与夏桀的宠妃妹喜私通，两人“比而亡夏”[3]。这样的手段，以中国的道德传统来审视，可做开国谋臣，却难为万世师表。

以色列民族的体系中同样有此区分。《圣经·旧约》中，大致分出了几个重要的时代。首先是以摩西为代表的先知时代，这里不光有民族的解放，还有神恩的见证和戒律的颁布，通过为整个民族立约和立法，来进行道德标准的确立和第一次教育。

接下来，是以约书亚为代表的两百年士师时代，这个时代的特点是道德水平的保有和民族独立的完成。即便在两百年后，末代士师已经不具备先知时代的高尚美德，例如撒母耳[4]就曾经立过两个不成器的儿子为士师。但他们仍然具备道德反思和自我纠错的勇气。同样是撒母耳，在发觉自己的错误以后，毅然废黜自己的儿子，将士师的地位传给了扫罗；后因扫罗德行败坏而选择了大

---

❶ 自汉代起，儒家提出“祖述尧舜，宪章文武”的政治纲领，尊奉周文王、武王和周公旦为偶像和最高道德代表。

❷ 与现代汉语的“革命”不同，周朝人将王朝更替称为“天命因革”（即天命变动），简称革命。

❸ 据《国语·晋语一》记载，伊尹出使夏，与宠妃妹喜勾搭成奸，相互勾结共同破坏夏朝。

❹ 《圣经·旧约·撒母耳王记》记载，撒母耳是以色列民族的末代士师，其继承人大卫正式称王。

卫[1]。这样的事迹，大有我们尧舜禅让的古风，是政治品质和个人美德的良好榜样。

而随后进入的是以大卫王、所罗门王为代表的王国时代。这个时代同所有国家与文明的王权进化一样，是以天下之公而肥个人之私的开始。随着王越来越志满意得，王朝的道德水平却越来越下降。伴随着争位，王国一样最终难免分裂甚至灭亡的命运。

随着致命的“巴比伦之囚”[2]，以色列丧失了国家。这时候出现了以铁塞和以西结等为代表的“小先知”。之所以称为“小”，意味着他们延续了与神的“合约”并且对道德日益败坏的民众起到了教育和凝聚人心的作用，但他们并没有针对时代的发展和具体的困难提出创造性的理论和壮举。尽管这样，他们对整个民族的教育和启示却功不可没。纵观世界历史，经历近两千余年的国土完全沦丧，但仍然成功复国的，大概也仅有以色列一例，这与他们出色的民族凝聚力和国家民族情感教育有关，这正是先师们的功绩。

同样可以参与对比的，还有东西方的两位贤王。一位是印度孔雀王朝的阿育王[3]，他在位期间，先是计划以武力统一全印度，而且也进行得很顺利，但却始终无法获得被征服国家的倾心拜服。后来在得到悉达多的学说后，阿育王改变了政府策略，以文化教化为主、武力收复为辅[4]，最终获得“转轮圣王”[5]的称号。

巧合的是，悉达多在临终前，也吩咐弟子将他以“转轮圣王”的礼仪下葬[6]。他当然不是想真的去做国王。这位圣人是想通过这样的举动昭告天下，他的思想和理念最终能够引导整个印度恢复统一并走向盛世。

另一位贤王是罗马帝国的君士坦丁[7]。正是他的《米兰敕令》[8]，保障了帝国的信仰和言论自由，杜绝了对持不用宗教信仰者的人身迫害。五百年后，基督教为了纪念这位君王的开明政策，将他追封为圣徒。

这两位贤王的例子说明，即便拥有至高无上的王权和千秋功业，他们仍然要尊奉圣人为师，这是因为有了道德指引和文化风气，有了人健康发展的温床，国

---

❶ 见《圣经·旧约》：撒上十二 6—15、23，撒上十 1，十一 14 和撒上十六 1—13。

❷ 巴比伦之囚是指公元前 597—公元前 538 年期间，新巴比伦王国国王尼布甲尼撒二世两度征服以色列 - 犹太王国，大批民众、工匠、祭司和王室成员被掳往巴比伦。

❸ 孔雀王朝（约公元前 324—公元前 187），因王朝第一位君主是饲养孔雀出身而命名。在第三位君主阿育王在位期间，完成了印度历史上第一次统一。因此阿育王在印度的地位相当于中国的秦始皇。

❹ 见佛教经典《阿育王经》。

❺ 即一统全印度的伟大贤王。

❻ 见《长阿含经》。

❼ 君士坦丁（272—337），罗马帝国第 42 位皇帝，因尊奉基督教为国教而被后世称为圣人。东正教教廷君士坦丁堡即为纪念他而命名。

❽ 颁布于公元 313 年，是当时通行罗马的宗教宽容法。核心是倡导信仰自由，允许传教，杜绝对持不同信仰者的人身迫害。

家和社会才能繁荣昌盛。在政治上奠定这种昌盛的人，在历史文化上的地位是圣君明主；在思想和道德上奠定这种昌盛的人，才是人类文明的至尊导师。

立足“人”，关怀“人”，成长“人”，是大争之世的一个重要闪光点。简约概括起来，可以是两个字“大略”[1]，其核心就是作为一个思想者和教育者，怎样才能实现成为“帝王师”的最高目标。

华夏文明曾经给出过答案。立足于“人”，与神进行大争的、中国历史上第一个思想的黄金时代里，有无数贤明的先师曾经为此努力过。

被这些榜样引领着，我们进入那个中国思想史上的黄金年代——春秋。

第二节　黄金年代的师德陶冶与进化（上）

在论述前，我们先讲一个有趣的比喻：人类的文化历史上，王权和思想发展的大概规律是什么呢？这就如同一个巨大的跷跷板，虽然连在一起，却交替上升。

王权昌盛的时代，思想（特别是自由主义的思想）往往萎缩甚至几近凋亡；王权衰落的时候，思想界却百花齐放乃至宗师辈出。因此又诞生了一个有趣的比喻“用脚投票”——我的思想和学说你不用，那我就走，走到一个愿意接纳我的地方[2]；可如果王权鼎盛，普天之下莫非王土，走不了了，那也就只能闭嘴甚至改行了。

中国思想史上的第一个黄金时代，正是在巨大跷跷板上开始用脚投票的时代。圣人把它命名为——春秋。开创周朝八百年的国家之师姜尚虽然深谋远虑，但也不能保证他的理论体系能够指导一个王朝千秋万代[3]，随着王权衰落、诸侯争霸，思想和学术也空前繁荣起来。

由此，这段时代被后世最为推崇的“至圣先师”孔丘[4]命名为春秋。“春秋”原意指的是鲁国记载历史的体例，因为按照季节更替来书写历史，所以“春夏秋冬”就是历史，简称“春秋”。但还有另外一种深刻的说法，其中蕴藏了圣人的

[1] 语出荀匡《荀子·大略》。

[2] 例如孔子就曾周游列国，传播自己的主张。

[3] 事实上传承八百余年的周是中国历史上最长寿的朝代。

[4] 孔丘（公元前551—公元前479），儒家创始人，春秋时期著名政治家、思想家和教育家，被后世尊为“至圣先师”。

期望——按照《礼记·王志》记载，（王）春秋教人礼、乐，冬夏教人诗、书。在那个“礼崩乐坏”的年代，圣人渴望天天都是“春秋”，好让诸侯和百姓多学学礼、乐。

这里的礼、乐，不仅仅指的是礼仪和音乐，它们只不过表现形式，是从周公旦开始制定的，为了拱卫文王、武王、师尚父姜尚等人辛苦建立的国家制度和道德标准而创立的表现形式而已。其核心是国家制度，以及由制度带来的社会道德。

晦涩的理论总不如生动的比喻：周朝幅员一百五十万平方公里，人口过千万，这样庞大的王国不是一个人能够管理得过来的。如果把它比作一座学校，那么姬昌和姜尚的设想就是：层层负责，共同研究。因此，校长就是周王，他主持的课题叫“周王国的开发与管理”；下一级的诸侯是系主任，他们开发的课题项目就是诸侯国；再往下的大夫是班主任，他们的项目就是各座城邑；最后，每级负责人（校长、系主任、班主任）都要找学生参加项目，这些学生就是庶人，也就是今天俗称的“老百姓”。

在这套制度下，各级负责人的权利义务以及一揽子配套设施（衣食住行）就叫做“礼”、“乐”。但随着生产力发展，往往就有下一级的项目完成得比上一级好，于是他们就抢占上一级的资源甚至公开叫嚣和打压上级。对此，国家和社会本来应该团结起来唾弃和讨伐，但是逐渐地，大家都被大的项目成果蒙了眼睛、害了良心，反而以叫嚣和打压上级为荣。这种社会现象及其道德堕落的表现，就是“礼崩乐坏”。

与此同时，黄金年代的先师都有着崇高的社会使命感，他们无时无刻不在研究和实践如何保障“人”的成长。这种使命感令我们后世的教育工作者望尘莫及乃至自惭形秽。如何解决“礼崩乐坏”，让“人”能够继续顺利成长，成了当时整个思想界和教育界共同关注的神圣命题。由此带来的一系列教育和实践活动，就是后世口中的“百家争鸣”。

使命创造命运。正是这种崇高的使命感和神圣的命题，才造就了中国思想史上的黄金年代——春秋。如果还套用先前跷跷板的比喻，那么毫无疑问，春秋的思想和道德高度，直接来源于王权和政治的低度，正是后者如此低，才抬得前者相当高。

以此为线索，并且沿用上面的三个比喻，我们来走进这个黄金年代，追寻那些至圣先师。

首先讲的是有两位先师在思想和教育界挑起革命。第一位是老子[1]（又名李耳），任职于当时的国家图书馆，老子通过对国家历史文化的研究，提出了“无

---

[1] 老子（公元前571—公元前471），道家创始人，著名思想家和哲学家，被后世尊奉为中国哲学思想史的巅峰和圣人。

为”的理论。无为是相对于“有为”而言的。在老子心目中，文王、武王、周公这些人都是有为的，但恰恰因为他们“为”得太多，开启了社会和道德动荡的大门。所以老子推崇无为，无为便有无限空间和无限希望，政治上的小国寡民和无政府主义、经济上的自给自足、文化上的泛自由主义有助于消除纷争、结束动乱[1]。

其中的很多思想已经近乎空想共产主义。然而在当时，生产力的发展水平根本不足以支撑这样的理论，如果真的按照老子的设想做了，那就要退回到原始社会，这是开历史的倒车。所以老子在政治上郁郁不得志。所幸他并不在乎，转而把精力放在对人类文明和自然发展规律的探讨上。终于，老子在人与社会、社会与自然、自然和宇宙的和谐规律探求上有了重大突破，他将这一系列规律命名为“道”、“德”。这是中国哲学界的一座顶峰。

悟出道德的真谛后，老子选择了归隐。但在著名的“西出函谷”前，他应人邀请，还是决定把毕生所得流传后世。这篇五千字的文章，就是道家经典《道德经》。事实上，中国文化当中很多思想和俗语，就源自于这部经典，一直影响了后世两千余年。

考察道德经的体例，已经非常像一本教材了。书中有立论，更有很多形象的比喻乃至于案例汇编，例如我们熟知的“治大国如烹小鲜”、“上善若水”等。综合来看，老子的政治和社会文化学说在当时虽然没有市场，但他对中国哲学界和教育界的影响还是十分深远的。近代哲学宗师冯友兰在概括中国哲学的思想境界时，曾把人分为“天地境界”、“道德境界”、“功利境界”、“自然境界”。其中位于最高的“天地境界”只有老子一人，这是对他在思辨中触及宇宙运行和自然规律最高法则（即“道”）的高度认可[2]。

思想界革命的第二位宗师是墨翟[3]，即墨家学派的创始人和掌门人墨子。他的理论是“兼爱”，即打破阶级和意识形态的划分，实行全人类乃至全自然界的大爱。墨翟认为，造成“礼崩乐坏”种种乱象的根本不是社会制度问题，而是人的思想境界问题。每个人都爱自己，或者再进一步，爱自己周围的人，再进一步就是爱国。但正是这种有限的爱，才产生了私欲。因此只要能做到无限的兼爱，就能打破私欲的束缚，一切社会和阶级问题也就迎刃而解了。

毫无疑问，这种思想也是建立在物质极大丰富的基础之上的社会道德。但在两千年前，这样空想的“大爱”是不可能实现的。甚至远望两千余年后的第一次世界大战，马克思、恩格斯提出了共产国际的概念，希望全世界无产阶级打破国

---

❶ 老子的全部思想都蕴含在《道德经》中，见前文引注。

❷ 见冯友兰《人生的境界》。

❸ 墨翟（公元前 468—公元前 376），墨家创始人，著名的思想家、教育家和军事家。

家和民族的概念团结起来，但最终发现，随着战争的继续，各国工人阶级仍然积极投身到国家战争的汪洋大海中❶。

而墨翟较老子更像一位教育家的地方在于，面对学说思想和政治抱负的难以实现，前者选择超然避世，而后者却无论从自身还是学派都始终坚持实践。《墨子》、《孟子》和很多同期史书都曾记载一个知名的故事，那就是“墨子救宋”，为了拯救因被楚国垂涎而陷入战争边缘的宋国，墨子星夜兼程走了几个月，磨烂了脚，终于说服楚王停止了进攻计划。然而可悲的是，在墨子出入宋国报信的时候，城门守将却认为他是奸细而一度不让其入城。这个故事一来显示了墨翟的大爱和追求真理的道德操守；二来也说明，这种大爱在当时也是很难被世人理解和接受的。

墨翟对教育界的另一个贡献在于成功组织了墨家学派。首先，墨翟号召学生在科技（例如攻城机关）、军事战略和其他自然学科领域自由发展，这在当时重视思想、鄙视体力劳动、一心好为帝王师的诸多学派宗师里一枝独秀，成为自然科学领域探索工程的鼻祖。

其次，墨子非常重视学生的社会实践，他的门徒或者成为军事家，或者从政，总之都在为兼爱的理想追求奋斗。一时间“墨者”成为春秋时代各诸侯国争相笼络的人才品牌❷。

最后，墨翟在管理学生时，创新地发明了组织管理和团队教育的模式。他在学派的教育中，有很多有趣的规定。例如：外出做官的学生，无论俸禄多少，都必须上交学派，由钜子❸统一分配使用；定期组织“研讨会”，召集所有为官的学生，分享从政经验，统一解决工作中遇到的难题；在定期大会中，受到大家一致肯定或者解决问题最多的学生，有义务向学业还未成熟的年轻弟子答疑解惑。墨子的这些教育理念和实践，让“百家争鸣”的春秋时代思想界多了许多社会责任与担当，其中大量闪光理念至今仍然能为管理和教育界提供很多思路。

值得一提的是，如前文所述，正是这种“争当帝王师”的传统，使我们的学术争论往往同政治主张和待遇结合在一起。这个规律恰恰预示了墨家学派的命运。

墨家学说中的核心思想是兼爱，由此衍生出来的政治理论是非攻。而儒家思想“仁”的核心是阶级爱，由此衍生的政治理论是克己复礼。简而言之，两家的分歧集中在了到底是爱世人还是爱“自己人”。

显然，即便从今天世俗的眼光来看，世人并不都值得爱，有限的爱分散开来，

---

❶ 见麦克尼尔《世界史》，中信出版社。

❷ 对此，《孟子·尽心上》、《韩非子·显学》和《吕氏春秋·去私》等均有称颂。

❸ 墨家学派掌门称钜子。

每个人分到那么一点点，那还是爱么？更重要的是，如果你爱的人不爱你，或者你爱的人天生就是你的敌人（无论是道德上还是政治、经济上），在生产力并不发达的时代，爱他们难道有利于国家和集体的团结稳定？何况王权从古至今都是自私且排他的，政治上的分歧和敌对并不是道德意义上的“爱”能够解决的。儒家的“克己复礼”对无良的诸侯和士大夫只是一种限制，但尚有制裁；但墨家的兼爱非攻让本就利欲熏心、争斗不止的人更加肆无忌惮地乱成一锅粥。站在国家最高管理者的角度，用最简单的管理思维去审视，墨家的主张就太无用了——有人破坏了政治原则和道德规矩，我不能用暴力惩罚他。那么后果无非也就是两个：一是他领情了，暂时变得规矩，但会纵容更多的人破坏规矩；要是他不领情，那就会更加猖狂地破坏规矩，甚至把国家管理者赶下台，在更大的混乱中攫取利益。

显然这不是统治者与政治家愿意看到的。一言以蔽之，墨家在生产力和社会道德都不成熟的时候贸然消灭国家暴力机关和暴力执法行为的主张是不切实际的。在后世封建王朝的统治者们看来，它远远不如儒家政治主张来得实惠而简单易行。

由此，儒家和墨家非但老死不相往来，而且渐有反目成仇趋势。例如孟子[1]就公开看墨子不顺眼，连别人同时提及他们都会觉得不舒服[2]。道理也很简单——老是兼爱非攻，混乱的天下何时能恢复一统？知识分子世世代代梦寐以求的“为帝王师”，继而以王道伐无道的理想岂不是要被剥夺？

所以，当王权最终选择了儒家思想作为官方学说，甚至逐步上升到国家意识形态的时候，墨家便逐步成为了“王道”鄙夷甚至攻击的目标，最终沉底湮灭在主流文化的长河中。

革命从来多失败且伴随着巨大牺牲。思想界的革命也有相同的命运。历来重视权威和传统、喜好以包容精神容忍和解决的中国人最终选择了改革。春秋时代，是中国哲学和文化领域空前的黄金时代，“诸子百家”由此诞生，即便汗牛充栋恐也无法尽载，但有一位先师，则是思想界、教育界乃至政治界最优秀的改革家，任谁也不得不认真品评一番的。

他就是被后人在先师名头前冠以“至圣”的孔丘。

孔丘出生在鲁国，而鲁国又是周王朝最出色的政治家——周公旦的封国，在王朝具有较高的政治地位和较强的文化教育传统，这为孔丘能作为中华文明最优秀的教育家和政治家提供了良好的环境。

从师德风貌的角度分析，孔丘是继“千古帝王第一师”姜尚之后的又一位伟

---

[1] 孟轲（公元前 372—公元前 289），儒家宗师，著名思想家和教育家。被后世尊奉为仅次于孔子的“亚圣”。

[2] 孟子甚至在《滕文公下》中公开批判墨家“是禽兽也”。

大师者。他对自己的教育事业和政治理想非常忠诚；懂得因时制宜、全面发展、脚踏实地的培养学生；主动投身到广大人民群众中去，谦恭又坚定地教育他们；在这些基础上，他对国家和民族的稳定与发展殚精竭虑，有极强的使命感。权威，敬畏，大略，这些品质直到今天看来，都足以成为万世师表中的典范。

无怪乎山东孔府门两侧的楹联上，堂而皇之地书写着“德配天地道冠古今，删述六经垂宪万世”[1]。

前半句话，赞扬孔丘的师德品质，后半句则集中赞扬了他的教育成就。而恰恰是这段楹联，道出了黄金年代里能成为“至圣”先师的惊天秘密：

删述六经，垂涎万世。六经者，诗、书、礼、易、乐、春秋，这其中有确确实实是孔子倾注大量心血的成果，但也有失传和疑似假托其名的作品[2]。但无论从哪个方面考察这些著作的地位和内容，都是华夏文明和中国传统文化的巅峰和典范。

回过头来继续说这个“秘密”。如此伟大的先师，竟然只是“删述六经”，这个特殊情况值得后人深思。无独有偶，在世界上三位影响力最大的人物（同时也是教祖）中，乔达摩·悉达多、耶稣和孔子都是“述而不作”。在他们死后，由弟子们完成学派（宗教）最重要典籍汇编的重大使命。而记载他们教育事迹的典籍也在学派中处于至高无上的权威地位，达到“垂宪万世”的效果。

以孔子为例，让我们简单梳理一下这个过程。孔子逝世后，他的弟子曾参和他的儿、孙领导诸弟子陆续将老师的言行事迹编纂成书，这就是大家熟知的《论语》。《论语》流传几十年后，出现了很多版本和谬误的解释，于是由孔子的嫡孙孔伋（子思）进行了权威注释，成书名为《中庸》；孔伋的弟子孟轲又将其拓展和补充，成书《孟子》；到了宋代以后，学界将先贤的著作思想加以通俗化，因而成书《大学》。

从世界文化其中三大流派的学术经典传承脉络中我们可以发现，创派祖师不仅“述而不作”，而且最权威经典著作的诞生也历经几代人、上百年的共同努力；在此基础上，仍有后世学者对其不断进行加工、解释、完善甚至再创造，保持学派乃至宗教理论建设的常有、常新。

国家王权和历史文化发展规律共同选择了改革而不是革命，这是教育史乃至思想史上的一个重要关口。而在此基础上改革中的重要“秘密”，则是在姜尚时代立足于人的基础上的“大略”以外的另一条关键线索。

由此，师德在历史文化的黄金年代里生生不息、陶冶进化，直至达到巅峰。而学派大师前赴后继的理论建设和实践保证了自身常有常新的发展，黄金年代由此生生不息。

---

[1] 明嘉靖二十三年（公元 1544 年）山东巡抚曾铣手书。

[2] 《乐》经失传，而孔子为《易》经做十翼的传统说法在学界也尚待考证。

第三节　黄金年代的师德陶冶与进化（下）

被后世尊为圣人的先师们“述而不作”的原因，归结起来有两点：其一，他们的思想深刻，并不是一代人的智慧就能够探究其答案的；第二，他们的体系庞大，为了构建和实践这样的体系，先师耗尽了毕生精力，以至于他们来不及在某个具体的领域里深加停留。

这就是彼时教育行业[1]开山祖师的大幸和不幸。幸运的是，他们秉承权威和敬畏，为国家、民族、文明和人的发展殚精竭虑，他们开创的命题都是为万世表率的，例如我们的世界怎么了？是什么原因造成了这样的乱象？我们应该怎么办？这样的问题，足以开启数代人的智慧和努力。而正因有了这种开创性的思考，才有了崇高的使命感和道德感，乃至有了巨大的感召力。这是“德配天地道观古今”的来源。

不幸的是，作为一名思想家和学者，毕生追求的事业没有求到答案，这无疑是最痛苦的事。而古往今来，大概也只有师者等少数职业，和其中的少数精英，才会对思想领域里的究极真理魂牵梦萦。

而正因为至圣先师清楚地了解这样的痛苦，尤其是在自知有限的生命不足以完成如此伟大事业的时候，才越发殚精竭虑。

孔子挚爱的门徒颜回不幸早夭，想要传下衣钵的孔子大呼“天丧予（老天要灭亡我）”[2]，悲痛地要为弟子结庐哀悼[3]。而在不久后，圣人也被迫放弃他追求一生的周游列国推行政治主张的宏伟工程，返回鲁国，进行《春秋》的最后编纂工作。之所以有这样的考量，并不是通俗意义上的“身体原因”，毕竟对于孔子来说，也曾发下“道不行，乘桴浮于海”的弘誓大愿；但随着传人早逝，圣人不得不“加班”工作，将他认为最重要的历史文化和思想精髓亲手传之后世，以免后生学业不精、错了方向。

在这样的使命感、责任感和事业心推动下，传统师德风貌便又多了一项闪光的新特征：启迪后世。为师者要身为榜样，严格施教，更要通过这样的榜样力量，为后来弟子留下宝贵的学术与思想发展的线索和勇气。通俗地讲，就是俯首甘为

---

[1] 也许尚未与宗教完全脱离，那是许久之后的进步。

[2] 见《论语·先进》第九。

[3] 按当时风俗，在死者坟墓附近就近搭草庐守丧。

孺子牛。这种甘为人梯的品质和追求成为教师美德的重要组成部分流传千古，直到今天仍显高贵芬芳。

更加难得的是，在世界文明史上，师生之间的学术交往不仅有传承，还有扬弃。或许各个文明在历经一段时期的发展后遭遇的问题不同，然而每个时代的主旋律却惊人地相似。在四方文明史上的雅典时期，同样是哲学与思想发展的黄金年代。而西方哲学的创始人柏拉图、苏格拉底和亚里士多德[1]，则完整地演绎了上述关系。

苏格拉底[2]是唯心主义哲学的开山祖师，同时也是伟大的思想家和美学家。他穷其一生，深入各行各业，围绕“道德”和“美”[3]展开了很多知名的辩论、阐述和教育。柏拉图[4]是苏格拉底的弟子，唯心主义哲学的奠基人，除此之外，他还是一位优秀的政治学者，一生醉心于寻找奴隶制民主的改良道路，他的名篇《理想国》和《律法篇》，竟在两千多年以前就已略窥民主建设和政治制度建设的门径，直到今天仍有启示意义。

而亚里士多德[5]则是柏拉图的学生，他不仅是西方哲学体系中处于奠基人地位的宗师，而且是集哲学、政治学、自然科学乃至教育学的集大成者。亚里士多德在西方思想界和文化历史中的地位，与中国的“至圣先师”孔子相当。以至于在随后的一千余年时间里，哲学家和自然科学家们仍然言必称亚里士多德。

然而，亚里士多德的哲学学说是朴素唯物主义，政治上也推崇封建制和集权的法治论调，这与其老师大相径庭，以致亚氏为此发明了一句流传千古的名言——吾爱吾师，吾更爱真理。但这恰恰是西方哲学三肇祖[6]在教育实践上的巨大成就。在探求人的发展上，师徒三代的理想一脉相承，学说和方法则各自迥异，而在这样复杂的扬弃中，竟然各自取得了为当代和后世所推崇的辉煌成就。既尊重和爱戴老师，继承他对真理执著追求的理想；又不为老师的成就和教诲所束缚，与时俱进，勤于思考，取得属于自己的全新成就；尤为难得的是，无论柏拉图，还是亚里士多德，都没有在巨大成就中忘记老师的教诲，更没有因为学术主张相悖而轻视和背弃恩师，这样的道德和学术相辅相成，无疑是古往今来师生传承的经典。

而在教育实践中，亚里士多德则完全秉承了苏格拉底、柏拉图一脉的风格：

---

❶ 师生三人秉承“古希腊三贤”。

❷ 苏格拉底（Σωκρτη，Socrates，公元前 469—公元前 399）。

❸ 苏格拉底口中的“美”更接近于现代的“创造”。

❹ 柏拉图（Plato，Πλτων，约公元前 427—公元前 347）。

❺ 亚里士多德（公元前 384—公元前 322），是古代西方公认最伟大的哲学家。

❻ 即古希腊三贤。

尊重个性、平等相处、风趣自然，并注重素质的教学体验，让从雅典学园[1]一直延续到逍遥学派[2]的光辉成为西方教育史中的标杆。这种范式的树立，是基于伟大追求、高尚道德和严谨治学基础之上对人的全面尊重，是人类思想史中黄金年代的高峰。

但在高峰中，我们不能忽略先师们隐隐的悲剧命运。这些如此伟大的人仍然难逃噩运。我们还是应继续阐述苏格拉底等三位圣贤。他们不仅热爱哲学、科学和法律，也同样关注时局和政治，关注如何为国家谋求幸福的发展道路。然而正是这样的情怀，让他们付出了相同代价：苏格拉底主张广泛的自由主义，因而被奴隶主判为死刑；柏拉图实践了“自由民”阶级的自由政治，但他主张的是一种更为广泛的民主形式，最终被当权者一杯毒酒断送此生；亚里士多德大概吸取了老师们的教训,试图教导君主实践自己的主张——这一点同姜尚的经历如出一辙。然而不幸的是，亚里士多德最出色的学生——亚历山大大帝英年早逝，他随后便遭到了亚历山大政敌的通缉，不得已过上了流亡生活，直到逝世。

由中国和西方的这几位古圣先贤共同的经历，我们可以得出一些结论：

论及师德，先师们的理想境界和道德操守同样高尚；在教育形式方面，追求素质教育，主张因人设教、个性发展。不同的是，在教育成果上，西方哲学三位先贤开启了“爱吾师，更爱真理”的扬弃发展，东方诸子却喜好以职业教育的形式教诲帝王或鼓励弟子（甚至自身）出仕，从而实现政治抱负。

在这些共同和差异中，追求人的幸福和发展，以及由此带来的国家和民族的昌盛，让他们的师德风貌熠熠生辉。

至此，我们可以大概梳理一下黄金时代师德风貌的发展脉络。

为了实现人的发展这一崇高目标，思想与教育者大致产生了两种思潮：一种是革命，而因为革命的主义和哲学要么将历史开了倒车，要么太过激进而超出了生产力发展水平，因此终究没能实现。相比之下，改革派渐入佳境。在这样崇高目标的支持下，先师们的个人道德和教育理念也现出了高尚。胸襟开拓、追求真理、素质教育、勤奋实践，这些品质成为能使自己学派生存发展的共同标准。

由此,中国人习惯将这些学术水平和思想道德同样光辉的教育家们称为“子”。清代学者纪昀[3]（纪晓岚）就曾经戏称：德高望重的人被称为“老”；领袖众人的被称为“头”；德行高洁且学问高深的人被称为“子”[4]。虽然是急智间的细谈，

---

❶ 为柏拉图所建。

❷ 因亚里士多德喜欢在轻松的环境（如散步）中教授弟子，故世人将其学派称为逍遥学派。

❸ 纪昀（1724—1805），清乾隆时期著名政治家和文学家，《四库全书》总纂官（总编），是当时公认取得最高成就的学者。

❹ 见清末民初徐珂编撰《清稗类钞》。

但个中意义，也代表了中国传统文化对这样一群“诸子”的认同。

说到认同，自然也要说不认同。在诸子百家争鸣的年代，也有虽然在政治领域成绩斐然，也不乏传世名篇（名言）的知名人物，却很难以“子”的光荣尊号被供上中华文明思想和文化的神坛。其中的原因是方方面面的，但有两种事，只要做了，便不为师治学且欲开万世太平者所容。

第一种，是对当时乃至今后相当长一段时间的政治、文化乃至社会道德发展起到抵制甚至停滞作用。用句通俗的表述：传递负能量。这其中尤以道家愿意陷入到“负能量”的深潭中。道家始祖老子讲“无为”，更多是带有禁欲和修身养性色彩的政治实验，其毕生的主要精力仍然是在哲学领域对自然和社会运行规律进行探索上；到了庄子，他传承了清静无为的风格，但其极具浪漫色彩的唯心主义思想也给中国哲学界甚至文学界带来了一缕清新的风气，是作出较大历史功绩的。

但在其间的宗师杨朱[1]，他放弃了先贤们探索哲学和思辨的光荣传统，过分追求细枝末节，将“无为”发挥到了极致，他的名言是“拔一毛以利天下，吾不为也”。核心思想是让大家都只管好自己，半点不要涉及他人、集体和国家，于是天下方能大治。这种主张的荒谬在于，莫说每个人不可能都管好自己，就是管好了，没有集体主义和爱国精神，国家和民族也很难凝聚力量、前进发展。

第二种，是把传播学说思想和政治实践当做实现个人博取权位、荣誉的手段。其中的典型代表，要数纵横家的不肖门徒。纵横家的创始人鬼谷子[2]根据周易八卦的灵感，对国家战略特别是外交手段的发展规律和特点做出了细致总结，这在政治学和公关学领域里是一种进步，而鬼谷子对于门徒的要求也很严格。但到了苏秦、张仪一辈，美其名曰“纵横捭阖”，但其道德修养令人齿寒。苏秦原本要说服六国连横，遭到拒绝后立刻变脸，转向合纵，并以其军事天赋修为促成这样的格局，他虽然封侯拜相，但给原本就动荡的社会增添了极大不稳定因素，加重了人民的负担。张仪成功促成连横，但其卑劣的外交口碑为世所诟病[3]。与之相似但更为卑劣的还有门徒庞涓，为了博取功名，不仅剽窃同门学术成果并在事败后陷害、迫害同窗同学，其手段残忍、极侮辱之能事，实在令人发指[4]。这些人虽然一时得意，号称国家君王之师，但实在是门派和师者的不幸，最终或在生前，或在死后，滚入了历史的耻辱堆中。

而这些教训，也逐渐在师者中孕育出一种进步和高尚的道德风貌：那就是除

---

❶ 杨朱，生卒年不详，大致与墨子同时代人，先秦哲学家，战国时期魏国人，字子居，他的见解散见于《庄子》、《孟子》、《韩非子》、《吕氏春秋》等。

❷ 鬼谷子（约公元前 400—公元前 320），姓王名诩（或利），又名王禅，号玄微子。东周春秋战国时期卫国朝歌（今河南省鹤壁市淇县）人。因其隐居之地称为鬼谷，故世称鬼谷子。

❸ 例如两骗楚怀王。

❹ 即著名的孙膑庞涓斗智。庞涓嫉妒同学孙膑的才华，将其迫害成残废。

了要在追求、学术和实践事业上有所建树外，更要关心道德操守，尤其是要对自己传授和传播的内容负责，使其经得住时代和历史的考验。师德是道德中的道德，也正有这样重要的含意。

说到这里，对大争之世黄金年代师德风貌的探求可以暂告一段落。让我们进行简单的总结：人类思想文化教育史上的黄金年代诞生自大争之世。师德在继承上古时代权威、敬畏和严谨德行的基础上，开始为国家、民族和社会的繁荣稳定，以及人的全面发展殚精竭虑并奔走施教。正是这种为国家、民族和人的全面发展的“大略”和由此而来的崇高使命感和荣誉感，推动师德到达了迄今为止都难以企及的巅峰。人类文化教育史上的许多圣人——姜尚、老子、墨子、希腊三贤、孔子都因此成长并光耀千古。而这样的德行，也使“王”成为了师者亲密的合作伙伴。

这便是本章节的基本结论。但大争之世中蕴含着的另一个重要特点，却将成为开启下一段师德旅程的钥匙。

这个特点就是：为何几乎所有先贤乃至后世的无数传人们，都以成为“帝王师”作为至高荣誉和毕生追求呢？答案是显而易见的，因为学术思想和文化意识形态通过国家机器进行传播和扩散，是一条最快速最广泛的道路。

同样的，一个国家的领袖（在古代通常是国王或者皇帝）在治理国家时也会发现，依靠暴力的国家机器往往不能根除某些文化和思想领域的问题，即便一时得到遏制，所付出的代价往往也很巨大。为此，他们也在寻觅符合治国理念的思想家，来帮助解决思想问题。

于是双方一拍即合。这其中，姜尚是最幸运者，他的道德修养足以垂范后世，但他也并不像其他大师那样，在文学、历史、哲学乃至自然科学领域均有建树。姜尚研究的就是政治学及国家战略，专精的研究也让他在实践领域获得了巨大的成功，奠定了周王朝八百年江山。其次者是悉达多、孔子和亚里士多德等圣人，他们虽然终其一生都在颠沛流离、辛苦治学，并没有看到学说和主张通行天下、为万世师表的一天，但死后，他们的道德与教诲却垂范万世，为他们赢得了千载荣光。

即便其中最不幸者，虽然没有能够践行自己的主张，但却已收获了极大的荣誉和政治地位，乃至学派的光辉成就。其中如后人丘处机[1]，他在古稀之年（74岁），远涉崇山大漠，行程35000余里，完成了与成吉思汗的历史性会面。虽然丘处机对成吉思汗的教导并未取得实质意义上的成功，但据不完全统计，他仍从蒙古军铁蹄下挽救了超过30000人的性命，并且使其道家学派成为国家正宗[2]。

好的教师如同好的大夫，采取速效的办法治愈顽疾和采取缓慢的办法铲除病

---

❶ 丘处机（？—1227），字通密，道号长春子。

❷ 在丘处机逝世后，由元世祖追尊其为主教真人，授权其管理各道教学派。

根二者缺一不可。而普天之下，再也没有比一个强大且统一王朝最高领导者的严厉命令和热情推广更有效的办法了。

于是时代文明推动师德风尚向前迈了一大步。在远古“巫”的时代，只能勉强地概括为一半在教学、一半在迷信，靠虚无缥缈的神权和神威团结信众，至于一个完整教育行业所在拥有其他要素——教材、学生等，更是随性而至、参差不齐。

及至在走到思想和文化的第一个黄金年代时，却已经有了学派宗师（教师）、学生（门徒）乃至形式各异的教材，甚至出现了学派之间的竞争（如前文提到的墨家与儒家），这些争奇斗艳的学派，是思想上的繁荣，文化上的繁荣，更是教育事业的繁荣。而为了实现共同目标——人的发展和文明的进步，他们不约而同地选择了王权作为助推剂，用来绽放更加辉煌的智慧之火，并将师德陶冶至纯粹。

然而，选择都是相互的。先师们利用王权教化万民，而王权同样利用先师巩固统治。黄金年代的另一个伟大之处在于，思想文化的教育和封建王权是并行的双峰，如果合作，就会绽放出空前的硕果，但如果分道扬镳，至少也能相安无事、各自茁壮生长。

可总有一天，一种光芒会压制另一种光芒。率先进步的必然是生产力，然后是政治形式，最后才是文化与思想。因此人的发展必然率先带来强大集权兴盛，在它强势的照耀下，百家争鸣渐渐变为一种声音。

那就是王师之德的颂歌。

第三章　王师之德

华夏文明从上古时代，到奴隶时代，最后到达封建时代，字形变化最少的字是“王”[1]。三个横是“三才”，代表天、地、人，负责沟通天地人的人，就是治理万民的君王。而在文明史上，这个词同样以独特的魅力引领时代。

让我们看看“王”字的另一种含义吧。三个横，代表过去、现在和未来，从文明的演进中接收过去的遗产、缔造现在的辉煌、并开启未来盛世的人，就是王。它不是指具体的某一个人，而是一种制度，以及在这种制度下孕育出来的杰出代表。

什么又是“师”呢？就是周围有一群小土丘围绕、表现出众的人。他同样不是指具体的某个人，而是一股思想文化的潮流，以及引领这股潮流的佼佼者。

上古时代，文明以天地神祇为师，以巫为代表，教会人类权威和敬畏，使人能团结，并有组织、有秩序地生存下来。奴隶时代，文明以帝王师为表率，以如何实现“人”的发展为崇高使命，开启思想文化的黄金时期。而到了封建时代，领导文明前进的分工再次明确，王和师各司其职，而后者成为了前者的附属和助手。他们同样有着共同的目标，就是在文明的碰撞中取得胜利。

归根结底，是生产力发展了，文明进步了，过去一个个孤单的部落点变成了一个个联盟圈子，又变成了一片片邦联的王国，最终形成了一面面大一统的庞大帝国[2]。在“点”时，人们老死不相往来，想要争斗也没有条件，而到了面时，因为面积足够大了，为了能支配有限资源从而更优质地活下去，碰撞和争斗就在所难免。这个进程，直到今天仍在继续，甚至演变成了全球范围的剧烈碰撞，稍有不慎，甚至会摧毁几十万年来人类文明的全部成果。

当然，这是题外话。回到我们应该谈论的主题上，封建文明就是一个个“面”，

---

[1] 王，甲骨文为太，金文为王，此后直到现如今都未曾改变。

[2] 这个比喻引自当代学者易中天的《中华史》。

共同的诉求是让所在的人类族群更加优质地生活下去。为了这个目标，王与师便开始各司其职。这或许也是地盘大了、事情多了的缘故，身兼两职的现象渐渐不复存在。

那么，如何才叫更好的生活？其中自然分为两个方面，一方面是物质的：吃得饱、穿得暖、减少病痛、生命和财产安全都能够得到保证等等；另一方面是精神的：知善恶、懂礼仪、传承经验少走弯路、自觉用道德和社会规范约束自己的行为等等。

为了满足第一方面要求，人类发明了国家机器，“王”成为领袖[1]；为了满足第二方面的要求，人类诞生了专门的意识形态和文化传播机构，“师”就是专门职业、代表乃至领袖。

当然，这是一种系统和复杂的解释。而最直接的原因，前文已经说到了：为了在生存发展过程中遇到的争斗中取胜。只有仓廪实，才能知礼仪。而在为使民族和文明生存而进行的争斗过程中，人们都愿意走捷径，这个捷径就是帝国和王权，虽然这条捷径充满了暴力，但它的本质，和先师们想要成为“帝王师”，从而传播自己的思想和文化一样，并没有什么不同。

为此，道德教化要在短时间内让位于王权暴力，并且陷入两难的境地。其中最典型的论述在孔子，这位至圣先师一方面为“礼崩乐坏”痛心疾首，并为改变这种局面奔走呼号；另一方面，对于在生存和文明的冲突中采用暴力捍卫成果的诸侯，又发自内心的赞扬。他曾评价春秋时代政治家管仲[2]说：“如果没有管仲的谋略，我们恐怕都要披头散发，袖口向左面压了（即被来自西方的少数民族征服）”[3]。这其中，难道孔子不知道正是齐桓公和管仲这对君臣开启了“礼崩乐坏”的大门么？

为了在与其他文明的斗争中占领先机，必须要快，必须要寻觅捷径。社会道德和文化教化相比来说还是太慢了，暴力与王权才足够应对这种进程中的挑战。为此，东西方同时诞生了后世所谓“千古一帝”的不世出的君王。

在罗马共和国，集中表现在尤里乌斯·恺撒[4]。为了征服罗马，他向财阀借款，并且出任高卢[5]总督；他曾经将一座城市的四万军民屠杀三万九千，只剩下八百人出去报讯；为敦促投降，曾经公开饿死两万名妇女和儿童；为了镇压起义，曾

---

❶ 根据国家和文明的不同，“王”又有国王、皇帝等多种称谓。

❷ 管仲（公元前725—公元前645），春秋时期齐国相国，正是他辅佐齐桓公称霸，开启了春秋时代的争霸战。包括孔子在内的先贤都一致称赞管仲是华夏文明的守护者。

❸ 见《论语·宪问》第十四。

❹ 尤里乌斯·恺撒（公元前102—公元前44），古罗马共和国时期杰出军事家和政治家，同时也是独裁君主。

❺ 今法国和意大利的一部分。

经将全镇的军民数千人的双手统统砍下，再把他们放出去报信……这些都是令人发指的暴行[1]，其罪恶历经千年也难以消散！但在这样的暴行之后，高卢地区的巨大人力财力迅速向罗马集中，在恺撒身后迅速完成了奴隶制民主向帝国王权的转变，强大的罗马帝国征服了西亚、埃及等古老文明，并在三百多年后颁布了《米兰敕令》，并召开了尼西亚信会议，奠定了整个基督教文明的基本格局。

这样的体系，在西方有恺撒大帝，在中国有秦始皇，在印度有阿育王。

接下来我们再看这位阿育王。印度国家和民族的“转轮圣王”情结从古延续至今，也让这个邦联制和多宗教的国家很难凝聚起强大的国力。在印度的历史上，阿育王无疑是政治、军事与治国方略上的千古一帝，而他在完成暴力统一的同时，也渐渐知道了王权的无力，以及人类文明的密码——国家机器可以有效地维护国民安全和保障社会稳定，也可以最大程度的凝聚生产力、改善生活水平；更可以快速推进市场状态下几百年甚至上千年才能完成的资源配置和重组；在社会矛盾激发的时候，国家机器也几乎是为唯一能令社会秩序和生产关系发生重置的途径。但国家机器不等于一切，它更不能解决安全、温饱、稳定之后的种种问题。

比如说，信仰、道德和为了社会健康稳定发展而必须获得的知识与技能。暴力维稳和大一统永远要付出鲜血的代价，而一旦这种代价超出国力的支持，就会把整个社会拖进深渊。例如阿育王就发现，战争再打下去，就一定要陷入深渊了。

于是他改弦易辙。这位贤王在建立军事上绝对优势的前提下，将神圣王权分出一部分给文化教育，让它帮助自己完成大一统的使命。于是军事稳定了，经济恢复了，道德和文化也在逐步繁荣，文明得到了有序传承，印度半岛由此再度进入盛世。

同样的，罗马帝国在承受暴力的巨大代价后，也选择了这样的探索和合作。米兰敕令和尼西亚信会议，在强大帝国的基础上建立起引领世界文明进程的基督教文明。

又过不了多久，中国封建帝国开始了罢黜百家、兴办太学的思想革命。试想，一个数百万平方公里国土、数千万人口的巨无霸型的农业国家，如果结束内战、统一步调、凝聚国力，将形成一种怎样的锋芒？乃至有了“明犯我强汉者，虽远必诛”[2]，汉帝国的巨大国力从那时起开始逐步称雄世界。

这个体系的继承者，在西方有君士坦丁大帝，在中国有汉武帝、唐太宗[3]。

而后者尤为成功并尝到甜头。成功人士无一例外都会考虑怎样节省成本而又

---

❶ 见盐野七生著，张伟译：罗马人的故事4：恺撒时代（上），中信出版社。

❷ 见《汉书·傅常郑甘陈段传》，意即明目张胆侵犯强大汉帝国的敌人，即便地处多么偏远，也要诛杀。这在当时成为汉帝国对外交往的首要国策。

❸ 汉武帝刘彻（公元前156—公元前87）和唐太宗李世民（598—649）是奠定汉、唐两帝国霸权的君主。

继续保持成功。于是华夏大地始现王权对整个文明的改造：政治、军事、经济和文化的全面一统。更重要的是在这样的改造中，把整个民族的意识形态、道德观念和文化传承都向王权靠拢，由此，才能以最小代价，维持当时世界上最庞大，也是最强大帝国的继续运营。

在“王”与“师”的配合下，中国的封建王朝逐步建立健全了一揽子宏伟而缜密的配套工程：如法家制度，三教九流[1]，科举，士林，官学，技艺等等，甚至每种制度和机构发展成熟后，都孕育出了相应文化，直到今天，成为华夏文明必不可少的组成部分。

它们大而全，而且超级稳健。设计出这一整套体系的君王和先师，无异于是世界上最为智慧的圣人。然而文明总有两面，他们替后人想得太多和太全，也同样遏制了后来者的创造力和进取心。所以当马丁路德[2]的九十五条论纲[3]震慑整个基督教文明的思想体系的时候，我们仅仅发明了一种制度叫“恩科”[4]；当瓦特[5]和蒸汽机技术让西方文明经济基础开始发生重大变革的时候，我们还在纠结于四书五经的顺序[6]。

成功是有惯性的，这种惯性必须要更加强大的力量来打破。所以我们在近代史开端的阵痛中开始惊醒和变革，重新追赶世界的脚步。但这不妨碍古代的辉煌。数百万平方公里、历史两千年的大一统国家，占据世界总产值四到五成的庞大经济体，养育数亿的人口，这些都是华夏文明对世界文明标榜千秋的贡献。

这种贡献的基石是复杂的，又是简单的，一个“王”字，一个“师”字就是最典型的代表。政治和军事上有王，思想和教育上有师，所以古时候人们说“国不可一日无君”，现在我们说“教师是太阳底下最光辉的职业”，这些比喻的背后是同样的历史和文化元素——王师之德。

第一节　繁荣的官学与显贵的国师

承接上文的光辉使命，我们要清晰地知道，为了国家繁荣和文明发展的共同

---

❶ 三教九流有两层含义，即官方意识形态和对各行业的等级划分，这里兼取两个意义。

❷ 马丁·路德　（Martin Luther，1483—1546），新教路德宗创始人，著名宗教改革家。

❸ 是马丁·路德公开质问并建议天主教进行宗教改革的纲领，涉及民主化、廉洁制度等九十五个方面，史称九十五条论纲。

❹ 始于宋代，皇帝亲自主持考试时，可将部分人单独成册上奏，一般都能高中。

❺ 瓦特（1736—1839），英国著名发明家，正是他的蒸汽机发明，标志西方进入工业革命时代。

❻ 几乎与工业革命同时代的明帝国洪武皇帝朱元璋亲自修改了科举考试的范围，这就是后世熟知的四书五经。

神圣使命，王和师才会携手。这对黄金组合允文允武、各司其职，但暴力总是在想走捷径的人类面前拔得头筹。

而古老中华的各个封建王朝，是其中表现最出色的，我们就从它谈起。

毫无疑问，以暴力推动文明前进的第一位大功臣，就是“千古一帝”秦始皇❶。尽管背负着暴君的骂名，但嬴政此人的政治与军事天赋还是万不可小觑的。“秦王扫六合，虎视何雄哉”❷，在军事统一之后，嬴政随即依靠暴力，在极短的时间内完成了“书同文，车同轨”，史上第一个封建帝国❸屹立于世，人们也从未见过如此巨大的生产力被凝聚起来，发挥前无古人的重要作用。

但随后不久，嬴政便发现了一个重大难题，就是“大争之世”留下的各种学派和思潮，阻碍着他统帅帝国、凝聚生产力的大业。起先嬴政不过一笑置之，直到这些思潮严重影响了他身边的高级幕僚和最高行政副手，他才认识到问题的严重性。

导火索是一场酒宴之后的谈论❹，围绕究竟是分封好还是郡县好的问题，博士❺们和丞相李斯❻产生了严重分歧，这种分歧，本质是儒家学派和法家学派上百年流传下来的学术斗争，本来就不新鲜，但李斯却把它贸然引向了政治，并且建议皇帝做出评判。

而皇帝的裁决就不是学术判断，而是政治问题了。嬴政倒不担心这群高级幕僚在自己生前有什么动作，他担心的是后继之君长于深宫，没有评判能力，终究会采纳他认为错误的意见，进而把帝国带向错误的道路。为了避免这样的情况，他产生了构想——帝国最好只有一个声音，一个经他裁定认可、认为有益且安全的声音，能让他的后继之君和天下臣民坚定理想信念，永远跟随，不至于错了主意。

于是，嬴政决定在思想文化和学术领域发起一场净化活动。但习惯于暴力的他，还是本能地想用暴力解决问题，加上法家学派出身的李斯采用了过于严厉的手段，这才由秦帝国最有权势的君臣二人合谋导演中华文明史上第一出文化惨剧——焚书坑儒。

这场惨剧在思想、文化和教育界造成的恶劣后果有目共睹。秦帝国的战略目

---

❶ 嬴政（公元前259—公元前210），中国历史上第一位皇帝，他完成了中国统一并奠定了其后两千余年的基本政治制度。

❷ 引自唐代著名诗人李白的《古风五十九首》，意为赞颂始皇帝嬴政统一中国的伟大功绩。

❸ 虽然同是封建制度，但史学界更愿意将周代称为体制发展并不健全的“王国”，这不仅仅是首脑称谓的问题。

❹ 引自《史记·秦始皇本纪》。

❺ 秦汉制度，博士为政府高级幕僚和参谋人员，并不是学位。

❻ 李斯（公元前284—公元前208），秦帝国首位丞相，法家代表人物，著名政治家和书法家（篆体字的发明者）。

标太高，统治人民太苛刻，最终耗尽了国力，经历二世而亡。随后，刘邦“斩蛇起义”[1]，征战十数年，又以暴力完成统一，将中国封建王朝的指挥棒握在了自己家族手中。战后百废待举，似乎也没有精力去思考思想文化和教育，而历经文景之治后，国家再度强盛，人民再度富裕，文化再度兴盛，这个问题才浮出水面。

此时的政权是汉帝国，主宰是汉孝武皇帝刘彻。而只要文明发展的模式奠定了，就会陷入已经写好的周期律。刘彻慢慢发现，帝国的最高层同样出现了思想和学术争论，而这样的争论，同样令他判断会影响汉帝国的长治久安乃至华夏文明的延续。

简而言之，“内耗”犹在。政治上，以窦太皇太后[2]为首的王公士族和守旧势力摒弃法家学说，提倡无为，这似乎是吸取了秦亡的教训。但在刘彻看来，“无为”等于让面临内忧外患的帝国自行崩溃。在文化上，以淮南王刘安[3]为首的提倡道学的王公贵族不但著书立说，而且豢养门客，成为当时社会文化的名流，这些人比秦代的博士们更加令君主头疼。

面对这些情况，刘彻却处理得更加恰当，秦朝灭亡的教训让他明白，思想文化领域里的事情往往不能用暴力解决，那样反而会无端消耗国力。于是这位年轻且励精图治的皇帝公开向全国知识分子征求意见。最终，一个名不见经传的穷儒以三道策论震惊天下。

他叫董仲舒[4]。历史必须牢记这个名字。在姜尚、孔丘等先师之后，是他与汉武帝配合，奠定了中国今后两千年的思想、文化和教育基石。

让我们简要概括董仲舒的三道策论。最核心的部分是“大一统”，董仲舒认为教育和文化的重要功能就是帮助政治实现最大、最稳定的统一，从而最大限度的凝聚和发展国力。其次，为了实现这样的战略构想，就要“罢黜百家，独尊六经”，推广崇尚“大一统”、崇拜君主、敬天法祖的“天人感应”。最后，他认为这样的制度必须有教育和官吏体系作为保证，为此就要兴办学校，提倡以“六经”为基础的知识分子综合发展，以及开辟新的管理选拔人才的通道。

董仲舒的主张与刘彻不谋而合，于是他顺利地进入到国家最高参谋队伍当中，即使晚年退休在家，朝廷有任何大事，皇帝也要派特使专门上门询问，足见其受重视程度[5]。

---

[1] 见《史记·高祖本纪》中引用的传说，汉高皇帝刘邦为赤帝之子，斩杀了白帝之子白蛇，进而夺得天下。

[2] 窦氏是文帝刘恒之妾，景帝之母，武帝的祖母，是武帝朝初期保守外戚势力的坚定支持者。

[3] 刘安（公元前 179—公元前 122），西汉皇族，淮南王，著名文学家和学者，代表作《淮南子》。

[4] 董仲舒（公元前 179—公元前 104），汉广川郡（今河北景县广川镇大董古庄）人，汉代思想家、哲学家、政治家、教育家。天人感应、大一统学说和罢黜百家、独尊儒术的提出者和奠基人。

[5] 见《汉书·董仲舒传》。

也正是从董仲舒开始，师者的战略分工发生了重大变化：从上古时期作为神明的辅助，到奴隶社会与王齐头并进促成人的发展，再到封建帝国服务于"大一统"。董仲舒成为划时代的关键。从那时起，"教育如何为国家服务"作为师者的头号命题，传承至今。

而从实际情况来看，"国师"董仲舒作为这门学问的开山祖师和首位实践者，其功绩显赫。

首先，他倡导的"今文经"运动[1]取得了显著成果。甚至包括刘彻弟弟——河间王刘德[2]在内的皇族都积极参与进来，成为儒学"当代化"的先锋。这对在思想和文化领域确立儒家正统思想有着重大示范作用。

其次，他置办国家学校的构想在刘彻的推动下很快变为现实。帝国"太学"[3]机构很快建立。董仲舒和刘彻共同选定了帝国的首批最高教师——五经博士。前者负责把关学术，而后者负责把关思想。

最后，他提倡了官员"察举制"[4]，首创了"儒意学"[5]，以天人感应为基础，将学术和国家意识形态成功整合在一起。治学为国，同时也就是治学为帝王服务，不仅繁荣了他的学派，也令儒学成为汉帝国的官方意识形态。

正是这些努力，辅佐刘彻登上又一座"千古一帝"的高峰。

从师德风貌的角度来看，董仲舒在战略上确立了师者应该研究什么。而在自身的师德修养上，董仲舒也保持了先师们追求真理的严谨思想。但这其中，也有新的发展。对后世影响最大的，莫过于两个字：务虚。

纵观董仲舒的一生，他的学术水平和学术荣誉非常高，但很难达到先贤孔子那样治国理政应对自如的水准，而且在政治上也并未得到君主的重用[6]。这其中，与他谨守清廉、诚实、正直的儒家道德有关。为此，在他出任国相时也曾得罪不少人，极大地损害了政治名声[7]。但更重要的是，"国师"董仲舒深信"务虚"之道。

在文化思想领域中的大政方针上积极谋划，且更多从事的是理论研究；涉及治国理政特别是人事领域，在实践层面的行动少之又少、慎之又慎。与此同时，研究范围渐渐缩小，不再"大而全"——即什么都能教授。过去那种经天纬地、文武双全的先师形象渐渐趋于消亡了。

---

❶ 即将当时的儒家经典全部用汉代通用文字——隶书改写，以求形式统一、方便传播。

❷ 刘德（公元前？—公元前130），汉武帝时期著名文学家，其一生精力都放在了整理和传播古代（特别是儒家）文献上。

❸ 即当时的中央大学。

❹ 对学问与道德表现突出的官员，可以由皇帝直接提拔，这叫"察"；由官员推荐提拔，叫"举"。合称察举制。

❺ 董仲舒将天人感应和大一统思想融入儒学的自创宗派。

❻ 董仲舒一生出任的最高官职是诸侯国丞相，导致被诬告和疏远。

❼ 例如他曾规劝诸侯国王不要祈雨，断了很多人的财路。

之所以造成这样的现象，一方面是由于王权的强力，使“圣君明主”们往往不会再对老师方方面面的耳提面命抱以足够的耐心和信心；但更重要的是，面对帝国领域的越来越大，人们思想道德修养越来越成熟，以及科技的进步、社会分工的越加细致等种种因素，最终导致师者的研究领域变得越来越精细和深入。在国师董仲舒等教育界名流的带动下，为人师者普遍树立起了一个概念，那就是行教要精通一门或几门学问（即治何学术）。

这样的风气，在战国末期诸子百家争鸣中便有了端倪[1]。及至汉代，思想和教育界“罢黜百家，独尊儒术”的规则形成后，教师治学的分工便由学派的分工转向了同一学派中不同学科的分工。

精通而不越界，胸中有韬略但又尽量务虚，这种学术态度和治学道德渐渐普及了起来。及至后世，仍然有其深远的影响。

而其间大方向是没有变化的，即学术和思想要为政治、经济、文化的大一统服务。在这种理念基础上，人们便又开始寻求捷径。而最明智也最有效的捷径，又是后世两位君王奠定的。

其中首位的开创者，便是隋炀帝杨广[2]，他是中国最著名的科举[3]制度的创立者。杨广是位好大喜功的君主，他最期望隋帝国恢复汉帝国那样的繁荣，而政治和思想的大一统也依然是历代帝王追求的目标。无奈有隋一世，也没能出现像董仲舒那样堪为“国师”的思想家和教育家。于是杨广无奈、帝国也无奈，只能退而求其次，用规范的制度和严谨的国家行为去代替圣人的直接教化。这就是科举。

杨广的构想是：你是什么方面的人才，就采取什么标准的考核形式录取进入官僚体系中，再依靠帝国大大小小的官吏去教化人民。科举的创立，是人类教育史上的一次划时代的变革。可惜杨广和他的隋帝国享国不久，很快便被后来的唐帝国代替。“一代圣君”唐太宗皇帝李世民把这个构想全盘接受并且发扬光大。科举成了唐代一种稳定的国家用人和教育行为。

彼时科举大致分为“明经”和“策论”两门。“明经”科就是对儒家经典语句的填空题，通过后即授予“明经”称号。而只有通过了策论考试，才能获得“进士”称号。而策论的内容，就涵盖到了国家政策的方方面面，是知识性和实践性并重的科目了。有唐一代，都存在“五十少进士，三十老明经”的说法[4]。李世民的构想是，以此激励天下臣民多读书、重视文化和道德修养，这样不仅可以完成思想上的大一统，也可以减少社会上不必要的矛盾。参加明经考试的多了，三十岁

---

❶ 例如孟子就曾明确提出：“人之患，在好为人师。”《孟子·离娄下》。
❷ 杨广（569—618），隋朝第二任、同时也是亡国的君主，谥号“炀”，史称隋炀帝。
❸ 即通过各科目的考试，推举人才，合称科举。
❹ 见东方出版中心《中国科举史》。

都已经算是其中的老者，这样一来社会的文化和教育基础也就普及了。

而能考上“进士”的知识分子，则证明其治国方略和实践能力都很强，对于这些人，皇帝从中选择一部分出任各级官吏，而大部分则作为“翰林”，成为帝国书籍出版和文化传播的官方审核者与教师，在文化和教育领域成为帝王的重要助手。这样的教师，自然是对皇帝提拔感恩戴德并且自觉自愿贯彻其思想指示的。为方便管理和驾驭，此类精英群体在数量上被严格控制，以至于五十岁获得进士称号，都已经是年轻的了。要知道唐帝国初期的平均寿命也不过三十几岁而已。但巨大的权力、荣誉和良好待遇仍然不断鼓舞天下百姓从目不识丁的布衣认真学习成“明经”，并继续参加考试，成为“进士”。

这一整套体系的建立，其目的是令帝王“垂拱而治”。眼见一批批读书人如过江之鲫穿梭在考试现场，李世民得意洋洋地说：“天下英雄都中了我的套了！”❶

这个套设计高明而规模巨大。于是在整个体系中，才华不济者传承了敬畏权威、严谨施教的师德；而才能较高者则在此基础上侧重于思考帝国和人的发展，并在“务虚”的高度钻研思想文化和政治学的大学问。但无论怎样，人人都在为帝国的统一和昌盛服务，并乐在其中。

于是乎从汉唐期，中国的知识分子和教育者开始觉得为皇权服务不是个坏事，并且能在各司其职中相安无事并志满意得起来。

这对帝国稳定和教育发展无一不是件大好事。概括起来，“尊王”二字变成了师者在当世的道德表现。它不仅包含敬畏王权，更表现在自觉自愿、极尽所长地为王权和官学服务。和大争之世不同，像姜尚一样做千古帝王师已经不再是道德追求，而是遥不可及的虚空梦想；像董仲舒一样做得“国师”，已经是师者的至高荣誉；再往下顺延，少数精英分子能够做得进士、入职翰林，便是莫大荣耀；而绝大多数读书人还是以“知书达理”，能教诲白丁为乐的。

这在人类的国家史上，是一种进步；但在思想史上，是莫大的倒退。

与之相对的是，作为希腊文明的集大成者，古罗马帝国同样经历了探索的过程。尤里乌斯·恺撒以暴力建立帝国的基础，却倒在了称王的前一刻；他的甥孙屋大维❷接掌政权以后吸取教训，开始用“面包和马戏取悦公民”❸，但那只是满足物欲的、低俗的交易，并不是社会道德和文化的教化，于是整个国家在发展中渐渐丧失灵魂；最终，公元3世纪，帝国皇帝君士坦丁发现，信奉多神的罗马帝国由于信仰分散造成了派系林立、内斗不断，如此情况继续下去，不光亡国，

---

❶ 引自五代·王定保《唐摭言》卷一，原文为“天下英雄尽入吾彀中”。

❷ 盖乌斯·屋大维（Gaius Julius Caesar Octavianus，公元前63—公元前14），罗马帝国的开国君主，元首政制的创始人，史称奥古斯都。

❸ 即保障温饱的同时，提供大量娱乐，以消磨人民的进取心。

只怕还要灭亡文明的火种。

而此时，能担得起国家与民族之师的，竟只剩下“犹太人的王”耶稣，和他留下来的、当时正屡遭迫害的基督教会。

于是著名的米兰敕令被颁布，基督教会很快成为罗马帝国默许的半官方教育机构。再过没多久，尼西亚信会议召开，敲定了宗教经典、正统思想、教会权力、教育形式等一系列问题，教会在皇帝的支持下，不仅成为一个宗教团体，还兼任了道德教育和移风易俗的国家机关角色。

再过不久，君士坦丁本人在临终受洗，加入基督教，并在后来被追封教内“圣徒”[1]。教会很快又垄断了国家重要的技术开发和传播工作，开启了欧洲中世纪文明的先河。

一言以蔽之，彼时中西方最大的不同在于，前者是利用文化和教育来巩固政治，而后者是倾尽政治的全力来挽救道德与文化。为此，封建时期的中国师者敬畏和依靠的是世俗权力，而西方文明的师者（教会）一心挽回的不再是世俗权力，而是道德文化与传统，从而厉行严谨起来。

前者在追寻百尺竿头更进一步，后者在追寻拨开迷雾不再彷徨。

这是两种同样精彩的光芒。这时的交流还没有那么广泛，但我们可以设想一下双方的师者交流时产生的巨大碰撞，这碰撞将成为指引师德的风向标。

接下来我们要论述的，并不是某一两个卓越师者的虚拟对决，而是彼时师者群体的道德全貌。以教育剪影窥探师德风貌，我们由此为无数奋斗在封建时代教育事业中的“有名或无名华盛顿”和他们的历史事业搭建一个舞台。

而舞台上上演的，不再是和谐的奏鸣曲，而是各有千秋的对台戏。

第二节 早期封建教育中的师德风貌剪影

承接上文所述，为了国家与文明的存续和发展，人们将指挥权再次明确。封建帝国里，师者退而居其次，成为帝王大一统伟业在道德文化和教育中的排头兵；而罗马文明则开始由国家发起拯救文化与道德的宏伟工程。封建时代，无论是帝王之权，还是宗教领袖之权，都是引导思想文化及其教育的指挥棒。但任何道路都不是一马平川，总有迷茫甚至反复。这一节，我们便以剪影的形式，去探寻封建社会前期的师德风貌。

---

[1] 有突出贡献及道德标榜的虔诚教徒。

这里的重点在于“前期”二字。并不是囿于篇幅，而是由于封建的后期，无论东方还是西方，都不能再以当前的线索进行下去了。那不再是封建王权的范畴，而是涉及近现代文明的重大话题。

在中国各封建王朝和华夏文明，我们需要提及的是一个人物——魏文帝曹丕[1]。受宋代以后文学作品中“正统观念“的影响，直到今日，普罗大众尚对曹魏政权齿冷，而选择性地忽略它的历史地位。事实上，在秦皇汉武以下，唐宗宋祖之前，一个关键节点的关键人物，正是曹丕。

这一切，来源于他的《典论》。最辉煌的思想则出于其中的《论“文”》[2]。

典论是曹丕做魏太子时主持编纂的论文集，涵盖政治、社会、思想和文化等方方面面。其中的论“文”，则是中国文艺批评和文化教育史上的关键节点。在曹丕论“文”后，文艺批评从无序转向自觉，社会文化教育也增添许多关键理念。

简而言之，《典论·论文》的理念主要有如下几个方面：其一，从事文化教育者要将“立言”摆在立功和立德的前面，用著书立说来完成文学和文化教育实践。其二，文人要以事实为依据，以情理为准绳，自觉地提高学术和综合修养。其三，文艺批评和学术争论要就事论事，不能“文人相轻”，更不要贸然引入到政治争论中去，这样才能让文学艺术和思想文化蓬勃发展。

曹丕的这些理念，不仅是文学的，更是政治的。在三国时代的文学家“三曹”[3]中，曹操更加像一位政治家和军事家，曹植则是纯粹的一位诗人，而曹丕则将二者完美地结合在了一起。他为后世的师德风貌奠定了一些重要准则，例如：重视著书立说，合理合情教育，反对文人相轻等，这些理念直到今天仍对各行各业的教育工作者产生影响。

一言以蔽之，无外乎圣人的六个字：发乎情，止乎礼[4]。只不过“情”、“礼”都在随着时代的发展而进步罢了。

但曹丕毕竟是个政治家，他无法将这些理念进行全情的实践。为此，《论文》的理论价值没有被广泛地开发，而更多的是一种先进理念。

魏晋时代的主流仍是官学，中央（乃至军事割据的地方政权）任命五经[5]博士，并在开设的学校中讲授五经。这种形式在汉初，有着划时代的进步意义，然而出于各种各种的历史原因，教育没有进步，而是故步自封起来。从西汉中期到魏晋时代，官学依然没有跳出“普及五经”的桎梏。而官学教师中间，也再未出现极

---

❶ 曹丕（187—226），字子桓，魏高祖文皇帝，三国时期著名政治家和文学家。

❷ 古文没有引号，此为笔者方便读者理解而标注。

❸ 即曹操、曹丕和曹植。除曹植外，其余二人都是兼为杰出政治家的文学家。

❹ 见《论语》，为孔子解释诗经《关雎》篇的用意，孔子的原意是君子要尊重真实情感，但同时要符合社会礼法。

❺ 即大家熟知的诗、书、礼、易、春秋。

富战略眼光的国师大儒，反而渐渐变成职业的教育者。在学术上，他们唯经典论；在政治上，他们崇尚务虚；在道德修养上，他们在崇尚高洁的基础上，增加了对“大一统”的忠诚；最重要的是，各学派间依然存在争论，曹丕所言的“文人相轻”并没有得到遏制，依然非常容易向极端转化。

更加令人担忧的是，由于教材的僵化和教学模式的单一，致使大量落魄文人甚至刚刚脱盲的不合格知识分子都能走进教师队伍，并且开始大受欢迎。这种现象，伴随科举制度的出现，愈演愈烈。有一个笑话可以反映当时令人尴尬的状况：某屡试不中的穷酸秀才在村子里办学教书，把孔子的“郁郁乎文哉”念成了“都都平丈我”，于是全村的孩童都跟着念，直到有一位路过的饱学之士指出错误，穷秀才才惭愧地走开，再也不敢教书了。于是村中孩童编了顺口溜说道：“都都平丈我，学生满堂坐；郁郁乎文哉，学生不再来❶”。出现这样的情况，是思想文化和教育界遭遇的尴尬之中的尴尬。

然而在这样的大环境下，仍然还有一些“争鸣”的光芒。那就是零星点点的私学❷。它不仅局限在王公贵族，也渐渐向家境殷实的其他社会阶层扩散。在地域上，远离中原地区的华夏文明边缘地带，往往相对繁荣。

私学的最大特点就是纯粹的实用主义，学生认为什么有用，尽可提出来；老师觉得什么该教，也应该事先言明。但崇尚私学的教师更多的是成为学生的“活图书馆”和私人顾问，难以担当道德引领的重任。这些师德风貌与主张，同腐朽僵化的官学一样，都是走了两种极端。

这里也有一个例子，不在魏晋，而在与之环境相似的五代十国。后赵国君石勒❸是大字不识的武夫，但是他十分敬重读书人，作战时每每抓到读书人，都要亲自询问，如果是研究王朝历史的，则留下当做自己的私人教师；如果是研究别的学问的，就恭敬地给些钱财送走。因为乱世之中，只有反映君王如何治国的政治历史对争霸有用，其余的也就无暇顾及了。

这些乱象导致的直接后果就是，之前王与师合作无间的“蜜月期”一去不复返。前者变得越来越傲慢，后者变得越来越促狭，而双方总的特点就是，变得越来越鄙俗。

之所以将这些作为剪影提供出来，主要是因为这些道德表现时至今日仍然可见到它们的影子：个别教师喜好照本宣科，不懂得灵活教育；个别教师只注重学术和技能传授，忽视了学生道德心、责任感和文明社会公民意识的培养；个别教师眼界狭窄，固守自己的学派理论，完全听不得半点反对意见；乃至于个别教师

❶ 摘自叶灵凤《书淫艳异录》，福建教育出版社。
❷ 当时采用的是二分法，除官学外所有教育都是私学，而不仅限私人办学。
❸ 石勒（244—333），史称后赵明帝。

拜金主义、实用主义泛滥，只要能达成目的（通常是应试目的），又出得起价钱，便无所不教其极。这些现象大概任何教育工作者都不会陌生，之所以举出来，是要说明，它们不是现代社会和市场经济的产物，而是根植于历史中的一种糟粕。

而选择在开篇将曹丕和他的《典论·论文》作为剪影写出来，同样是想说明：中国的师德文化传承和发展历程中，很少出现“开倒车”的情况。王权之光隐蔽下的师者变得胆怯而功利，并不代表师德文化中的最先进思潮也跟着沦丧。诸如《论文》，它们就像一个个文明的种子，在历史文化遭遇阴霾之时，仍然能够指示前进的方向。

但是放眼世界我们会发现，华夏文明不是最糟糕的。它只是走了些弯路，而不是走了错路。要谈到无可救药，还是要数彼时的西方文明。就连西人自己评价那段文明史，也只能摇头哀叹。

那就是“黑暗的中世纪”[1]。

以一家之见看来，西人的中世纪并不是弯路，而是一段错路。弯路终归能够到达终点，而错路是需要及时叫停的。

正如前文所述，西方在公元后新世纪发端时，曾经举全国之力，寻求社会道德与文化的重塑。这种重塑，是权利的完全交接和孤注一掷。很可惜，重塑行动走向了文明的极端反面：新兴的基督教文化一面主张彻底否定和全盘清洗古罗马的全部文化成果，一面积极主张树立起“原罪”[2]的大旗，弘扬忏悔和苦修。

由此开始了教会主导的、对既有文明成果长达五百年的全面否定和销毁。此时的教师，首先是个神学家，其次是基督教文化的先锋斗士，最后才是宗教知识和文字的教育者。以此为剪影的政治、经济、文化、风俗上的颠覆性改革层出不穷。以至于在千年之后不得已诞生了拯救文明的“文艺复兴”革命烈火。

在这样的社会意识形态下，教育领域的道德风尚发生了急转直下的巨变：其一，由教士垄断了文字和书籍，将教育变成单纯的传经颂典，毫无启迪和创造性思维训练的功能；其二，贸然将持不同信仰的学术争论（甚至仅仅是探索）变成惨无人道的迫害，乃至于发展到极端，形成了但凡见到形体容貌有可疑之处便迫害致死的极端案例屡有发生[3]。

---

[1] 史学界一般特指 476—1500 年的这一千年，是被公认为欧洲最黑暗的时期。

[2] 按基督教义，指人类祖先亚当夏娃偷吃禁果，而让人类生来背负罪孽。事实上教内曾有不少反对声音，但经尼西亚信会议确立正统后逐渐被压制。

[3] 例如中世纪宗教审判法庭“异端裁断所”的罪恶行径。

最为恶劣的是，由于受原罪思想的桎梏，所有职业教师不再将传授知识的对象当做学生，而是需要赎罪并接受改造的罪人。这在所谓“感化院”、“抚孤院”[1]中更加屡见不鲜。教育本质的最原始出发点是传承文明和引导社会道德风尚向着适应生产力水平和立足人的全面发展的方向而努力，而不是把教育的对象假想成罪人和被改造者。

简而言之，任何教师都不能以恶意去揣度学生并依照性恶论去施教，这在东西方共同传承千年约定俗成的戒律竟然亦能打破，这不仅是教育的悲哀，更是文明的悲哀。

在这样的大背景下，教育功能几近瘫痪，而师德文化几近摧毁。但其中也有难得两点星光，其一是骑士学，其二是行会。后者将另辟章节详述，我们单看前者。

上古时代师者的权威和敬畏感是来源于神，其动机是拉近神与人、人与人的距离而不是相反。及至后来，被全面宗教化的师者打着“权威”的旗号，事实上干的却都是疏远神与人、人与人距离的事情。而当时真正保留上古教育本职的，是被后世称为骑士文化[2]的事业。

他们是宗教和王权的捍卫者，也是社会先进生产力和文化的代表。而骑士文化不仅仅包含骑士本身。这要从“骑士”这个军事单位的编制说起。

和中国春秋时代的战车战斗的计算单位“乘”类似，一“乘”包括战车上的驾车人、战士，以及十个后勤、医疗和保障人员，骑士的编制同样分为作战的骑士、医疗人员、向导[3]以及仆人[4]。而这样机动灵活的作战和生活单位，在社会上是普遍而且受人尊重的。

这就注定这种文化不是某一个人、某个阶层的单一文化，而是一个容纳多类人群的文化圈。那么在这个圈中生存的人，就会自然而然形成产业链。教育，便顺理成章成为产业链条中不和或缺的部分。

彼时蓬勃兴起的骑士教育产业里，主要分为“武术”和“社交”两个方面。前者是战斗需要和古希腊文化中尚武精神和英雄主义的体现，主要传授形式是教练和学徒间的教学相长；后者是社会交往和宗教文化双重融合的产物，主要表现在以家庭教师和私人顾问的身份进行引导和实践式教学。

令人欣喜的是，这样的教育及其师者仍然把培养学员道德修养和专业技能有机结合在一起，并且能做到立足人的全面发展。例如武术教师并不会传授学员一

---

❶ 指收容和教育妓女与孤儿的专门机构，具备学校的雏形。

❷ 这种文化是附庸在封建领主下的“士”文化，但由于长期没有文字记载，只能从例如《罗兰之歌》等经典文学作品中感知。

❸ 可有可无，且数量弹性化。

❹ 负责后勤和基本保卫工作，有识字的仆人也兼备记录主人英勇事迹的职责。

击致命的搏杀式技能，并且有教育和监督学员禁止涉猎暗杀、狙击、偷袭等“不荣誉”技能的责任。社交教师的工作则更为复杂，他们要针对不同阶层、性别、年龄乃至职业的人群设计并传授礼仪知识，虽然并没有跟踪反馈教学成果的义务，但学员（骑士和他的随员们）将来的表现和品质直接影响到教师的行业地位甚至行业资格[1]。

在这其中，共同点是对于骑士的核心价值观[2]的重视。荣誉、公正、谦虚、勇敢、怜香惜玉等等德行，不仅仅是宗教范畴上的美德，也是具备普世意义的良好操守。教师（或曰教练）在传授技艺时奠定这样的基础，正是前文所述“黑暗中的星光”的精髓。

于是我们从后世流传的大量骑士文学的作品中经常可以看到这样的三个片段：在挑战邪恶的过程中，老骑士死亡或者退出前，会郑重地对新手进行教育和托付；骑士和他的随员们经常在一起探讨关于“名誉”和“道德”的问题，并且认识到错误的一方会通过接下来的行动认真进行改正；在“行侠仗义”或战斗的过程中，会遇到美丽的女士和愿意加入骑士团队的临时帮手，在他们表达态度前，都会认真地与骑士团队进行一番关于美德和荣誉的沟通（乃至辩论）。

这些场景，即使在传世名著《堂吉诃德》[3]中也有体现。即便是在否定骑士文学，但它的作者并没有否定道德文化。这些剪影在向我们传递一个重要讯息：关于道德礼仪文化的教育，已经从上古的名师传授变成了全社会的普遍自我教育，这样局面的产生，是作为教育源头的教师（教练）们辛勤付出和谨慎坚守的结果。

从深层次讲，尽管整个社会文化和教育都指向不理智的狂热崇拜，但基层的文化与教育操守还在，正是这样普遍的自我教育传统，才在文化上奠定了轰轰烈烈的文艺复兴。

总的来说，王权之光下的师德风貌，体现在“官与私，神与俗”六个字上，华夏文明中官学走上了服务国家和发展生产力的“大一统”道路上，私学是它的有益补充，人们离现实的皇权和政治越来越近，离虚无缥缈的神越来越远。为此，封建社会中国的教师们把敬畏大一统、服从君主、热心政治、专心学术等良好品质升华成为职业操守。

相对地，西方文明的官学走上了自我否定和毁灭的邪路，私学成为保留文明火种的重要渠道，人们离飘渺的神权越来越近，离现实发展越来越远。为此，教师们首先要是个合格的信徒及狂热的宗教捍卫者，为此他们不得不更加重视人类

---

[1] 引自《简明教育词典》，广东教育出版社。

[2] 即骑士文学中的“美德”。

[3] 出自西班牙作家塞万提斯，创作于 1605 年和 1615 年，分上下两部，讲述醉心骑士文化的堂吉诃德屡受打击最终醒悟的故事。是世界文学史上公认的反骑士文学的巅峰之作。

文明基本价值，将他们作为教授学生的重要内容。

尽管存在不同乃至重大的分歧，但有一点是不变的，那就是有所敬畏、有所专精的态度，通俗意义上讲，教师应以传播美德作为职业道德，这是师德文化最为核心的部分之一，也在历经千年后逐渐成为教师区别于其他行业人员的重要特征风貌。

讨论到此，精髓应已尽了。下面要说的是前文埋下的另一个伏笔。

我们不能忽视除了那些不以文化意识形态和道德为转移的东西。它以工匠作为最典型的代表。通俗的解释是，如果教师缺“德”，那他就失去了执教的基础；但如果工匠缺“德”，即便不能成为一个好工匠，仍然不失为一个合格匠人。这种游离于社会文化的非主流意识，它的圈子往往是整个文明运转的经济和生活基础。而毫无疑问的是，他们当中也有传承关系，也有教师及其师德。

也就是非职业的师者，一字之师，乃至一技之师，若说起他们来，还是另有一番滋味的。

接下来，我们暂时游离于崇高美德之外，探寻一些更为基本的精神。

第三节　行会的法则与精神

时至今日，人们仍然愿用“春蚕到死丝方尽，蜡炬成灰泪始干”形容教师甘愿奉献的德行操守。但也有一句俗语叫做“教会徒弟，饿死师傅”。两相对照，恰恰反映了师德风貌的总体情况，它是本土的，更是世界的。

就如同任何事物都有两面性一样，随着文明不断演进，师德在传承过程中也要将一些不积极向上、不顺应生产力发展或代表先进文化的部分舍弃。但这部分内容，虽然不正义，却有其合理性。作为传承人类文明和社会道德的重要媒介和引导者，师者之德在大方向上是光明和美好的；而作为社会和市场的一份子，作为个体的生产者和普通劳动者，尤其是非脱产、非职业性质的“一字之师”、“一技之师”，他们的道德风貌必须走下神坛，接受客观的论证乃至批评。

这就是“虽然不正义，但却合理”的意义。举一个通俗的例子：如果一个老师在技术或学术上庇护甚至罔顾事实地偏袒他的学生（例如一个匠人默许徒弟将残次品流进市场；或一位教师默许甚至纵容学生进行剽窃等学术不端行为），他势必不是正义的。但完全不庇护甚至不爱护自己的学生，任由其自生自灭接受社会检验（同样是上文的事例：徒弟的残次品被买家投诉，要被永久逐出行业，而这时他的匠人师父不予任何申辩，任其“砸了饭碗”，另谋生路），这能符合师德而为社会大众接受么？显然不能。

同样的例子还有，如果老师采用了“棍棒式教学法”，从重处罚未达标的学生；或者任由其养成错误进而吃亏受挫后再行教导以便提升效果；甚至采取“压力测试”的手段，在学术和精神上强压给学生过重的担子迫使其成长……如此这般，是正义的表现么？答案也是否定的，如果他不是教师，就会被社会大众认为是骗子和强暴者加以声讨；如果他是一名教师，则会被冠以“严师出高徒”的美誉。

这些例子并不是个案，它之所以在今天仍然能作为一种教师的道德争论，是有其历史渊源的。这些道德并不正义，但部分合理。

渊源和成因就在于两个字“行会”❶。行会的法则和精神，就成为了师德中重要的元素。囿于篇幅，我们只能概述，并不追根究底地细说。

行会这个概念，在西方起源于公元九世纪前后，在中国则考自隋唐。它是以行业为单位，由从业者自发组成半官方（或非官方）结社组织，自觉（或有条件地）接受政府相关管理部门的管理和指导。行会的首要目的，是为了占有更多有限的市场资源，从而在行业圈子里更好地生存下去。

为此，首要的就是团结。这种团结出于自私本质的保护主义。在西方，先是诞生了各种行会，并由此发展出了“自由都市”❷，其团结成员的核心在于契约和利益；在东方，则更多地转化成为祖宗崇拜。而行业中的佼佼者往往以“师父”的角色出现，他们教授学徒，扩大经营规模，发展生产力，并且为他们提供强有力的庇护。

如果说本章前两节所述的师德都是国家文明发展这一共同目标下的志同道合，那么这一节通俗解释就是统一下的对立。在西方，随着资本主义萌芽的茁壮成长，行会与城市乃至王权的摩擦屡见不鲜，最常见的便是因为征税问题，直接导致工人罢工、起义甚至废黜国王❸。而在古老中国，王权的强势往往让行会难以组织有效的反抗，于是各路“祖师爷”和“会首”❹便粉墨登场，一方面他们供奉知名的人物——比如官妓供奉管仲和柳永❺；另一方面出现很多从商亦从政的人作为领袖，担任政府和行业之间的中间人——例如清代药业行会的会首一般在内务府❻当差，宫中太医致仕还乡后很容易被推举为当地“三皇祖师会”❼会首。

而这些人对其门下弟子的团结和庇护是显而易见的。从西方的流血革命到中

---

❶ 行业协会的简称，诞生于 9 世纪的西方。在中国，则名称千奇百怪。

❷ 由较大势力行会集中向政府交纳巨额赋税，从而换取优惠政策的、类似经济特区的城市。

❸ 尤以英法有此类典型事迹，乃至处死过国王。

❹ 都是行会领袖的俗称。

❺ 相传娼妓行业为春秋时代齐国名相管仲所设立，而北宋文学家柳永因亲近妓女、作品风格凄婉哀伤而备受青楼妓馆追捧。

❻ 专门的宫廷后勤机关。

❼ 即医药协会，起源于宋代，因供奉三皇之一、遍尝百草的神农氏而得名。

国的官场政治，其护佑作用渗透到各个方面。这是其道德表现的历史渊源。

在传授技艺方面，大多时间和多数行业里，师父对待学徒都是严格而粗暴的。例如学徒要在数年甚至十数年里照顾师傅的饮食起居和担任工作助手；粗暴对待学徒不合格的手艺产品。比如陶瓷师父对不满意的作品往往直接打碎；在日常行为规范上作出种种严厉规定。例如戏曲行业禁止学徒之间相互庇护、结党顶撞师父等……这些教育形式和规矩，直到今天都仍然存在，甚至引发过许多社会争论。但其本质，是通过粗暴的行为树立权威，并且通过暴力最大限度保障行业质量和信誉。

甚至在有些方面，它表现出不合理的自私性：例如公元10世纪西方的纺织行会中就规定，学徒独立开设的作坊不得拥有超过两台大型织布机；中国的很多行业在学徒独立经营时，要付给师父大量的谢礼，并将一定时期内的利润中分成供养师父。这些规定，其本意在于限制同行业间无限制发展而造成内耗，同时保障师父不受经济压力所苦从而专心传授技艺。这些规则在今天看来是极端的，并为公众所诟病。

但是这些古老的行会法则却仍旧在各行各业的师德规范中占有一席之地，甚至大有方兴未艾的趋势。为师者袒护弟子，暴力管教乃至限制门徒的发展，即便偶尔被质疑，但整个社会的文化意识形态对这些行为并不厌弃，甚至褒扬大过批判。试想，如果一名官员对下属进行袒护、暴力管教或者限制其自由发展，不仅在道德上要受到批判，在法律上也要受到制裁。反之的情况一定是不可想象的。

其中的原因有很多种，但归根结底的一个缘由在前文已经阐述了，那就是为人师者要立足于“人“的发展。这些行为和由此形成的道德风貌尽管存在争议，但师者从学徒（弟子）处获取的好处是远远不及学徒自身所得的，唯有此，我们才说上述情况并不正义，但却合理。我们更可以本着辩证的态度去看待，一如扬弃历史文化中的糟粕。

那么，还有没有更为极端的例子——老师为了学生好，或者学生为了自身利益甘愿牺牲道德操守，甚至于两者皆有呢?

恐怕也有。于中国，这是一个古老但却大名鼎鼎的名词——党争。

根据最著名的欧阳修[1]《朋党论》和后世清雍正皇帝[2]的同名作品，结党而营私甚至罔顾道德者，有同乡、有上下级、更重要的却是师生。随着中国科举制度的日臻完善，变得更加显要。

左传有言：桃李不言，下自成蹊。所以后世逐渐将功劳卓著的师者誉为“桃

---

❶ 欧阳修（1007—1072），北宋著名政治家和文学家。以名著《朋党论》跻身“唐宋八大家”之一。
❷ 爱新觉罗·胤禛（1678—1735），是清朝的第五位皇帝，年号雍正。

李遍天下”。随着科举制度的广泛推行和空前稳固，士林文化逐步与官场文化相互融合起来，成为一种特殊行会的特殊规则。前文所说的“桃李遍天下”，有志可考的故事也是赞颂唐代武则天时期的宰相狄仁杰❶。狄仁杰并没有留下治学的美名，但是他工作热情、业绩突出，主持大理寺❷期间平均每天要判四十余起案件，并且能够向皇帝推荐大量人才，于是在皇帝的嘉奖下，很多被平反的或被举荐的官员和知识分子都自称狄仁杰的“门生”，时人不由赞叹说：天下桃李，多半出于狄公门下❸。

大致由此开始便形成了一个独特的文化现象：知识分子和官员由于感念某人的恩惠并仰慕他的道德，便在理想和行为上单方面以其为师，并自称其“门生”。及至后世，渐渐有了严格区分：以韩愈❹的传道授业解惑为标准，将实际发生“授业”（知识和技能传授）行为的师生关系称为“老师”和“弟子”；将没有授业行为的关系称作“老师”和“门生”。这种政治和文化现象再演变千年，就变成了今天所说的“挂名”。它们是有一脉相承的历史文化渊源的。

这样的行为有其好处：由于门生想要挂名的都是名师，一旦挂名，就要自觉接受同一学派“门生”乃至老师嫡传弟子的学术校验和道德约束，甚至要接受全社会的共同考量，这对其道德上的自我教育和自我管理是很有帮助的。

这里有一个很典型的例子就是：宋代著名文学家欧阳修有一个门生在苏州主政，因为仰慕老师的道德人品，便在苏州建立祠堂，修了一条龙骨路❺。但这样的路只在天子朝堂有一条，祭祀孔子的文庙有半条，于是这名官员被政敌攻击，朝廷下令要么拆除祠堂和道路，要么引颈就戮，总之“留街不留头”。这位官员听后表示不能辱没老师的名誉，欣然赴死，结果换得祠堂和龙骨路全被保存了下来❻。

但这样的制度长久之后就逐渐演变成一种相互利用的利益关系：一方面，门生希望借助老师的声誉和政治地位为自己的仕途和圈子声誉加分；另一方面，老师也愿意利用门生扩展自己的政治和学术势力。而自己所要付出的，则是很小的教育和管理成本。

这样的例子在清代最为普遍。朝廷宰辅一级的官员都愿意充任各省乃至国家科举的主考官，以便同当时录用的所有士人建立“老师”和“门生”的关系。乾

---

❶ 狄仁杰（630—700），唐代著名政治家，以断案清明和知人善任闻名。
❷ 相当于最高检察院。
❸ 见《新唐书·狄仁杰传》和《御史台记》等。
❹ 韩愈（768—824），唐代著名文学家、思想家、哲学家和政治家，其《师说》称为师德文化中公认最为权威的论文。
❺ 一种凸起似龙脊的石板路，专供皇帝在祭祀活动中行走。
❻ 见叶兆言《闲说中国人》，中国文联出版社。

隆朝著名权臣和贪官和珅[1]就曾经为了出任主考，多次排挤当朝著名的大学者[2]。更有甚者，和珅的老师吴钦兰、吴省兰兄弟就曾在自己弟子飞黄腾达后[3]，转而拜和珅为老师，自称为其门生，一时为天下士人所不齿。但最后，吴氏兄弟都做到了尚书、侍郎级别的高官。

在这样有官位干扰的师生关系下，师德渐渐沦丧。若说还有一丝亮点，就正如前文所说，老师有在道德和政治上对门生的引领义务，有提拔庇护门生的责任。前者是师德的一项底线，而后者则正是一直论述的“虽不正义，但却合理”的最好诠释。

与此同时，西方文明的师生传承保持着古老文明共同的古朴风貌。中国的“门生”制度在西方是不被接受的。这里也有一个例子，讲的是“钢琴之王”李斯特[4]有次到一座小镇旅行，发现一个自称“李斯特女弟子”的落魄钢琴家为了赚取演出费而冒用了自己学生的名号。李斯特在了解到对方的困难后，当场指导她弹了两首钢琴曲，并说：你现在已经是货真价实的李斯特女弟子了。那位落魄钢琴家非常感动，并且发奋练习，最终成为了技艺精湛的大家。

由此可见，尽管行会的规则和精神有出入，但坚守底线是必然要求。中国将德行、政治立场和主张的传授和约束作为师德的底线；而西方则要求必须有实在的“授业”。要切实教会学生一些东西——无论是道德的、政治的还是知识的、技艺的，这是行会师德的精神。

在此基础上，出于利益关系（无论是高尚的还是促狭的），老师有权利约束、管教（甚至一定程度上的限制和剥削）学生，同样的，他们需要承担在圈子乃至政治领域庇护学生的责任。这种交换行为，就属于虽不正义但却合理的范畴。

至于再超出此类的现象（例如上文和珅的例子），便不能列入师德的体系当中。理清这些脉络，有助于帮助我们辨析当今社会存在的关于师德的种种争议。师德是高尚的，但却不是完美的，需要我们在大浪淘沙中发扬精华，抛弃糟粕。

特别是这些“虽不正义，但却合理”的现象与道德标准，我们既要警惕其堂而皇之的腐化堕落、以次充好；又要随着时代发展和社会进步不断理解“合理”的意义，避免打着高尚的旗号，自觉或不自觉地堕落到丧失德行的境地中去。

由此，本章的这些提示，需要为全体教育工作者戒。

---

[1] 和珅（1750—1799），钮祜禄氏，原名善保，清代著名权臣和贪官。

[2] 例如纪昀、刘墉均因科举主考官人选问题遭到过构陷。

[3] 和珅曾在长安宫官学学习三年，吴氏兄弟是他的授业老师并曾资助过他的学业。

[4] 弗朗茨·李斯特（1811—1886），匈牙利著名钢琴演奏家、作曲家，世称“钢琴之王”。

至此，我们可以对这一历史时期的师德风貌加以简单概括了：随着人类文明进入封建时代，黄金年代王与师亲密合作的关系正式结束。师者变成了王的下属和国家机器中的一部分。自觉为国家和政治服务、精通学术而不越界、积极投身政治却尽量务虚的“尊王”精神成为中国封建王朝师者的德行要求。但他们却已经自觉放弃了成为姜尚那类国家和帝王之师的梦想。

相比中华，西方则在黑暗中世纪里开始了师德迷茫与滑坡。忏悔和苦修成为主题。虽然有一些美德依然被推崇，但以恶意揣度学生的不良风气开始蔓延，这是对人之初性本善的师者性德的一种公然践踏。

而行业协会也在中西方同时开始兴起。庇护弟子等“虽不正义，但却合理”的行会法则开始影响师德。而在中国，则诞生了门生制度，宗师和门生之间的相互利用和包容关系同样成为虽不正义但却合理的师德内容。

而如果沿着这个思路推演下去，我们不难发现，如今的很多现象，不能不说是历史文化中无数偶然所形成的必然。随着社会的发展和文明的进步，王者和师者总要走下光辉的神坛（正如当初他们携手共同登上神坛一样），变成一种世俗和普及的东西。老师和学生都不再是文化和道德意义上的精英，而是变成普罗大众百家齐放的一分子，那么一切现象和师德又将如何？

在教育的范围内，我们会不会步入极端，从孔子所说的“自封束修以上，吾未尝无悔焉”的崇高使命感变成“因贫穷而辍学”？当整个教育事业走下神坛，变成普通的“产业”，甚至进一步变为“经济产业”，我们的道德又将去向何方？

在教育内容上，我们会不会步入庸俗，从致力于国家民族乃至人类发展的崇高使命下的全面素质教育，变成庸俗的、实用主义的教育？从“为天地立心，为生民立命，为往圣继绝学，为万世开太平”[1]变成教授应试技巧、官场礼节、市场潜规则等捞钱捞权进而腐化堕落的便捷通道？如果是这样，我们的道德又将去向何方？

在对教育结果的评价上，我们会不会步入功利，从以培养出道德高尚、技能专精、坚持真理、学有所用的“国师”为荣，退化成不问对错、不计民生、不懂专业、不会学习的“一个萝卜一个坑”的低级生产者，或者是考试专精的应声虫？最可怕的是社会一面鞭挞后者，一面还向后者提供政治、经济甚至文化的认同和保障，如果这样，我们又将何去何从？

归纳起来，师德文明前行的主线正如我们在这一节所假想和探讨的那样：上古时代，它不光是正义的，而且是合理的；王权兴盛的帝国时代，它虽然不那么

---

[1] 语出宋代著名理学家张载，为宋明理学总纲领。

正义，但毕竟合理；那么近代、现代乃至将来，会不会变得只要合理而不要正义？

这个问题必将成为下一步探寻的主线。沟通天地人的高尚的“王”与为其提供专业和道德基础的师已经渐渐淡出历史舞台。取而代之的是一群追求稳定和安逸的普罗大众，为了更好的活着，一切为了更好地活着。

即便今天的所有教育工作者也要对此有清楚的认识：我们不再是“王”，而是“众”，这一切从何而来，又为何产生，最终我们要向何处去，将是陶冶师德篇章下一阶段的线索。它褪去了一些神圣和理想化，多了一些世俗和现实。

但有一点需要在开启下一扇师德大门前重申：我们曾经那么光荣和睿智过，为此，我们必能走上一条光荣和睿智的道路。

并带着这样的情怀，开始新一轮由“王”而“众”的追寻。

第四章 文明之心

如果说前三章（神祇之名，大争之世，王师之德）的线索可以归结到一个“王”字上的话，那么后两章的线索则仍然可以归结成一个字：众。王者，沟通天地人的圣人；众者，烈日下劳作的芸芸众生❶。一字之变，预示着师德风貌从神圣走向现实。

同“王”一样，“众”也是甲骨文中就存在的汉字，足以见其古老。但这个字形却经历了长期的演变，并且在意义上也存在着变化。细心的朋友会发现，“王”字的字形和意义从古至今都没有变化，无论是作为单词，还是构成其他词语和短语的语素，王字都是褒义和正面的。即便在现代汉语里，这个字也没有任何贬义色彩❷。

但“众”就不同，在甲骨文中，它的意义是“在烈日下劳作的一大群奴隶”，是个泛泛的数目，而且上古时代的奴隶与牲口无异，显然不如王的熠熠生辉。渐渐地，众字变成了泛指很多人的中性词，而在近现代，“民众”、“群众”等词汇才渐渐变成高尚的字眼。

这个演变的过程，恰恰是文明诞生的过程。随着城市的发展和国家的诞生，各个阶层的普罗大众兴盛，继而诞生了文明，而从前面的论述我们可以知道，唯有文明，才会孕育文化，进而诞生教育。

因此在英语单词中，文明（Civilization）的词根 civil 即来自拉丁文当中的“城市”、“市民”，即“生活在城市中的很多人”。译成汉语，便是广义上的“众”。通俗地解释，人多了，就不好管理；人们都富了，就要在思想上获得自由，在政治上谋求话语权，即“想要说话”。那么，如何让这么一大群人都能很好地使用

---

❶ 引自《说文解字》，众的甲骨文字形为，即一群在烈日下劳作的人。

❷ 严谨地讲，是单字成词的时候无贬义。有特定词汇如“王八蛋”等则例外。

话语权，都能获得所追求的自由，就是顺应了人的全面发展，就是文明的核心。

这也就是“众”时代的关键线索。

而在“众”的时代，西方文明走出黑暗，华夏文明盛极而衰。其归根结底在于如何响应文明之心的召唤。

人的本能在于趋利避害，吃了亏就想着改变，得了甜头就想着维持。在这一点上，无论西人还是国人都一样，并没有任何高尚或卑劣的区别。也正因为如此，在经历漫长“黑暗中世纪”之后，吃够了亏的西人开始尝试改变，于是有了文艺复兴[1]，有了启蒙运动[2]，随后奠定了整个现代西方文明的思想和文化基础[3]。同样的道理是，在享受了“雄汉盛唐”的盛世光荣之时，尝到甜头的华夏文明想着维持，进而懒于、疏于甚至耻于改变，为此，各封建王朝网罗了儒、释、道“三教”、科举和士林，甚至不惜动用文字狱、文化灭绝等手段抵制改变。

一言以蔽之，西方在逐渐启蒙，而华夏在日趋封闭。

在前两点基础上，我们就要谈到一个非常光荣而且显然的变化，那就是人类文明对待教育工作和教育思想的地位。

上古时代，占据社会政治和文化主导地位的是“巫”，教育是其附属产品，并为满足其需求而量身定做。西方中世纪鳞次栉比的神学院、修道院（感化院）就是其中最典型代表；封建王权鼎盛时代，教育的功能和作用为君王所重视，二者积极合作，相辅相成，但即便唇齿相依，掌握最终主导力量的仍是王权。

而在逐渐进入文明时代的道路上，人们——无论是君王还是普通人、高尚还是卑贱、无论职业和阶级——终于发现，教育事业和教育文化成了排头兵。在人类思想文化进步的道路上，教育成为中流砥柱；而在逆历史文化前进方向的崎岖迷途上，教育也首当其冲。

进入公元后的第一个千年，西方世界的迷茫和华夏文明的繁荣形成了鲜明对比，后者政治体制安全且稳固，经济实力雄踞全球，而文化教育产业在国家的支持下欣欣向荣，甚至在潜移默化中改变了一个民族的思想形态和整体风貌。于是我们的儒家老师自豪地说：孔子之道渐于吴，吴俗乃大变，户户空礼乐而重诗书[4]。由此带来的，是雄汉盛唐的繁荣景象，在世界文明的竞争舞台中，华夏文明和她孕育的封建帝国胜出了第一阵。

---

❶ 14 世纪起源于意大利，16 世纪盛行于欧洲，本质是科学与文化的解放运动，因打着复兴古希腊文艺的旗号，故名文艺复兴。

❷ 18 世纪欧洲的文化解放运动，是欧美民主革命的基础。运动遍及科学、政治、文化、经济等多个领域，因其名称 Siècle des Lumières（法文）有启迪人智慧之意，故称启蒙运动。

❸ 在文明史上，这两个运动有前后相接的联系，前者为文明扫清余毒并奠定基础，而后者继往开来。

❹ 引自徐缙《学道书院记》，意在赞美儒家思想对社会的教育和引导作用。

但进入第二个千年，情况有所变化。迷茫的西人终于开始思索正确的轨道，文艺复兴作为第一面思想解放的旗帜，开始堂皇而光荣地维护其孕育文明的思想土壤，古希腊文明和基督教文明结束了“不是东风压倒西风，便是西风压倒东风”的血腥对立，开始尝试融合进而共同进步。随后的三百年，启蒙运动[1]轰轰烈烈地开展，自然科学与人文精神的并重，昭示着第一次工业革命的脚步。西人整装待发，开始进入文明史上的近代。这种内容的核心，既有契约与法的严谨，又有平等自由的人文关怀。在挑起这样伟大的运动时，教育事业作为拯救西方文明的使者降临于世。无论是专业的教育机构，还是全民教育的思想运动，都是奠定现代西方文化和教育理念的重要尝试。大学与名师、科学家和教育家层出不穷，作为光荣职业重现了古希腊的辉煌。正如开宗明义的章节中曾经提到的，人类文明的发展在于试错，西人错了，但未将错就错，反而孕育出了光荣和正确。

相比之下，华夏文明在做什么？政治上的动乱和腐败无能，经济上虽然依然雄踞全球之首[2]，但在文化教育上，百花齐放变成了万马齐喑，利用政治地位和办学规模打压不同思想的“学霸”[3]诞生；存天理灭人欲的理学思想成为主流；儒释道三教合流后诞生的“心学”[4]亦大行其道。随后，在元代早期长达半个世纪的时期里，科举和教育在国家层面上开始遭到禁绝，大批精英知识分子和教育工作者在战乱中或遭到杀害、或壮烈殉国，于是“崖山之后，再无中国”[5]。而最糟糕的是，明清两代政权都把改造和迫害教育工作者当成重要的政治生活和政绩来看待，“光天之下，为世作则”和“清风不识字，何事乱翻书”[6]等千古奇谭开始涌现，由此，不光是教育工作者和知识分子队伍，甚至整个社会都以谈论政治和著书立说作为第一危险的事情，整个华夏民族抛弃了教师，他们认为有皇帝和官吏的教导就够了，其他的即便学了，也是杀生害命的先兆，不如远离的好。

于是乎，西方诞生了现代意义上的“大学”和大学精神，而我们诞生了“莫谈国事”的口号和层出不穷的科考舞弊案。两相对比，高下立判。所以在第二千年的末尾，当英国使节马格尔尼[7]兴致勃勃造访清帝国的时候，他印象中“人人都是哲学家、品德高尚的受教育者，富庶和文明居世界列国之冠”[8]的中华封建王朝的光辉形象

---

❶ 启蒙运动客观上借助法国大革命全面传播了资本主义文明的自由法理精神和文化意识形态。

❷ 中国在宋代的GDP曾占据彼时全球的一大半。

❸ 见凌濛初《初刻拍案惊奇》，即利用特权打压不同观点的学术界的恶棍。

❹ 明代理学宗师王阳明融合主观唯心主义思想创立的理学分支，因主张万事万物发源于本心，故称心学。

❺ 见明末诗人钱谦益“海角崖山一线斜，从今也不属中华”。崖山之后再无中国是黄汉主义最具代表性的口号。

❻ 均为明清文字狱大案，详见后文介绍。

❼ 马格尔尼（1737—1806），又称马嘎尔尼，英国著名外交家，是西方眼中第一位以外交方式拜访古老神秘中国的人。讽刺的是，正是他的儿子煽动并一手促成了第一次鸦片战争，打开了中国国门。

❽ 引自现代学者张宏杰《中国人的国民性》。

瞬间坍塌，并在不到五十年后，由数十只舰船、四千人的远征军，击败了一千万平方公里幅员、三亿人口的庞大帝国，给华夏文明带来了几乎毁灭性的打击！

其实归结起来，我们赢在何处，就输在何处。我们过去曾经赢过，现在要奋起直追。我们那些光辉和引领世界闻名潮流的时代已经过去了，未来如何尚未可知。但正视这样的历史，从前锋部队——教育事业和教育工作者身上去追寻答案，才是我们应该而又必须完成的使命。而这个年代，从极端的角度去考量，我们的师者甚至极少能称为“德”，唯有追寻和反思，才能重塑道德。

由此，这一章节的线索已然非常明确。在对教育的定位上，究竟是开明智、求竞争为好，还是修道德、求解脱的好？在教育内容上，是自然与人文并重好，还是摒弃自然、修炼心灵好？在教育形式上，是注重探索自然好，还是重视官场应试好？乃至对于整个国家和民族的大政方针，是重视教育还是摒弃禁绝为好？人类文明在公元后的第三个千年已经给出了答案，但为什么我们统统选择错了，我们的教师为何在如此重大的历史关头集体失语？已经失语且道德滑坡的我们当真缺失到一无是处么？

所幸，我们只是偏离，由于各种深刻的历史原因交织在一起，才让我们踏上了“试错”的文明苦旅。这就奠定了本章的基调，是沉重的，哀伤的；同时也是惊醒的，热切的。

正因如此，我们应该秉承文明之心，去做沉痛而切实的探寻。我们要重新认真地讲“道”，讲“理”，讲“责任”。唯有如此，我们才能在失德后失而复得。

所以前事不忘，乃成后事之师。然而我们渴望找寻的“道”、“理”和“责任”又在何处？

大时代下迅速崛起并最终在近代超越古老东方的西方世界以其成功经验告诉我们，答案在近代（直至现代）大学和她所缔造的灵魂和意志中。

第一节　大学的灵魂与意志

承上文所述，我们要以文明之心，探求师德之要。众所周知的是，开启西方近代文明的钥匙在于文艺复兴和启蒙运动，前者是文化基石，后者是政治、思想乃至法律的集大成。然而在黑暗中世纪和光明新千年中间，如此辉煌的功绩是突发奇想并一蹴而就的么？答案显然是否定的。在其间，一项重要的事物和由此带来的道德与文化，是承上启下的关键。

她就是大学。提及她，不仅在于其历史文明领域中的重要地位，更因为时至今日，大学的师德都是整个师德体系的中坚力量。唯有梳理和重拾大学的灵魂和意志，才能追溯师德的高度并探寻其未来道路。

以国人的世界史科普水平来讲，对于大学的历史有一个重要的误判：她是西方近代文明高度发达的产物。但事实恰恰相反，大学是西方近代文明之母。大学诞生在文艺复兴运动之前，正式挂牌也是在公元13世纪[1]。其历史承接正像前文所述的那样，是11世纪繁荣和行业协会（行会）和行会教育，诞生了大学和大学师德。有欧洲大学之母之称的巴黎大学，其前身是法国神学专家和教育者的行会；无独有偶，意大利的大学之母——都灵大学，其前身是法律和医学研究者和从业者（律师、医生）的行会教育机构。宗教、法律和医学，是西方文明生存的基础，行会兴盛，大学由此发端并不意外。

所以我们看大学的英文University，其拉丁文源头翻译成中文就是“向着同一个方向”[2]。这是行会的宗旨和口号[3]。最原始的往往最朴素也最有力量。“向着同一个方向”，这是大学最基本的灵魂。而大学有了行会会员后，逐渐招收学生，是为了凝聚优势力量发展自身的同时，为整个行业的健康可持续发展提供教育保障。

那么，向着一个什么样的方向呢？这就是大学乃至整个近、现代文明的使命。但很遗憾，自公元后第二千年开始，华夏就对这样的精神产生了严重的误判。

为了从根源开始举例，我们仍然要看都灵大学。众所周知，一所大学的校徽就是其精神的具现。都灵大学的校徽是一头牛和一只鹰。国人（包括许多学者）都认为它们代表着踏实肯干和展翅千里。但如果你找到熟知都灵大学历史文化的专家学者和优秀师生询问就会知道，他们校徽上的牛是一头被剥了皮的牛，鹰是一只被饿死的鹰。

因为触及“向着同一方向”的核心要义，我们不得不重现这样两只动物的故事。首先说牛，这头牛生在了工匠家中，每天吃得很不好却要干繁重的活，于是它向上帝请求，让自己能吃得好。上帝发了慈悲，把它送到了农场主家中，于是牛每天都能吃到上好的草料，但是依然要干很多农活。牛并不知足，又向上帝许愿，要求既吃得好又不用干活。上帝很生气，把它送到了皮包匠家中，这下牛每天好吃好喝又不必干活了，但很快，它就被剥皮做成了皮包。

而那只鹰，则是一只有雄心壮志的鹰，它希望飞遍全世界，为此苦练各种飞行的本领，但却忽略了最基本的觅食技巧，终于在起飞环游世界的第五天饿死在海上。

都灵大学通过这两个动物，告诫全校的师生：在道德修养上，要能正确估价

---

❶ 即法国巴黎大学和意大利博隆那大学。
❷ 即Unis（一）和Versus（沿着某方向）的词组组合。
❸ 前文说过，行会诞生的目的即团结和凝聚行业力量更好地生存发展。

自己，自觉地对社会有所贡献，并且不要贪心不足、予取予求；在职业修养上，要立足实际，创造出真正有用的价值，而不是好高骛远、纸上谈兵。

很显然，这是对十一世纪行会教育的高度概括和提升。所谓“向着同一个方向”的公式，就在于凝聚当代行业中最精英的分子，创造极高的价值，并且让这些最精英分子去教授未来的精英们技艺和德行。

由此，我们便应该清醒地认识到，当时大学的精神在于两方面：技能上要实用。道德上，主张正确和恰当地实现自我价值和主张自身权利。正是这样的精神，才孕育了西方文明的三次工业革命[1]和近代的启蒙运动[2]。正如前文所说的那样，这是立足于人的全面发展的，是有利于生产力和文明前进的，因而是先进的。

很可惜的是，我们对待这样先进的事物和思想，却没能准确把握其精髓。在国人开始引进和翻译大学制度和大学思想时，曾将其翻译成“书院”，这代表我们意识形态中的书院是最接近西方“向着同一方向”这样的组织及其精神的。事实上书院的产生，也恰巧是华夏文化和封建王朝在公元后第二千年的产物[3]。但两者在灵魂上是完全不同的。后者接受政府的严格督导，以参加科举考试和传承儒家学术为第一要务，缺乏最基本的自然科学和价值产出，且时刻抱着“为往圣继绝学，为万世开太平”的冥想。更重要的是，后者的所教、所学甚至对自身行业（儒家思想）的健康发展起到了阻碍和破坏作用，以致儒家道统传承至韩愈后，竟在鳞次栉比的书院中丧失衣钵！

这是对先进思想和文化的严重背离。大学的灵魂没有被继承下来，作为大学主体一极的老师（另一极是学生），自然就不能体现大学的意志。

这样的意志，就是我们一直在追寻的师德。它体现在许多方面，其中最重要的，就是“向着同一个方向”。为此，就要做到平等相待、教学相长。

由此而来的是西方大学中师德的基石：尊重学生、公正评价。有了公正，方能诞生严格和人性化的施教。一个比较有趣的例子是，我们经常可以看到老师前不久还在批评甚至否定学生的研究，但当其通过学术会议的评定并且在实践中创造价值后，老师又能够大方地用平等的方式向学生表达敬意——通常是赠送随身的物品（笔、怀表等），并且送上一句“我的荣幸”。

这里面还有一个著名的例子：俄国著名化学家门捷列夫[4]在大学学习和工作时，常常醉心于使用纸牌记录和推演化学公式，因此常常受到导师的批评甚至呵

---

❶ 即机器革命、自动化革命和信息革命。三次革命都是在实用的内核精神指导下完成的。
❷ 正确实现价值和主张权利，是启蒙运动中提倡的法理核心。
❸ 书院之名始现于唐代，于宋代成为国家承认的正规教育机构。
❹ 门捷列夫（1834—1907），俄国著名化学家，代表发现有元素周期律等。

斥。后来，门捷列夫发现了元素周期律，导师同样认为他缺少试验数据，并且离经叛道。为此，门捷列夫不得不寻求其他科研机构的奖励资助。但当元素周期律经过三次检验被学界普遍接受后，在一次学术会议上，他的老师公开向门捷列夫道歉，并为他献上一份元素周期表，通过这样的形式表达了敬意。在门捷列夫死后，他所属大学实验室的师生又自发打着巨幅的元素周期表横幅，走在了送葬队伍的最前列。

像这样对年轻科学家离经叛道的荒谬想法进行资助的个人和团体并非个案。英国甚至在十九世纪中期率先开设了奖学、奖教金，前者帮助家庭贫寒的学生顺利完成学业，而后者则资助因经济原因无法实践理论研究的大学教师和研究人员。英国为此还专门成立了评定委员会和奖学金学会，这成为了现代大学奖学金制度的起源。

从上述例子我们可以看出，不仅教师能够对学生的学术进行严格督导和客观评价，全社会（包括国家）也对学习和研究有着非常广泛和深厚的宽容。这样的敬意和包容并不仅仅是一种绅士礼节，更成为了大学的一种普遍精神和师德风貌。

反观古老中国的封建帝国，则在文明进化的历程中没能及时赶上头班车。学术不端开始成为一种社会现象，“学霸”这个名词应运而生。与现在流行的“学霸”含义不同的是，古代的学霸特指学术界的恶霸和败类。

在明代文学家凌濛初著作《二刻拍案惊奇》中，就塑造了一个集各方面典型案例于一身的“学霸”张寅。张寅作为贡生[1]，行为非常不检点，曾经在赴考的途中流连妓院；他的道德品行也十分卑劣，曾经利用自己知识分子的身份作伪证并且贿赂当地官员，图谋侵吞父亲遗产。更为重要的是，他在学术领域劣迹斑斑，曾经多次向老师和主管教育的官吏（学政）行贿。而且我们可以看出，这种行贿行为并没有明显目的，而是日常向老师和官吏献媚的常规手段。

张寅虽然是文学形象，但如果“学霸”的种种恶劣行为不是普遍现象，就不可能为社会大众普遍接受，成为经典。遗憾的是，原本应该为学界所重视的一些现实生活中道德败坏、品行不端的学术领袖，非但没有遭到批判和抵制，反而绝口不提其劣迹，并被时人和后世热烈朝拜起来——这其中就包括程朱理学宗师、宋代大儒和教育家朱熹[2]。倡导存天理灭人欲的他，一边兴办教育，一边垂涎儿媳，竟然能换得后世敬仰，当时的师德整体水平由此可见一斑[3]。

提到这些，并不是刻意揭短。我们也要看到在教育界中坚持师德的高尚行为。在三国时代，至圣先师孔子的后人、当时著名的政治家和文学家孔融[4]非常欣赏

---

❶ 即为国家立下功劳、缴纳一定数量的钱物或连续多年考试未中的考生，由国家“加恩赐”赋予的知识分子头衔。

❷ 朱熹（1130—1200），南宋理学宗师，著名文学家、思想家、教育家、诗人。

❸ 见宋人周密《齐东野语》。《二刻拍案惊奇》也有相关桥段，不点名地讽刺和批评朱熹。

❹ 孔融（153—208），东汉著名文学家，他为世人所熟知的事迹是孔融让梨。

一位名叫祢衡[1]的文士。但祢衡却恃才傲物，从政时多次无故顶撞上司，还做出不少僭越礼法的事情[2]，为当时的知识分子圈子和政界所不齿。然而孔融却并没有疏远和指责祢衡，不仅多次为其辩护，还在生活和学术（诗文）上给予祢衡大量帮助和指导，甚至不顾年龄上的巨大差异，与其结义为兄弟[3]，以便利用自己的影响力为祢衡步入名流铺平道路。最终，祢衡成为当时著名的文学家。而孔融和祢衡的故事也被后人称为"忘年之交"[4]而备受推崇。

从这则事例中我们可以读出两个亮点，一是品行不端在当时的学界是不道德的禁忌；二是作为老师，坚持从大局出发，大胆培养有潜能的弟子，同样是高尚师德的一方面体现。

另一则故事则是关于资助的。唐代著名文学家王维[5]为官时，曾经非常器重一个叫韩干[6]的画师。后者家境贫寒，没有钱继续绘画事业，于是白居易为他提供了每年三万贯的资助金。最终，韩干凭借他的作品和艺术造诣获得唐玄宗的赏识，并且成为绘画领域首屈一指的大家。可惜的是，韩干却没能将这样的资助传承下去，在随后爆发的安史之乱中，他不知所终，大概是隐遁避难去了[7]。

与此类似的是，帝国君主个人也资助过很多各行业的学生。最著名的大概是唐玄宗的"梨园"。李隆基[8]是一个颇为专业的戏曲粉丝，为了能够时刻学习和交流，他在后宫专门开辟了一处园林，资助有名望的戏曲艺术家。这些人首先是教授皇帝学习，同时相互切磋借鉴，如果有授徒需要，也可以得到皇帝的私人资助，大概类似今天的行业俱乐部。因为场地中开满梨花，所以称为"梨园"。戏曲行业为了纪念李隆基的重视和扶持，就把自己的行业称为"梨园行"[9]。然而安史之乱以后，繁荣的梨园就因为李隆基的禅位而终止了。

为什么这样的资助行为仅仅限于个人，却不能发展成国家行为？这同样可以引起对教育精神和教育文化的深入思考。

从中国唐朝开始，各类"书院"、"禅院"、"画院"等教育机构层出不穷，但无论官方的还是民间的教育机构和教育工作者，其核心精神和外在表现都没能

---

[1] 祢衡（173—198），东汉文学家，代表作《鹦鹉赋》。
[2] 例如在宴会上醉酒而放浪形骸，这些故事被《三国演义》夸张描写成"击鼓骂曹"。
[3] 孔融无论年龄上还是文化圈中资历上都是祢衡的父辈。
[4] 即八拜之交中的第八拜。
[5] 王维（692—716），唐代著名诗人，号"诗佛"。
[6] 韩干（生卒年不详），中唐时期著名画家，他的《照夜白图》被公认为唐浪漫主义绘画的最高峰。
[7] 见《唐书·艺文志》。
[8] 即玄宗皇帝（685—762），在位期间倡导戏曲和书画艺术，并有很高造诣。但他更为世人所熟知的是安史之乱和与杨贵妃的爱情故事。
[9] 正像前文所述，这样行业的祖师爷供奉多数是为了取得政治庇护。

契合“向着同一方向”的大学精神，其中的原因在哪里？

一言难尽，却又不得不说。

简而言之，“沿着同一方向”的大学精神和师德文化的产生，需要两个要素：一是动力，二是责任。通俗地讲，正因为现实情况是落后和蒙昧的，才迫切需要去改变、去推进；而要有效地改变并推进，需要教育工作者自觉地承担责任，并将其继续转化成进一步的动力，形成良性循环。这个过程，才是“向着同一方向”的真谛。

然而，将之放在封建中国和华夏文明当中，就完全不是同样的概念了。我们的政治、经济和文化成熟太早，而且十分稳定，因而从上到下、从内到外都缺少一种反思和进取的精神，这就使整个思想与教育界失去了上面所说的动力，转而使其发展向着另一个方向而去。

在这样的状态下，我们的思想家和教育工作者也乐于（或被迫）放弃了责任。教育事业是为了生存，但绝不是仅仅为了生存，如果变成那样，就会出现张寅那样的学霸。其中一方面是因为师者本身不愿意改变和承担由此而来的责任，但更多的是，王权单方面终止了之前良好的合作关系，它不再需要教育者去为帝国的政治和文化发展做开创性和建设性的事业了，反倒是转而成为一种政治斗争中的排头兵和受害者——愿意合作的就是排头兵，不愿意合作的就成了受害者。由于时代的不同，这种行为的后果也不同。小到个别人被迫害的悲剧，大到一整个阶层被打击而得不到健康发展，甚至于更严重的——那就是在这样的状态下，我们于公元后第二个千年里几乎脱离了世界文明的公转，如果不是1840年代坚船利炮的进攻，这样的状态竟可能是中华文明的最后归宿！

直到今天，我们也还在追赶西方先进国家的脚步。从教育事业上看，大学的建立，大学精神的生根发芽，大学师德的深入人心，都是我们应该做的事情。为此，我们的重点就不是去观察西方如何做，而是要讲中国怎么了，就像序章说的那样，走出迷失，奋力前行。

为此，就要从“向着同一个方向”的动力和责任说起。这里面有历史文化的必然，也有偶然；有师者的失职，也有他们的无奈。

笼统地说，中国特有的历史文化和意识形态让师者鲜能拥有这样的动力，这是必然；而特定时期的一连串特定事件，则摧毁了师者的责任感，这是偶然。

这些正是接下来我们要详细论述的事情。

第二节　道统——第二千年的精华与糟粕

在这一节中，我们要讨论的是中华的教育事业和师德核心没能顺应第二千年前进方向[1]的首要原因——动力问题。它说复杂也复杂，说简单也简单，能够集简单与复杂于一身的关键词就是道统[2]。在第二千年中，它成为了华夏文明意识形态、文化教育和师德表现的灵魂。

道统是一个集合名词。两千年来，对道统的系统论述没有超过韩愈的——这也恰恰说明我们的文明和道德在相当长的一段时间内没有进步。按照他的论断，道是华夏文明乃至整个宇宙存在和发展的终极真理；统是这种真理的传承体系和脉络。道是逻辑（哲学）的，而统是历史的。

那么什么是“道”呢？她起源于老子，其哲学高度穷中国三千年思想史而不可超越，但老子只是泛泛地讲“道可道，非常道，名可名，非常名”。这为一些后人的懒惰提供了借口：既然最伟大的先贤都不愿意说清楚，后人也只好糊涂着过吧。考察其原始动机，老子的本意是要后人多实践，少空谈，在实践中检验真理，所以他说的少，可惜后人并没有领悟他的真谛。

但韩愈和后世的程颐[3]没有懒惰。他们都来尝试着用相比老子来说较为通俗、但相对后人来说仍显晦涩的语言去解释华夏文明的道德思想核心——道。韩愈认为道的起源在尧舜，《尚书·大禹谟》中记载的十六字心法：人心惟危，道心惟微，惟精惟一，允执厥中。这一看就是相当晦涩的。于是后世学者程颐再进一步解释说，想知道什么是道，可以去看《中庸》。他的作者子思先生就是担心道统不能传承下去才写的这本书[4]。

对于《中庸》，大多数中国人是熟知的。程颐并没有说谎，中庸的内核正是对《大禹谟》中十六字真言的解释。十六字真经通俗来说就是：人心都是求高而永不知足的，而道的真谛在于细微、渺小和隐匿，所以人治学和修养都要专一纯粹，要真诚、专一、坚持，并且中庸[5]。

从何样的论断中我们可以看出，中国的“道”，是一种人生哲学、处世哲学，再具体些讲，便有了些许成功学的意味。

在此基础上，韩愈认为师者应该将道传之后世，不要断绝。由此他开天辟地地将师者的使命和道德明确地提了出来：师者，所以传道、授业、解惑也[6]。传“道”是首要需求，授业是为了确保传道需要的拓展内容，而解惑就是更退一步的具体做法了。韩愈的提法精确地对师德提出了要求。

因此从第二千年开始，师德风貌有了明确的标杆：传道、授业、解惑。那么

---

❶ 即前文的西方近代大学精神。
❷ 本义是指道德传承的脉络。后被宋明理学家改造为儒家学术思想的传统观念和学说。
❸ 程颐（1033—1107），北宋著名理学家和教育家，即后世所称“程朱理学”的奠基人。
❹ 见朱熹修订、援引程颐的《中庸》代序。
❺ 即不过激、合乎立法并且含蓄、谦卑。
❻ 见《师说》。这是目前为止公认的对师德文化最权威的解读。

一位有道德的老师，就要把培养学生为人、处世的道德修养和成功的要义有机结合起来。

这样的道德要求看似完美，实则有着重大的漏洞。这个漏洞的逻辑重点在于是否顺应时代要求和是否适应社会环境。

简单地说，古代的封建制中国在第二千年仍然是一个封建皇权高度集中的、发达封闭的农业社会。这样的时代要求政治上大一统、经济上围绕农产品的生产与消费、文化上重视宗法和稳定。于是在社会分工领域，诞生了所谓的"三教九流"。

三教，即儒、释、道。九流，原出自《汉书·艺文志》，记载了秦以前著名的思想和教育流派。但从宋朝以后，社会逐步把"九流"发展成了行业评价等级。九流的说法很多，但最广泛的是如下说法。

"上九流"是：帝王、圣贤、隐士、童仙[1]、文人、武士、农、工、商。

"中九流"是：举子、医生、相命、丹青[2]、书生、琴棋、僧、道、尼。

"下九流"是：师爷、衙差、升秤[3]、媒婆、走卒、时妖[4]、盗、窃、娼[5]。

从上述表述我们可以看出，最受社会推崇的，是宗教和哲学家，在思想道德修养领域为上述时代要求服务；其次是政治家和官员，以及农、工、商，在生产上直接为时代要求服务；最后是相关副业，多以文化娱乐从业者为主，而其中的自然科学和技术工作者寥寥无几。

这样发展的最直接结果就是行业发展的不平衡和系统的职业教育缺失。一个附加的恶劣后果是，当蒙古人铁蹄入侵中原时开展了野蛮的大屠杀，只有会制造手艺的匠人才能活命，但其中的比例竟然占到全部遇难人口的千分之一都不到[6]，这种激烈的震荡持续到南宋覆灭时的崖山海战，十数万知识分子和官员跳海殉国，今天的黄汉主义[7]学者称之为"崖山之后，再无中国"。这样的论断虽然有失偏颇，但如此尴尬的状况却是不容回避的：随着社会精英大量死亡，主流行业生存和教育事业的发展遭受到毁灭性打击；而另一方面，留存下来的手艺匠人的规模和发展成熟度又不足以维持国家社会继续健康发展。可以不夸张地说，华夏文明由此开始脱离世界文明公转，观其三千七百年传承历史，这样的重创绝无仅有。这是国家社会对行业与教育事业规划的失范。

而在这样的背景下，必然带来师者的道德失范。基本逻辑很简单：试想在一

---

❶ 即修行有道、不老不死的仙人。
❷ 原指卖画人，泛指书画艺术家。
❸ 类似公平秤，泛指市场买卖的服务人员。
❹ 从事拐骗和巫术的人。
❺ 引自侍述清、王燕《也谈"三教九流"》，《语文天地》，1999年7月8日刊。
❻ 这其中还有大量为求活命冒充匠人的。见明代学者宋濂《元史》。
❼ 汉民族民粹主义。

个分出森严等级的、不平等的行业体系中，老师要如何向学生传“道”，何谈处世哲学、社会哲学和成功哲学？

为了帮助大家理解行业不平等理念和由此带给从业者的等级迫害，这里有一个典型的例子：从宋代开始，湘西、川贵山区诞生了“赶尸人”[1]职业。但赶尸人的师父是这样告诫徒弟的：我们这一行业是下九流的（走卒），所以仪表堂堂的人不要入行，有别的出路和继承手艺的人也不要入行。为了不给别人添麻烦，我们更习惯于在夜里干活，白天闭门不出[2]。

试想在这样的教导下，何谈权威、敬畏？何谈人的全面发展？何谈自觉投身关注国家民族事业的使命感和荣誉感？何谈传承黄金时代的一切美好师德呢？

还有一个例子是，著名文学作品《儒林外史》[3]中，讲述了一个穷酸秀才范进，因屡试不中，只能被迫去做教书的老童生[4]，并经常被身为屠夫的岳父鄙视与欺负。直到有一天，范进高中举人，由下九流跃升到了上九流（官吏、文人）中，他的岳父立刻换了态度，对其卑躬屈膝、顶礼膜拜，范进经受不住这样的喜悦，竟然失心疯了起来。

这样的背景下，相对弱势的一极[5]谈不上继承道统。但强势的一极同样没能健康发展。一个重要原因还是在对自然科学和技艺的不重视上。前文提到的“三教”应该是最为光荣和主流的了，但其发展方向，仍然主要致力于超自然和哲学领域的探索。儒教讲求祖宗崇拜、存善去恶、天理人欲；道家讲求净化心灵、修炼体魄进而带动周围的人一同飞升到没有烦恼和欲望的更高级存在形式中去[6]；佛教讲求轮回与无常，在因果观的理论下摒除欲望和烦恼，求得宁静与来世的福报。

三教对于社会稳定和文明发展都是有重要进步意义的，但受到时代要求的限制，他们的教育成果中也因此出现了太多糟粕。中国的“道统”理论中，身份认同和文化传承是相当重要的精神内核，于是儒家诞生了党争；道家醉心于炼丹；而佛家专事普度众生，让大量社会劳动力脱离生产。

一个典型的例子是，修道之人的耗费是巨大的，而且以滚雪球的形式畸形发展。到了明中期，皇帝修炼道家长生丹药的烧火费用就高达每年二十万两白银[7]，而国家正部级（尚书）的年俸禄不过三百两。

试想，我们如何诞生“向着同一方向”的大学精神？姑且不论在文化上的等

---

[1] 因为山路偏远，需要把客死异乡人的尸体运回家乡，需要专业搬运工。
[2] 见现代学者陆群《湘西赶尸》。
[3] 清代文学家吴敬梓长篇小说，成书于 1803 年，是目前公认科举讽刺小说的巅峰之作。
[4] 在三教九流中，这样的人并不能算是书生，而是下九流中比师爷还不如的职业。
[5] 以下九流为代表的职业群。后文指以上九流为代表的职业群。
[6] 于是有一种说法叫“一人得道，鸡犬升天”。
[7] 据明帝王起居录载，创造这样记录的是嘉靖皇帝。

级压迫，极其昂贵（比如炼丹）或消极（比如出家不劳动）的成本也没法让我们达成共识、共同前进。热衷于传授这些的老师自然因此失德。

但需要指出的是，第二千年中，我们在失德，但并非无德。可喜的是前人的很多师德典范被明文固化成法律，我们可以将之称为教育规范法。

这里同样有一个很典型的例子。一些学派对老师的师德提出了明确的要求，例如弟子犯错需要惩罚时，必须由其本人在场并保证其自由申辩的权力；在对经典传授出现争议时，必须召集资历威望差不多的精英组成团队共同研讨；无论任何学术争论可能影响到团队团结时，都必须摒弃对错、绝不再提，留待后人时机成熟时解决等等[1]。

无论从当时的实用角度还是从今天的现代眼光上看，这些规范的职业法则有助于监督和提升师德品质，是在当时一些发达行业中的教育事业高度进化的产物。

这是针对时代需求方面的探讨。在社会环境上，同样存在尴尬乃至痛心的一面。

在封闭小农经济基础上催生的宗法制社会环境下成长起来的华夏文明，一贯从思想和行动上尽皆奉行"政治即学问，学问即政治"的大一统政治理论。这一点在儒家知识分子中显得更为重要。经过唐朝科举制度的完善与系统淬炼，进入第二千年后，知识分子的成功学不仅继承了一贯优越的等级意识，也逐渐变得庸俗起来。

有一首很著名的诗，描绘的就是第二千年知识分子群体中的普遍现象。诗的作者是宋代著名学者和教育家汪洙[2]。这首神童诗中的很多词句直到今天还在广为流传：

天子重英豪，文章教尔曹[3]，万般皆下品，唯有读书高。少小须勤学，文章可立身，满门朱紫贵，尽是读书人……

汪洙曾官授明州教授[4]，这首诗是为鼓励明州适龄儿童入学读书而创作的。一方面写给孩子，一方面也供文化水平不高的家长阅读。而它传诵千年经久不衰的原因，归根结底还在其中蕴含的文化根基和社会环境上。

诗中主要阐述（或描绘）了四方面的内容：一是读书人极高的政治地位和政治待遇；二是勤奋学习和谨慎交友对于学问成长的帮助；三是读书对于孝敬父母、重视农业等美德的直接帮助；四是读书人良好的物质与精神生活。

其中的第二、第三方面在今天看来都是有积极意义的。而且以通俗且流传广泛的角度阐释教育的功能和意义，体现了教育界对自身事业的思考，有着极为重

---

[1] 引自当代学者释正信《图解释迦牟尼》。
[2] 汪洙（生卒年不详），官职为宋大学士，并无传世经典，为世人所熟知的大概只有《神童诗》。
[3] 这句是模仿老师告诫学生的口吻：我教你们的文章，都是能让你们成为英豪的好东西。尔曹即你们。
[4] 教授并不是职称，而是兼具官方与民间色彩的官职，相当于教育局长兼教师行会会长。

大的意义。但这两个方面，诗中仅仅以四句一带而过，长篇累牍宣讲的，还是第一、第四两个方面。天子重视、朝堂上一言九鼎、物质生活优越、闲来无事品味人生，这些在常人角度上看都是正常需求，但从优秀教育工作者代表口中向学生和家长宣讲，从道德要求来看，就显得略低一层了。

其后，又有宋代真宗皇帝[1]所做的《劝学》：书中自有颜如玉，书中自有黄金屋，书中车马多如簇……以更为粗浅露骨的方式引诱年轻儒生通过读书来获取社会地位特别是奢侈的物质享受。中国思想史上“黄金年代”（春秋）那种为国家民族、为人的全面发展奔走呼号的崇高使命感和雄汉盛唐“天下英雄尽入彀中”、“垂拱而治”的政治抱负与豪情烟消云散。

依托儒家思想的统治地位和皇帝及知识分子的大力提倡，这种思潮以极快的速度传遍各行各业。甚至不从事具体工作的女子[2]也从幼童开始就受到这样的暗示。

这种暗示是从最基本的启蒙读物《百家姓》开始的。成书于北宋初期的《百家姓》的排序并不是按照人口多少，而是以皇帝的姓氏——赵、吴越王的姓氏——钱[3]和他们知名后妃的姓氏为顺序（孙、李、周、吴、郑、王）。极力鼓吹“男要入对行，女要嫁对郎”，文学和教育的严谨和权威在这一刻集体失范。

由此而来的，是对教育事业和读书科举的一种庸俗的、功利化的崇拜和追求。这里有一个极端的例子是南宋奸相秦桧。他权倾朝野，养子秦嬉也因为父亲的缘故官至内阁宰相，甚至秦桧本身也是个大书法家[4]，即便这样，秦家仍然觉得家中没有一个正经的科举出身的知识分子是一件抬不起头的事情，于是便为秦桧孙子参加考试的事情奔走劳碌。而秦桧的孙子在当年科举中没有进入一甲——但毕竟榜上有名，也是难得优秀的知识分子——这可把时任主持省试的礼部侍郎[5]吓得不轻，脸色都白了。侍郎的儿子看不惯，便规劝父亲说，这只是读书人凭才学考试得来的成绩，秦相满门富贵，又哪里会在乎。侍郎听后骂了儿子愚蠢。而秦桧在听说孙子的名次后也破口大骂，所幸没有利用采用什么过激手段进行报复[6]。

政治地位如此高、个人品质如此卑劣的秦桧尚且醉心崇拜这样的名分，可想而知其时的教育虽然仍然称为国家盛举，但道德高度已被庸俗的成功观践踏的体无完肤了。

---

❶ 赵桓（968—1022），宋朝第三位皇帝，在位期间重视文化，倡导科举。
❷ 中国古代女子绝大多数为专职家庭主妇，并不从事职业生产。
❸ 百家姓作者系五代十国时期吴越国人，吴越王名钱镠。
❹ 秦桧是宋体字的作者，初称“秦体字”，后人因耻其卖国，改为“宋体字”。
❺ 相当于教育部主管高等教育的副部长。
❻ 引自金城出版社《历史巨奸》整理故事。

而命运也愿意和人开玩笑。六百年后，秦桧的子孙秦大士[1]终于金榜高中成为状元。乾隆皇帝弘历在接见他时就曾问道，听说你的先祖是秦桧？秦大士羞得满红耳赤，但仍然得体地回答“一朝天子一朝臣”，令皇帝十分满意。

这样社会环境造成的最直接后果就是：打着弘扬道统旗号的行业等级观念，浪费的大量社会资源却没有培养出对社会经济和行业发展有用的拔尖人才；另一方面，大量动机不纯、技艺又不精湛的读书人混入教育界，让教育效果和师德水平打起了双重折扣[2]，以致流毒后世。

教育在发展到一定程度时，可以走上产业化道路。但教育容不下功利和庸俗，由此看来我们在第二千年所走的道德之路，除了没有凝聚成“向着同一个方向”的不竭动力外，对于“向着怎样的方向”，也同样出现了误判。

教授学生什么知识，以及为什么教授学生这样的知识，乃至于教授这样知识背后的动机和心态，都是检验师德真理的标准。这正是师德相对其他职业道德的严厉与权威之处。

这一点，韩愈早已经洞悉，但后人如何执行，也是一个智慧与勇气并重的艰难课题。

但这仅仅是知识分子和教育者单方面的问题么？恐怕一个巴掌拍不响。文明的生存和发展有其自身的规律，随着规律应运而生的就是国家和民族的意志。教育事业是其中的一个子系统、一个分命题。而在执行这种意志的过程中，会出现偶然和岔路，这就是命运之下我们的选择，是直至当今正确的教育理念之所在。

有一个在谈及历史文化领域时或许不会被列为重头戏、但谈师德则至关重要的朝代，我们沿着逻辑和历史的脉络，马上就要扣响其大门了。

这就是元。大哉乾元[3]，以摧枯拉朽的破坏力，开启了师德新时代。

第三节　业界良心：时代的意志和师德的选择

因为历史的必然和偶然，元帝国成为终结当时华夏师德文化的刽子手。而在最黑暗时期保留师德火种的，自然成为师者的“业界良心”。

中国历史在元代是一个中转站，但中国的思想史和教育史在元代却是座里程碑。元，这个中国历史上第一个少数民族建立的大一统国家，为教育事业带来了

---

[1] 秦大士（1715—1777），清乾隆年间著名书法家、诗人和学者。
[2] 例如前文所讲“都都平丈我”故事。
[3] 引自《易经》，是元朝国号的出处。

太多的变革和摧残，也让师德文化在剧痛中涅槃重生。

而那个时代，并不像国号“大哉乾元”承诺的一样美好。至少对于教育界完全不是。元代从根基上摧毁了中国教育界以及传承的道统和由此带来的等级与骄傲。这种巨大的破坏力表现在三个方面。

最根本的，是对华夏文明各行业（包括知识分子队伍）的灭绝性摧残。这种摧残是可怕的，乃至民粹主义者惊呼“崖山之后，再无中国”。元朝的母国是蒙古汗国，她的开国君主成吉思汗铁木真❶是人类历史上著名的军事家和残忍的刽子手。在西方文明史中，人们称铁木真和他的蒙古铁骑为“黄祸”❷。事实上，灭国四十、斩首百万的蒙古侵略者在客观上，几乎造成了西亚伊斯兰文明的种族灭绝，并差一点把这种灭绝带到了西方和华夏。铁木真的孙子忽必烈❸在蒙古国的王位角逐中逐渐把目光投向了中国（中原地区），而他同样在征服的过程中延续了种族灭绝的政策。

探寻这种灭绝政策的根源并不是本书的目的，我们只需关心其结果，那就是元帝国在中国北方扩张的过程中，几乎对汉族和华夏文明进行了空前绝后的灭绝性清洗。常常一座十万人规模的城市，在经过战火后，只剩下数百会手艺的匠人能够活命，其余的一概屠杀。仅以中国四川省为例，在元扩张期间，这个在当时拥有将近两千万人口的省份，仅有九十万人幸免于难，其余的全被屠杀。约有1800万人在元帝国对中原进行的种族灭绝中丧生❹。这似乎也侧面解释了“崖山海战”后宋朝知识分子十余万人蹈海殉国的现象——与其被杀，不如主动殉国。

这种灭绝性的大屠杀造成的直接后果有两点：一是整个华夏文明几乎退回到为了生存而苟延残喘的上古时代。生存成了第一要务，那么教育的功能和意义就不再重要，甚至一度暂时退出历史舞台。二是各行各业大量的精英分子和继承人——即老师和学生因为屠杀而丧生，客观上造成了无人执教更无人学习的惨烈局面。这两个显而易见的结果直接从物质层面摧毁了教育基础。

在此基础上带来的，是对教育、科举和政治层面的深刻变革。儒家教育（代表为程朱理学）、科举制度和知识分子出仕是中国历代大一统理论在政治思想和文化教育领域的坚固基石。而这样的基石竟然也随着元帝国的入侵而分崩离析了。一方面，作为游牧民族的军事强国有着它独特的政治制度和社会规则，游牧文明与农耕文明的碰撞持续了两千年，也从未有过完全意义上的和解，这种根本意义

---

❶ 孛儿只斤·铁木真（1162—1227），大蒙古国可汗，杰出的政治家和军事家。成吉思汗是他的尊号，即富有四海的汗。

❷ 见《全球通史（1500年前的世界）》成吉思汗军队是黄种人，又往往带来毁灭性的战争，故名。

❸ 孛儿只斤·忽必烈（1215—1294），元朝建立者，同时是蒙古国入主中原并完成统一的第一位皇帝，庙号世祖。

❹ 仅为《元朝秘史》中估计的数字，期间不排除因躲避战乱而隐居的现象。

上的分歧让华夏文明的知识分子很难在元帝国成为“帝王师”，这是显而易见的。

另一方面，历史的必然中同样蕴含着偶然。元帝国开国皇帝忽必烈的太子真金非常仰慕华夏文明和儒家文化，并且坚决支持改革。但他的高级幕僚——儒生们竟然上书忽必烈，让其效法华夏民族的尧舜，禅位给真金。忽必烈由此异常震怒，并导致太子真金在质疑和恐惧中暴毙身亡[1]。这种典型的“书生误国”行为让痛失爱子的忽必烈及其后任帝王都产生了心理阴影，以至于他们对儒家思想和书生从政产生了无比的憎恨和排斥。在这样的巧合促成下，元帝国取消了科举考试近五十年之久。这从政治体制上切断了绵延千年的知识分子和教育界赖以为生和发展的重要道路。向上的通道没有了，下面的基础也严重薄弱，这让思想界和教育界变得四面楚歌。

于是我们可以大致描绘当时文化教育界的精神风貌：绝大多数知识分子转行，并且大多从事了戏曲编剧工作，由此诞生了元杂剧。但元剧和元代的词曲再也没有唐宋时代的优雅和光荣，代之以小市民阶层家长里短的矫情和对统治阶级的抗拒和诅咒[2]，这种精神风貌，与华夏文明两千年来的基调大相径庭，可以称得上自周初三公[3]奠定国家思想文化基调后，绝无仅有而又翻天覆地的变化。

更为深层次且重要的是，教育界高贵的身份认同和文化基础同样被摧毁了。元帝国在对当时全世界范围内的主要文明（西方、伊斯兰、华夏）进行毁灭性打击的同时，客观上自觉或不自觉地[4]加快了文明之间的交流和碰撞。举一个最简单的例子，在之前的中国历代帝国中，儒释道三教和儒家思想都是文化意识形态中的主导思想，但从元代开始，全世界先进文化和宗教的成果汇聚过来，一时间百花齐放。帝国很多皇帝就是道教或基督教信徒[5]，也有仰慕儒家文化的政要（真金太子），更有信仰伊斯兰教的中层官员和商人（以色目人[6]居多）。在这样的背景下，华夏文明和儒家师者崇高的使命感和优越的自尊渐渐解体，大家开始认识到，我们的文化和教育事业不再是引导国家民族千年不衰的唯一要诀，也不再是经济政治文化的唯一中心，乃至在客观上成了被排挤、被疏远乃至被迫害的对象。

就像名剧《窦娥冤》中唱到的那样——地也，你不分好歹何为地；天也，你错勘贤愚枉作天！

这样的呐喊，不仅仅是因为一场冤案，同样是整个思想界和教育界的集体迷

---

❶ 引自《元史》卷一。

❷ 例如后文提到的《窦娥冤》。

❸ 即太公姜尚、周公旦、召公奭。

❹ 由于蒙古文字的不发达，这些行为并无明确法令或者军令记载，只有根据风俗和成吉思汗个人喜好而施行。

❺ 关于皇帝的信仰，多记载于元《蒙古秘史》。

❻ 即欧洲、西亚、北非等国家人中，因瞳孔颜色与中国人不同，当时称“各色各目”的人，简称“色目人”。

茫和反思。

以上提到的，就是文明在那个时代的意志。

但就像开宗明义里提到的那样，无论世事如何变幻，师德文化和师道尊严永远是道德领域里的先锋军。面对这样的时代，师者同样率先觉醒，去探索、去实践，乃至重新找回道德与尊严。

为此，我们要重点讲一个人，他叫许衡[1]。

除了专门研究思想史的学者外，许衡似乎并不为普罗大众所熟知。事实上，许衡其人在师德文化的发展历程上,更多的是一位出色的执行者和时代的先锋军。相对以顶层设计开创华夏文明三千年政治和文化基础的“千古帝王师”姜尚，以及在文化与教育领域承前继后并以高尚道德赢得世人尊重的“至圣先师”孔丘，许衡作为更多的是在关键且特殊的历史时期践行正确师德的优秀代表，通俗地解释说，就是“业界良心”。

这位“业界良心”生于元怀庆路河内[2]，祖祖辈辈均以务农为生。七岁时，许衡进入私塾读书，他问教书先生读书是为了什么，在被告知读书就是为了参加科举进而做官之后,这个当时只有七岁的孩子竟然反问老师:“只有这样而已么？”令老师大为惊诧，并且不知如何回答。而在随后，许衡表现出惊人的学术天分，一连换了三个老师，他们都在几个月之内因为无法满足他的求知需要而离开了。许衡读了很多书，可到最后也没有弄明白除了科举为官，读书还能为了什么[3]。

事实上，这个问题虽然出于稚童之口，但它代表着时代之问。因为很快，元帝国崛起并终结了南宋王朝的统治，大批知识分子在这华夏文明空前的战乱中殉难。更重要的是，因为一些复杂的原因[4]，元帝国暂时终结了科举制度。所有读书人科举做官的美梦化成了泡影。

但许衡却在这样的时代背景下显得与众不同。首先，他在元太祖皇帝忽必烈的征召下出任南京教习[5]，负责教育和社会风气整改任务。后来，许衡三次辞官，三次被征召回来，而且一次比一次委以重任。最后，忽必烈委任他为太子太保，这是文官所能取得的最高荣誉虚职[6]，地位尊崇。然而，许衡先后推辞五次，坚决不接受。最后忽必烈无法，只有让步——元帝国恢复了国子监[7]，许衡出任祭

---

❶ 许衡（1209—1281），元初著名理学家和教育家，是少数能与最高统治者亲近的儒生，参与制定了元朝官制、礼仪和《授时历》历法。

❷ 今河南沁阳。

❸ 引自《元史·许衡传》，下同。

❹ 其中一项重要诱因，就是上文提到的真金事件。

❺ 当时元朝没有正式的教育机构，这个职务相当于首都教育部门的临时负责人。

❻ 元太保不参政，且当时忽必烈未立太子，因此仅为表彰荣誉。

❼ 相当于今天的中央大学。

酒（校长）。

无意为官的许衡竟然做到了当时知识分子的最高官位，这令当时和后世许多人大跌眼镜。但其中的要诀很简单：许衡包容、大度而且纯粹。当时大量知识分子宁可老死山林，也不愿意为"蛮夷政权"元帝国服务，留下的都是庸碌功利之辈。唯有许衡，公开打出了"民族文化与知识交流"的旗帜，在元帝国固有文化和华夏文化的沟通中积极奔走，并且在这样的前提下，积极为新政府服务，乃至不计较名分（多次辞官），这样的动机和胸怀，取得了皇帝和帝国政要的普遍信任。这是包容。

大度和纯粹体现在：许衡为官时尽心尽责，因为政治风波或治学理念等问题被排斥或者主动辞官时，又能清心自守、安贫乐道，专心治学和授徒。尤其是在七十多岁高龄的时候，毅然出山主持修订了《授时历》历法，为天文历法领域做出了世人传颂的重大贡献。

正因为这些宝贵品质，许衡在那个蒙古族与汉族尖锐对立且层层设防排挤知识分子的黑暗年代，能够获得国家和汉族知识分子群体的一致爱戴，进而为教育事业做出杰出贡献。许衡死后谥号"文正"，按照《谥法》传统，"文正"也是历代知识分子所能得到的最高评价。

许衡的成功经历和他在主持国家教育事业期间的举措和理念，在整个师德文化的传承和发展中起到了存亡继绝的作用。虽然在一些治学理念上，他仍然体现了保守和落后的一面[1]，但一些自上古和黄金年代的师德"潜规则"，却被他正式出台成了要求和行业规范。具体来说，有如下三个方面。

其一是"慎独"。即教师（包括知识分子）在无人监督的情况下也要自觉遵守社会法规和行业道德规范。在这方面有一个著名的故事，讲的是许衡本人一次和朋友出游，口渴难耐却又找不到水，这时发现一颗无主的梨树上结满了梨子，朋友摘了梨子吃掉解渴，但许衡拒绝了。朋友劝他："这是没有主人的梨子，是可以随便取用的。"许衡正色回答："梨子没有主人，难道我的心也没有主人么？"从那以后，许衡的人品为读书人所敬重，越来越多的人开始拜入他的门下。

其二是"仁人志士"的修养。在讨论老师应当教出什么样的学生（育人成果）这一课题上，许衡明确提出，教师应该培养学生做"仁人志士"，即不以出仕做官为荣，更不以成为布衣、终生平凡为耻。尤其后者，是考验"仁人志士"的重要标准。

其三是"爱生如子"。许衡明确要求教师要做到"爱生如子"，不仅教授知识和技艺，培养他们的道德，更要在生活上和精神上对他们进行无微不至的帮扶

---

[1] 比如狂热拥护君臣父子的传统理学，抵制由社会动荡和发展带来的思想改革。

和照顾。总而言之，像对待自己儿子一样，在其成长过程中进行全面的照管。

综合华夏文明的历史文化来看，这些思想并不是许衡首创，因此在中国思想上，他并不是开宗立派的宗师，但许衡能够做到在当时复杂且黑暗的社会大环境下，明确为师德树立起鲜明的旗帜，并且通过身体力行和终身成就带动与影响一大批知识分子坚守这样的师德，由此看来，许衡不愧为拯救一个时代的“业界良心”。如果不是以他为代表的大批读书人和教师的坚守，这种断代的五十年，足够摧毁千年的道德传统，那样才真的是在文化和教育界的“再无中国”。

而继续审视许衡的教育思想，我们会发现，虽然相比前人来说，他的道德高度有所下降，但却成为流传至今的重要师德标杆，这其中有着深刻的文化内涵。从古至今，教师的两个不变的话题就是“如何做一个好老师（从业道德）”，以及“怎样才算教出好学生（教学成果）”。历代以来，先师们都是从至高至善的一极去审视和规范师德，但不可忽视的是，普罗大众的师德观应该如何规范？许衡终其一生做的也许就是这样的事业——在条件不够或不成熟的环境中，没有人监督你了，你如何做个好老师；

如果你的学生并没有出将入相的成功，那么至少要教会他们安贫乐道的价值观和人生观；

对待学生不仅仅是课堂行为，更应该是一种人生的、精神与物质双重保障。

这些观念直到今天仍是师德领域的重要标准。或许正因为每每存在乱世，才会让人从低端的角度思考问题。道德有最高的高度，也有不能触碰的底线。制定高度的人是圣贤、是宗师，而制定底线的人，正是许衡这样的“业界良心”。我们做不了宗师，但我们可以、也必须成为代表业界良心的师者。

这就是时代意志下的师者选择。

在本节的最后，要介绍一段剪影，它同样是元帝国关于教育的事迹。它是相对光明的：在元朝暂时取消科举考试的约半个世纪里，学校却并没有因此而废除，既然没有统一的考试来衡量成绩，那么如何评定学生呢？于是帝国官员想出了一个办法，学生每修习一门课，便由任课教师根据其表现给予一定数量的分数，当达到规定的总分数时，这名学生就获得了毕业资格。这大概是中国教育中“学分”制有志可考的发源，也由此可见我们的现代教育制度也未见得是全盘照搬西方[1]。

在这样的情况下，教师也就乐意恢复春秋时代的素质教育传统，根据学生综合表现去评定，乃至于能够全面的施教，并以完全的道德标准（而不是应试标准）培养学生。由此可见，除了人（如许衡）的努力以外，制度是可以改变文化与道德的，而后者比前者作用得更好。

---

[1] 引自当代学者申万里《元代教育研究》，武汉大学出版社。

在取消科举的五十年中，于中国的传统政治文化都不见得是好事，但于教育，特别是区别于过往传统的、单一的科举应试教育的孕育和发展进程来说，却又不见得完全是坏事，这也恰恰是时代意志留给我们的考验和启示。

随着历史推演，元帝国也淡出了中华大地，明帝国政权悄然崛起，随后又由清帝国紧握起接力棒。而彼时的教育和师德，却没有像“明”、“清”的国号一样重建清明，反而将很多糟粕一直延续到了列强环伺、国门洞开的近代。

原因自然像上文所述那样，有着历史文化的必然，但仍有几个残酷的“意外”，值得后世师者铭记警醒。

我们将在下节叙述。

第四节　明清文字狱与师德水平滑坡

沿着历史文化发展的脉络，我们可以清晰地看见，上古时代的师德以团结和领导人类文明为己任；黄金年代的师德以思考国家、文明和人的全面发展为重大命题；及至宋代，师德体系中仍有“万般皆下品，唯有读书高”的等级划分和行业自豪；唯独从元、明走向近代，我们集体缺失了“向着同一方向”的近代大学精神，并逐渐与世界文明的公转相脱离，从领跑变成了跟随。是什么造成了这样每况愈下的惊人反差？答案是文明意志和社会环境。然而，在这样的意志和环境下，仅仅是师者自身的道德失范么？

不是。在这一章节，我们仍旧要探讨造成师德之殇的代表性事件。这些事件的关键线索都指向一个词——文字狱。

文字狱的现代汉语解释是：封建统治者迫害知识分子的冤狱[1]。中国历史上，尤其以明、清两代的文字狱发展最为成熟、手段最为残酷、影响最为恶劣。欲对其有一个全面了解，就要从明帝国和他的开国君主——洪武皇帝朱元璋[2]说起。

出身草原游牧文明的元帝国占据中原正统九十年后，政权重归农耕文明的明帝国所有。这从其开国皇帝朱元璋身上便可以一览无余：出身农民，成长和成就于农民起义，执政出发点在于悯农、护农，乃至天生刻骨仇恨官僚与地主阶级等等。明帝国和他的洪武皇帝坐稳江山后想的第一件事情，同华夏文明历

---

❶ 引自《现代汉语词典》第五版。

❷ 朱元璋（1328—1398），原名朱重八，明帝国建立者，著名暴君。年号洪武，庙号太祖。

代王朝帝王想的一样，那就是如何让帝国长存、政权稳定，传给无穷尽的子孙后世。

要实现这样的稳定，一种办法是通过不断进步达成，表现在文化教育领域，就是“向着同一方向”的大学精神；另一种办法就是在静态和固化中实现。很遗憾，具有强烈忧患意识和小农意识的明帝国和她的皇帝朱元璋选择了后者——用最小的投入，维持帝国的运转和生存，不用什么进取，只要不出什么乱子，能把江山延续给子孙就好。

这个命题在文化教育领域的意义就是，引用我们前文所论述的观点和理论，朱元璋作为王者，不再愿意通过与师者合作的方式延续国家和文明了，他认为如此一来的成本巨大，实在不合算。

不但不合作，朱元璋甚至将文化教育看做是阻碍国家与文明稳定发展的祸害。而且在诸多不稳定因素中，它甚至是帝国最大的敌人之一。

文字狱正是在这样的政治和意识形态背景下诞生的。其实在北宋时期就已经诞生了文字狱——如著名的苏轼乌台诗案[1]，但那时的文字狱仅仅是官场政治倾轧的工具，发动者和受害者都还仅仅是在任的官僚。然而到了明代，整个明帝国的所有人民都惊讶地发现，一直以来王者和师者的合作没有了，文字狱的发动者赫然变成了皇帝和整个帝国。

而他的矛头除了指向知识分子，更加有针对性地指向了教师。

通过洪武朝皇帝亲自督办的文字狱记载，我们便能看出其中深意。

翰林编修[2]高启因作诗“小犬隔墙空吠影，夜深宫禁有谁来？”被腰斩。

御史张尚礼作诗“梦中正得君王宠，却被黄鹂叫一声”下狱死。

佥事陈养浩作诗“城南有安妇，夜夜哭征夫”，被投入水中溺死。

兖州知府卢熊把“兖”错写成“衮”，被朱元璋视为不敬，斩。

中书詹希原给太学写匾额，“门”字少最后一勾，被视为阻碍纳贤，斩。

僧人一初作诗“见说炎州进翠衣，罗网一日遍东西”“新筑西园小草堂，热时无处可乘凉”被朱元璋怀疑是抨击自己刑法太苛，斩。

僧人来复作诗“金盘苏合来殊域，…自惭无德颂陶唐”，“殊”字被视为“歹朱”并骂太祖“无德”，斩。

朱元璋私游一寺，见壁上有诗“毕竟有收还有散，放宽些子也何妨？”大怒，将全寺僧人都杀了。

---

[1] 乌台诗案，是北宋年间的一场文字狱，结果苏轼被抓进乌台，被关4个月。御史中丞李定、舒亶、何正臣等人摘取苏轼《湖州谢上表》中语句和此前所作诗句，以谤讪新政的罪名逮捕了苏轼，苏轼的诗歌确实有些讥刺时政，包括变法过程中的问题。这案件先由监察御史告发，后在御史台狱受审。所谓“乌台”，即御史台，因官署内遍植柏树，又称“柏台”。柏树上常有乌鸦栖息筑巢，乃称乌台。

[2] 相当于秦汉的博士。

浙江府学教授[1]林元亮作《谢增俸表》中有“作则垂宪”，“则”与“贼”同，被视为骂太祖起兵当过贼，斩。

北平府学训导赵伯宁作《长寿表》中有“垂子孙而作则”，斩。

福州府学训导林伯璟作《贺冬表》中有“仪则天下”，斩。

桂林府学训导蒋质作《正旦贺表》中有“建中作则”，斩。

常州府学训导蒋镇作《正旦贺表》中有“睿性生智”，“生”与“僧”同，被视为骂太祖当过和尚，斩。

澧州学正孟清作《贺冬表》中有“圣德作则”，斩。

陈州府学训导周冕作《万寿表》中有“寿域千秋”，斩。（《朝野异闻录》）

怀庆府学训导吕睿作《谢赐马表》中有“遥瞻帝扉”，被视为“帝非”，斩。

祥符县教谕贾翥作《正旦贺表》中有“取法象魏”，斩。

台州训导林云作《谢东宫赐宴笺》中有“体乾法坤，藻饰太平”，“法坤”与“发髡”同，“藻饰”与“早失”同，斩。

德安府学训导吴宪作《贺立太孙表》中有“天下有道”，“道”与“盗”同，斩。

处州府学教授[2]苏伯衡，作表笺误，下吏死。

杭州教授徐一夔贺表中有“光天之下，天生圣人，为世作则”，太祖大怒，斩。

状元张信训导王子，引用杜甫诗“舍下荀穿壁”出题，被认为讥讽天朝，腰斩[3]。

从以上案件列表中我们可以看出，“犯罪人员”中四分之一是当时的宗教和文化界的社会名流[4]，其余全都是在文化教育领域工作的知识分子。而占总数一半以上的，是各级训导、学正和教授。

即便对待自己儿子（太子朱标）的老师宋濂[5]和丞相李善长[6]，朱元璋同样刻薄寡恩。前者被特务日日监视不得自由，而后者更是在退休后被借故冤杀。

到了朱元璋的儿子——成祖皇帝朱棣[7]执政时，更是爆发了中国文化史上空前绝后的方孝孺诛灭十族案[8]，将社会著名学者和教育家的门生作为一族诛杀殆尽。

从此后，明帝国便奠定了迫害知识分子与教师的基调。甚至直到末代皇帝思宗朱由检时，仍然有殿上廷杖大臣致死的记录。

---

❶ 教授相当于校长，后文的训导、学正相当于政府教育部门主管。

❷ 这里的教授不是今天的教师职称。相当于秦汉的“博士”，具有高级顾问性质。

❸ 上述案例均载于《明史》，是皇帝亲自督办的大案。

❹ 至于为何专拿僧人而不是道士开刀，疑与朱元璋当过和尚、有屈辱经历有关。

❺ 宋濂（1310—1381）明初著名文学家，曾被朱元璋赞为“开国文臣之首”。

❻ 李善长（1314—1390），明帝国开国宰相，著名政治家，曾被赞为“开国功臣之首”。

❼ 朱棣（1360—1424），明朝第三位皇帝，以军事政变上台，著名暴君，庙号成祖。

❽ 方孝孺（1357—1402），明初著名学者和教育家，后被明末帝福王谥文正。因公开斥责朱棣篡位，被诛灭包括学生在内的十族。这是中国历史上空前绝后、也是唯一的诛灭十族惨案。

很显然,明帝国历代皇帝是想通过血腥屠杀警告或消灭所有文化教育工作者,阻断知识传播和知识分子参政议政,当全社会(包括官吏)的文化水平、思考能力和政治素养都低于皇帝的时候,自然就能以最低的成本使帝国延续下去了。在这其中,教师首当其冲。

这样一种在今天看来都是反人类和反文明的恶毒策略,竟然以国家意志的形式在中国实行了四百多年!

期间,明帝国在历史长河中烟消云散,但随后的清帝国继承了这样的国策,并且还有了创造性发展。在清代文字狱最严重的康熙、雍正、乾隆三朝盛世[1],除了针对知识分子和教师(学政)的文字狱外,还出现了大规模针对书籍出版、印刷、贩卖甚至阅读的文字狱。例如庄允诚《明史》案、戴名世《南山集》案[2]等,除了作者、印刷、销售等环节的主要涉案人员统统被牵连以外,就连读者也要论罪,一时间出现了江南富庶地区的读书人烧毁书籍、唯恐因为有字段落而获罪的局面。

此外,帝国对社会名流和高级知识分子的出版追责严酷到了令人发指的程度。清乾隆年间,已故的著名理学名家、礼部侍郎[3]沈德潜[4]诗集中出现了咏黑牡丹“夺朱非正色,异种也称王”的字句,被乾隆皇帝认定为大逆不道,除诗集勘发相关人员获罪外,官至一品大员、社会名流的沈德潜竟然被开棺戮尸。无独有偶,内阁学士、名儒胡中藻[5]的诗句中被发现有“一把心肠论浊清”的诗句,乾隆皇帝认为将“浊”字加于清朝国号前书大逆不道,于是胡中藻被腰斩弃市。

这些举措极大震慑了知识分子特别是教育界,一时间书市纷纷倒闭,民间开始焚毁书籍,甚至连乡间教授孩童的私塾也大量关门[6]。

然而醉心于扫清天下意志的皇帝还不满足,除了学者、名流、教师和出版物外,更将目光盯在了文化教育的另一主题——教材(即存书)上。

其实这种思想在明太祖皇帝朱元璋时代就开始发端,朱元璋为天下学政钦定了科举考试和学校教育的官方教材,并以自己的理解为教材排序为《论语》、《孟子》、《中庸》、《大学》[7],这就是后世熟知的“四书”。但到了乾隆时代,皇帝仍对此不满足,于是整个帝国文化界穷二十年之力收集编纂了世界历史上最大、最完整的类书《四库全书》,共计79000余册,4亿余字。乾隆皇帝打着收集整理文化历史的旗号,在编纂过程中,将所有认为有碍统治、有伤风化的书籍

---

❶ 即史称的“康乾盛世”,持续长达115年。

❷ 均与引用明朝年号的大不敬罪名有关。

❸ 相当于今天的文化兼教育副部长。

❹ 沈德潜(1673—1769),清代著名诗人和文艺批评家。

❺ 胡中藻(生卒年不详),为乾隆年间首辅鄂尔泰的门生,并无重要学术成就存世,仅在政治集团倾轧中扮演重要谋士的角色。

❻ 见当代学者张宏杰《乾隆皇帝的十张面孔》。

❼ 按成书先后应该是《论语》、《中庸》、《孟子》、《大学》。

和篇章段落全部销毁，保守估计在1亿字左右，成为中华历史上空前的一次浩劫。

皇帝的思路很简单：过去的教材被清洗干净了，现在的知识分子又不敢创作新的教材，那么教育出来的知识分子，就是知识和思想上完全合乎帝国文化意识形态的完美产品了。

至此，教育的三主体（教师、学生、教材）均被封建帝国复杂而残酷的文字狱网络覆盖，“向着同一方向”的治学精神萌芽也被彻底剿灭。王者与师者分道扬镳后，前者是不需要文化教育界诞生任何方向的，这样虽然达到了以最低成本运营帝国的目的，然而没有投入就没有产出，最恶劣的结果，就是华夏文明的文化教育彻底淹没在僵化的环境中，进而脱节、腐朽，最终落后于人类文明进化的脚步。

这恐怕是从上古时代到黄金年代所有为国家、文明与人的全面发展呕心沥血的先师们所诧异和悲哀的事实吧。

在这样的重压下，流传两千年的师德风貌开始严重扭曲变形，既有退化，又产生了转移。对此，《四库全书》的总编纂官、乾隆朝士林领袖人物纪昀[1]（纪晓岚）在他的名著《阅微草堂笔记》序言中就提到：书中的一些怪现象，既是狐鬼仙怪口中的笑谈，但又对人间有启示作用。显然，纪昀也受文字狱高压影响，绝口不提政治，而是“托物言志”，将其归咎于鬼屋仙怪，但作为当时首屈一指的大学问家和教育家，他提到有启示作用的社会现象，正可以反映当时师德风貌的扭曲倒退，亦为世人乃至鬼仙所痛心疾首。

而最典型的一方面，就是教学技艺的忽视。《阅微草堂笔记中》约有三分之一篇章涉及鬼谷仙怪与书生的寓言，其中又有过半是指责和戏弄书生学艺不精、学习懈怠、丧失自律等恶习，特别是教书先生学艺不精，不仅是纪昀，也成为当时士人笔记小说中普遍讽刺的对象，由此可以看出彼时师者的整体精神风貌。

另外值得特别注意的是，就连纪昀本人也对治学产生了疏忽——他的著作中大量典故都没有指明出处，反而直书“引自鬼狐仙怪”。与之相对比的是宋代著名学者、宰相洪迈[2]的读书笔记《容斋随笔》，就基本标注了典籍出处和信息来源。造成这样的现象，尽管有其必然的社会外部原因[3]，但结果是学者和教师对于治学的严谨之风渐失，这是有损于教师职业道德和权威形象的，其流毒甚至一直影响到现在的学术界。

另外一种是对于责任和使命的理解。师者与王者共同担负国家、民族和人的全面发展的重任，这是两千年来的传统。但正如前文所说，这种传统自元、明、

---

❶ 纪昀（1724—1805），清代著名文学家，中国历史上文采最为出众的知识分子之一，曾任《四库全书》总编纂官。

❷ 洪迈（1123—1202），南宋著名文学家。

❸ 如原著经战乱和销毁而散佚，或担心标明出处引发文字狱等。

清三代已经渐渐消失。教育工作者没有使命感和责任意识，不知道为何执教，更不知道引导学生为何学习，一句话——传道的基本功能已经丧失；授业又不能精确细致和负责任；由此更谈不上解惑。以至于出现大量类似范进的从事职业考试的精神病患者❶。道统和师德面临着整体危机。

在这样的整体环境下，师者开始向两个角度走极端。其一是完全抛弃教育的使命感和社会责任，谆谆教导学生“莫谈国事”的风潮从清初开始，一直蔓延到近现代。其二是走火入魔引向邪路。例如明末的“东林党”，即以东林书院为基础的江南士人党派，他们提出了“风声雨声读书声，声声入耳；家事国事天下事，事事关心”的口号，但却并没有付诸实践，反而一心纠结于太子身份是否正统的“国本”等问题，党同伐异、私相授受，最终引来了以魏忠贤为首的宦官集团乘虚而入，客观上造成了明王朝的覆灭。

试想，师者日日以此为德、以此为荣的后果会是怎样？权威感和使命感消失了、严谨的治学风气消失了、政治责任感和进取心消失了、全面发展和素质教育的实践消失了、自律意识和表率意识也消失了……。或许唯独剩下流传的“美德”是对学生的关怀照拂,但那也仅限于党争之下的狭隘和借助科举出仕培养新的党争。

华夏文明怎么了？中国师德怎么了？回答前一个问题很简单，那就是农耕文明的超稳定性和缺少忧患意识让我们丧失了进取心和变革动力，并在一些偶然的因素（例如上文提到的元代大屠杀）催化下上升成为国家意志（例如本节的文字狱），让华夏文明脱离了世界文明公转。后一个问题的答案也就随之得出了，那就是师者（包括知识分子）被国家与文明抛弃之后出现的迷茫和无所事事。

是的，西人有今天的荣光，是因为他们找到了“同一个方向”。而那个时代的中华师者则处于迷失和被抛弃的状态。因此本章节提到的道统，是一种假自尊；业界良心，是一种惯性本能；文字狱下的种种怪现象，则是彻底无用之后的无所事事。一切的根本，都是因为师者被文明抛弃了。

让我们对本章的师德体系进行一个简要的梳理。在文明崛起的大时代里，“向着同一方向”的近代大学精神在欧洲诞生，并很快成为西方文明的主流。公正的教育理念、学以致用的原则和正确主张并实现权力的理性精神逐渐赋予“同一方向”深刻内涵。它解决了师者的教育动力和责任问题，使西方的师者逐渐走出黑暗与迷茫，并开始超越古老东方，引领世界思想文化前进。

相比西方师德的进化和自我超越，中华师德则开始停滞甚至落后。在“向着同一方向”关键的动力和责任问题上，宋明理学的“道统”观念眼中削弱了师者的使命感和自豪感;元明清三代的大规模迫害行动也让师者被迫放弃了教育责任。

---

❶ 见《儒林外史》，是中国古代著名的科举疯子文学形象。

虽然在黑暗中，我们诞生了以慎独、仁人志士和爱生如子等为代表的师德，但相比黄金年代和封建早期时代，这些道德操守的高度是严重下降了的。

但其中还涉及一个重要的线索，就是师者、师德和师德文化在这样被抛弃的进程中，真的完全无所事事、坐以待毙么？

很多读者一定不赞成，他们也大概会说，不是，我们的师德犹在，师德文化和思想高度犹在，程朱理学、阳明心学就是这其中的典型高峰。

对此我们要说，这个观点只说对了一部分。上述提到的这些不可不说，因为它们是思想文化教育领域没有坐以待毙的铁证。但正如第一章中提到的那样，它们同样是文明演进过程中的“试错”。

为天地立心，为生民立命，为往圣继绝学，为万世开太平，我们在被抛弃中勇敢地树立起这面大旗，成了么？败了么？成在何处，败往何方？

这正是陶冶师德篇章中的最后一个话题。文明意志下的——时代之任。

第五章 时代之任

实现真正意义上的“为万世开太平”，终将成为华夏文明在第三千年的唯一方向。

在文化教育界的万马齐喑和师德水准的每况愈下中，有识之士仍前赴后继地探索和呼吁。正如西人在经历千年的黑暗世纪后终于赢来复兴和启蒙一样，华夏文明前行中的试错也从未停止。

因而在“王”这个关键的密码之后，近代大学精神的内核“向着同一个方向”，必将引领新的时代。

首先看出问题并为第二千年定下基调的人是张载[1]。

作为学者和教育家，张载对社会上普遍佞佛、缺乏现实上进动力的现状感到由衷担心；

作为官员和军事参谋官员[2]，又对国家缺乏专业人才和创新精神的巨大缺口夜不能寐；

作为普通的百姓和帝国的一分子，他同样对被浪费的社会资源和错误的改革方向感到无所适从。

其实归根结底，他还是一名继承黄金年代光荣传统的师者，一直在思考能够为国家和民族传授些什么。

可谓师者父母心。于是张载系统地提出了一系列口号：

为天地立心。我们要批佛辟道，如果人人都依靠严格的戒律和飘渺的顿悟祈求来生，那今世的文化教育又能教会学生什么？

为生民立命。读书人是要出来做事情的，无论政治、军事、文化、经济、教育……什么都好，总要做点什么，而不是将大好青春和百姓血汗消耗在无所事事

---

❶ 张载（1020—1078），北宋著名理学家，在哲学和文化领域颇有建树。宋明理学的奠基人。

❷ 宋明两代文职官员多为军事参谋，张载和前文提到的王阳明职务类似。

和青灯黄卷中。

为往圣继绝学。文化特别是教育界要重视和传承儒家的道统，重视教些什么、如何去教，才能让黄金时代最闪光的东西不走样地流传后世。

最终，我们需要为万世开太平。师者与王者的最终目的都是一样的——让帝国和民族永远光辉灿烂地延续下去。只不过前者不愿意走所谓捷径，而更愿意付出辛苦罢了。

于是，张载和他的后人、学生们不停地为此努力，并诞生了一个主宰中国第二千年文化教育领域的学派——理学。这些口号式的立意是没错的，但结果证明，它不过和上古的“巫”一样，是文明演进中的又一次试错。

理学倡导立心，不要了信仰，却把自己衍生成融合儒、释、道的全新宗教[1]；倡导请命，却让民族文化深陷唯心主义和禁欲主义[2]泥淖；倡导继绝学，却让《论语》、《孟子》、《中庸》的深邃思想变成了顺口溜一样的《大学》。

最终，我们“为万世开太平了么”？没有。因为西人“继哥伦布之后，有无数继起之哥伦布；中国自郑和之后，再无郑和”[3]。

第二千年的末尾，坚船利炮打开了我们的国门，随着两次首都被攻陷的剧痛，国人开始深刻反思，教育开始革命。

我们讲到因各种各样的原因，师者放弃了师德，但同样有保持警醒却茫然试错的。但在第二千年的末尾，中国再也没有放弃师德、祈求安逸的师者了，代之兴起的文化教育领域无数继起之尝试。

刺痛古老中国和华夏文明的，其实不是西人和那些资本主义新兴帝国，而是东瀛日本。中国自古以来的大一统传统造成了这样一个事实：越是被那些和我们差异较大的文明击败乃至征服，我们越能够适应，但却越不愿警醒；越是被和我们相近的文明征服，我们越适应不了，但却越发警觉。

甲午扣关[4]，已经不再是相近的问题了，而是我们的分支：中华三千七百年文明，是日本两千六百年文明的母亲。但母亲仅仅一战就被儿子打得狼狈失败进而形象全无！唯有这样，“保国、保种、保教”[5]的时代之任才真正为国人所重视。崖山之后，再无中国；甲午之后，睡狮渐醒。

每当文明危难之时，教育都会冲在最前线，这是全人类发展至今被验证无数次的真理。古老中国亦不例外。我们差在哪里，应该教会国民哪些东西？无数仁人志士在思考。

---

❶ 理学保留了儒教崇拜，并进一步融合佛家思想和道教的唯心主义。
❷ 顾名思义，禁欲主义要求严酷禁止任何欲望，认为这样才能达到道德要求。
❸ 语出清末民初文学家、改革家梁启超，这个问题也代表着中西方文明碰撞的最典型差异。
❹ 指发生在距今120年前的中日甲午战争，清帝国战败，从此后饱受日本侵略数十年直到抗日战争结束。
❺ 此为戊戌变法的口号和总纲。

最后，大家不约而同得出了一个结论：既然我们试错了，那就要认真总结优秀的传统精华，从对与错当口处站起来，重新试对。为此，历史和语言就成了两大密码。

从事历史的研究和教育，有助于厘清什么是对，什么是错；而从事语言的研究和教育，有助于重新阐释先师们正确的经验和启示，不至于再让后人因为理解偏差而走向歧途。

由此，诞生了以清华大学梁启超等“国学四导师”❶为代表的近代师者，他们不仅论战，而且教学，并在论战和教学中相互成长，而更令我们在乱世中感到温馨的，是民国时代继承古人的侠气之风。这种侠气，不仅在职业教师中，更在近代大学的改革派和实践派里蔓延，成为灰暗中绽放的亮色。

更难得的是，在半殖民地半封建的夹缝中爆发了军阀混战，教育却没有因此中断，它传授的内容或许不是最先进的，但在最残酷的乱世中，文化教育界重新找回了黄金时代的脊梁。

期间另一项重大的变革是，师者两千余年来的盟友（或敌人）王者消失了，我们要独立承担文明演进的光荣使命。于是在国人的心目中，近代的大教育家，无一不是超凡的学者和政治家。这是黄金年代的回光返照还是其回归的历史必然？

这将是理清中华近现代师德风貌的又一个重要密码。

然而，仅仅这样就可以了么？还是不行。十八世纪中叶，在范进老爷为了科举而发狂的时候，西方于同期开始了一轮名为启蒙运动的新文化革命，领导它的诸多学派里，百科全书派❷独占鳌头，正是他们的努力，开启了现代文明美好未来的先声。

区别在于，其密码不是“历史”和“语言”，也不是紧迫的责任感和颇具古风的侠气，而是“法治”和“科学”❸。在平等自由基础上诞生的法治，强调了产权和平衡，更加赋予一个国家和民族自我教育和自我纠正的能力；而自然科学和由此而来的功利精神和实践精神，则毋庸置疑为近现代文明奠定了物质基础。

在这个过程中，同样有一些人、一个民族和一些事件值得我们借鉴和学习。

我们必须铭记在文化教育领域将启蒙运动推向高潮的百科全书派。但狄德罗❹

---

❶ 即梁启超、陈寅恪、王国维和赵元任。其事迹详见后文。

❷ 18 世纪法国启蒙思想家在编纂《百科全书》（全称为《百科全书，或科学、艺术和手工艺分类字典》）的过程中形成的派别。《百科全书》主编是 D. 狄德罗。百科全书派的核心是以狄德罗为首的唯物论者，他们反对封建特权制度和天主教会，向往合理的社会，认为迷信、成见、愚昧无知是人类的大敌。主张一切制度和观念要在理性的审判庭上受到批判和衡量。他们推崇机械工艺，孕育了资产阶级务实谋利的精神。

❸ 即早期共产党人口中的“德先生”和“赛先生”。

❹ 狄德罗（Denis Diderot ，1713—1784），《百科全书》总编，无固定职业，主要于巴黎进行创作工作。

和伏尔泰[1]修编《百科全书》的初衷，却不是为文化和文学撰写教材，而是将自然科学的基本理论和成果普及给大众。百科全书派相信理性、法的精神，信仰唯物主义，推崇务实和谋利。他们的核心目标是把物质全面发展和人性彻底解放的工具散播给大众，就像普罗米修斯带给人们火种，但用来烹饪、照明抑或是制造战争，选择的权力在于人民。由此开始，“向着同一方向”的大学精神从院墙内传递到了院墙之外。

在此基础上，我们要提的是美国和美利坚民族。这个由清教徒漂洋过海，经过独立战争组建的联邦，立国两百年至今也没有诞生影响世界的哲学家和教育家；然而，他们的文化和法律一次次凝聚出新的高峰，他们以一次次依靠科研团队引领世界工业革命的浪潮，直到今天，他们成为世界上教育最发达的国家，也是唯一的超级大国。

这其中的密码是什么？

纵观西方现代教育体系，他们以大学为纽带，汇聚世上过往进程中涌现的最出色人才，去发现和培养未来最出色的人才。在这过程中，过去和未来的精英凝聚成团队，以务实谋利为手段，营造出现实的富庶。而在大学之外，却没有王者，也没有师者，每个人都是老师也都是国王，更都是学生，在一次次难题和磨难中修炼成了自我净化、自我平衡和自我教育的能力，推动国家和民族走向新的世纪。

由此可以预见我们文化教育事业在第三千年的使命。我们的理学昭示了“为万世开太平”的命题，但没有求出答案；我们的近代国学寻找出了“保国、保种、保教”的文化密码，历经坎坷仍在实践。其实先贤已经将重要的密码交付到我们手中：开民智。随着物质的极大丰富和知识量的极大膨胀，师者能够传播的知识和技能不再成为主流，道德和思维的引导和启发才是教育的重中之重，由此来看，师德是否也该发生变化？

重新找回中国黄金年代的价值和精神，并且以现代文明的成功密码启迪未来，才是真正意义上的时代之任。

浩瀚千年，终成烟土，师德砥砺，继往开来。

第一节　从天地立心到万世太平——吾辈为何而教？

让我们正式开始时代之任的话题。一切还要从张载的一连串大声疾呼开始。为天地立心，为生民立命，为往圣继绝学，为万世开太平，这一时代主题的对象

---

[1] 伏尔泰（1694—1778），原名弗朗索瓦一马利·阿鲁埃（François-Marie Arouet），伏尔泰是其笔名。法国著名思想家、文学家、哲学家和史学家，启蒙运动旗手，有“法兰西思想之王”的美誉。

是什么呢?

答案是摆正宗教迷信和教育的关系。在这过程中包含两个基本方面:一是宗教迷信和盲目崇拜,二是去宗教化的进程。前者是阻碍近现代文明发展的,而后者是促进的。这正是时代之任开门见山的线索。

从“巫”的时代,迷信就已经诞生并扮演着极为重要的角色。如果说“巫医”是后世科学技术(包括农耕在内的一切自然科学)的鼻祖,那“巫祝”就是意识形态(包括宗教与教育)的滥觞。

意识形态用来干什么?用来传承文化,塑造道德,稳定国家与民族,从而实现国家和人的全面发展。

一个文明能够稳定,是它能够向前发展的前提。无论国家还是个人,追求稳定,已经借由稳定而带来的安全感和舒适感,是构成人类社会的基本动力之一。因为文明需要它,这正是宗教从上古时代产生并一直要流传到现代乃至未来的根本理由。

同样道理,文明需要师者,赋予它的使命同样是传承技能、维护道德、刷新文化,从而确保文明在物质和精神层面上的双重延续。从这个角度上看,师者同时肩负了“巫医”和“巫祝”的基本功能。这一点从上古时代诞生师者开始就没有更改过——无论是医国的圣师(如摩西、姜子牙)还是医人的圣贤(例如孔子)都一样。

于是从上古开始,任何一个文明都为宗教迷信和教育保留着重要位置。就像《礼记》中记载的那样,君主要设立神官,也要设立大学❶和史官,共同承担秉承天意、教化万民的作用❷。至于对教育的重视,又像传说中仓颉造字一样,令天地变色、群鬼嚎哭。

于是神官和师者各忙各的,偶尔在对方忙不过来的时候“借调”一下、赶场救急而已。但随着文明的演进和生产力的提高,这样良好的合作关系就像师者和王者一样,渐渐破裂了。

理由同样在于“稳定”。宗教是在对超自然力和神明坚定不移崇拜(即信仰)基础上的、通过宗教仪式和戒律完成对信徒行为和思想的规范❸。而教育(无论何种学派)则是通过道德自律和技能完善为社会做贡献来实现个人及社会价值。

两者一比较,就该知道前易而后难,前者坚定而后者飘忽。对于国家及其统治者来讲,与其管理各种各样错综复杂的学派,倒不如扶持几种宗教来得简单。

于是无论国家还是民族的上上下下,都开始选择宗教而轻视教育。西人一味

---

❶ 此大学并非现代意义的大学,而是规模相对较大的教育机构。
❷ 见《礼记·王制》。
❸ 引自现代汉语词典第五版。

追求，甚至在黑暗中世纪前后长达千年的时间里干脆废除了教育，由宗教神学院包揽；华夏民族虽然还是实行双轨制，但“畏天命”却始终排在“畏圣人之言”[1]之前，并且教主的待遇要远远高于教育部门的主管[2]。在教育规模上，五代十国时期开始，宗教教育机构（寺庙）的数量开始超过学校（官学私塾的总和）。

于是礼拜宗教，开始变成一种“鲜活的事业”。

由此，一项涉及师德的既严肃又根本的问题由此产生。众所周知，无论哪一种宗教都是提倡“修来世”的，而无论哪一种学派都是为了现世进行施教和实践。问题正在于此：修来世的教育符合师德么？符合教育关于传承文明和人的全面发展的普世规律么？

简单而通俗地说，如果现在教育工作者教授学生不劳而获、坐吃山空和“祈求来世幸福”的手段和道德，并且以身作则，这样的老师会是有道德的师者典范么？

显然不是。正如前几章一贯的主题“为了人的全面发展”一样，积极有效地回报社会，尤其是现实社会，也是教育和师德的重要基础和灵魂。

与之相对地，过分崇拜来世幸福和盲目的乐观主义，必然忽略实践，而这恰恰是与人的全面发展的基本要求相背离的。更何况美丽幸福的来世不是教师的构思，而是教义规定的神明的承诺，教师不过是重申这种承诺而已，既然如此，师者为国家民族发展殚精竭虑的重大而光荣的使命也就谈不上了，如此一来道德又何在？

这是相当严肃而可怕的问题。而比这更可怕的是，如果教育不能回报社会，那要教育何用？

以上事实和文化根源，正是“为天地立心，为生命请命”理学思想的重要导火索。新世纪第二千年开始诞生的理学，正是承继“辟佛辟道”的韩愈的道统发展并壮大起来的。

系统地说，为国家、民族振兴，为人的全面发展，为回报现实社会是教育和师德的三个最基本的基石和要求，当一个时代或一个领域的教育不能满足这种需要时，就会从实践和道德领域同时进行革命。理学的兴起，就是对当时泛滥的宗教崇拜和宗教教育进行革命。

这种革命，从最早准确论述师德内涵、确定教育道统的韩愈开始，就明确反对佞佛。但他们只是提出了什么是错的，并没有提出什么是对的。理学的兴起，正是要在文化教育界解决这个问题。

在哲学层面，理学讲求“本性”、“本气”、“为善去恶”等理论，虽然同样是朴素唯物或者主观唯心的世界观和价值观，但相对宗教而言，理学提倡的哲

---

[1] 语出《论语·季氏》：君子有三畏，畏天命，畏大人，畏圣人之言。
[2] 例如清代黄教教宗属于皇后级，列于亲王之上，礼部尚书仅为从一品。

学是重新回归教育本质的。试想，如果只有求神拜佛、虔诚修炼才能获得来世，那么教育的现实作用和自我修养从何而来？于是理学家们提出，修炼心性、为善去恶是必要的，但不是靠求神，而是要靠自身的努力。这就在根本上划定了宗教和教育的界限，其影响是十分深远的。

看着十分不错，对么？然而这样的主张，也让师德标准从黄金年代的高度陡然坠落。根本原因是理学的核心思想并不可能完全不受佛道两教的影响，因此理学的本质，事实上是儒、释、道三教一体的产物，既强调了入世修行，也没有摒弃道法自然、吾心即宇宙的基本世界观。如果徒有这样的思想，就必然主张“顿悟”，强调自己内心一瞬间的灵感涌现。

那么问题必然就来了：既然顿悟，就可能有人通过长期求学才能达到、有人则几天就可以毕业了。甚至弟子不必不如师也成了家常便饭。这种共识流传久了，就成了一种变相的读书无用论，并间接导致了一直影响到今天的一种师德风貌——用通俗的话讲，即“师父领进门，修行在个人”。宋以前，教师对弟子[1]的学术修养和品质是有终身监管和教导义务的，并且这种义务已经纳入到道德标准中；而在宋以后，教育界（包括行会）中则诞生了类似如今“毕业”的概念，教育者义务的终身制被废除，弟子大可以自己去修行、去“顿悟”了。

从道德层面上看，这是一种对治学、求学和学术监督的懒惰。这就是理学从“为天地立心、为生民立命”的哲学观、道德观导致“为往圣继绝学”的实践层面上的先天缺陷。而众所周知，无论是国家运行还是自我修养，懒惰是可以传染的。

我们可以在综合集成儒、释、道思想的理学教育上找到这样的影子。比如明代心学[2]家宗师王阳明[3]。如果说儒家开山祖师是至圣先师孔子、集大成者是“亚圣”孟子的话，王阳明在学派中的地位大概就相当于儒家中的“亚圣”。王阳明是整个明代成就和声誉最高的教育家。然而在其兴办教育时，只留下著名的四句教法“无善无恶心之体，有善有恶意之动。知善知恶是良知，为善去恶是格物。”[4]传世。这含有哲学甚至玄学意味的教育理论，其实践意义和可操作性可想而知。

我们对比黄金时代的先师们，除老子崇尚无为外，无一人不是为学派奔走终身，无一人不是著书立说、教导弟子到生命中最后一刻，其中墨家墨翟、儒家孔丘最为人所称道。而即便是老子，也留下五千字文传世。但理学家们似乎话说得

---

❶ 需特别注意的是，老师对门生不必尽此义务。
❷ 理学的一个重要分支，强调主观唯心和为善去恶。
❸ 王守仁（1472—1529），号阳明，明代著名思想家、哲学家、文学家和军事家。
❹ 这是王阳明在54岁天泉桥讲学时留下的“王学”总纲。

少，教育工作做得更少。事实上，留下这段神乎其神“教法”的王阳明就跑去做了督军[1]镇压农民起义去了。

然但凡具备教育学常识的人应该知道，如果你是个教育者，就该有教材、招学生、亲授业，让教育主体的每个要素都完整、严谨。事实上从教育的定义上严格分析，理学家们更多的是社会活动家，难称得上教育家——你大概未曾得见王阳明的兵书存世，或者其弟子也能在接受教育后成为出色的军事家吧。

事实上“顿悟”所带来的必然结果，就是浮躁。黄金年代保存的师德风貌逐渐被“太上立德、其次立功、再次立言”[2]所代替。而立德讲顿悟，老师不教，你自己去悟；立功无传人，大可以及时行乐，不用顾及后世子孙；至于“立言”，因为是“再次”，所以基本上没有哪位文化和教育大家愿意以虔诚的敬畏之心和毕生精力去操作了。最典型的例子就是：宋明两代传世的儒家经典中仅有一本《大学》而已，作为教材，它的面向对象是刚刚启蒙的七八岁孩子；作为学派经典，它的深度和广度难以同《论语》、《孟子》、《中庸》比肩。要不是明洪武皇帝朱元璋大力倡导，恐怕如今的《四书》就应该是“老三样”（论语、诗经、春秋）才对。

这与当时师者的懒惰和浮躁有关，与师德水平滑坡有关。宋明两代六百年，我们仅仅诞生了《大学》，还是一本启蒙读物，与西人的文艺复兴、启蒙运动、论法的精神、百科全书和无数继起之哥伦布相比，难道不是落后了么？

答案不言自明。

事实上，不仅仅是师德滑坡带来了诸多令人遗憾的现象。后世对于先贤张载“为往圣继绝学”的理解也在执行过程中出现了偏差。问题的核心在于判定谁为“往圣”上。

从传说中的商代开始，历朝历代的封建统治者就在苦心孤诣地完成一个理念上的重大转换，那就是偷换“往圣”的概念。以大思想家和大教育家为代表的对国家、民族传续、人的全面发展和现实社会进步起促进作用的种种力量虽有“圣”之名，却仅仅是在祭祀上，而真正起到规范和指导意义的，仅是（也必须是）封建君王一人。从商王朝追封子履为神，到唐王朝连观世音菩萨都要为太宗李世民避讳，再到宋王朝的半条龙骨街引发的血案，最后到清朝金圣叹的哭庙案[3]，都是对这项“惊天大偷换”的积极实践。

于是君王和祖宗崇拜合二为一，引发了全民族的盲目热情，师德境界在其中自觉不自觉地后退。忠君和由此引发的牺牲精神成了第一位的高尚美德，传承文

❶ 相当于军区政委兼参谋长。
❷ 语出《左传·襄公二十四年》。
❸ 著名学者金圣叹因不满赋税过重，聚集一群学子到孔庙哭泣，被清政府以聚众造反罪名腰斩弃市。

明的高尚使命反而屈居其后。

与此便引发了崖山海战后大批知识分子蹈海殉国的悲剧。而这样的悲剧一直延续到近代晚清政府，乃至谭嗣同❶在变法失败后也讲："各国的革命，没有不发生流血牺牲的，这也许正是我们国运不昌盛的原因。那么就从我开始吧。"于是慷慨就义。

这样无端的牺牲和以牺牲带来的"案例教学"的最直接后果是，放弃了民族危难关头传承优秀文化和技艺的基本使命。后人虽不能指责这些优秀的知识分子和教育家（毫无疑问他们是）的道德水平，但试问，连命都没了，何以"为往圣继绝学"？

这些都是对理学背景下师者"何以为教"的探讨。但需要强调的是，瑕不掩瑜，过不盖功。理学作为主宰思想、文化、教育界近千年的主要流派，其功绩是彪炳史册，也是不言而喻的。理学的这面大旗，也在第二千年中团结和带领广大知识分子为文化教育做出了辉煌的成就。而其盲目热情和盲目牺牲的瑕疵，也并不是理学宗师们主观恶意的引导，实则是国家和民族在历史发展进程中的试错。

之所以严厉地提出对理学旗帜下师德风貌的一些批评，除"哀其不幸、怒其不争"的意味外，也是要清晰地提点读者，放眼彼时全世界和整个人类文明，我们并没有在道德上达到相对巅峰，我们尚需进一步。即便这种高度也许失之交臂，也许唾手可得。

它山之石，可以攻玉。其中关键，在"开民智"三个字上。

第二节　开启民智——时代之任的精髓

为什么我们在鲜明的"为万世开太平"的旗帜下努力奋斗了一千年，却仍然没能跳出积贫积弱、王朝兴衰的圈子呢？答案是复杂的，仔细分析后也是简单的。简单在于，知识分子和师者过度高估了自己的价值和作用，"为万世开太平"这样关乎文明存续和发展的重大命题，是整个国家和民族每一个个体共同努力的结果，是师者的己任而不是特权，更不是其以一己之力能够达到的。

复杂之处在于，如何能激发起整个民族所有成员的动力和智慧，去为"万世开太平"自觉贡献力量？

---

❶ 谭嗣同（1965—1898），资产阶级维新派著名思想家和革命家。

其实在明末清初，一些学者和师者已经看出了其中的端倪，例如学者顾炎武[1]就以“天下兴亡，匹夫有责”一言而著名。但在巨大的传统历史文化与道德观的惯性下，这样的警觉并没有受到封建王朝和华夏民族上上下下的重视。

华夏民族习惯于由知识分子（确切地说是经由科举而出仕的读书人）去思考国家和文明的走向，其余阶层和人民则习惯于按照圣贤和读书人规划好的方案去行动而懒得思考。于是才有了“万般皆下品，唯有读书高”的道统论调。但随着生产力的发展和文化的多元化，师者已经越来越无力于独自承担如此重大的使命了。

师者应该由设计者、领军者变成启蒙者和催化剂。但我们没能顺利完成这个转变。

西人则在不断试错中做到了。

第二千年中，欧洲意大利等国家和民族借助文艺复兴，从文化和意识形态上将神权消解成了普遍的人权；继而又通过启蒙运动将如何发展普遍人权从理论探索变成了操作规范。

在此基础上，开启民智成为第二千年全人类文明最先进的文化标杆。

教育则一贯性地成了排头兵。以行会为基础的最早的大学，逐步发展成了开启民智的中枢。

由大学开始扩散，西方的高等教育逐步发展完备，形成了大学—行会—行业学会三位一体的格局。大学主要负责科学研究、理论探索和固守“向着同一方向”的价值观和道德意识；行会主要负责生产力的转化和发展以及行业规范的制定与监督；行业学会则主要担负其最高理论与道德同世俗实践和规范之间的“解码”与桥梁作用。

这样趋于合理分工，囊括了整个行业全体人员普遍认同，编制了庞大和专业的教育网络。一个人来到大学接受专业理论、基本实践和道德熏陶；步入社会参加工作时，接受行会的监督指导；如果他的实践足够优秀并产生了研讨价值，行业学会又会把这些价值传输回大学，作为高精研究和新一轮教育的基础……

三者循环往复，相互补充，在各行各业之间筛选出同时代最优秀的分子，并为他们创造机会，在研究所钻研最尖端技术和理论的同时，能够发现并培养行业未来最优秀的人才。

这样的格局，直到今天仍然是西方文明高等教育的主流和基石。我们经常可以看到前来交流的外国学者，有着“三块牌子，一套人马”的现象。某人是大学教授，同时是行业联合会理事，也身兼学会的干部。同样的，某人的团队，在大

---

[1] 顾炎武（1613—1682），明末清初著名思想家、史学家、语言学家。他提倡学与性、治学与经世紧密结合，并倡导知识分子应固守民族气节。

学里组成了实验室，在行业里就是研发和研究小组。他（和他们）承担三项义务的同时，也享受着来自三个团体的、包括物质保障和人文关怀在内的一切权利。

这是教育事业发展乃至人类文明进程中进化出来的何其先进并实用的循环！

而在这样的循环中，显而易见的核心是“开民智”——一个人在完成一个环节的教育使命的同时，必须为其余两个环节工作顺利开展尽到义务，简而言之，要使自己的学生（或学徒）具备成为另两个环节优秀人才的潜质，并具备相应的热情和动力。这种潜质、热情和动力的赋予过程，就是“开民智”的价值核心。

有了这样的价值核心，才能诞生新的核心道德。

对此最典型的例子是启蒙运动的中坚力量：百科全书派。其核心成员狄德罗、伏尔泰、卢梭等人来自不同的学科领域，但都参与过《百科全书》（全名：百科全书，或科学、艺术和手工艺分类字典）的编纂，故此得名。毫无疑问，这种著书立说的行为本事就是教育工作（无论是否专业教育）；而将成果定义为“工具书”，则是在理论归纳的基础上，赋予其浓厚的现实实践意味。

在上面的核心概念里，“书”是用于教育的，“工具”是用于生产实践的，而“工具书”则统有双重作用。这就是一个完整的循环。

借助这样的工程，百科全书派也身兼多重身份：在大学里，他们是学者、教育家；在行业中，他们是推崇机械工艺和务实逐利的尖兵；在学会[1]里，他们又是领袖和偶像。总的来说，他们是社会上最为出色的思想家、政治家和改革家。

这样的影响不仅在学界和业界，也影响了“入门爱好者”和狂热的追随者。于是从 17 世纪法国开始兴起的“沙龙”[2]，借助启蒙运动的东风而鼎盛，成为学者和贵族太太们社交与研讨问题的集散地。随着百科全书派的昌盛，这些沙龙成员们也成了忠实的追随者（包括贵族太太），甚至以不能按时读到伏尔泰的新书为耻、以能收到伏尔泰的亲笔信件为最大荣誉。

这是没有课堂的教学，全社会上下也以非入门弟子身份接受了普遍教育。

在这样的历史与文化基础上，近代教育被催化成为现代教育，一个名为美利坚的国家和民族站在巨人的肩膀上，并将教育的使命和实践推向新的高度。

任何新兴国家都是机遇与挑战并存。挑战之处在于他们没有成型而且稳固的政治、经济、文化制度和行为准则，以及在这些领域积累起来的固定资本。但机遇也是显而易见的，那就是他们更加容易吸纳先进成果，直接转化为文化基础，并且因为改革阻力极小，更加方便其将新事物进行大范围改良，从而一跃成为文

---

[1] 这里不仅包括同好性质的研究会，也包括彼时流行的沙龙。

[2] 法语原意为客厅，最早是在某人家中举办的同好交流会，后来发展成学会性质的民间思想学术团体。

明进化的“新秀”。

毫无疑问，美利坚国家和民族正是这样的新秀。直到今天，她仍然是世界上唯一的超级大国，其经济、科技和教育产业也成为全人类现阶段最先进的代表。论及教育，快速吸收近代大学精神并大力促动其普及和进化，正是其保持全球领先的重要秘诀。

这里我们要举一个特别突出的例子。那就是美国的深泉学院（Deep Springs College）[1]，这座坐落在荒漠之中的学园每年只招收20名学生，全校师生加在一起也不过百余人，如果论及办学规模，她显然不是一所“大学”。但论及办学理念和现代教育精神，深泉学院则是全美大学中既另类却又正统的典范。

就连现代大学的核心精神，也是由其创始人明确提出的：劳动、学术、自治。对照上文的完美循环，怕也只有这三个词汇能够准确囊括其精髓。

这正是其正统的表现。而她的创始人卢西恩·卢修斯·纳恩至今也没有被承认为教育家。确切地说，卢西恩是著名的电气大亨，他在沙漠修建电力设备的过程中，感觉到工人需要不断充实新技术，于是就想到自己办学校来解决这个问题。

或许是误打误撞，也或许是站在巨人的肩膀上，总之卢西恩和他的深泉学院从一开始便深度整合并理清了劳动（创造产值）、学术（研究高精尖）和自治（高度负责的能力和品德）之间的关系。卢西恩将“劳动、学术、自治”进一步拓展成“倾听荒漠的声音”的道德层面要求，对此，他解释说：“沙漠有着深邃的性格。他有一个声音。只有倾听，你才能听见，而不是在为了物质的挣扎和喧嚣中听见。先生们，为了什么，你们才来到这旷野？不是为了传统的学术训练，亦不是为了田园牧歌的生活；不是为了在商业中成功或是在职业的道路上追求个人的利益。你们来，是为了准备好用你们的生命去服务，心中要明白，过人的能力和高贵的信念是对你们的期望。”[2]

至此，以深泉学院为代表的适应美国发展的现代大学的制度、理念和道德要求完备。由此诞生的师德标准，不仅是创造性的，更是实用的、划时代的。

例如教师必须保持平等的师生关系，甚至进行一对一的严格督导；带头从事整修校园、食物生产等劳动；远离电视、电话等物质喧嚣，专心劳动与治学等等。学院甚至规定教授寝室外走廊的灯必须彻夜长明，以便学生能够二十四小时随时

---

❶ 深泉学院（Deep Springs College，也译为幽泉学院）坐落在美国加州的死亡谷（Death Valley），是美国最顶尖学生的乌托邦，同时也成为美国高等教育实验的成功典范。根据美国权威的《普林斯顿评论》〈The Princeton Review- The Best Colleges〉的数据显示，这一所在中国国内默默无闻的牛仔学校的学术质量得分与哈佛大学并列第一，学生SAT（美国高考）平均成绩高于哈佛。

❷ 关于深泉学院的记载，见该校学生、南京外国语学校毕业生万欣的见闻口述，通过网络资料整理。

敲门拜访……❶

在这样的制度保障和道德引领下，深泉学院的毕业生均被哈佛、耶鲁、牛津等名校接收深造，全校毕业生超过50%拿到了国际一流名校的博士学位，超过5次获得全美学生社会服务领域最高奖项“杜鲁门”奖章。

这样的成果无疑是喜人的。然而远远比这重要的是，其创办者卢西恩和后续的支持者们仅仅是美国各行各业中的典型代表，他们以行业成功人士的身份兴办教育，最终完成反哺行业的循环，在这个过程中，教育的基础被空前夯实，而正是有了这样的基础，才能浇灌出普世盛开的道德之花。

与之相配套的是一种全民自我教育和道德自我提升的风气和基础。这其中一个相对典型的案例就是发生在17世纪末期美国的塞勒姆审巫案❷。这个马萨诸塞州古老小镇在当时爆发了一场古怪的精神性疫病，人们把疫病的原因归咎于巫婆❸，并且逮捕、审判和杀害了大量无辜的人。在这个过程中，歇斯底里的人们甚至将所有参与为“巫婆”辩护的人都以残忍手段迫害致死，并且恢复了以巨石将人压死的古老酷刑❹。

面对这样一种逆现代文明潮流而动的迫害运动，率先起来反抗的人是约翰·普洛克特❺，他令后人惊叹的地方有两点，一是不惜以生命的代价为被诬陷的妻子辩护❻；二是上书波士顿的牧师协会，请求派来全新的法官团队审理案件，理由是塞勒姆的法官们已经被恐惧和绝望攫住心灵，进而形成牢固的偏见了。

这样一种捍卫法律尊严的勇气和理性行为，不是源自受高等教育者，而是一个普通的市民。但正因为公平正义的法理精神普及到了每一个民众，并且以道德的感召令他们敢于捍卫正义而牺牲，才是教育的基础和成就。

而随后，自我教育变成了高等教育和理论研讨，教育者正式介入，完成了接下来的循环。波士顿著名律师、曾经当过第一任哈佛学院校长的英克里斯·玛泰将整个事件和由此而来的研讨著成《良心案》一书，成为北美的第一部证据系统，并且直接促成了宪法修正案“疑罪从无”❼的现代法理著名概念的诞生。

再然后是教育反哺社会。直到300年后的当今社会，仍有剧作家通过戏剧作品警醒人们前事不忘，后事之师；马萨诸塞州于1992年通过决议，为塞勒姆审巫案中的所有受害者恢复名誉。直到今天，马萨诸塞州地图上，塞勒姆的一座山

---

❶ 直接出处不详，间接引自新浪教育等当代国内媒体。
❷ 即如今的美国马萨诸塞州丹佛斯镇，详情见后文。塞勒姆审巫案是美国法治史上划时代意义的大案。
❸ 事实上是菌类的致幻物随空气散播。
❹ 这种酷刑记载于《圣经·旧约》。
❺ 生年不详，农民。美国历史以这样的方式记载了他的壮举，笔者看来，这正是文明的良心。
❻ 后来他也被视作巫婆帮凶被迫害致死。
❼ 即根据塞勒姆的悲剧，特别修订为无证据即开释的诉讼原则。

上还以血红十字标记着当年的审判和处刑地，政府以这样的方式教育民众尊重和维护国家法理的基本法则与尊严。

推而广之，这样的循环在西方社会从近代步入现代的进程中，无不起到了推波助澜甚至存亡继绝的作用。

一战后的德国不允许保留空军，但是国内的空军俱乐部[1]将技艺和经验完整地保留了下来。国内的原子能协会，同样为相关领域的成果传承和道德底线提供了生存发展的土壤[2]。通过官方和民间团体的共同力量，保存并传承先进科技和知识,这是德国作为欧洲强国历经两次世界大战战败却能够快速复苏的秘诀之一。

无独有偶，我们的东邻日本在二战结束后第二天，全日本中小学即行复课，教师和学生在断壁残垣中高唱国歌并口头传授知识（因为没有书本和黑板），有记者将这一幕用镜头捕捉下来并命名为“蓝天教室”，其教育复兴的决心和勇气令全世界瞩目[3]。

而在美国，由行业团体和知名代表捐赠的实验室和试验计划，促成了大学科研、生产力和社会价值间的良好转换。像欧洲的许多古老大学（例如牛津大学、巴黎大学）一样，城市和大学之间的界限也越来越模糊，并且以极大的包容力，为每个有天分的人提供创造价值的机会。其中最典型的代表大概就是约翰·纳什[4]，这位拥有超凡天才的数学家不幸患上了严重的精神分裂症，但他所在的大学[5]仍然为他提供生活保障、研究场地和图书馆，并且没有剥夺他的执教资格；与此同时，行业学会也在积极论证、扩展并且向社会推销他的经济理论；同样的，各行各业也没有因为他是一个精神病患者而轻视这些宝贵的理论研究财富。最终，一个“疯子”登上了诺贝尔经济学奖的领奖台。

这大概就是合众国和美利坚民族能够在文化教育领域引领第二次、第三次科学技术革命并称雄全球至今的文化与道德密码。

这些事例在启示我们：教育的源头和重点都不仅仅是学校；教育的目的也不仅仅是出仕、参与国家政事这么单一；担负文明传承和道德发展重任的，也不仅仅只是教师本身。

可是很遗憾，当时的中国，没能看到和倾听这样重大的启示。

问题的核心仍在于建立“向着同一方向”的，包括大学、行会和学会的完整循环。从历史文化的角度去看待古代、近代、现代的分界线，大概正是建立了适

---

[1] 事实上当时的这种俱乐部主要成员均为退役军人，其余为预备役和爱好者，因而兼具行会、学会和预备役的功能。

[2] 例如前文提到的“哥本哈根事件”的亨利·卢森堡之类有良心的科学家。

[3] 见《全球通史：战火中的世界》，美国时代生活出版公司。

[4] 约翰·纳什（1828—2015），美国著名数学家和经济学家，诺贝尔经济学奖获得者。

[5] 即普林斯顿大学。约翰纳什如今仍在这所大学执教。

应和发展先进生产力的文化，才是开启一个新时代的钥匙。

引它山之石，最终是为攻玉。中国和华夏民族经历了三千余年的古代，百余年的近代，并且快速向现代过渡，从历史文化和教育的角度去审视，同样遵循着这样的规律。正如大争之世开篇论述的那样，于大老中国而言，政治的稳定和文化教育的繁荣既是纠缠的麻花，又是此起彼伏的跷跷板。我们的黄金年代仍会再来，带着我们走进近现代，重新回归为万世开太平的康庄大道。

尽管旅途充满荆棘，尽管逆着风。

师者，集结，出发。

第三节 民国侠气与师德复苏

民国侠气犹存。正是民国的师者，为华夏文明建立了“向着同一方向”的近代大学精神。

话题还是要从大争之世的那个有趣的比喻说起。在中国古代，政治稳定和思想活跃往往是此起彼伏的“跷跷板”。思想家们习惯了“用脚投票”，所以越是政局动乱，思想家、教育家们越是奔走呼号、著书立说，于是春秋战国的动乱诞生了中国思想文化教育史的“黄金年代”；魏晋动乱诞生了思想和教育的第一次复兴❶；而第二次复兴，则发生在清末民初的乱局中。

简而言之，民国重侠气。这种“侠气”，在文化教育和师德领域，是对黄金年代高尚品质的复苏。其原动力，在于大老中华❷政治、经济、文化的全方面乱象，一面是西方的坚船利炮打破了天朝上国的美梦，另一方面是近代科技文化的光芒让华夏文明第一次感受到了强烈危机。中国和华夏民族的韧性和危机感在这样的环境中被前所未有地激发了出来。多难兴邦，也唯有这样才能唤醒被王权压制、沉睡千年师德的灵魂。

从结果上看，第二千年的理学家们提出的“为天地立心，为生民立命，为往圣继绝学，为万世开太平”的重大课题，也是由民国的师者完成了最终的成果，为华夏民族建立了适应人类文明发展的、“向着同一个方向”的近代大学精神。

而这种精神的建立，不仅仅是思想家和教育家（师者）的独立使命，更是整个国家和民族的鲜活事业，这样的环境基础，也是顺应世界文明发展潮流而觉醒

❶ 本书将黄金年代看作是思想文化的发源而不是第一次复兴，所以第一次、第二次和第三次复兴的序号依次发生了变动。但这并不影响重大历史进程的顺序和地位。

❷ 时人多如此称呼，即又大又古老的中华。

并结出丰硕成果的。

于是国民上下自觉开启了学习风气，文化教育和师德复兴的大好局面油然而生，渐成百花齐放之势。其中最典型的犹属清华大学、北京大学。

在建立“向着同一方向”的大学精神的过程中，清华大学更侧重学术和教学的独立精神，而北京大学则相对侧重兼容并蓄的自由内核。

谈及“学术独立”，关键线索体现在“历史”和“语言”两者上。通过历史理清华夏民族优秀传统文化和民族意识形态（道德）核心，再通过语言将其完整、准确、顺应时代、通俗易懂地传递给国民，这是中国近代大学精神中学术独立部分的基础。为此，诞生了清华“国学四导师”梁启超、陈寅恪、王国维和赵元任为代表的时代大师。而这样的关键线索和这群大师的教育事业，最终成为中国近现代文化分水岭式的重要革命——新文化运动的思想灵魂和人才基础。

专注学术，秉笔直书，并取其精华、摒弃糟粕，是一场中国的“文艺复兴”运动。在主导这场运动并为此殚精竭虑的过程中，黄金年代的高尚师德也在他们身上渐行复活。

例如梁启超[1]，以主导戊戌变法为世人熟知，但其最大、最宝贵的成就却在于百科全书式的研究，为了给后人留下研究成果并重塑“秉笔直书”的精神，梁启超以超乎常人的毅力撰写读书笔记数以千万字，仅专著《饮冰室主人全集》就多达一千万字。

更加难得的是，梁启超晚年有一侧肾脏坏死，只能住院并接受现代医疗技术开刀，结果手术中出现意外，医生竟然误将健康的一侧肾脏切除并把坏死的另一侧保留。消息传播出去后，教育界乃至全社会群情激愤，纷纷抵制现代西洋医学。梁启超担心在中国刚刚起步的先进医学技术就此遭到打击排斥，竟然在医院病床上日夜撰文为医生辩护，并承诺死后将遗体捐给医院用作解剖。

史学大家陈寅恪[2]明确提出教授治学应有“自由之思想，独立之精神”，并亲身践行严格遵奉。1952年，人民共和国政府欲聘请他担任中国科学院历史研究所所长，陈寅恪为了保持学术独立的立场，竟然写信给中共最高领导人毛泽东和刘少奇，声明“允许中古史研究所不宗奉马列主义，并不学习政治”，并敦促“请毛公或刘公给一允许证明书，以作挡箭牌”。

再有国学大师赵元任[3]，以语言学特别是方言天赋见长。他不仅利用授课、访问交流等各种机会积极学习方言，还能不受课堂限制，时时将所学传播给亲友、

---

❶ 梁启超（1973—1929），清末民国著名改革家、文学家和历史学家。维新派领袖。
❷ 陈寅恪（1890—1969），民国著名历史学家、语言学家、诗人。有“教授的教授”之称。
❸ 赵元任（1892—1982），著名语言学家，中国现代语言学和音乐学先驱和奠基人。

学生乃至社会大众。近现代中国的著名相声表演艺术家侯宝林在与赵元任交往时，就特别围绕方言艺术问题展开讨论。赵元任愿意用方言讲笑话，并在授课时展示语言魅力、活跃课堂气氛，这给了侯宝林很大启示，为相声界增加方言段子提供了很多宝贵素材和专业指导。这大概也可看做打破道统体系中讲话的职业观，并且广开民智的一个缩影。

相对于清华专心、独立治学的精神，北大则更重视兼容并包，在多文化、多视角的交融中大浪淘沙，体现价值。这样的一种学术风气，在时任校长蔡元培[1]主政时被发挥得淋漓尽致，逐渐成为中国近现代高等教育的另一个标杆。

在蔡元培的教育理念中，"包容"首先要打破"君君、臣臣"等政治意识形态的桎梏。于是北大同时聘请国学大师辜鸿铭和白话文运动新秀陈独秀作为教授。前者是前清遗老，并且参与张勋复辟，在民国政界的名声不好；而后者是马克思共产主义的坚定拥护者，进步青年心目中的偶像。两人及其弟子、拥护者们在课上课下曾经有过多次激烈交锋，北大不但不制止，而且热情拥护，推波助澜，一时间形成时下奇观。

在这样的环境和思潮带动下，"兼容并包"成为北大教师中的最高纲领。主张激进的马克思主义者陈独秀后来因为社会主义运动而被国民政府当局逮捕，北大各学派的专家学者率先发起了营救行动。而冲在最前面的，竟然是一直与陈在学术上尖锐对立的桐城派学者、前清遗老马侯君等人。由此可见北大教师海纳百川的胸怀和风貌。

北大的包容精神，不仅体现在中国和华夏民族内部，也在于包容世界。北伐战争胜利后，中国一度完成了由国民政府主政的形式上的统一。师生中间开始蔓延黄汉主义情绪。一次宴会上，有名学生激情演讲，号召国家兼并外国，恢复朝贡和郡县。校长蔡元培听后，当即面露不悦，但是没有尖锐批评，而是说了句"除非你做上将军"，提醒这名学生不要妄言[2]。

包容必然带来平等和尊重。尤其在对待学潮和批评的问题上，北大重视这样的平等精神。学生阶层历来是中国历史上关心政治、热心报国而又较血气方刚的群体。历朝历代都有学生上书的事件发生，并成为推动时局的重要导火索。北大顺应时代要求，在学潮上采取支持和宽容的态度。但对于因此发生的批评，蔡元培等教师则一贯倡导"不上墙、不匿名"。在他们的严格要求和积极带动下，北京大学内一度盛行的匿名批评贴"墙上文学"销声匿迹，批评内容也向着"有理、有节"的方向健康发展，这在当时普遍的匿名骂战风潮中，尤为显现自由平等、

---

[1] 蔡元培（1868—1940），民国著名政治家、革命家和教育家，曾任北京大学校长，并主持制定了中国第一部现代大学立法《大学令》。

[2] 蔡元培事迹引自傅斯年回忆录《敬仰蔡先生之风格》，下同。

尊重他人的可贵精神。

正是有了这些大师和无数普通教育工作者的坚持，中国近代的高等教育界才能在动荡时局中孕育了大量宝贵学术观点，一时间出现了百花齐放的局面和高度。更重要的是，在这样道德理念的支撑下，大学乃至整个社会中开始充盈良好的求是氛围和民意基础，这种“民智渐开”的环境才是孕育中国近代大学精神的重要基础。

由是，北大教授辜鸿铭[1]在东交民巷使馆区开始公开演讲《The Spirit of Chinese People（中国人的精神）》[2]，门票两块银元，不仅打破公开演讲不收费的先例，而且费用创当时新高，一晚收入四百块银元。即便这样，仍然宾客盈门、一票难求。这种现象不仅仅是北大等大学兼容并蓄、鼓励自由学术的成果，也代表着社会各界乃至外国人士[3]对中国学术争鸣和道德重塑的关注、支持和认可。

而我们“大学－行会－学会”的近代大学价值的核心循环，也在这样浓厚的氛围中逐渐发端。

有民国“国父”之称的孙中山在革命事业中深刻认识到教育的重要性，亲自创办了国民革命军陆军军官学校（即黄埔军校）。他一改中国以往“学而优则仕”的传统，将无私奉献和矢志报国作为师生最高道德标准，并且公开号召学校师生：“从今天（即入学）起，即立下一个信念，一生不存升官发财的心理，只知道做救国救民的事业。”由此黄埔军校大门上张贴了一副楹联：升官发财请走他路，贪生怕死莫入此门。吸引了包括中国共产党在内的大批有志青年前往学习进而投身革命。这个号召，对肃清封建科举教育的种种流毒大有裨益。

与之对应的，教师关怀学生、平等待人和艰苦朴素的道德风气也渐渐复苏。

清华大学校长梅贻琦主政期间，将全部薪水资助给了家庭困难学生，自己的儿女却险些辍学。抗战期间，清华大学师生流亡，梅的夫人便天天蒸米糕拿出去卖，赚钱支援学校和补贴家用。梅将这种米糕命名为“定胜糕”，寓意抗战必定胜利，以此激励学校师生坚持抗战。

救国救民的思想推而广之，就是朴素的“开民智“意识。以晓庄师范陶行知[4]为代表的教育家，便以推崇社会实践和生产劳动作为教育的根本。陶行知原名知行，后来自认为“行”应在“知”前，遂改名。他因带头从事农业劳动，所以被行业内称作“挑粪校长”。

这些教育思想的共同之处，是不再将教育作为孤立的行业，也不再将步入仕

---

❶ 辜鸿铭（1857—1928），清末民初著名国学大学，有“国学怪杰”之称。

❷ 辜鸿铭自己译作春秋大义。这篇演讲开近代中西方文化比较之先河。

❸ 例如辜鸿铭的演讲就特设英文专场。

❹ 陶行知（1891—1946），民国著名教育家和思想家。伟大的民主主义战士。

途作为教育的核心目的。多事之秋，战火萦绕，学校中已经不具备科学研究的基本条件，同时技艺的传授因为无法得到实践（源自于生产力的破坏和市场萎缩）而变得很难产出成果，此时的师生关系和师德要求，便在无意间恢复了黄金年代的道德感召和人生导师的光荣传统。彼时号称“清华大学四哲人”之一的社会学、民族学家潘光旦[1]对当时教育界的优良传统做过一个恰当的比喻：学校就如同水，师生就像鱼，老师是大鱼，学生就是小鱼。他们的行动（教育）就像游泳。大鱼做先导，小鱼尾随，小鱼跟着大鱼游久了，耳濡目染、潜移默化，即便不想学也学成了。这种追求教育深度的做法，自黄金时代便有之，以深度代替广度，虽然是战乱年代的无奈之举，但对重拾传统师德和净化文化风气乃至重塑知识分子高尚情操是有极大帮助的。

回望中国近现代教育史，在战火遍地、满目疮痍中，教育一度停滞却没有灭绝，非但如此，还成为推动近现代历史的重要基地（例如五四运动）；人民共和国成立后，教育在废墟中崛起，突破重重阻力，破旧立新，自力更生，在生活、工作、师资力量和实验环境都很艰苦的情况下，为新中国建设事业贡献了难以磨灭的力量。这些成绩，如果没有崇高道德的感召和激励，是难以达成的。

由是我们说“多难兴邦”，而邦难兴教，在王权遭难乃至消解的新时代，师者必将重新担起文明的接力棒，这是历史文化发展的普遍规律。

然而客观地说，就教育思想和教育成果而言，中国近现代的教育总体高度和代表人物很难与黄金年代比肩。随民族危难和时代发展而觉醒的，也是对既往师德高标准的一种追寻和复苏。而随着文明演进，为万世开太平也越来越成为一项高不可攀的命题。

高不可攀，却仍然要攀。历史是不断向前发展的，文化是不断充盈、变化和进步的，但不得不承认，于道德而言却存在着循环。因为王权的解体，师德重拾尊严；因为时局多艰，唤醒了师者沉睡的使命感和敬畏心，从而冷静思考并积极践行人的全面发展和开启民智的时代召唤。与此同时，历经两个千年的磨难，淬炼出的业界良心和对重大使命的共识，也重新赋予师者巨大的道德感染力和人格魅力，进而把教育重新引向深入，引向道德和引向终身。这些是继黄金年代以后引发的进步和补充。

纵观本章，其核心线索是“向着同一方向”的近代大学精神的发展和延续。西方在此基础上形成了“大学－行会－学会”的循环模式，将道德塑造、生产力发展和储备人才培养完整地囊括其中，凝练出了“开启民智”的时代之任主题。

相比之下，中华师德在历经磨难、跌入谷底之后开始振作并奋起直追。打出

---

[1] 另外三位是叶企孙、陈寅恪和梅贻琦。

头阵的是“为万世开太平”的理学观念，但因为道统崇拜和宗教化的流毒一直没有肃清，使先天不足的理学并没有承担起重振中华民族师德高度的重任。而带着种种痛苦走向近代的民国大师们，以其侠义之风，接过了道德的接力棒，其教育理念和侠义的精神，直至今天仍然影响并引导着师者，毫无疑问，我们的目标是重回思想文化教育的黄金年代。

回望“陶冶师德”篇章，恰如题目。其实道德一直都在，并且不曾有盈亏，我们曾经拥有，却又渐渐失去，最终幸运找回，这个过程让师者更具智慧和信心，并终将重担使命，引领华夏文明继续前行。

浩瀚千年，师德悠悠。我们“开宗明义”，以“神祇之名”观照“大争之世”，又以“王师之德”反省“文明之心”。一路下来，其实“时代之任”已经呼之欲出——敢问路在何方。

第四章 路在何方

路在何方？这是陶冶师德的重要课题和终极使命。

2014年教师节前夕，中共中央总书记习近平同志在同北京师范大学师生代表座谈时，曾系统论述了如何做一个好老师。这篇讲话可以看做是现代中国人在对师者历史文化系统总结和梳理基础上，为前路所做的思考。

习近平认为：做一个好老师，要有理想信念，要明确意识到肩负的国家使命和社会责任；带有道德情操，带头弘扬社会主义道德和中华传统美德，以自己的模范行为影响和带动学生；要有扎实学识，既授人以鱼，又授人以渔，能够在各个方面给学生以帮助和指导；要有仁爱之心，既包括爱岗位，爱学生，也包括爱一切美好的事物[1]。

爱一切美好的事物，不就是我们在历史文化的漫漫长路上不断陶冶砥砺的宝贵财富，不就是古往今来所崇尚的师德么！

师德，是道德中的道德，是文明前进与发展的风向标。立足于国家、民族的发展，立足于人的全面发展，立足于动乱年代等特殊时期的道德坚守，立足于建立适应世界生产力前进方向的近现代大学精神，是师德产生的土壤和基调。

尊奉神祇之名的年代，为了国家民族的发展，团结是第一要务，由此奠定了师德尊奉权威、心存敬畏的基本风貌；生产力的低下使技能经验传承尤为重要，由此又把严谨传艺奉为道德风向标。这是人类文明在摇篮时期的生存法则。

大争之世是华夏民族乃至世界文明进程中文化教育的黄金年代，恰恰是政治的黑暗和世道的动乱，将文化教育和由此而来的师德抬上了巅峰的高度。思考国家民族存续并为之奔走不息的崇高使命感，立足于人的全面发展而诞生的高贵责任感，以及以身作则、垂范后世的道德修养和极高标准，令那个时代宗师辈出。

---

[1] 节引自2014年9月9日习近平《同北京师范大学师生代表座谈时的讲话》。

这是文明在童年成长时的惊人成绩。

王权的鼎盛很快褪尽大争之世的余晖，并且闪耀着新的光芒。封建时期的中国以彼时世界文明的最强形态傲立于世，西方文明则普遍在自我否定和挣扎探索的黑暗中艰难前行。为帝国政治、经济、文化大一统自觉服务且忠诚服从的任务，成为师德体系中的重要内容。服务于科举应试和仕途培训的俗务也让师德在王权的压迫下渐失高度与高贵。这是人类文明成熟时期的必要让步。

然而在以文明之心审视新千年的世界之时，古老华夏文明却落后了，超级稳固的帝国和安逸的生活让王权变得麻木不仁、贪图享乐、无知暴戾；而西方文明却在文艺复兴和启蒙运动的浇灌下盛开出“向着同一方向”的骄人花朵。正如太阳有升就有落，轮到华夏文明在黑暗中坚守业界良心和道德底线了。慎独、仁人志士和爱生如子的光芒，难掩职业歧视、庸俗成功观和利用学术地位为祸社会(学霸)的缺点。华夏师德在第一次重大低谷中，学会了坚忍与坚守。

由此，我们为师德赋予了带领文化教育重返黄金年代光荣的时代之任，并且竖起了“为万世开太平”的大旗。然而任重道远，万世太平又谈何容易。道德滑坡整千年，积重难返下，理学复兴的标杆不足以重返光荣，然而民国侠气和独立自由的风骨，又渐渐令黄金年代的崇高道德复苏。西方文明彻底奠定了“开民智”的现代教育精神，我们看到了新的终点线，又必将奋起直追，直到今天。

文明的冲突、国运的胜负犹未可知，然而在两千余年的相互赶超中，人类文明不知不觉又迎来了新的时代。

这是一个被第三次工业革命推动的、发展速度前所未见的信息时代。全人类二十年的知识增长量，已经超过过往一千年的总和。每个人都是新知识和新思想的缔造者和传播者。如此一来，权威何在？我们又该敬畏什么？高度发达的智能工程、机械化作业和生产分工，已经不可能孕育全能的大师，那我们又要严谨地传播什么？

信息技术和量子物理的发展，最终让精神和物质、唯物和唯心渐行统一。2012年，大型强子对撞机分离出来的希格斯玻色子[1]，被宗教界称为创造万物并维持宇宙平衡的“神粒子”，第一次以科学和客观的形态，解释了三千年前老子口中塑造万物的无形大道。科技的进步，将带给人类无限的可能。

由此，人类文明的发展和宇宙运行的最高道德已经不可能仅仅是个体的使命，而是全人类的责任。与之相伴的，正是政治、文化、思想和教育的全面变革。王权灰飞烟灭转眼百年，师者不必再为之服务和牺牲；高速发展的新时代，也很难

[1] 量子物理25种粒子模型中最后被发现的一种。在宇宙大爆炸初期诞生、于粒子高速运动中赋予其平衡属性并为其余粒子带来质量的粒子。

让人找准需要共同向着哪样一个方向。

在这样的背景下，哪些东西要抛弃，哪些东西要发扬，哪些东西要创造，这就是师德在新世纪文明中很难回答却又不得不回答的问题。路在何方？

随着网络通信技术、人工智能和虚拟技术的快速发展，知识的传播速度也随着急速提升，并且借助电子通讯手段，改变了以往师生必须面对面交流的教学方式。在复杂的电子化信息网络中，每个人都是知识的接受者、传播者和解释者，"权威"这一自神祇时代就主宰师德体系长达数千年的要素已经逐渐消解直至完全消失。但师者却有必要保持敬畏，即对信息时代科学技术本身，以及约束科技的基本道德（如伦理和平等）的敬畏。与此同时，师者要自觉并且有能力成为现代传播网络中的"舆论领袖"，唯有这样，才能继续承担并传播文化与道德。

与此同时，科技和信息的迅猛发展也使"向着同一方向"的近代大学精神变得不再可能。未来的社会，必定是多元化、个性化发展的社会。然而无论时代环境如何变化，立足国家民族振兴、人的全面发展这一传承千年的道德要求并没有变，而且显得更加重要。现在与未来的师者，都要时刻提醒学生乃至全社会牢记这样的崇高目标和基本要求，并且不断扩宽自己的知识领域，为实现人的全面发展做好参谋和辅助者。如果说传统的师德以服务王权和大一统为道德要求，那么未来的师德，将以人的全面发展和文明的多元化共生作为崇高使命。过去的师者以王为王；未来的师者，将以侍奉全人类和他们创造的多样文明为己任。

进一步来看，现代文明生产力的高速发展和社会分工的日新月异，令社会文化和道德标准也随着发生极大的变化。在国家民族危难时刻坚守文化与道德，将不再仅仅是师者的责任。文化与道德前进的风向标，也不会再仅仅由师者去引领；国家和民族发展的最后底线，更不再仅仅由师者坚守。未来，师者要做的，更多的是妥善整理和保存现有的思想、文化和道德遗产，并在未来人类文明可能再度陷入迷失甚至黑暗的时候，能够以这些美好的事物，帮助人类重新找到正确的方向。一切所想，正如中西方曾经发生的迷茫和师者的奋斗一样。师者要时刻做这样的战斗准备乃至于牺牲精神，这是新时代的道德召唤。

推而广之更重要的是，量子技术最终拉近了物质与精神的距离，甚至证明了肉体和灵魂、现实与来世之间存在的关联，这就为我们开启了一个全新的命题：师道与师德、师道与师魂之间是否存在着必然联系，以及如何掌握和利用转化的规律。探索宇宙运行的无形大道，谋划生命的前世今生，这些在过去看来只有神祇才能实现的事业，如今正在逐步交托到人类手上。甚至再大胆假设一步：当信息和科技手段极大丰富的时代来临，一位治学数十年的大师的专业素养和道德修养水平能否快速完整地转移到他人身上？如此一来，师者这个自上古时代就存在的群体将彻底淡出人类文明舞台。师者不该忘记，我们奋斗了数个千年，为的就是让每个人都能够无阻碍地全面发展，让人人都成为自己的老师和命运的主宰，那么挡在这个终极目标之前的最后阻碍，恰恰是老师自己。这个逻辑与共产主义消灭阶级、天下大同的理想何其相似！当全人类的全面发展都不再是阻碍，我们在这样的终极目标下，要如何奋斗？我们做好准备了么？

历史的作用，是更好地观照未来。这些在未来有可能发展的师德猜想，或许是新世纪未来千年的文明走向。师德是道德中的道德，师者是文明前行的向导，相信每一位师者都不愿意（也不甘心）放弃这些崇高的使命与追求。那么在未来，师德中蕴含的，就不仅仅是成为领袖的能力和自觉、侍奉全人类多样文明的崇高责任、整理保存文明成果以照亮可能发生的黑暗的勇气和牺牲，更不仅仅是通过知识的超速传播和继承来消灭自身这一专门职业，以完成全人类全面发展的终极目标。我们更需要的，是开拓进取的决心、不滞于物的勇气、不满现状的精神和不改初衷韧劲。唯有此，师者才能在无限接近人类至高道德的过程中，永葆生机活力，不断指引文明先行。

任重道远。路在脚下。

第二篇　铸造师魂

当今乃至今后很长时间，师魂的意蕴在于教师通过自我期勉、道德责任和文化使命去丰富和熏陶学生的精神世界，教育的过程是对整个心灵的滋养与完美人格的提升。师魂的发展，将使学生在扎实的知识和能力的基础上得到多方面和谐的提升。

师魂的形成和塑造与一个人在成长过程中所接触的环境、接受的教育、养成的习惯等因素密切相关，此外更与一个人的品德、理想、信仰等密不可分，这些信息认知凝聚在一起所体现出的自我修养、自我认知和自我期勉决定着一个教师的师魂。

如果将师魂具体化，则是指一个教师的自我意识，指“思考中的自我”——比喻起关键和主导作用的核心因素和高尚的品格，也指教师的道德责任、个人追求和奉献精神。

教育是否需要触及道德，教育者的师魂如何塑造，如何使受教育者受到良好熏陶等问题是需要探讨的重要内容。因此道德与教育共同决定着教育的内容与形式、方法与策略。如第一篇所述，中国古代的教育家强调知行统一或言行一致，这既是道德教育的基本原则，也是对人的基本道德的要求。道德教育注重身体力行，其目的在于将外在的道德准则与规范内化为个体的品质，培养良好的道德行为习惯，进而以一种更加自觉的方式来践行道德原则和规范。这个传统一直延续到今天，从而成为我国道德教育的历史基础。

近代以来，主导教育实践的是自由主义的教育哲学观，自由主义深刻地影响着现代教育的核心，自由主义教育思潮颠覆了传统教育的价值，身体开始得到解放并进入到学校教育中，日常生活和技能走进了学校教育。教师在教育中扮演着非常重要的角色，但随着自由教育的不断发展和社会环境对教师的影响与制约，个体情感发展、自我期勉、高尚品格等心灵与精神层面的诸多内容开始缺失，教师越来越关注于局部的具体的专业领域而忽视了精神与心灵在教育的文化本质中的重大影响，这种忽视也淡化了师魂中的自我期勉、道德责任和文化使命在教育实践中的深远影响。

在中国现实教育中，很多教师担心由于面对家长或学生可能引起麻烦，便因此退到他们自己学科能力和应试能力的安全区域内，这就是缺乏自我职业认同的表现。仔细想来，从来没有任何一个职业像教师那样能够陪伴在正在成长的人的周围并以职业主体的一言一行对接受教育的个人及群体乃至更大范围的社会产生巨大影响的。我们对教师的评价不能仅仅停留在“合法”、“合情”、“合理”

上，不能单纯地用好与不好、应该与否来评价教师本身及其职责，还应从教师的行为是否符合他自身需求与社会需求的“合用”角度上来分析。

师魂是师德的内在要求与根基，是师德真正发挥作用的中介与力量源泉，师魂要求教师将师德内化，把外在的师德要求转变成自身内在的自主要求。师魂是教师教育理想得以实现的内在动力，而教育理想是师魂在教师教育活动中的一种折射，铸造师魂不仅有助于教师自身职业意愿的强化、自身职业意识的趋同、自身职业能力的提高，而且有助于教师职业理想的实现。

第一章 师魂的意蕴

师魂是否可以通过教育的方法和途径来加以影响和塑造呢？在教育哲学观念演变的过程中，对此问题有着不同的回答：柏拉图、亚里士多德等古典传统教育哲学观坚持人的本质是精神的本质，赞成和谐发展的教育，主张把天然素质、养成习惯、发展理性看作道德教育的三个源泉，道德教育中拯救与抚慰人的心灵的相关活动是所有人的活动中最有价值的活动。

自古以来，中国的德育教育经过不断创造和革新，以不同的形式存在于各个时期的教育当中，并成为教育哲学观念的核心内容，道德教育在相当长的历史时期内凌驾于知识的学习和能力的培养之上成为教育的主要目的。

师魂通过一个教师的自我意识，将一个人精神财富中起关键和主导作用的核心因素和高尚的品格以潜移默化的形式灌输给学生。师魂从某种层面可以理解为教师个体根据外在的伦理要求，不断升华内化成的个体自身的道德品质和个人追求，这种品质和追求的产生具有主观性和内在性。师魂具有极强的社会角色规定性和教育的实践品性，它涵盖了教师在教育过程中所必须重视与服从的一切道德规律，也揭示了许多教育伦理问题的本质。中西方各种教育学说和理论的不断发展和进步使得师魂的塑造与发展成为教师对学生产生积极影响的可能路径。

第一节 师魂的要义

教育承载着心灵熏陶和文化发展的功能，而教师作为教育的执行者，被普遍认为担负着传承人类内在精神文化的重任。此时，我们将教师所应具有的高尚的品格等心灵与精神层面的诸多内容概括为师魂，也就是历史与未来赋予教师的精神与心灵引导下的自我期勉、道德责任和文化使命。师魂既包含了诸多精神文化层面的意蕴，也就不可避免地受到哲学、教育学、价值观及各个时期其他思潮的影响，这些影响共同支撑和丰富着师魂的内涵和外延。

师魂的内涵体现着哲学与教育的联系，尤其是西方的道德哲学对师魂的塑造产生着重要影响，其中包括价值澄清学派、观察学习理论、道德认知发展理论、关怀模式等等。现代西方的教育，特别是承担教育职责的教师在思想和行动上深受道德哲学的影响。师魂的内涵也包含着价值构建。师魂的价值构建不同于哲学构建的抽象内涵，多包含于教师在教育学生过程中所体现出的教育的实践品性，尤其表现在如何有效的实现道德教育。中西方文化传统以及制度背景的差异，使得二者对道德教育概念及师魂外延的理解有着明显差异。其中，中国传统伦理学、中国传统社会道德教育的基本理论、中国传统社会的道德教育经验对师魂的影响最为明显。此外，西方的人性论学说、价值论学说以及中西方近年来的教育理论也都对师魂的发展产生了很大的影响。

第二节　师魂的哲学构建

师魂内涵中所体现出的众多关于自我期勉的内容体现着哲学和教育学之间千丝万缕的联系。对于哲学与教育的关系，杜威曾经给出过明确的论述，他认为，哲学是教育的一般理论，而教育是哲学的实验室。[1]从教育看哲学，早期的教师们不断与学生探讨什么是美德等类似问题，这些问题催生了以探讨人生意义为己任的哲学。从哲学看教育，教育理论的产生有两个来源，一是教育实践经验的总结，这是教育的实践性品质，如我国古代的《学记》；二是哲学家思想在教育中的体现，哲学家一方面通过教育来表达哲学理念，另一方面，他们又通过教育实现哲学所构想的社会理想和人生理想。如柏拉图的《理想国》，既包含政治学说的构想，包含教育的构想，既提出了理想国家的政治体制，又建构了其实现政治理想的教育体系。哲学与教育因为“教师”这一共同对象而紧密联系，而教师的道德品性、社会责任、人生信念、文化使命等等成为了影响学生的核心要素，因此师魂成为了哲学与教育的共同主题。

20世纪下半叶以来，西方出现了众多的道德教育理论流派，其中对师魂塑造产生重要影响的包括道德认知发展理论、社会学习理论等等，各种不同的道德教育理论流派的出现，有其深刻的社会道德背景。现代西方的教育，特别是承担教

---

[1] 杜威。民主主义与教育［M］。王承绪，译。北京：人民教育出版社，1990：344。

育职责的教师在思想和行动上深受道德哲学的影响。

一、师魂的内涵——好老师要让学生学会分析和选择

20世纪60年代，价值澄清方法作为道德教育运动的重要组成部分得到广泛的关注，价值澄清学派成为美国道德教育流派中适应时代需求而出现的重要流派。

一直以来，道德教育与社会发展的步伐是紧密相连的。60年代以来社会发生了一系列激烈变化，现代社会已经完全改变了传统单一的社会结构，各种现代传播媒介给学生尤其是儿童提供了更多的信息与选择，但也使学生置身于价值观迷茫中。[1]传统的以说教为主的道德教育显得苍白无力，越来越满足不了学生的成长教育需求。因此，这一历史时期，从形式、内容和方法等维度提出能够被学生认可和接受的道德教育迫在眉睫，这些维度的创新不仅要适合道德教育和价值观教育，还要能够并且乐于被青少年学生认可和接纳。此时的教育者开始思考除了使用传统方法以外，如何鼓励学生澄清自己的价值观，使得学生能够自主的学习更高层次的道德推理和价值观澄清技术，这些教育者的探索和创新使得师魂在促进学生道德水准提高的新路径中发挥作用。

价值澄清学派深受当时人本主义思想的影响，价值澄清的哲学基础与人本心理学的思想相切合。与人本主义一样，价值澄清学派倡导注重学生自身的价值，注重发挥学生自身的潜能，让学生通过合适的方法和努力独立自主地发现生活的真谛，探索培养有价值有意义的道德推理。价值澄清认为学生本来就有自己的价值判断和价值观，只不过学生自己没有意识到、没有总结出来或者没有认真加以辨析，如果设计一种合适引导的外部情境和气氛，让每个学生都能够探索澄清自身固有价值观的真实面目，这种探索更加真实，也更加有意义，而且探索自己从环境和成长中学习陶冶的价值观也更容易被学生接受。

除了受到当时人本主义心理学的影响，价值澄清学派的理论也受到杜威的经验主义和存在主义的道德哲学的影响。杜威的道德教育理论是一种经验理论，不仅把价值或道德的产生诉诸于个人的经验，同时也把道德或价值的发展看作个体经验意义的增加。价值澄清学派一样强调道德或价值是一个体验和发生发展的过程，认为道德发展的过程就是主体在特定环境或者情境下所产生的有目的的推理并在之后的生活中付诸实践来检验这种行为所带来的后果的过程。这种过程运用到教师对学生的道德教育中，就是学生经过对选择的行为进行思考、评估，最后

---

[1] 解光夫。价值澄清学派及其转向的研究［D］。南京：南京师范大学，2003。

通过行动检验得到反馈的过程，如果学生所探索的价值观得到了社会环境的正面反馈，就会激发学生的成就感并逐渐形成积极的价值体验和生活方式。

在价值澄清方法的运作过程中，强调四个关键因素，分别是以生活为中心、接受现实、思考反省和自我指导。这些因素在教师对学生的德育教育中也非常重要。首先，以生活为中心，指以解决学生生活中的实际问题来培养学生的价值观，在培养学生的过程中避免没有价值的空谈和说教，才能使得学生的价值观对其生活方式起到正面的引导作用；其次，接受现实，能够原原本本的接纳他人，理解他人的行为方式和方法，不对他人的言行进行评价，培养学生成为一个能够接受他人也能被他人所接受的人，这样才能培养出学生正确积极的价值观念和道德观念；再次，要求进一步思考、反省，并做出选择，现实生活中学生所面临的选择往往与诱惑有关，能够正确的引导学生思考自己的行为并做出理性正确的选择对学生的成长来说是非常有价值的；最后，培养学生经过深思熟虑后进行自我指导的能力。

但是，上述价值澄清方法的操作模式过分地强调价值观形成的个体性，忽视生活环境和社会文化的作用，因此价值澄清学派又对以上程序进行了补充，增加了沟通的环节，设计了价值澄清的具体方法，提出交谈、书写、讨论、预知后果的扩展等四大策略，承认社会因素对价值观的形成具有一定的制约作用。价值澄清方法对西方现代道德教育产生了较大影响。

价值澄清学派对于师魂的影响在于为教师明确了一个核心的道德教育理念，即自由的选择，也就是提供一切可能让学生学会选择。拉思斯说："我们的价值理论和源自它的教学策略认为，人们可以通过选择、珍视和行动这一明智的过程来形成价值。"[1]价值澄清理论告诉教育者，在充满困惑和不确定的事物的时期，道德教育的目的是通过鼓励学生进行审慎和全面的思考从而澄清自己的价值观。在这个充满着各种冲突的社会中，教师不能简单粗暴地将自身的价值观直接的灌输给学生，而应该通过情境的创设，鼓励学生通过学习评价分析和批判性思考来形成适合于他们成长成才和社会进步的价值观念体系。

二、师魂的内涵——好老师要重视环境和榜样的力量

美国心理学家班杜拉认为人类的学习包括直接学习和间接学习，间接学习指学习者不是直接对学习内容产生的刺激做出反应，而是通过观察进行学习。观察学习就是学习者在社会交往中通过对社会生活及社会人物进行观察而进行的学习。随着公立学校的发展，学生自学龄起就花费大量的时间在学校进行学习，因此学校里的老师成为了学生最好的观察对象。

---

❶ 拉思斯。 价值与教学［M］。谭松贤，译。 杭州：浙江教育出版社，2003：7。

班杜拉等心理学家对人如何学习、如何发展智力以及如何形成人格特征进行了大量的实验，并通过对实验的观察提出了观察学习理论。他指出了人的行为既受内部过程的影响也同时受到外界环境的影响，是两者共同作用的产物；人有使用符号的非凡能量；人有自我调节的能量等。他认为观察学习能说明人类许多复杂的行为的学习过程。班杜拉认为部分学者过分强调行为的结果效应，而忽视了榜样现象即模仿他人的行为——替代行为。学习来自他人的成功或失败，同时也认为很多情况下个人学习都是直接源于榜样而非由结果直接构成。

观察学习理论所倡导的学习观认为人类的行为变化与两个因素同时相关，一个是内部过程，一个是外界影响，内部过程和外界影响相互作用共同导致人的行为发生变化。很多时候人不是简单的接受外界刺激，而是通过调整自己的行为积极地对这种刺激做出选择、组织和转换，或者说通过积极的相应刺激借以调整自己的行为。社会学习理论为现代学习理论的完善提供了综合性的参考，为未来社会学习理论的研究及发展奠定了基础。

社会学习理论对师魂最重要的影响在于强调了环境和榜样对于人的道德行为的影响，主要观点是，人们倾向于模仿被强化的榜样行为。站在社会学习的角度看，越来越多的社会管理者、教育管理者开始更多的关注示范作用，榜样的教育意义被空前重视。教师职业本身对学生的影响是不可估量的，因此社会对一个优秀教师的要求在逐渐趋于复杂，从精神层面看师魂当中又增加了至关重要的一个要素——为人师表。

三、师魂的内涵——好老师要让学生独立思考并理解公正的原则

道德认知发展理论是美国道德教育学家柯尔伯格于20世纪70年代提出的一种道德教育理论。其理论基础与思想来自皮亚杰的认知发展心理学和杜威的道德哲学。该理论是基于这样的一个基本假定，即将儿童看做“道德哲学家”。这一假定所阐述的内容是儿童能自发地形成他们自己的道德观念，这些道德观念又形成有组织的思维方式。当儿童被看做道德哲学家时，教师就必须既是道德哲学家同时也是道德心理学家。教师成为道德哲学家使得教师需要考虑他自己的行为和价值观中道德的含义，教师成为道德心理学家使得教师能理解儿童的思维以及儿童如何意识到教师行为中的道德含义。

科尔伯格的道德认知发展理论提出的重要方法是道德两难问题讨论法，提出这一方法，是科尔伯格研究道德教育早期以道德认知作为道德教育的核心的表现。该方法运用于儿童道德教育实践，其运用的关键在于以两难故事诱发儿童的认知冲突，让儿童针对故事中所体现出的道德问题进行讨论并回答围绕该故事提出的相关道德问题，以此判断参与讨论儿童所处的道德认知发展阶段，并通过引导培养其积极的道德思维，促进儿童的道德思维能力和道德判断推理能力进一步发展

和完善。在科尔伯格看来，“儿童道德成熟的标志是他做出道德判断和提出自己的道德原则的能力，而不是遵从他周围的成人的道德判断能力”。[1]他认为一个人道德判断的发展过程是一个由低到高循序渐进的过程，提出了“三个水平六个阶段”的道德发展过程并作了详细阐述，后又作过重大修正。根据他的观察和研究，他认为儿童的年龄与其道德发展阶段有很大关系，通常情况下 0 ~ 9 岁属于第一水平，9 ~ 15 岁倾向于第二水平，16 以上则开始向第三水平发展。但是年龄并不是决定因素，也不完全准确，只是标志着各个发展阶段的顺序是不可跳跃和逆转的，每个儿童的道德判断发展速度跟环境和个体差异有关。教师的介入，特别是道德两难故事策略的运用可以促进儿童的道德判断更快地向更高的阶段发展。道德认知发展理论既不同于常识性的观点也不同于个性心理学的观点，它主张道德在本质上表达了对每一种文化都有效的一套判断和决策的理性原则，它体现了公正原则。

道德认知发展理论对师魂的影响在于使得越来越多的教育者开始从内心接受并赞同教师应该允许学生独立思考，独立地考虑公正原则和自己及他人的利益。在柯尔伯格看来，道德原则并不是指导行为的具体规则，而是作出判断和决定的一种方式，这意味着教师在道德判断中要运用一种理性的过程，而不是机械地运用内化了的规则或者直接把某些预定的价值体系灌输给学生。其中根本的道德原则就是公正，公正原则就是一个普遍的原则，不受特定文化内容的先知，是人类经验所固有的，而不是某种特定的世界观的产物。道德教育，要求教师将注意力放在学生在道德判断中所用的推理上而不是放在选择的内容上。[2]这是一种民主的教育方法，能够通过师魂在意识形态中影响和培养学生正确地理解公正原则，即通过增加学生参与和担负他们认为公正的职责来潜移默化地促进学生的道德发展。

四、师魂的内涵——好老师要尊重差异性并学会关怀

关怀伦理的核心概念是关怀，与道德认知发展理论的一个重要区别在于，关怀伦理不认同道德发展具有阶段性特征。关怀模式强调真实生活和现实社会对于关怀模式的决定性意义。与此同时，对价值澄清学派以及品格教育，关怀模式既有所赞同，同时也有许多不同观点。例如，品格教育与关怀模式都讲关怀，品格教育强调改变人的行为使其变得有道德，而关怀模式则强调改变社会环境，其基本的认识是，一个优秀的老师能够从现实和精神层面同时为学生提供健康的生活

[1][2] 拉思斯。价值与教学 [M]。谭松贤译。杭州：浙江教育出版社，2003：7。

和学习环境，而这往往能够陶冶人的情操，促进个人道德的良好发展。

当关怀伦理理论在传统的伦理学体系中引起关注时，伦理理论从正义伦理走向关怀伦理，探究方法由传统的形而上发展为面对生活世界的转变。❶关怀伦理的道德哲学基础为关怀伦理学，其所强调的特殊性和具体性更适合于解决现实生活中人与人之间的关系。关怀伦理学的出现，有着深刻的社会背景因素，社会发展所引发的社会竞争日益激烈，人际关系日渐紧张和趋于功利化，“为了缓解这一激烈竞争和紧张关系对人们所造成的伤害，人与人之间需要更多的关怀。在这种情况下，对于人际关怀的需求，就成为社会文明发展与社会稳定过程中出现的重要道德需求，而关怀伦理理论也就应运而生”。❷

关怀伦理学的基本理论模型是由奈尔·诺丁斯提出的，作为一名教育哲学家，他著述的主要问题都围绕着“关怀”这个主题展开：分析关怀在伦理学中的作用和地位，发展并鼓励构建关怀关系的学校结构，努力重新建构关于善恶的概念，从而更好地进行道德教育。诺丁斯的贡献在于，两种主要的伦理学体系——功利主义的伦理学和道义论的伦理学，都不能为理解妇女的道德两难和伦理学问题提供适当的根据。为此她提出了另一种以自然关怀为依据的观点，即立足于母亲对儿童的关怀。

给予他人关怀与被他人给予关怀是人类的基本情感需要，每个人都希望自己得到关怀，甚至是理解和认可。在诺丁斯看来，关怀可以分为“自然的关怀”与“伦理的关怀”，关怀伦理学前所未有的抛弃笼统的和普通的原则，强调理解和体验个体在特殊情境下的欲望、需要和情感，对待社会关系中的他人要和善慈爱，要富有同情心。

关怀伦理涉及仁慈和同情等重要的要素。首先是仁慈，即仁爱、慈善，就是拥有一颗爱心、设身处地的关心别人的疾苦，尽自己所能地帮助他人。仁慈的实质，是一种感知他人内心感受的关怀。其次，关怀与同情相联系。所谓同情，是以移情作用为基础的，对他人的苦难、不幸所产生的关怀，是理解并感受到命运强加于别人的不幸时所产生的共情。它是对别人痛苦的感受，并由此产生出一种救援与爱护相混合的爱怜。❸从这个意义上说，同情会在一定背景和合适的时机下转化为一种深切的爱和全力以赴的拯救行动。关怀伦理把人看成是社会生活中的个体，这些个体相互依赖，互相帮助，同时也认为道德应该更加强调人与人之间的相互关怀，而不仅仅是单个有道德个体的理性决定。

关怀模式对于师魂养成的重要影响在于给教师个人价值观及道德教育一个明

---

❶ 袁玲红。关怀伦理与正义伦理的融通［J］。社会科学辑刊，2007（1）。

❷ 楚丽霞。关怀伦理的心理特征及应用价值［J］。道德与文明，2006（3）。

❸ 诺丁斯。教育哲学［M］。许立新，译。北京：北京师范大学出版社，2008：236-237。

确的目标即学会关怀。学会关怀隐含着一个教师必须要遵循的原则——尊重差异性。尊重差异性的原则意味着，教师从精神领域要倡导对学生全面素质和能力的尊重，而并非是对某些素质和能力的尊重。引领学生学会关怀自己，关怀自己的师长、亲人和朋友，关怀社会生活当中的任何一个生命，甚至关怀环境、知识和学问。教师对于学生的教育首要任务是关怀和发自内心的爱护，应该教育所有孩子不仅要学会竞争，更要学会关怀。如诺丁斯所强调的那样，“当我真正关怀一个人，我就会认真去倾听他、观察他、感受他，愿意接受他传递的一切信息。这种专注或者关注可能仅仅持续片刻，以后可能出现也可能不出现，但在任何关怀的交流过程中，它都是关键因素”。[1]引导学生学会关怀的教育，尤其是道德和心灵教育，必须特别注重师生间互动关系和教育的连续性。当关怀被看做一种关系的时候，互动就成为建构师生间关怀关系的最核心的要求。教育学生在社会生活中要想得到他人的信任必须从建构信任关系开始，并且持续维护和完善这种信任关系，这种信任关系的构建使师魂的内涵更加容易被学生所感知，同时关怀模式需要教师思想上的认同和行动上的努力。

诺丁斯从关怀伦理角度出发，提出关怀模式理论倡导下的道德教育应当包括四个重要的组成部分：榜样、对话、实践和肯定。

榜样在教育中的作用显而易见，而在道德教育中的作用主要源于关怀伦理的一个重要信念，即教师必须在自己的行动中展现出对人的关怀。学会关怀并不是要告诉学生什么是关怀，也不是要学生去关怀，而是在与学生的关系中展现教师的关怀。这种关怀的展现就是榜样。向学生展现在自己的社会关系范围内怎样关怀，这是道德教育的全部，也是榜样之所以发挥道德教育作用的所在。榜样的价值还在于，关怀和帮助他人的能力的高低与曾经有多少被他人关怀和帮助的经历有着密切的关系。从这个意义上讲，要培养学生的关怀能力，学会如何去关怀，就需要教师既是学生的关怀者，又是一个关怀的典型榜样。教师在道德教育中扮演着两种角色，即榜样的角色和关怀者的角色。当学生有需要的时候，教师就成为一个关怀者，而当教师尝试解释这种行为的原因时，教师就成为一个关怀他人的榜样，在教育中所发挥的就是榜样的功能。

关怀模式中的第二个非常重要的组成部分是对话。所谓对话，是指基于师生双方地位平等而展开的心灵与心灵的交流与沟通。出于关怀目的的对话，不提前设定结果，没有固定答案，完全是开放性的对话。对话的过程就是谈话双方共同追求理解和欣赏的过程，是一个不断探索、共同进行心灵沟通的过程。对话这种沟通形式在关怀模式中的价值或功能有两个方面，一个与导致道德偏差的原因

---

[1] 诺丁斯。教育哲学［M］。许立新，译。北京：北京师范大学出版社，2008：236。

有关。在诺丁斯看来，许多道德偏差都是个人的决策失误造成的，这种情况在年轻人身上比较常见。而对话这一良好的沟通过程则不仅能够帮助决策者深思熟虑充分论证，而且也帮助人们养成一种习惯，即在作出任何决定之前，都要充分占有和掌握足够的信息。对话对于道德养成来说的第二种功能是，它通过情感和心灵的沟通将人们联系在一起，通过产生信赖使人们有可能建立起一种充满关怀的人际关系。对话使人们互相了解，这是关怀的基础。只有当一个人深刻地了解被关怀者的需要并有能力有针对性的提供实际的帮助才有可能成为一个好的关怀者。对话之于道德教育的作用在于，它是评价关怀努力的效果的手段。通过对话，关怀者了解更多的信息，从而能够更好地确定所需要的关怀，同时对话有助于被关怀者的成长。

关怀模式的第三个重要组成部分是实践。教育本身就带有一种实践属性，尤其是德育教育。在关怀中培养关怀的能力，这是关怀模式的核心的思想，也是关怀教育的基本理念。用诺丁斯的话来说就是，“如果我们希望人们过一种符合道德的生活，关心他人，那么我们应该为人们提供机会，使他们练习关心的技巧。更重要的是，使他们有机会发展必需的个性态度”。[1]这意味着，实践不仅仅是训练技巧，更是锻造思想，打造特殊的人生态度以及处世哲学。关怀不会自然发生，它需要教育者去计划，去准备。关怀的实践应该有助于变革学校并且最终变革我们生活的社会。然而，关怀的实践不能囿于现行的学校结构。

关怀模式的第四个要素是肯定。肯定即是对他人言行、性格、为人处事等行为的优点进行确认和鼓励。“当我们肯定某种人具有品质时，我们就看到了这个人人性中的闪光点，并且鼓励它发扬光大。只有当我们对这个人特别了解，知道他的行为方向的时候，我们才能这样做。”[2]关怀模式对师魂形成的影响在于强调肯定的同时，关怀模式也注意到了行为的内在动机问题，要求在肯定的同时必须确认行为的动机。恰恰是对行为动机确认的强调，使得关怀模式特别注重教育的连续性，因为只有在连续的教育过程中，关怀者才能够很好地了解被关怀者，才能更好地确认对方的动机。此外，关怀模式所提出的四个要素榜样、对话、实践和肯定对于德育教育中的教师如何得到学生的信任具有重要的启迪作用。

五、师魂的内涵——好老师要给学生实践的机会并从实践中体会高尚的品格

品格教育是指家庭、学校和社区等机构为了引导学生理解和实践符合社会预

---

❶ 诺丁斯。学会关心——教育的另一种模式[M]。于天龙，译。北京：教育科学出版社，2003：34。

❷ 诺丁斯。学会关心——教育的另一种模式[M]。于天龙，译。北京：教育科学出版社，2003：35—36。

期的核心伦理价值所作出的有意识的努力和尝试。品格教育相较于前面的众多理论更加强调了社会的影响和教育，20世纪80年代，随着价值澄清学派受到社会广泛批评，以美德伦理学为基础的道德教育流派开始越来越受到社会的关注。品格教育基本的道德取向是高尚的品格对美好生活和和谐社会是至关重要的。

品格教育的理论基础是美德伦理学。美德伦理学关于道德本质的看法，不同于功利主义伦理学，也不同于义务论伦理学。在美德伦理学看来，仅有正确的行为是不够的，人们在做正确的事情时还需要相应的倾向、动机和情感，这些合起来称为一种美德，其关注的重点是如何做人，因此相对于行为来说，人的品格对于道德来说被看做更为重要的对象。

品格教育的产生和发展以及被社会所关注是反思价值澄清学派重建道德教育的结果。代表人物是美国科特兰纽约州立大学教育系教授、美国道德教育协会前主席托马斯·里可纳，他提出了需要进行品格教育的几个方面的理由：首先，价值观教育对于当今教育事业来说是一项非常紧迫的需要，从人类文明出现到教育发展成今天的模式，对学生价值观的教育都是一种文明的象征。当越来越多的父母不知道如何对孩子也就是众多的儿童、少年、青年进行确切的道德教育引导的时候，学校和教师作为道德教育者的角色就开始变得越来越重要，把善良、尊重和责任等积极价值观逐步融入到学校的课程和校园文化中去，并且把高质量的品格教育作为教师在培养学生素质方面的最为重要的组成部分，这对于教育来说至关重要；其次，即使在存在多种价值冲突的社会里，也存在着能够为社会大众所普遍认同的基本的道德标准，民主社会尤其需要良好的道德教育；最后，越来越多的教育者应该意识到道德问题比如环境问题、食品安全问题、大众品格等等是个人、社会和全人类保持可持续良好发展所面临的重大问题之一。品格教育的基本取向可概括为以下几个方面：

第一，里可纳认为品格是由行为中的价值和操作性价值构成的。好的品格应由三个相互联系的重要部分组成，分别是道德认知、道德情感和道德行为。道德认知又包括以下六个方面，即道德意识、道德知识、道德推理、道德决策、道德预见、道德自我认识。道德情感则包括良心、自尊、移情、向善、自控和谦卑。道德行为包括能力、意愿和习惯。三者都是道德所必需的，体现了道德的完整性。[1]

第二，品格教育要求教师发自内心的向学生传授核心道德价值观，让学生明辨是非，理解、体验并践行这些内容，形成第二天性也就是养成良好的品格。品格教育的主要倡导者之一的里可纳认为，道德价值观告诉我们应该做什么以及不

---

[1] 吴维屏。美国新品格教育及对我国小学德育课程实施的启示［J］。外国中小学教育，2009（11）。

应当做什么。[1]它可以分为两类：一是普遍意义上的道德价值观，即那些基于人类基本价值和尊严而不得不为的道德价值观，以及那些我们有责任去实践和推行的道德价值观；二是非普遍意义上的道德价值观，它不要求全体成员去实践，而只是面向部分群体。[2]对于一个人的成长来说，良好的品格包括道德认知、道德情感和道德行为，教师从师魂层面为学生提供的熏陶应该致力于从直接地和间接地两个方面同时进行核心道德价值观和美德教育，以便于学生通过道德认知来判断在什么样的情况下他们应该做什么和不应该做什么，通过各种方法和策略鼓励学生，激发他们产生一种应该具备良好品格的愿望，通过持续的道德实践来养成道德行为。上述基本主张概括起来形成品格教育的基本内容，首先，为奠定良好品格的基础，品格教育必须促进核心道德价值观教学；其次，品格是一个包括认知、情感和行为等要素在内的构成性概念；再次，有效的品格教育要求采取一种有意识的、积极的和综合的态度，在教师对学生产生影响的多个层面推进核心价值观，通过师魂中体现出的品格教育内涵来不断地激发学生的内部动机。

第三，品格或者说德性是可以通过适当的方法教授和学习的。品格可教的思想来自于亚里士多德。亚里士多德指出“德性分为两类：一类是理智的，一类是伦理的。理智德性大多是由教导而生成、培养起来的，所以需要经验和时间。[3]基于这种立场，品格教育的倡导者认为，为了让学生了解什么是美德，就必须利用合适的时机采取恰当的方法对他们进行教育;为了让他们能够在特定的情境中，对问题进行正确的分析并最终作出恰当的行为选择，就必须对他们的判断和行为进行指导。

品格教育对于师魂形成的影响在于遵从亚里士多德有关美德通过实践而获得的教诲，强调教师应该给予学生实践美德的机会，以便使高尚的美德生活化。品格教育的倡导者相信，教师应该从灵魂到行动等多个层面通过榜样、劝告、训练等方式影响和引导学生，直到这些优秀的品质内化为学生的第二天性。[4]

第三节　师魂的价值构建

师魂的价值构建不同于哲学构建的抽象内涵，师魂的价值构建多包含于教师在教育学生过程中所体现出的教育的实践品性，尤其表现在如何有效的实现道德

---

❶ 郑富兴。道德教育的现代性问题——关于美国品格教育争论的伦理学分析［J］。比较教育研究，2002（6）。

❷ Madonna Murphy。美国“蓝带学校”的品性教育——应对挑战的最佳实践［M］。周玲，张学文，译。北京：中国轻工业出版社，2002：4。

❸ 亚里士多德。尼各马可伦理学［M］。苗力田，译。北京：中国人民大学出版社，2003：25—27。

❹ 纳什。德性的探询：关于品德教育的道德对话［M］。李菲，译。北京：教育科学出版社，2007：5。

教育。中西方文化传统以及制度背景的差异，使得二者对道德教育概念的理解有着明显差异。受中国传统文化的影响，道德教育在中国是一个广义的概念，不仅包含人与人之间关系处理的狭义的品德教育或者道德规范教育，也包含人们的思想教育、政治教育以及人们的心理教育和法制教育等等。当前，道德教育既是我们这个社会关注的焦点，也是社会批评与议论的焦点问题。

在历史上很长的一段时间内，所谓的道德教育都是在日常的生活中进行的，道德学习就是遵守个体所在社会的风俗习惯。从道德对教育的影响角度，看社会风俗习惯的差异性激发了人们的理性思维，同时也激发起人们对道德教育的批判性思考。古人在道德上所关心的是美德或者德性的概念，当代人把职责和责任看作道德的核心概念，教师在完成教育的过程中将知识与美德相融合，使知善与行善相辅相成，把道德教育打造成为一个理性的过程。

从教育对道德的影响来看，人无时无刻不受到教育的影响。康德说："人只有通过教育才能成为人。除了教育从他身上所造就出的东西外，他什么也不是。"[1]从人降临到这个世界，教育已经开始，无论是道德习惯的养成，还是辨别善恶所需要的理性能力的获得，都不能离开教育。教育到底如何影响道德、在多大程度上影响道德涉及到不同的道德教育观。人们尝试通过对人的道德构成进行分析，由此揭示人的道德行为的基本因素，在长期的道德实践过程中，通过为人师表可以有效的开展道德教育。随着公立学校的发展，道德教育意味着由具有高尚道德情操、崇高信念和纯净灵魂的教师把某种特定的价值观念传递给年轻的一代。

中国传统的教育，主要是政治教育和道德教育，其中道德教育是核心内容。中国的思想家和教育家，历来重视学校道德教育，并把它看作教育的首要任务，由此也使得思想家和教育家更多地思考和关注道德教育，这使得有关道德教育的理论与思想资源非常丰富并得到继承和流传。继承我国传统道德教育的宝贵思想遗产，将有助于思考和探索当代学校道德教育和师魂构筑所面临的问题。

一、中国传统伦理学与道德对师魂的指导意义

先秦时期，一切思想学术统称为"学"。[2]关于道德的哲学思考，也称之为伦理学，即专门研究人与人之间的关系，或者称之为道德学。道德教育建立在人们理解和认可道德本质的基础之上。人们对道德本质的不同看法，将决定着把什么看作道德的或不道德的，而什么是道德决定着道德教育的目标、内容、途径与

---

❶ 康德 。康德论教育学 [M]。 赵鹏，译。上海：上海世纪出版集团，2005:5.。

❷ 迟成勇。张岱年对中国传统伦理学说基本问题的研究 [J]。贵州大学学报（社会科学版），2011：4。

方法等。

传统的伦理学主要思考道德的最高原则问题，而道德的最高原则在不同的时代有不同的要求。例如，儒家以仁或仁义为最高原则，在此基础上孟子提出“仁、义、礼、智”四项道德原则。这是中国传统社会占统治地位的道德理论基础。后经董仲舒扩充为五项道德原则，即“仁、义、礼、智、信”。墨家以兼爱为最高原则，道家以全生保身为最高原则。[1]不同的伦理学派所提出的不同的道德原则，表明了不同的价值立场。在中国传统的伦理学看来，人类的道德现象包含有一定的层次。其最高层次是道德理想，然后是道德原则，最具体的是道德规范。道德理想、道德原则与道德规范构成了传统社会的道德层次与序列。占统治地位的儒家伦理学，以仁为最高的道德原则。服从这个道德原则，则形成了忠、信、恕、孝、悌、恭、宽、敏、惠等诸德，构成了儒家的伦理道德规范。董仲舒讲“三纲”“五常”，“三纲”是纲，是道德原则，“五常”是目，是道德规范。宋元明清的主要思想都肯定了“仁、义、礼、智”是最高的道德原则。到明清时，有所谓八德之说，即“孝、悌、忠、信、礼、义、廉、耻”都是我国古代社会重要的道德原则和规范。[2]

作为中国传统伦理学典型代表——儒家伦理学，其理论并不能够用西方伦理学的范畴来概括，因为中国传统伦理学是在特定的历史背景下基于中国特定的伦理道德问题提出并服务于特定的社会与政治需要的伦理学。不同学派所提出的道德原则和规范，主要是处理和调整日常生活中人们所建立起来的各种社会关系，尤其是以家庭为基本单位的人与人之间的关系，包括夫妇关系、兄弟关系，以及由此而产生的朋友关系、长幼关系、君臣上下关系等。与此同时，儒家学说还提出了许多个人道德行为和精神气质方面的标准，如温、良、恭、俭、让等。这些原则和规范、德性品质等就构成了中国古代社会道德教育的主要内容，这些内容也对中国古代师魂的构筑和发展产生了巨大影响。

二、中国传统伦理学对师魂产生影响的基本关系

中国传统的伦理学所讨论的基本问题是有关道德原则的问题。在对道德原则及道德规范问题的讨论中，不同的学派都会涉及对义利关系、理欲关系的思考和探讨。对这些矛盾关系的不同认识，成为了传统伦理学学派的基本主张，同时也影响到师魂构筑的内容、方法、手段与途径等。

---

[1][2] 迟成勇．张岱年对中国传统伦理学说基本问题的研究［J］。贵州大学学报（社会科学版），2011（4）。

首先，如何处理义与利的关系是传统伦理学的问题。儒家崇尚“义”，认为人的行为，不应该考虑是否符合个人利益，而只应考虑是否应当。“义”即遵循道德原则和道德规范，行应当之事。“义”与“应当”联系在一起，而所谓“应当”与人的所作所为相联系。孔子以义与利相对照，并将义利和君子小人联系在一起，“君子喻于义，小人喻于利”。儒家之所以对利持一种消极的观念，是因为当社会中每个人都把利看得非常重要的时候就必定会产生矛盾与冲突，会引发社会的混乱。一言以蔽之，注重“利”不利于社会和谐，而“义”则意味着和谐有序。道义与功利，不仅有一个个人利益和社会利益的关系问题，更包含着精神与物质、理和欲的关系问题。后来随着社会的发展和进步，伴随着义利公私观念的出现，则有了兼重义利的伦理思想，如王夫之、颜习斋等人所倡导的思想。

其次，理与欲的关系问题。中国传统的伦理学说，很早就注意到人欲问题。人们在日常生活中对欲望的满足，在伦理学中就转变成一个如何对待欲望的哲学问题。先秦儒家主张节欲，孔子说“七十而从心所欲，不逾矩也”，便包含着节欲的思想。儒家的思想发展到宋朝已经与原本的理论基础存在差异，理与欲是宋儒的两个重要的哲学观念。宋儒主张“存天理灭人欲者”，由此而形成理欲之辩。理曰天理，所谓天理也就是自然的普遍的规律性或准则；欲也称人欲或私欲，不是指人生存在世界上所必须满足或不得不满足的欲望，而是指不影响基本生存的非必然的欲。朱熹对于天理与人欲的解答很能说明这个问题。《朱子语类》中记载：“问饮食之间，孰为天理孰为人欲？曰：饮食者天理也；要求美味，人欲也。”德与善都是以欲为基础的，理和欲的关系问题是一个有关道德原则与利益满足之关系的问题，也涉及道德教育的基本出发点问题。不同的理欲关系可以引发不同的道德教育实践。从总体上看，中国传统的伦理学思想强调合理即合德，由此而在道德教育的实践中，强调对欲的压制与限制。在功利主义盛行以及人的欲望膨胀的今天，中国传统伦理学有关理欲关系以及由此而提出来的道德教育思想，对于今日之师魂构筑及德育实效性之提高，仍然具有启迪和借鉴意义。

三、中国传统社会道德教育与师魂相联系的基本理论问题

任何社会的道德教育之实践，都离不开人们对道德教育的理性认识，师魂的构筑包含有对道德教育基本理论问题的思考，包括道德教育的地位与作用、道德教育的理论基础、道德教育过程以及影响品德的要素等。要准确地把握传统道德教育对师魂构筑的影响，便不能不涉及有关道德教育的基本理论问题。

政治、道德与教育——为什么要进行道德教育是一个有关道德教育在社会生活和政治生活中的地位与作用的根本问题。道德对于社会生活的意义和价值，决

定着日常道德教化和学校道德教育的地位与作用。政治、道德和教育，彼此紧密联系并相互支持和印证。

正如前文所述，在中国传统的社会中，政治、伦理与教育是密不可分的整体，呈相互制约的关系。中国传统的政治哲学遵循孔子“为政以德”的理念，强调主张德政，而要实现德政，则必须借助教育的广泛影响，从而达到化民俗志的境界。由此，中国古人多从政治与道德的关系视角来思考教育的地位和作用的问题。由于在中国的传统社会中，教育的核心内容是道德教育，因此有关政治、道德和教育的关系，可概括为政治、道德与道德教育的关系。德政的理念是道德教育成为德政的根基，政治上的成败得失决定于伦理道德的好坏，教育是传播伦理道德的主要手段，而教育者则承担着言传身教的责任。

中国古代教育家之所以特别注重道德教育，是与他们对道德教育作用的看法分不开的。首先，只有加强道德教育才能修身，而修身则是齐家、治国、平天下的前提。通过道德教育，人们就会按照“礼”或“纲常”行事，即按照一定的伦理道德准则和规范约束自己的言行，使人不敢违背伦理道德准则和规范。其次，道德教育不仅能够“正已”而且能够“正人”。道德教育与道德、教育与政治的关系在这样的论述中得到了最明确的表达，体现出当时教育者对教师灵魂的理解。

人性问题是中国传统伦理学中的一个重要问题。在中国古典哲学中，讨论得最多的是人性善恶问题。关于人性之善恶，战国以来具有代表性的观点有：性善论、性恶论、性无善无恶论、性亦善亦恶论、性三品论和性二元论等。[1]尽管中国古代的伦理学家们关于人性的看法彼此分歧很大，然而在关于人性之争的背后有着共同的看法，即人之为善是可能的，也是有条件的。当然，由于对人性的看法不同，他们对人之为善的可能性条件也就有着不同的理解。不过，从总体上看，中国古代的哲学家都强调道德教育的必要性。

品德的构成与道德教育过程。中国古代伦理学，其理论的基础是义务论，基本的问题是确定最高的道德原则，其道德教育强调内在的修养，强调提高思想觉悟，达到人格完善。因此，古典的伦理学非常注重道德修养和理想人格。当代道德教育理论思考品德教育问题时，多将品德的构成划分为知、情、意、行四个方面。中国古代教育家在论述品德构成的时候，也已经提出知、情、意等观点，不仅强调教师要提高学生的道德认识，更强调教师要通过自身素养的不断提升来培养学生的道德意志和道德行为习惯的养成。

---

[1] 杨卫华。中国传统人性论及其对道德教育的启示[J]。前沿，2008（5）。

四、中国传统社会的道德教育经验对师魂的影响

中国传统社会教育以道德教育为主体，在漫长的历史发展过程中积累了丰富的经验。道德教育不仅包含着特殊强烈的道德价值观念，也同时有其自身发展的规律性。道德教育的内在规律性，使得它在某些方面能够超越时代与历史的局限而普遍适用于人类社会，古代教育家关于道德教育的思考和探讨，总是会或多或少地包含着对道德教育的规律性认识。

中国古代的教育家强调知行统一或言行一致。这既是道德教育的基本原则，也是对人的基本道德要求。道德教育注重身体力行，其目的在于将外在的道德准则或规范内化为个体的品质，培养良好的道德行为习惯，从而以一种更加自觉的方式来践行道德原则和规范。这个传统一直延续到今天，从而成为我国道德教育的传统基础。

关于如何看待善与过的关系问题是道德教育的一个方面。“善”是在一个人身上所表现出来的道德特质，“过”是指一个人在道德上的过失、缺点、错误或不足。每个人都生活在一定的家庭和社会环境当中，在日常的社会中受到伦理道德的熏陶或者受到不良的影响，耳濡目染自觉或不自觉地获得了一定社会的道德性或不道德性，由此而构成一个人的优点和缺点。优点或不足都是站在一定的道德立场，以一定的伦理道德观来审视的结果。道德教育就是让受教育者克服缺点，发扬优点，所谓“长善救失”、“发过迁善”这种道德教育的思想是历来的教育家们所倡导和主张的，也对各个时期教师灵魂的发展产生了重要影响。每个人都有过失或过错，教师也不例外，关键是对待过错或过失的态度。面对过错，不应该掩饰，也不应该文过饰非。小人之为小人，就在于“文过”；君子之为君子，就在于他能够“更过”。《学记》中提出“学者四失”的观点，即“人之学也，或失则多，或失则寡，或失则易，或失则止”。“改过迁善”与“长善救失”都主张要克服缺点，发扬长处。区别在于，“改过迁善”主要是强调学习他人之长，而克服自身之短；“长善救失”则突出发扬自身的长处，克服自己身上的缺点。教师怎样看待自己的优缺点，也会在潜移默化中影响学生如何看待自己的优缺点。

古代教育家给师魂发展的影响在于启发教师，在道德教育的过程中是不能够把善与过分割开来的。“改过”并不意味着“迁善”，同样，“迁善”也并不意味着“改过”，“长善”与“救失”也是同样的关系。有效的道德教育实践需要把“改过”与“迁善”、“救失”与“长善”紧密地结合起来。从教师的角度来看，则既要看到学生的长处，并通过鼓励和正面强化使学生的长处能够得到发扬；同时也要看到学生身上存在的缺点和不足之处，通过恰当的方法引导学生不断地

弥补不足完善自己，使其向更好的方向发展。

五、不同人性论学说与师魂的形成

人性论是关于人的共同本质的理论，是对人性总的看法和概括，也是对人性的一种价值判断和假设，更多的是一种对人性的主观判断和价值选择。教育哲学关注人性的假设而不是人性的事实，教育者研究人性是为了直面人的特性、提升生命的价值、促进人的发展，只有把人性作为师魂构筑的根基，才能使教育指向人。人性假设决定着师魂的本质内涵。

天性的人性观。西方教育对人性的重视是从文艺复兴开始的。文艺复兴是一场针对中世纪宗教神学人性异化而进行的人性解放运动。文艺复兴运动赞扬人的伟大，歌颂人的价值，提倡人的尊严，反对对人的压制，确立人的主体地位；明确反对强制，提倡尊重人的天性，宣扬人的自由意志和自由发展；反对禁欲主义，提倡现实生活和尘世享受。文艺复兴运动真正地实现了把人当成“人”，把人的一切特性还给人，这里的“人的一切特性”指的是人生来便具有的自然本性，即天性。在文艺复兴思想家看来，人性就是天性、儿童的天性，是教育的唯一依据。人文主义教育家首先认为，人性是完整的和美好的，人具有天赋的潜在能力和创造能力，这种本性和能力是潜在的，具有趋向完善的倾向，需要教育唤醒。

总之，从中世纪解放出来的人文主义教育对于师魂构筑的影响在于把人的天性归还给人自身，充分地相信人性，尊重人性，高扬人性，强调教育按照人的天性，尊重个体发展的自主性、差异性，反对对儿童的强迫或威胁，促进人的自由、和谐、快乐发展。

自然的人性观。自然与社会，一直是人性中的一个争论。一般说来，性善论是一种主体的内在决定论，倾向于自然发展；性恶论是一种外在的环境决定论，倾向于社会发展。西方传统的人性论总体上倾向于自然发展，中国传统的人性论总体上倾向于社会发展。中国古代儒家、墨家、法家的思想，尽管有差异，但在主张人的社会性上是一致的，无论是孔子的“仁”、孟子的“仁政”、荀子的“礼治”等都是如此，教育也主要培养人的社会性人格，诸如“君子”、“大丈夫”、“兼士”等。但道家有所例外，主张“素朴”的人性论，发展人的自然本性。教育就是要把人的发展置于自然的背景下，使其自然本性自在发展。

17 世纪捷克教育家夸美纽斯明确提出了自然适应性原则。虽然他对人的认识还摆脱不了时代的神学观，依然把人看做上帝的创造物，但他又不同于其他创造物，人是造物主中最崇高、最卓越的，具有学问、德行和虔诚的天赋，这种天赋就像种子一样蕴藏在人身上。18 世纪启蒙家卢梭旗帜鲜明地提出“自然教育”，主张培养“自然人”。卢梭所指的自然，不只是人的身心发展的自然，更多的是指人的本性自然，或者说是不为社会所污染的纯真人性。《爱弥儿》的开篇指出，“出自造物主之手的东西，都是好的，而一到了人的手里，就全变坏了”。本真的人性是自然的、美好的、率真的，但社会污染了人性，使人性发生了质变。卢梭认为，人生而赋有自由、理性和良心等善良的天性。人生而自由，自由是自然赋予人的权利，是人的天性，放弃了自由就等于放弃了做人的资格。但封建社会的专制，使人失去了自由天性，因此人无论身在何处都受到锁链的束缚。理性是人具有的一种高级能力，人与动物的不同，就在于人有理性。

自然的人性观对于师魂构筑的影响在于明确了自由、理性和良心是人性的自然状态，但社会却破坏或污染了人性的本真，所以，教师应该引导学生回归自然，也就是要回归人性的本真。卢梭的自然教育，不是“鲁滨逊式”的教育，而是启发人性的自觉，使之成为一个真正意义的大写的人。

社会的人性观。不同于自然人性观强调顺应人的自然发展，社会的人性观强调人性的发展必须顺从社会的要求。一般来说，天性和自然的人性观属于个人本位论，社会的人性观属于社会本位论。中国古代的教育思想，除了道家之外，多倾向于社会的人性观。无论性善性恶，实质都是以社会的要求规范评价人性，重视群体的善恶价值。儒家认为，社会是一个整体，个体生活在群体中，个体的善取决于群体的善。墨家和法家更强调个体对群体的服从，法家甚至是以抹杀个性为前提，为了社会的要求，为了群体的利益，不惜牺牲个体。因此，教育就是以社会引导或改造人性。各学派共同创造了中国以社会为本的教育传统，以至于影响到今天对教育的认识：教育是按照一定社会的要求对受教育者施加影响并把他们培养成为社会所需要的人的过程。

社会性强调人的发展按照社会的要求，而社会的要求有时会与个体自然发展产生矛盾，这时就会形成不同的取向。古希腊哲学家把社会性看做人的天性，谋求天性和社会性的统一，但社会本位论者，往往把个性与社会性对立起来，只强调人的社会性，强调人对社会的适应，如此，不仅破坏了人性的和谐发展，失去了人的独特个性，而且也直接导致了人成为社会的“工具”。社会的人性观对于师魂构筑的影响在于提出教育不再为个人的发展服务，而为社会发展需要服务。教育本体价值被弱化，外在价值被强化，教育也因此成为社会的工具。

理性的人性观。中国传统教育思想中的人性观关注人的社会性，偏重伦理本位，而缺少理性的根基。西方的教育传统不仅关注个人，而且具有理性本位的传统。在近代科学的主宰下，理性传统愈加凸显，最终甚至演变为唯理性教育，只发展人的工具理性。苏格拉底虽然没有明确地给人以定义，但他提出的“哲学即爱智”、“知识即美德”以及“未经审视的生活，是不值得过的生活”等经典名言，都说明在苏格拉底思想中理性所占的地位。知识即美德，道德的完善要通过知识，借助于理性而完成。人的生活是一种理性反思的生活，人们通过理性的反思获得智慧。苏格拉底的严婆术借助于对话，追逐理性，既是一个爱智的过程，又是一个智慧获得的过程。柏拉图明确提出理性在人的灵魂中的重要性。他认为，人的灵魂由理智、激情、欲望所构成，其中理智居于统治地位，它驾驭和主导着激情和欲望，实现三者的和谐。亚里士多德则明确地提出“人是理性的动物”。他把灵魂分为三个层次：低级层次的植物灵魂，主要是营养、生长、发育、繁殖等，指向人的身体；中间层次的动物灵魂，主要表现为本能、感觉、激情、欲望等，指向灵魂中的非理性成分；高级层次的理性灵魂，表现为认知和思维。人的行为受理性支配，在理性的主导下，三者和谐共存。人的生活应该是一种理性的生活，或者受理性控制的生活。笛卡儿的“我思故我在”，作为近代西方哲学的“第一条原理”，宣告了西方理性时代的到来，也开创了近代理性人性论的先河。

理性的力量支配着一切，致使18世纪以来的近代教育主要是理性教育，甚至是唯理性教育。理性的人性观对师魂构筑的影响在于指出教育是传授知识的途径，在知识教育中培养和训练学生的理性思维，这使得培养理性成为了近代以来教育的最高目标。

非理性的人性观。一个健全的人格是理性与非理性的统一，二者缺一不可，古希腊思想家对人的灵魂的论述也为情感、欲望等非理性因素留下了位置。在近代的理性狂热中，康德也提出要限制理性，为信仰留空间。但这些都没能阻挡住近代科学技术的突飞猛进，理性最终被奉为至高无上的权威，而且蜕变为技术理性、工具理性，它只关心手段，关心效率，而不关心目的和价值的合理性，不仅导致了人的物化，而且也必然使理性走向它的反面。在实证科学的驱使下，理性从价值理性与技术理性的统一逐步演变为技术理性的霸权。技术理性在使技术成为社会生活工具之时，丧失了对生活意义的关怀，失去了对人性的关怀。现代哲学家不得不从启蒙时代的追逐理性，发展到20世纪的“告别理性”，走向非理性。

20世纪以来，教育开始关注人的非理性的价值。非理性不只是人的情感、欲望，而是理性之外的人的心灵、生命的意义和价值追求。教育只有通过教育者和受教育者之间的体验、表达和理解，才能够凸显生命的意蕴和价值。教育的过程是心灵与心灵的对话，是教育者传递教育爱的过程，而不是对事物的理性认知过程。非理性的人性观对师魂构筑的影响在于强调关怀人的意义，研究个体的体验，关心和提高人的价值和尊严，开发人的潜能和创造力，促进人的自我实现。

游戏的人性观。游戏人是作为对理性人的另一种矫正形态而出现的。理性人的教育，不仅只关注技术理性的发展，导致人的自我异化，而且理性教育在性质上是一种功利主义教育。“游戏”人作为教育的人性假设，就是要矫正教育的功利性、教育的机械比和教育的外在价值，突出教育的内在性、自由性和自足性。

明确提出游戏人的思想的是荷兰的文化史学家胡伊青加。他在《人：游戏者》

一书中批判了“理性人”和“制造人”的提法。胡伊青加明确提出“人是游戏者”的命题，对此，他从两方面进行了论证：一是从发生学上看，人类文明是在游戏中并作为游戏而产生和发展起来的。二是从时代的要求看，“游戏人”是对“理性人”时代危机的批判。在理性时代，技术的霸权使游戏在主流社会生活中隐退，技术的规则化、标准化、程序化没有为游戏留下空间。在这样一个时代，人失去的不只是作为活动的游戏，而是作为精神的游戏。游戏活动的衰退，必然导致游戏精神的失落，出现人的精神危机。摆脱理性时代的危机，必须把游戏性、游戏精神归还于人、归还于生活。游戏还体现着合作性、平等性。人们在游戏中体验快乐、自由、愉悦，也体现着人的平等与尊严，正是游戏的自由性、无功利性和精神的愉悦性，使人能够摆脱技术理性下的生存的异化，回归到生命的本真。自古以来，游戏是教育的一种活动，但多限于童年期，表现在幼儿教育中。在中国目前的学校教育中，游戏只局限于闲暇、娱乐，作为学校教育的主渠道的课堂，很少甚至是排斥游戏。出现这种情况，是因为我们只把游戏作为一种游乐嬉戏的玩耍活动，而没有提升到游戏精神的高度来认识。

游戏的人性观对于师魂构筑的影响在于指出教育不一定必然通过游戏活动，但应该使学生在教育过程中体会到游戏的自主、自由、合作、平等与精神的愉悦，使教师和学生的身心处于一种游戏的忘我状态，师生作为自由人投入游戏中，真切地体验着、表达着、创造着，从而体现出教育的游戏性和实践性，使教育能够真正使人回归到生命的本真。

六、价值论与师魂的构筑

价值论在阐明价值的本质的同时阐明了人的实践活动与价值追求的关系，从而为人类实践活动提供理性的辩护。不仅教育实践需要价值的定向，师魂构筑过程中所涉及的教育理论研究亦不能没有价值论的支撑。19 世纪以来，各种教育理论流派相继问世，彼此竞争并各自阐述其对教育的主张。不同的教育理论有着不同的价值论基础。

不同的价值论影响到价值理论的构建以及师魂的构筑。教育价值在本质上是指教育活动的属性、特点、功能、效果与教育活动主体即受教育者之间的关系，它表明教育活动过程及其结果对教育活动主体需要的适合程度或满意程度。我国学者一般把教育价值划分为对个体的价值与对社会的价值。现代教育价值是在古代以及近代教育价值追求基础之上形成的，具有多重视角，但主要表现为现代教育的社会价值和现代教育的育人价值。现代教育的价值观不同于现代教育的价值，教育的价值观主要回答是什么构成了对人和对社会来说具有终极意义的东西，因而是教育必须给予其对象的；现代教育的价值着重于回答教育与人及社会的需求关系，从而确定教育自身的价值属性。价值问题既是教育理论必须要研究的问题，也是教育实践必须涉及的问题。教育的价值问题是一个涉及面极为广泛而又非常复杂的问题，至少包括三个方面：一是在教育中必须实现的价值究竟是什么价值；二是各种各样的教育内容分别具有什么样的价值；三是教育者应持有什么样的价值观。教育理论需要对上述问题进行思考并作出回答，以便教育实践能够在一种确定无疑的价值观的指导下进行。这种思考通常是以一种明确的价值论为前提的。价值论对价值的研究与辩护为教育理论提供价值基础，进而指导教育实践的展开。

教育实践对价值的基本要求与世界处于多元化、全球化的变化时代需要对教育进行价值定位有关。我国教育价值论的研究主要是从 20 世纪 80 年代开始的，主要表现为通过教育哲学应用或教育原理的方法研究教育价值的相关问题。

七、教育理论与师魂的发展

19 世纪以来的教育理论，呈现出异彩纷呈的现象。各种教育理论流派相继问世，彼此竞争并各自阐述其对教育的主张，这些主张也不断影响着师魂的内涵。多样化的教育理论丰富了人们对教育的认识，同时也使得人们对是否存在普遍适用的教育学产生怀疑。教育理论的多样化有其认识论方面的原因，但更为重要的是各种教育理论所持有的价值论的分歧。考察教育理论多样化现象，分析其产生的内在的因素及其逻辑必然，有助于我们认识和揭示教育的本质以及价值论与教育理论的关系。

教育理论流派所持有的价值论存在分歧。在教育理论衍生出前所未有的众多流派，并且逐渐多样化的背景下，一些研究者试图从认识论的视角出发，对教育理论本身进行经验——认识论的分析，从而为实现普遍适当的教育学理论的理想而努力。应该看到，教育理论流派的多样化，当然是教育理论建构在认识论和方法论上的不同考量的结果。从教育理论的内在逻辑出发来考察、分析与比较各种不同的教育理论流派就会发现，根本的差异与教育理论的建构者所持有的价值观的分歧密不可分。不同的历史条件引发出不同的价值取向，由此而形成各有其特色的教育理论流派和不同的教育实践。

价值论对于教育理论的影响，主要表现为它对教育目的的影响。不同的价值取向决定着不同的教育理论有着不同的价值追求，从而也预设了不同的教育目的。当赫尔巴特提出“实践哲学说明教育的目的”这样的命题开始，教育理论流派的分歧也就奠定了存在的根基。教育学家所持有的价值论并不能孤立地来加以理解，而是需要结合其形而上学、认识论以及方法论，价值论总是和形而上学、认识论及方法论紧密地联系在一起的。不同的教育理论流派所出现的价值论冲突都不可避免地包含着有关教育的本体论、认识论和方法论的冲突，同样，即便主要表现为认识论和方法论冲突的教育理论流派，也必然会出现价值论上的分歧。不同的教育理论有着不同的价值论基础。不同的价值论影响到教育理论的建构以及教育主张的提出。价值的形式千差万别、复杂多样。价值的多样性以及不同价值之追求的相互冲突性决定了教育理论建构必须进行价值选择和取舍。不同的教育理论在不同的价值论基础上为师魂的构筑过程点亮了另一盏明灯。

第四节　师魂的当下构建

工业革命后，整个西方社会发生了根本的改变，新文化思潮对教育的影响不断显现。存在主义关心人类是否会在教育政治化和官僚化的情况下变成一部分人手中的工具；后现代主义批判现实知识和价值的合理性，它把人们普遍认为合理的事情解构，并挑战他们背后的价值观；建构主义和批判理论的教育理论意义较强，建构主义强调个人经验是建构知识的基础，批判理论则以马克思的唯物辩证思想指导学习的设计、过程和内容；女性主义的理念不仅涉及自由主义，还讲求人类平等、思想与性别解放。这些思潮在当下剧变的时代中相互碰撞，从主体的教育理念、素质教育、生命教育、教育公平的理念等多个方面对师魂的内涵产生交叉式、互融式的影响。

现代性的主体人格是指一种强调个体的自由、独立、自主的现代人格形态，它区别于古代社会的束缚、依附、被动的人格形态。现代性的主体人格始于文艺复兴和宗教改革时期。当时，人类第一次从神的权威中解放出来，人作为主体性存在的尊严和价值逐渐获得了肯定，作为主体的自我也开始摆脱了以往的卑微角色，开始获得或者意识到人的基本权利。不过，这还只是主体人格的一个萌生阶段，主体人格的真正崛起发生在启蒙运动时期。启蒙思想家康德更是把人视为理性的主体，认为人具有理性认识能力和理性行为能力，所以能够通过理性来认识世界，也能通过理性来规范自己的行为。

在启蒙思潮的推动下，主体人格的观念不断深化，最终形成了现代性的主体人格观念。主体人格观念的基本内涵包括主体的优先性、主体的独立性和主体的选择性。首先，主体的优先性。现代主体人格观念认为，作为主体的个人，其人格尊严和价值具有绝对的优先性，个人主体是独一无二的存在者，个人的自由和权利是神圣不可侵犯的，正因为有了自由、权利、价值感和人格尊严，个人才成为具有主体性人格的人。其次，主体的独立性。现代主体人格观念强调自我的第一性，认为自我是最高的目标。因此，自我具有价值上的完全独立性。尤其是在现代性高度发展的当今社会，个人主体的独立性得到了极大的肯定，个人越来越独立，这一方面增强了个人的自由与权利，另一方面也使个人主体易于陷入“单子式”主体的困境之中，而不再是一个具有丰满人格的人。再次，主体的选择性。现代主体人格观念主张，个人主体具有价值选择的权利，个人的价值选择是独立的、自主的。西方现代性的主体人格一方面强调了对于普遍的公共伦理原则的遵守，同时在此基础上又非常强调个人的选择权利。启蒙现代性崇尚以个人主体的理性选择作为核心，肯定个人道德自主选择的合理性。这虽然在一定程度上加剧了现代性社会的道德相对主义风险，但是它对于个人道德选择的重视也极大地支持了主体在价值选择上的自由与权利。

当代的主体教育，是以现代性的主体性人格为基础，并且以发展主体性人格为目标的一种教育模式。为了更透彻地理解主体教育，需要从三个方面来把握主体教育的内涵：一是主体教育的理论基础；二是主体教育的最终目标；三是主体教育所采取的方法和路径。

主体教育的理论基础，是现代性的主体人格观念。启蒙运动以来对于个人自由、权利、自主性的强调，奠定了现代性的主体人格基础。主体教育正是以启蒙现代性所树立的主体人格观念为基础，在观念理论的基础上来实现现代性的主体人格的培养。第二个方面，从教育目标的角度来分析，主体教育的目标是为现代性社会培养具有主体性人格的现代人。因为传统教育模式所培养的主要是服从性、依附性人格的人，而这种服从性和依附性是现代主体教育所批判的。主体教育强调人格的培养必须以适应现代社会环境为基础，在现代性的文化视野下设定主体教育的人格目标。

为了更好的反思传统的服从性人格和被动性人格，主体教育的目标最终定位于主体人格的培养。主体教育的第三个方面的内涵，即主体教育所提倡的教育方法，是以受教育者的主体人格为基础的教育方法。主体教育的方法体系，批判了传统教育方法对于受教育者的主体性人格的忽视，主张在确认受教育者的主体性人格的基础上，取消过度的知识灌输取向，发挥受教育者的主体性、主动性和能动性，使教育者和受教育者成为教育过程中的“交互主体”，最终实现教育的目标与使命。总而言之，现代主体教育是以现代性的主体人格观念为基础的，倡导教育目标与教育方法的主体性内涵的一种现代教育模式。

主体教育理念继承并延续了启蒙现代性的基本精神，倡导受教育者个体的主体性和独立性，对于提升学生的主体权利和人格尊严有着很重要的意义。在当代的社会变革中，由于市场经济体制的发展需要人格的主体性和独立性，所以主体性人格观念得到了极大的传播。在教育领域中教育改革的新观念也越来越强调主体性人格和主体性教育，甚至一度形成了主体性教育的思潮。这股主体教育思潮促成了当代学校教育的一系列重大变革，其中包括学校教育的学生观、教师观和课程观等变革，这些变革对师魂的发展产生了重要影响。

理解“素质教育”的内涵，我们首先需要理解什么是“素质”。对于“素质”概念的理解，有广义和狭义之分。广义的“素质”包含的内容很广泛，包括人的身体素质、知识水平、道德品质、人格特征、性格倾向、潜在能力、生活品位等方面的基本特征。可见，广义的“素质”概念存在着比较严重的泛化倾向，这也在一定程度上导致了概念理解的混淆。狭义的“素质”概念，主要是指人在先天遗传和后天环境的共同影响下所形成的已经趋于稳定生理和精神两方面的基本品质特征。它从心理学、社会学和教育人类学的角度出发从先天遗传和后天环境两方面把握“素质”的形成基础，从生理品质和精神品质两个层次来诠释和理解“素质”的基本内涵。

从狭义的素质概念出发，我们通过“素质”的形成基础和“素质”的内涵这两方面来理解素质的含义。首先，“素质”的形成需要一定的基础。人的素质的形成大体上需要两个基础“先赋基础”和“后赋基础”。所谓“先赋基础”，也就是先天赋予的素质，这是由先天遗传条件来决定的。而所谓“后赋基础”，也就是一个人在后天成长过程中所接受的教育环境的影响，人从出生到长大，一直都在接受着来自父母、亲人、教师和社会各个层面的影响。一个人的先天遗传素质，在一定意义上决定了这个人的后天发展的可能性和可塑性。然而，通常情况下“后赋基础”也非常重要，一个人如果生活在良好的后天教育环境之中，并且具有改变自己命运的坚忍不拔的勇气，也可以突破“先赋基础”的限制，完成自己的人生目标。这两个方面是一种辩证的关系，它们共同影响了一个人的基本素质的形成。此外，“素质”的基本内涵也包括两个方面：一是生理学意义上的，即生理品质；二是文化人类学意义上的，即精神品质。生理品质主要是由先天遗传决定的，而“精神品质”则主要是在后天的教育环境中形成的，一个人的先天气质非常重要，但是后天的教育和自我修炼也同样意义重大。体育运动冠军虽然往往具有某些身体、生理品质的优势，但是如果没有艰苦训练以及由此而形成的坚忍不拔的精神品质，也不可能成长为运动冠军，从这个意义上来说，“生理品质”和“精神品质”是联系在一起的，它们共同构成了人的基本素质。

当代的“素质教育”理念正是在透彻理解人的素质内涵，同时深入批判“应试教育”的基础上而产生和兴起的。传统的“应试教育”忽视了人的素质是生理品质与精神品质、智力能力和道德能力等的完整结合体，因此往往偏向于知识教育，而忽略了品格培养；偏向于智力教育，而忽略了身体能力教育；偏向于应试教育，而忽略了人的素质的全面成长。针对“应试教育”的种种弊端，素质教育理念脱颖而出。从20世纪90年代开始，在教育理论界和学校教育实践中就逐渐形成了以提升学生全面素质为基本目标的“素质教育”理念。

我们可以从三个方面来理解素质教育：首先，素质教育是促进学生在德智体等方面的基本素质得到全面发展的教育形式，它反对片面的、狭隘的应试教育。

应试教育把学校教育捆绑于知识传授、考试分数之上，把学生限制在书本知识、考试试卷上，学生的素质无法得到提升，学生所面对的竞争压力却不断地增大。素质教育理念批判这种应试教育模式，它倡导学生的基本素质的培养，主张全面地发展学生的素质而不只是知识素质、考试素质。其次，素质教育是面向全体学生的，它要培养学生全面的知识和全面的能力。应试教育只教给学生与考试有关的知识，与考试无关的知识则被严重忽略了。而素质教育提倡全面知识的教育，学生可以从素质教育中获得更全面的知识体验，形成更全面的知识结构，同时也锻炼自己各方面的能力，培养出更全面的能力结构。再次，素质教育的宗旨是提升受教育者的全面素质，最终提升整个中华民族的素质。应试教育无法全面地提升受教育者的素质，它甚至损坏了受教育者的素质发展，最终也损坏了整个民族的素质品质。素质教育要改变应试教育的片面性，重新肯定和促进受教育者的全面素质发展，最终提升整个民族的素质。

简单地说，生命教育就是一种倡导关注生命、珍爱生命、提升生命和发展生命的教育形式。它批判割裂人性、生命、人格的教育，倡导对于人的完整生命的关注。生命教育理念的提出是源于对肢解、割裂和迫害学生生命的现代教育的批判。现代教育对于学生的影响，具体表现为："知识主义"的教育取向使学生的知识生命和道德生命脱节，创造出的不是一个社会人，而是一个存储知识的死板工具；"工具主义"的教育取向服从于科学理性主义和功利主义的逻辑，使青少年学生的生命发展失去了接受人文主义熏陶的机会，也失去了道德理性的培育机会；"唯教材"的教学观阻碍了青少年创造力的发展，青少年学生的学习只是围绕书本的"正确答案"而进行，他们失去了自主性、创造性和年轻生命的灵性；学校教育制度发展到今天已经越来越规范，越来越制度化，也越来越成为一个完整封闭的系统。在这种统一的、封闭的教育制度体系下，青少年学生的个性自由和生命自由遭受了压制，生命的独特性在封闭的制度体系中失去了存活的空间。因此，越来越多的教育者开始关注生命教育理念，并开始思考如何在生命教育观念的引导下更好地为青少年学生提供教育服务。

在教育理论领域，当代中国的生命教育理念超越了生命教育的最初意义获得了更广阔的内涵。1997年，叶澜教授在《教育研究》上发表了论文《让课堂焕发生命的活力》，正是这篇文章开始了教育对生命的关注。此后，她还在理论层面上继续探索生命教育，在叶澜教授及其所创立的"生命·实践教育学派"的带动下，国内一批学者也开始进行了以"生命"为核心的教育理论与实践研究，主要研究成果有冯建军的《生命与教育》、《生命化教育》，刘济良的《生命教育论》，李家成的《关怀生命：当代中国学校教育价值取向探析》以及河南大学的"生命教育丛书"等。这一系列研究成果所提出的生命教育理念，已经超越了西方社会的生命教育理念的原初内涵，它获得了更为广阔的内涵与意义，从而形成了一股“生命化教育”的思潮。生命化教育思潮所倡导的基本理念包括：生命整全与全人的教育内容、生命自由与自由的教育追求、生命独特性与个性化、生活化的教育方式以及生命意义与生死观教育等。基于生命化教育的基本理念，当前的学校教育已经开始了变革，从漠视生命甚至无视生命逐渐走向了保全生命和珍爱生命，对以“生命”为核心的生命教育理念形成了更为深刻的认同与理解。

关于“教育公平”的基本内涵，目前还存在着一些认识上的差异。有的学者认为，“教育公平”是指教育资源配置的公平和正义，有的学者则认为“教育公平”是指教育机会的均等，有的学者则把“教育公平”界定为教育目标和教育结果的公平。由此可见，对于“教育公平”的理解，教育学界目前依然没有形成统一的认识。我们认为，若要对“教育公平”的基本内涵形成透彻理解，则必须从更综合、更全面的视角来对“教育公平”展开逻辑分析，因为“教育公平”是一个系统的、整体的概念，它不能从单一角度来加以界定。因此，本文倾向于认为“教育公平”的基本内涵是：教育起点的公平，即每个学生是否享有了受教育的平等机会与平等权利；教育过程的公平，即教育活动是否为每个学生提供了公平的教育环境、教育资源和教育条件；教育结果的公平，即成功机会和教育效果的相对均等。

教育起点的公平主要是指国家宪法、法律和教育政策是否保障了每个公民的受教育权利和受教育机会的平等，从而在“教育的起点”上保障了每个公民的受教育权利。教育起点的公平主要包括：

（1）国家宪法、法律是否保证了每个公民的受教育权利的平等，即每个公民是否都具有接受教育的平等权利与义务，不会因为民族、性别、职业、财产状况、宗教信仰等方面的差异而在受教育权利和受教育机会方面遭受不平等对待。教育起点的公平，意味着宪法和法律规定每个公民都依法享有受教育的平等权利与机会。如果宪法和法律没有规定公民具有受教育的平等权利，那么这就构成了“教育起点的不公平”。

（2）国家教育政策对于教育资源的配置是否保障了每个公民的受教育机会的平等。教育资源在贫困地区与发达地区、东部地区与西部地区、强势群体与弱势群体之间的配置方式，潜在地决定了“教育起点的公平”。如果国家教育政策在资源配置上偏袒发达地区、东部地区和强势群体，那么就等于剥夺了贫困地区、西部地区和弱势群体的适龄儿童的受教育权利与机会，因此也就形成了“教育起点的不公平”。

概而言之，教育起点的公平更多地体现为宪法、法律和国家政策是否赋予了每个公民以平等的受教育权利和受教育机会，它保障着每个公民在教育起点上的公平待遇。

教育过程的公平主要是指在教育过程中，学生群体和学生个体是否获得了公平、正义的对待。学生群体大致可分为性别群体、学业群体和种族群体。教师对班级中不同学生群体的公平态度，决定了教育过程的公平。“差生”和“好生”这两个学业群体，教师是否能公平、正义地对待；班级里除了汉族学生之外，还有维吾尔族、壮族、哈萨克族等少数民族学生，老师是否能以平等的态度来对待这些来自不同民族的学生，这些无疑都涉及教育过程的公平。此外，当教师在面对学生个体的时候，是否会因为个人的好恶或者个人的主观判断而对某个学生更加偏爱，对另一个学生产生厌恶情绪，这也影响了教育过程的公平。总之，教育过程的公平更多地体现在教师在执教的过程中是否能在意识深处体会到公平的重要性，也就是在师魂中是否有教育公平的概念，体现在微观层面上受教育者是否获得了公平对待，能否公平地享受课堂教学中的教育资源与教育条件。

教育结果的公平是指每个学生接受同等水平的熏陶、教育和培养后能够达到一个统一的最起码、最基本的标准，从而实现教育结果的基本公平。教育结果的公平主要包括两个方面的内容：一是学校教育在目标层面上是否实现了统一标准，同时保障教育质量的稳步提升，促进每个学生的基础能力、应用能力和创新能力的提高；二是学生的学业成绩和能力的培养是否达到了实质性公平。就前者而言，学校教育是否使每个学生都达到了基本标准，学校教育是否完善了自身的教育质量，从而实现了自身的基本目标，这是判断教育结果是否公平的重要依据。教育结果的公平，并不是要求每个学生都达到最高的发展水平和发展标准，这是不现实的，也是不可能的，因为学生个体之间的差异是很明显的。但是，学校教育有责任保证通过优质的教育质量来促使每个学生在素质和能力等方面达到适应社会生存准则的基本水平，如果无法做到这一点，那么我们认为这种教育在结果上是不公平的。其次，学生的学业成绩的实质性公平也是判断教育结果公平的重要标准。学生的学业成绩的实质性公平，主要是指学校教育中教师是否保障了学生的学业成绩凭借其能力水平和努力程度而获得了公平的成长和发展。但是，学业成绩的“公平”不等于学业成绩的“平均”，学生的能力水平、智力水平和思维水平等都存在着差异，因此不能以所有的学生都得 90 分来衡量教育结果的公平。学业成绩的实质性公平的衡量指标应当是师魂中的公平意识，也就是教师的内心深处的公平态度以及学生是否依其能力而达到了相应的学业成就。如果教师公平地对待学生，学生也依其能力达到了相应的学业水平，那么这样的教育就可以认为是结果公平的教育。

第二章 师魂的复归

义务教育作为现代文明的一个重要标志，它的三个基本性质分别为强制性、公益性和统一性。清朝末年，欧美各国以及亚洲的日本大都普遍实行了义务教育。清政府某些官员了解到这一情况后，便在20世纪初草拟清廷有关文件时使用了“义务教育”、“强迫教育”这样的词语。在中国教育史上，1904年，把小学教育规定为义务教育。1986年4月12日第六届全国人民代表大会第四次会议通过的《中华人民共和国义务教育法》规定，国家实行九年制义务教育，要求省、自治区、直辖市根据该地区经济、文化发展状况，确定推行义务教育的步骤，该法于同年7月1日起施行。这是中华人民共和国成立以来最重要的一项教育法，标志着中国已确立了义务教育制度。

我们生活在一个前所未有的教育社会，这个社会由“学校”来实施成长中的一代的绝大部分教育。现代国家作为文化之国首先是一个学校之国。❶现在的孩子最早从二周岁就离开单纯的家庭教育而走进校园，我们算算看，幼儿园5年、小学6年、初中3年、高中3年、大学本科4年、硕士研究生3年、博士研究生至少3年，一个高学历的学生要在学校生活至少27年，走出校园他已经接近而立之年了。

从来没有像现在这样有那么多的儿童、青少年甚至中青年必须在学校度过那么长的时间。从来没有任何一个社会机构像学校那样能够影响如此之多的人。从来没有任何一个机构像学校那样能那么长久地留住如此之多的人。从来没有任何一个机构像学校那样能够对人的人格和生活之道产生如此之多的影响。❷从来没有任何一个职业像教师那样能够陪伴正在成长的人的周围并以职业主体的一言一

❶❷ 沃夫冈·布雷钦卡。信仰、道德和教育：规范哲学的考察 [M]。 彭正梅，张坤，译。上海：华东师范大学出版社，2008：177。

行对接受教育的个人及群体乃至更大范围的社会产生巨大的影响。

从学校走出来的人投入到社会建设中，尽管他们还将继续学习，还将或多或少受到社会及时代的影响而产生变化，但是绝大多数人在学校都已形成了基本定型的世界观、人生观和价值观，教师这个职业施教主体对他们的影响更多的不是单纯知识内容的灌输，而是灵魂上的启迪、思想上的浸染及言行上的规范。教师的这种潜在的、强大的、重要的力量与作用使我们必须关注师魂的铸造，以使得施教之人乐于为师、善于为师，以教师的自我角色认知与定位来开展其教学活动。

第一节 师魂的失落

一、教育现实

尽管教师这个角色至关重要，家长、社会对教师寄予厚望，但如今的教师绝对不愿把自己理解为在教育问题方面能给一大群学生家长提供建议和信息的专业人士。[1]即使教师在教学材料、教学方法或者纪律方面上有困难，他们也要在学生、学生家长、同事和上司面前保全面子。许多教师缺乏确定的自我价值感，却不愿意在同事面前承认困难，寻求帮助。[2]许多教师担心由于面对家长或学生而可能引起麻烦，便因此退到他们自己学科能力和应试能力的安全区域内，甚至理直气壮地拒绝“师者”身份，这是中国的教育现实，也是我们担心的“师魂的失落”。

每当一年一度的教师节来临，在全社会都在节日的氛围及商家的鼓动下赞美歌颂教师的时候，各种抱怨、吐槽、抨击教师现状的言辞评论也相应而出。有媒体统计，2010 年一项全国调查显示，教师重度亚健康发生率远远超出一般人群 10% 的平均水平，46.1% 的教师不到万不得已不会去看病。一位教师这样描述自己的状态：“八年的教书生涯让我得了上班恐惧症，只要一回到学校，就觉得心里郁闷之极，心情变得沉重、烦躁，生活没有乐趣。”看到这则报道，同样身份为教师的笔者觉得哭笑不得，心下质疑其真实性的同时竟不知说什么好。

我们来想想其实教师的精神定位很难，一方面他“为人师表”是“灵魂工程师”，教师的每个行为在舆论的监督下都必须堪称典范、楷模，另一方面，教

---

[1][2] 沃夫冈・布雷钦卡。信仰、道德和教育：规范哲学的考察 [M]。彭正梅，张坤，译。上海：华东师范大学出版社，2008：169—170。

师本身又是活生生的人，他们的社会地位、工资水平、群体人数决定了他们肯定不是最高层次、最高水平、人们心中最厉害、最崇拜、最神圣的人群，况且教师们有着各自不同的生活信仰和追求、不同的个性和能力，让人们认可甚至爱上所有的教师是绝对不可能的。而教师作为社会领域中的一项职业，想必让当今所有从事教育的人（且不称他们为师者），也不能皆对此充满热情与向往吧。

“师道尊严，为人师表”，教师的职业要求其具有超然性，即“超我”。自古以来“人师”被赋予“神圣”的光环，但他们又区别于皇权和神权，它不是与生俱来的、精神范畴的推崇，更多的是社会外在对教师的“要求”，它们成为教师言行的无形“标杆”和“戒尺”，它要求教师自我约束，自我控制，自我鼓励，自我神化，社会希望他们超越自然、现实，摆脱自我个性追求的束缚，成为追求理想中形而上的本质与精神的领袖。“世界上任何人也没有受着这样严格的监督”，[1]“为人师表”的要求在这种状态下显得生硬且“不公平”。

然而，全球化多元价值观已经开始逐渐消解文化权威、本质观念和意识形态，全球化——不仅仅是经济的全球化，更是经济全球化带来的文化多元化也随着经济渗透到全球的每一个角落，产生了文化多元价值。拒绝和无视这种多元价值的存在，坚持并固守传统文化权威和价值单一的原则都是不现实的也是不可能的。因此，文化、意识形态的多元引发了中国传统文化权威的逐渐丧失，传统的价值观念、信仰和追求越发淡漠，甚至当今主流观念也遭到同样的命运。另一方面，受中国传统文化影响，中国人当然包括中国教师对形而上的超然性追求向来淡薄，正如一家国外机构（美国兰德公司）发布一份《中国现状分析报告》指出“大多数中国人发现他们不懂得‘精神灵性’”，“‘自由信仰’以及‘心智健康’这样的概念，因为他们的思想尚不能达到一个生命（补：即肉体和灵性的并存）存在的更高层次。”[2]这话虽然有失偏颇，但在一定层面上反映出一些问题。

“为人师表”的神圣性要求教师抛开自身个性的追求，但“以身立教”又将教师职业的超然性拉回到“自我”的现实中来，区别于皇权与神权，教师必须将其存在价值与自我塑造及其所产生的影响紧密相连，相互依附。

这里我们来看看教师的“自我”与其“社会性”。改造主义学者认为教育不能只是教育学生适应社会，而应教育学生创造、改造社会，是一种通过教育实现社会改造的思想，这样的思想在历史上屡见不鲜，也正说明教师的“自我”社会性在每个时代都被人们重视，被学者所关注。

20世纪30年代的西方，以康茨为代表的一批进步主义教育家感受到教育问

---

[1] 加里宁。论共产主义教育和教学[M]。北京：人民教育出版社，1958：177。
[2] 美国兰德公司眼中的中国人和中国经济。

题与社会问题是紧密联系的，他们提出了作为进步主义及实用主义教育思想的一个分支——改造主义。它的主要观点为：教育改革受制于社会改革；教育应多关心社会变革，而非单纯强调学生个人的成长；教育的任务是根据社会改良的目的和计划领导社会去实现其价值标准；社会改造及变革的实现需要利用教育去发起与推动。教育发挥着两种任务：一是承担传递一定文化的任务；二是教育学生必须承担纠正、改进和变更文化的任务。他们认为，在危机的时候，教育对于修改文化的作用更突出、更重要。

我们在这里不去评价思潮，不去论证真伪，只是我们认为教师作为教育的执行者、教育中的先锋，应该勇敢地去承担社会和时代赋予的责任，坚定教育信念，孜孜不倦地努力学习，克服困难，适应、融于社会，并勇敢地、尝试地去教育学生勇于改造需要改造的社会。

但是，随着网络技术的高度发展，学生随时随地可以从网络获取各种信息、实用技术，甚至可以与网络进行问答式的交流，虽然需要进行信息辨别与筛选，但相比之下，“术业有专攻”的教师们则显得知识面较窄且论据陈旧，请教起来也没那么方便与随意。试想，如果不是当前应试教育的功利性，学生不是为了升学而不得已认真听教师传授与考试相关的知识，谁还愿意被剥夺“自由”的学习时间和学习内容而坐在教室里呢？所以说，网络技术的发展实际上消解了教师的“传道”功能，仅仅保留了“授业”职责。很多教师，尤其是高校教师，上课仅传授本专业知识，特别是要考试的知识，下课铃声一响则匆匆离开，与学生完全脱离，整个大学四年，很多教师与学生见面不超过20小时，很多学生毕业的时候甚至喊不出任课教师的名字，教师的“自我”人文教育影响社会、文化传承职能越来越弱，教师与学生的接触仅限于教室这一点，教师与学生的关系变得越来越疏离。

同时，网络的开放性与便捷性使得学生获取专业知识、课外兴趣内容、社会见闻，甚至感受、参与、推动文化思潮等方面越来越方便快捷，而较为统一的人文熏陶大环境变得越来越脆弱，甚至破碎。人文教育仅局限于相对数量极小的社科文化课及学校组织的集中学习与活动，这种学习不仅形式单一、权威性不够，而且学生接受度、认可度也差，学习热情不高，导致人文教育效果不尽如人意。

再有，网络的开放性与互动性更是扩大了学生与社会的接触面，网络充斥着良莠不齐的思想与言论，他们用“美妙的”、“奇特的”、“充满鼓动性、诱惑力”的文字、图片和视频冲击着学生的眼球、头脑与思想，价值观不明确的学生、自制力稍弱的学生沦为了网络的俘虏和推手。

更可悲的是，“师道尊严”逐渐消亡过程中的教师们面临沦落为学生社会存在感知面上一个小小触点的窘迫境地，学生质疑教师的思想观点、教育理念、学术权威，批判教师的言行、思想和专业能力等等。很多教师从自信开始慢慢疑惑，再转为自省，再变成无奈，最后变得自卑、胆怯而迟疑。

随着学生信息来源的多元化和教师们对教育的无力感加深，一部分教师随波逐流，对自己的专业技术不能精益求精，不能下苦功去研究如何上好课，而是功利地去追求有名有利的课改教学程度、科研进款数、论文发表数等与绩效挂钩的指标，致使许多学校学术风气浮躁。不良风气一旦形成对学生的影响是巨大的，以高校为例，不良风气盛行着的学术能力越强的高校、学术成果越多的高校，培养出来的学生越是"高质量的学术投机手"。

还有一部分教师，他们感受到教育现实中的异动，敏感地发现自己不再是知识的唯一拥有者与传授者，课堂也不是学生获取知识的唯一场所，学生在涌入教室的瞬间，他们明显感到很多学生的无奈与冷淡，他们在教育过程中自觉不自觉地将自身的中心地位向边缘转移，越发连"授业"也不能完成了，成为单纯的"解惑"者。缺乏"师魂"的教师面对时代社会的进步、发展与变迁，面对外界的质疑、刁难与批判，面对自身的困惑、愤怒与无奈，无力感前所未有地凸显，他们越来越胆怯，不愿担当，更收缩自己的职业职责，委曲求全，顾左右而言它，以寻求职业新的安全港湾。

我们再来看看现代教育体制带来的一些困惑。知识传授教育的技术专业分科带来"系统流程教学"上的分工合作，这使得教师们"术业有专攻"，这是知识传授教育的优点。正如现代医学的分科使得医生专科技术不断加强，这是医学的进步，但是面对一个疑难杂症，它缺少了一个"全科"医生初步诊断的便捷性与整体性，缺少了利弊优化的过程，例如几种药物之间的反应，几种病症之间的制约关系。

这里举这个例子仅是说明教育在"追求全科"、"塑造完整的人"方面的重要性，而不是反对教育的分科。因为，社会在进步，科学在发展，在科技日新月异的今天，不可能再有"一生一师"的现象了，也正因为如此，包含着知礼、重义、仁爱、诚信、尚勇及信仰精神、实践精神和求知精神等的教育人"为人"的教师综合人文性被大大地忽视了。学生在整个教育过程中面临众多次分科的、年级的、学校的、地域的教师更迭，极大地破坏了教育的人文整体性，教师们仅对所管辖时间段内的学生负责，使其达到时间点预期程度，至于长远的发展，教师们根本无法顾及，也无意多加引导。

渐渐地，知识教育的分工使得教师及教育机构逐渐丧失了最原始"传道"的人文教育职责，更多的教育者成为了研究者，他们将重心转向专注于可以细致量化、便于业绩考核的"授业"知识细化教育领域及升学率、就业率上，并以这些领域的成就视为个人和集体的价值表现，视为教师职业的终极目标。

我们能感受到，教师们的综合人文性要想整合统一起来，实在很不容易，这不是一个人努力的结果，它需要整个时代，整个社会，整个职业群体及所有受教育者的共同努力，需要每个教师个体注重"师魂"铸造，以共同支撑"师道尊严"。

还应该看到，中国的现代化教育及教育主体，在面向世界、面向未来面临着新的挑战，当今教育注重传授学生知识和技能，培养应用型人才，却忽视学生的精神、品质的培育与塑造，教师难以展现教师传道之本质。可怕的现象出现了，我们看到这样一些“相似面孔”的人：有追求却没有理想、有知识却没文化底蕴、讲道德却缺乏仁爱精神、知礼仪没道义、有体魄不尚勇、爱国爱家却“目光短浅”缺乏发展视野……当然，把这种现象完全归咎于教师本身，将塑造“社会人”的重担完全推给教师这个职业个体是不对的，在某种程度上可以说，教师这个群体，这一社会职业更多地是受制于教育体制，他们没有足够的外在“力量”去支撑他们可以完全按自我意愿去培养学生。

社会的发展具有多面性、多元化的要求，学校则面临着各式各样的生存压力，社会与学校在人才需求和人才培养上往往存在着不可调和的矛盾：社会需要的不是单纯的知识容器，而是能将知识与能力灵活运用，并能与每个人自身融合统一并产生无限可能的复合型“社会人”；而应试教育下培养出来的很多只有文凭、有知识而缺乏社会能力的人，他们达不到社会的要求。对于社会来讲，其发展要求人具有社会经验、创新能力、变通能力、综合能力；对于学校来讲，在多年的应试教育制度的规约下，“一切为了孩子”的教育理念几乎变成“一切为了考试”的功利观念了，加之“扩招”的影响，脱离社会近30年，业已成年多时的“研究生”这些高层次人才的创造力和适应力已被消磨殆尽了。我们能看到，虽然现在很多家长开始注意这些方面，很多教育机构也针对相应问题从孩子很小就开始注意培养创造力、想象力，力求突破以往的束缚，可是出口不变，大部分孩子走向社会的出口没有得到根本的变革，在这样的大背景下，应试还是走向“成功”的大方向，教育者及家长们的努力只是杯水车薪啊。

教师们在理想与现实的夹缝中生存，在崇高与平凡之间左右摇摆，他们内心挣扎于教书与育人的天平之上，进退维谷，举步维艰，久而久之，很容易产生职业倦怠心理，主动消磨职业意志，更加无视“师魂”的铸造。卡耐基说：“一个没有信仰的人就如同一艘没有航标的生命之舟，他不知道自己将驶向何方。”

二、教育信仰

共同理想是教育的前提，不仅扎根于知识和认识，还扎根于非理性主义的价值体验。[1]它比道德更为深层，更是一种潜在的“本我意识”，我们称它为教育

---

[1] 沃夫冈·布雷钦卡。信仰、道德和教育：规范哲学的考察［M］。彭正梅，张坤，译。上海：华东师范大学出版社，2008。

信仰，它也是教师个人“师魂”中的重要组成部分。

有部描写医患关系的电视剧《心术》里面有关于医生信仰的这样一段话：“你如果不是一个怀有梦想的人，如果不是一个非常清楚自己为什么要从事这个行业的人，如果你当初选择做医生只是看重了他的地位和他的收入，那你很自然就会在这个过程中被自然选择出局呀。”

“有一些医生，他们的技术可能是一流的，他们的智商可能是卓越的，可是他们就差了那么一点点东西，他们会在半路上逃走，有的人做了两年的学生就不愿意做了，我要恭喜他们在年轻的时候就发现这是一条艰苦的道路，不适合自己，他们还来得及改行。有的人呢当了几年的医生就不愿意干了，我也要祝福他们，不干医生干医药代表也很好啊，起码收入比我们当医生高多了，得偿所望嘛。但是我更珍惜我们留下来的这支团队啊！我珍惜你们，你们去伪存真流沙成金，你们比金子还可贵，你们是钻石。虽然有的人的天资比我们好，可是他们没能成为一名合格的医生，就是因为他们差了那么一点点东西，可你们有，这就是信念！一个有着坚定信念的人才能在我们这儿经受各种打击和磨难之后而无怨无悔。我相信你们这些人最后的墓志铭上一定会刻上两个字：英雄！”

当时听到这些话语，让人觉得热血沸腾，其中缘由，医生治身，教师育心，医生与教师的职业是有相通之处的，他们做的都是人的事业，生命的事业。教师这个职业毫不掩饰地、有意无意地决定了很多人的命运，师魂铸造决定了教师将如何看待自己的职业，能否带领学生自觉自愿、坚定乐观地走上正确的道路，教师必须具有强烈的职业信念就是师魂的核心之一——教育信仰。

《现代汉语词典》这样解释信仰：对某种主张、主义、宗教或某人极度相信和尊敬，拿来作为自己行动的指南或榜样。它是心灵的产物，不是宗教或政党的产物。宗教或政党只起了催化剂的作用，没有宗教和政党，人同样可以拥有信仰，信仰是一种超越现实的终极价值追求，是人的精神支撑和寄托，是人生的动力源泉。

教育信仰，是一种基本的职业态度，甚至是教育者的人生态度，这个态度会对个人生活进行全方面地引导与约束，它包括教师的世界观、价值观、人生观、道德观、法制观、政治观等等，它们经过教育者长时间的感知与实践，不断推翻、重塑，最终在形成之后沉淀在人的内心深处，难以改变。每个人都可以选择自己的信仰，它可以与所从事的职业毫无联系，它可以与人所处的社会境遇“划清界限”，但是教师职业的特殊性要求教师们必须具有与职业相匹配的、受时代和社会认可符合师道的教育信仰，并用符合社会发展、师道规律的信仰指导、制约教师的言行与思想。

信仰引导着人们的兴趣和欲望，左右着人们的思想和感知，操控着人们的观念和价值，支配着人们的行为和决策。它们使人在不同的存在情境中几乎是条件反射地、机械地、毫不犹豫地做出反应，而无需先思考再做决定。这些基本态度给我们节省了许多脑力劳动，把我们从不断要做出新决定的压力中解放出来，这是一个自然反应。它们固化了我们的人格，赋予了我们在解决日常生活问题中的自信和坚定性。❶“如果一个成人没有这些观念会是怎么样呢？——他将会沦入苦恼和不确定的渊薮，必须长时间地进行劳苦的、艰难的思考。他也不会知道他利于精神世界的何处。”❷莱奥帕尔蒂说过，信仰赋予“生命以意义、幸福和安慰，给予群体以凝聚力、秩序和团体感”。

杜威说过“教师不应忘记研究学问的精神和职业价值的提高，以及对教育应有的信仰心”。所谓“教育信仰”，是人们对教育活动在个体和社会发展过程中的价值及实现方式的高度信服和尊重，并以此作为教育行为的根本准则。❸这样看来，相对于教师在教育过程中所拥有的专业知识技能来说，教师对教育作用的笃定态度与教育内涵的忠诚信仰，应该是作为一名教师必备的内在东西。德国思想家雅斯贝尔斯早在80年前就指出：“教育需要信仰，没有信仰就不成其教育，而只是一种教学技术而已。”一代文学大师朱自清也认为“教育者须对教育有信仰心，应努力成为以教育为信仰的人”。这些见解告诉我们，教育是需要信仰的事业，教师更应成为具有师魂的“教育智者”，而非“教书工匠”。我国教育学家陶行知先生曾说，真正的教育家要有孔子之热忱，基督之博爱，释迦牟尼之忘我精神。其实，这就是要求教育者要有一种“播种文明、化育他人、造福社会的信仰”❹。美国是通过“教育者誓词”来表达和深化这种教育信仰的。在我国则是师范院校“为人师表”的校训、师德教育及教师职业章程，但是与法律不同的是，绝大多数的职业章程都令人遗憾地、无解地使用一种“伪描述”的语言，而不是规定性的、细节化的、硬指标的条款语言，这种“伪描述”的语言方式有利于职业人在必要的时候产生对外、对内的欺骗与遮掩和自我欺骗与逃避。

感受师魂的失落，我们会发现，具有教育信仰的人很多，但很多人的信仰并不那么坚定，他们的教育态度并不那么真诚，甚至很多教育信仰的能力不足。例如很多教育部门、教育学者、教师教育理念落后，应试教育使得他们裹足不前，分数定论、升学定级等现象严重地阻碍了素质教育发展。面对这种种现象，有专家建议，“应抓住主要矛盾，加强教育信仰建设，努力破解教育难题，因为国家无信仰则亡，民族无信仰则衰，教育无信仰则乱”❺。

教育过程是思想传递的过程，是灵魂与灵魂之间的对话过程，是灵魂与灵魂

---

❶❷ 沃夫冈·布雷钦卡。信仰、道德和教育：规范哲学的考察 [M]。彭正梅，张坤，译。上海：华东师范大学出版社，2008：34

❸ 石中英。教育信仰与教育生活 [J]。清华大学教育研究，2000（2）。

❹ 周婧颖。信仰教育，教育的终极关怀——在中西文化背景下分析 [J]。青年文学家，2010（2）。

❺ 吴恒山：博文《教育需要信仰》。

彼此的影响过程，是一个改造大于另一个改造的过程，拥有师魂的教师正是因为教育信仰而获得的极大超越感、集体感、满足感，他或许在知识与技能上不一定比受教育者丰富，但他拥有强大的意志力量，因此他在改造过程中总能占据主导地位。教育者坚信教育能够教化民众，改造社会，并将其作为全部职业活动的出发点、根本目的及终极意义，同样，师魂的内化应成为教育者职业行为的准则、最初动力和力量源泉。

托尔斯泰曾说："如果一个教师仅仅热爱事业，那么他只能是一个好教师；如果一个教师仅仅像父母一样爱学生，那么他将比那种显然读过好多书，但却不爱事业，也不爱学生的教师好；如果一个教师把热爱事业和热爱学生结合起来，他就是一个完美的教师。"这话说得真好，有明确的自我认知才能有好的态度，有好的态度才有相应好的方向与行动，信仰教育能为人类社会带来福祉，信仰爱的教育能使教育事半功倍，爱事业、爱学生的教师往往是快乐的、宽容的、有耐心、懂方法的，他们在享受教育的同时收获学生的爱与尊重，教育效果常常超出预期。苏霍姆林斯基说："没有爱就没有教育"教育信仰中的爱就是信仰生命本身，相信身为教师的自己可以指导学生摆脱困惑，相信每个生命都弥足珍贵，相信每个学生都是可塑之才，都值得自己饱含深情，充满希望地去教育引导，去培养塑造。因为"一个教师如果真正关心学生，那么他会认真倾听学生们不同的需要，并且给予不同的反应"。[1]这个我们在后面的部分会详细阐述。

北京师范大学教育学部教授檀传宝先生指出，教师应当具有良好的知识结构。这一知识结构主要包括本体性知识、背景性知识和条件性知识三类。本体性知识是指教师所教科目的学科专业知识；背景性知识实际上是教师应有的综合性的文化涵养；条件性知识是指教育学、心理学知识，包括对教学过程规律性的认识，对教育对象的了解等等。[2]

在我国，随着教育事业的发展、教育内容及学生受教育途径的多元化发展，教师自身固化的知识水平已经不能制约与决定学生的学习能力和成绩了。教育家具备的知识不同于科学家的一个重要特征是他需要将知识内化于身，然后将知识重组，因材施教，使得学生易于、乐于接受，并能从中感知知识，主动内化知识。教师因有着高尚的、统一的、符合师道发展要求的师魂内化于心，他们能主动追求真理与智慧，向往真、善、美，渴望实现教书育人的社会价值，渴望实现为人师者的人生诉求。教师对于他所教授的内容应该是热爱的、熟悉的、游刃有余的，他可以根据受教育的对象而调整教育方式，并且他所教授的内容应该深深地影响

---

❶ 诺丁斯。学会关心：教育的另一种模式 [M]。于天龙，译。北京：教育科学出版社，2003:34。
❷ 孙丽娟。论教师信仰 [D]。河南大学，2008（5）。

自身，使他的传授过程自始至终都散发着教书育人与自我完善的魅力和感染力，让学生在逐渐深入学习领悟的同时，对于知识及知识以外的人文氛围，为之兴奋，为之着迷。反之，教师如果不具备融入灵魂的教育信仰，那他们只能像“讲课机器”一样，机械地传授知识，成为会朗读的书本，学生将不能从教师那里体会到学习的乐趣，感受不到成长的快乐，学习生活将变得枯燥而辛苦。

教育本意是指教书育人，育人为本，可现在很多时候却直接演变为教书了，这和教师自身的职业意识淡薄有关。正如钟启泉教授所指出的“在任何国家任何时代，没有像今日那样把教育视为狭义的技术性的活动，使教育仅限于数学、语言能力这一狭义的教育。像今日那样把教育从形成有道德的人这一广幅的教育中游离出来的时代是没有的。”[1]很多教师都是很片面地去理解自己的职业，导致教师在教育教学中跟着应试教育的指挥棒东奔西蹿。“教师只有摆脱了职业感的束缚，不把教育当作谋生的手段，而是出乎自己的需要，像孟子那样得天下英才而教育之为乐，那么他才能在教的活动中自由地、有创造性地发挥自己的全部才能和力量……只有教、学双方在互动中都抛弃一切世俗的、外在的各种顾忌，沉浸在基本的创造过程中，才能达到‘孔颜乐处’的境界。”[2]

叶澜先生认为：“我们的教育实践在客观上不断提供让人产生智慧的条件，问题是过去我们用僵化的思维方式去理解教育，将之放在固定的模式里，教育才变得如此死板、枯燥、不断重复，没有一点生气。结果是把从事教育的人的智慧都扼杀了。一个狂妄的人不可能有真正的智慧，而一个虚张声势、靠吹捧来提升自己地位的人，也不可能有真正的智慧，只有诚以待人、虚以待己、心态开放、不断进取，才可能成为有大智慧的人。”[3]

教育者自古以来肩负着两个伟大的使命，那就是培养人的高尚灵魂和智慧头脑。真正的教育者，他们是实践者、工程师、艺术家、哲学家，更是殉道者，他与其他人相比，更接近于人性中的美好彼岸。要实现这样的目标，不光要把酿造高尚灵魂的“道理”与生成智慧脑袋的“知识”告诉孩子，更重要的是要使这样的道理有个“实体化”的过程。实体化就是落实，而不仅仅停留在“口头”、“知道”的层面，要深入到人的心中、血液里、灵魂里，成为他们生命的一个组成部分。[4]

“春蚕到死丝方尽，蜡炬成灰泪始干”。李商隐这句诗在后世经常被用来寓意教师的辛劳与奉献，教师一直被认定是一个无论在多么悲伤、痛苦、煎熬的状

---

❶ 孙丽娟。论教师信仰 [D]。河南大学，2008（5）。
❷ 檀传宝。论教师的幸福 [J]。教育科学，2002（2）。
❸ 叶澜：《理解“新基础教育”研究的内涵和追求》。
❹ 李跃儿：《谁拿走了孩子的幸福》。

态，仍要保有灼热的育人渴望和坚忍的执着精神的崇高职业，让人感叹高尚之余总有那么一点悲哀的感觉，令人望而生畏。但是，一旦教育信仰树立，师魂内化于心，教师们就不会把教师职业看作是一种牺牲，需要毁灭自己来成就别人的过程，他会明确“师者”身份与职责，感受到来自对方成长的喜悦与满足，在教学相长的过程中实现自身的人生价值。这才是最重要的，也是我们应该推崇的爱的思想，也是师魂的核心之一。

三、职业道德

“扬善惩恶”是最普遍的道德规范。尽管这种规范不可或缺，但对于私人生活和职业生涯来说，它还很不够。我们尤其需要知道，在独特的处境中什么是善或恶。因此，我们需要具体的、内涵丰富的并且与我们特殊的职业责任相关的规范。这些职业道德规范的总体就是“职业道德”。它的内涵取决于职业种类，其目的是确保职业活动能被很好地实施[1]。

教师为什么需要职业道德？首先，教师区别于其他技术职业，他在履行职业职责时，拥有高度的选择自由，这里说的自由不是指课本中必修的内容，而是方式方法及潜在的教育内容及背景；其次，教师是其学生最可能模仿的对象——不管他们主观上是否愿意，这个影响及模仿的双方都是潜移默化的；第三，教师本身主体是其履行职业责任时所拥有的最重要手段，他们必须把自己作为职业的工具，教师的教育能力越强，教育成果则越突出，“教育你自己”是对所有教师的基本要求。第四，对教师职业工作的进行态进行外在控制是很难的，社会必须充分给予教师教育活动的自由，必须依靠教师群体的自律、个体师魂的铸造。只要教师是终身的公务员或事业单位人员，那么他们就会面临职业道德的危险：懒惰，坚持不合理的特权，寻求一种掩盖其同事业绩不足和错误行为的虚假的同事关系。预防这些危险，仅仅依靠社会立法是不够的，只有当职业道德内化到其从业人员内心，并且，这个职业群体从总体上支持和赞成这种职业道德，职业法规才会发挥效用。第五，今天的社会给予教师较高的社会地位与身份认同，但同时也提出了许多过高的、不现实的、精神层面的要求。为了保护、支持、留住他们，吸引更多的高水平人才进入到教师队伍，我们必须要辩证地对权利及义务加以区分，因此，社会需要一个成熟的、与时俱进的、“善解人意”的教师职业道德作为判断标准。近几年来，学校和教师不断被分配给越来越难的任务，教师被认为是教育专家，他们被赋予了很多他们运用学校教育手段无法完成的职责。结果，他们

---

[1] 沃夫冈·布雷钦卡。信仰、道德和教育：规范哲学的考察 [M]。彭正梅，张坤，译。上海：华东师范大学出版社。2008：179。

不再严肃地对待他们应有的教育任务，过分的要求未曾预料地促成了职业上“最低主义”，使得他们习惯于以一些普通的职业道德空话而生活，却没有相应的行动。那些承受不现实的、过高职责的教师，只会处于一种可理解的防御状态，甚至会设法忽视他们本应完成的教育任务。

中国这样一个社会主义国家，社会主义道德要求教育具有基本的一致性。而新时期，在这个多元道德并存的宽容时代里，随着网络通信时代的到来，现代人的生活方式、思维方式，甚至道德观念每天都在接受着准备好的或者突如其来的冲击。当今学校里的老师，特别是一些中小学非班主任的任课教师，他们大多是完成授业、解惑任务，与学生日常生活交流非常少。不可否认，我们长期坚持的德育教育在教师履行技能、知识教育的同时一直对学生世界观、价值观的形成起到积极的引导与规范作用，只是，这种教育是通过教师们分工合作来完成的，分工越细，教师的授业身份越突出，教师本应统一的人文、社会等多本质就被分割得越彻底。在我国早期的教育过程中，科学技术不太发达，教育系统不够庞大，教育目的较为统一，教育内容更是单一，在孔子生活的时代，他可以做到教师多本质统一，但今天，如果让所有老师做到这样，不但难以培养教师，恐怕也会影响现实中的教育质量，这似乎陷入了一个悖论。

所以，“因材施教”也是职业道德的体现之一，教师在教学过程中，不能要求批量生产学生，不能“一视同仁”，应对不同个性的学生施以不同的教育方法，提出不同的学习目标和要求，以使他们能够在社会中适应不同的角色，承担不同的职责。当然对于我们这个教育大国来说，这样的要求对于单一的教师个体有些高，单纯地要求教师全面发展，高喊“只有全面发展的教师才能培养全面发展的学生”的口号是不切合实际的，那么就需要在“师道”规律及要求下铸造相对统一的“师魂”要求来指导教师。

有人说教师是园丁，培育祖国的花朵，好的园丁不会只爱绽放的鲜花，他会敬畏大自然的规则，尊重每一颗植物的秉性，会欣赏生命成长的过程，会以满足幸福的心态去品味千姿百态绽放的喜悦。我们前文在教育信仰中提出过爱的教育，教师应有爱的教育信仰。一位教师曾说：“我们既然不要求一棵杨树长成柳树，不要求一棵松树长成柏树，为什么竟然会要求一个长于交际的学生一定要成为冥思苦想的哲学家，要求一个长于情绪体验和感情表达的写作者在化学考卷上答出一百分呢？桃子的品质就是桃子，它绝对没有必要因为不具备苹果的清香和营养而自惭形秽。同样的道理，每一个学生都有权利按照他自己固有的天性和禀赋发展自己，展现自己，外力不应该给予与他的天性、禀赋和意愿相抵触的干预。”[1]

---

[1] 转自新华网：《上帝允许一部分学生考零分》。

教师树立培养、引导学生成才的信心，淡化教育掌控者、决策者意识，帮助学生认识自己，发掘潜力，勇于追求，乐于创造，使其体味到人生最大价值，并获得快乐、幸福的创造性人生，这，应该成为教育的核心任务。

实现这一核心任务的首要条件是要求教师要强化职业道德。良好的职业道德能够使教师有意识明确自己的育人职责，关怀那一颗颗渴望知识与追求智慧的心灵，切实地帮助青少年建立起健康的人生信仰，实现对学生的终极人文关怀。

由于多元文化、思潮的兴起与传入，所有人，当然也包括教师都自觉或不自觉地受到影响。作为教师，只有在认清教育现实、坚定教育信仰、强化职业道德的同时，与时俱进，在积极“入世”、发挥教育育人功能的同时，自觉提高识别真假、善恶、美丑的能力，自觉地加强自身修养，努力提高师魂铸造能力，才能提升自己的审美情操，升华自身的道德境界。

第二节　师魂的铸造

一、教师个性

著名教育家乌申斯基说过“只有个性才能作用于个性的形成和发展”，即学生除自己具有的个性外，还需要与之契合的有个性的教师来引导和培养。

这里所说的教师的“个性”是指“个体在一定的社会关系系统中形成的生理特征、心理特征和社会特征以独特的方式有机集合而使个体具有的独特社会性”❶，也是“把个人从众人中区别开来的综合素质与气质”❷。教师的个性是以自身的个性为基础，基于职业角色要求，在职业发展过程中逐渐形成并表现出来的心理和行为倾向性。师魂的铸造使得教师职业与个人个性相融合、相统一，即个人能力、气质、性格、价值取向与职业兴趣、理想、信念相统一，形成教师个性。

古人颂扬师道时，经常会提到教师的“丰神意态”。所谓丰神意态，是儒雅、秀逸、平淡、自然的气质，可以理解为教师个人人格对学生的影响和感化，具有不可思议的、奇妙的影响力，是一种人格的力量，人格的感化。❸

师魂是师德的内在要求与根基，是师德真正发挥作用的中介与力量源泉，师魂要求教师将师德要求内化，把外在的师德要求转变成自身内在的自主要求。

在多元文化背景下，各项科学技术高速发展，各种社会思潮不断重叠、交融、

❶ 刘文霞。个性教育论 [M]。呼和浩特：内蒙古大学出版社，1997：33。
❷ 王文波，文岗。个性化生存 [M]。北京：民主与建设出版社，2001：1。
❸ 陈桂生。师道实话（增订版） [M]。上海：华东师范大学出版社，2009。

变化，师魂为教师提供了一个智能的“防御圈”，使得教师在完成传授科学知识技能的同时，自觉成为学生思想启蒙、社会意识塑造、价值观促成的领路人，具体来讲教师应具有满足学生心灵、思想成长、学生自身与社会相互协调发展的能力。

师魂的铸造具有坚定教师职业操守的现实意义，原因就在于有了师魂自我认知、督促、支撑的内在动力与力量，教师这一职业就能够给教育主体带来更多的能动力、价值感、成就感和满足感。从事热爱的事业是幸福的事情，教师在内心深处不单纯把自己的职业看作是一份谋生工作而是一项充满乐趣的、伟大而崇高的事业，进而达到真正爱岗敬业的境界。同时，有了内在师魂的需求，教师的思想与行为受其人生价值取向中自发产生的高尚的精神境界及使命感影响，他们会及时自我判断、调整，能对外界的复杂情况进行正确的判断并且自觉抵制不良的影响。

杜威认为：“教师不是简单地从事于训练一个人，而是从事与适当的社会生活的形成，每个教师应当认识到他的职业的尊严；他是社会的公仆，专门从事于维持正常的社会秩序并谋求正确的社会生长。”❶杜威也将教师看做肩负“天职”的人，“教育家在社会上不止做分内狭小的事业，还要做社会的领袖，做教育政治家，负指导社会舆论的天职……教育家亦看教育作神圣，看自己作僧侣，深信教育为改进社会的唯一方法。”❷

如果教育者自己都对宗教的、世界观的或道德的问题感到不确定，那么他们如何完成自己这方面的教育职责？如果他们自己对为其提供支持的信仰内容都持怀疑态度，如果教师自己都对传承的理想感到疏离，同时又缺乏可心的其他理想，那么，他们是否还能够帮助儿童和青少年寻求他们的精神和道德的支持？❸

二、教育理想

师魂是教师教育理想得以实现的内在动力、掌舵手与保护盾，反之，教育理想是师魂在教师教育活动中的一种折射，铸造师魂不仅有助于教师自身职业意愿的强化、自身职业意识的趋同、自身职业能力的提高，而且有助于教师职业理想的实现。

教育因为有了理想而明确方向，因为有了理想而更有理性，因为有了理想而充满向上的劲头。有些教师善于处理工作、生活中方方面面的问题，这固然与其工作态度、工作能力、工作经验有关，但更是其内在的“师魂”起决定作用，它

❶ 游佳，李兴韵。基于杜威教育观的教师社会责任研究［J］。理论与当代， 2014 。

❷ 单中惠、王凤玉。杜威在华教育讲演［M］。北京：教育科学出版社，2007。

❸ 沃夫冈・布雷钦卡。信仰、道德和教育：规范哲学的考察［M］。彭正梅，张坤，译。上海：华东师范大学出版社，2008：1。

自然而然地推动教育主体理性思考、深入分析，迅速做出判断。

教师一旦认准某一“教育理想”，他必然经过认识、理解、接受、固化，进而推崇这一过程，然后才能真正融入自身，成为自己无悔追求的理想，这是一个将师魂内化的必然途径，也是一个自身反思、批判、调整、重新整合塑造的过程，“师魂”不是一成不变的概念，不是写在教科书上的教育条款，更不是一句口号，而是一种“敢于超越”的勇气，是一种“善为人师”的智慧，更是一种“育人至上”的信仰，它不断推动并支撑教师教育理想的实现，时时支撑着教师教育理想的更新与发展。正如叶澜先生所说：“有创造智慧的人，一定是有勇气的人，他要敢于面对现实、面对问题，在问题和现实的矛盾前有强烈的迎战冲动，他要敢于抓机遇，最重要的要敢于面对自己，不断地追求对自己的超越。”好教师之所以难觅，是因为一切动作、模式、方法、内容可以复制，但是精神、思想、信念却不能僵硬地照搬挪用，师魂提供的强大的精神力量能引导教师走出困境，提供给教师强大的信念支持，使他们实现自身的教育理想。

孔子自己是“学无常师”，以人为师，以生活为师，虽然他三十岁后创办私学，使他成为自古不可替代的师者，但是孔子并不认为教师地位有多高，更不认为教师的言行就是真的。孔子说，君子有三畏“畏天命、畏大人、畏圣人言”，以现代的观点即敬畏自然法则、敬畏德高望重的王公、敬畏圣人言论。他从不自诩为“圣人”，更不承认世间教师可称之为圣人，可见他并不提倡“畏师言”。相反孔子主张“当仁不让于师”，认为“不患无位，患所以立”，即不要担心没有职位，而应担心自己拿什么来立在这个位子上。秉着这样的思想，孔子认为教师应看淡个人名利，摆正教师职业态度，调整追求价值的次序，去考虑那些真正使教师立于世的东西。这些东西，对于一般人来说，能使人立的是“礼”，对于教师来说，这个能“立”的东西，必定要比“礼”更重要，更深刻些的，这就只能是“礼”的内在——“魂”，所以教师所应该关注的是自己是否内有“师魂”，外达了“礼乐”。总之一句话，孔子认为，教师应该努力成为有道德有理想有礼乐之技能的人。

三、教师本体

什么是教师？什么是当今社会真正意义上的教师？教师的身份困惑如今前所未有地凸显出来。身份困惑的本质是存在的困惑，教师获得其身份认同的关键在于教师是否获得了用以解释他教育行为的完整的意义框架。[1]笔者认为，这个意

[1] 张连军。论教师的教育信仰［J］。北京教育学院学报（社会科学版），2013（8）。

义框架也是我们要探索的“师魂”。

“本体性安全”是吉登斯的现代性社会理论的核心概念。“本体性安全”的构建，使得人们能够产生对自我认同的连续性的恒心，使得人们在人际交往中获得自信，对社会生活产生一种可靠和安全的体验，以此来克服现代社会生活给人们带来的各种焦虑与不安，郁闷与恐惧，从而获取积极生活的信心和力量。吉登斯所谓的“本体性安全”有两层意思：一是指人们对其自我认同之连结性以及对他们行动的社会与物质环境之恒常性所具有的信心，这是一种对人与物的可靠性感受；另一方面也特别地指个体时间上的连续和有序的感受。在现代性的背景下，重要的问题不是如何生活的技术性问题，而是如何生活得更有意义的终极性问题，个人的无意义感在物质主义至上的现代社会中越发地成为问题。吉登斯指出：“日常生活较之大多数现代情景中的生活变得更加可计算了。可计算性不仅仅是在稳定的社会环境的条件中得到表现，而且在个体通过调整他们自己与周围社会世界的关系的长期反思中得到表现。个人无意义感的威胁只有在面临困境的时候才会出现，因为习惯性的活动与基本的信任一般可以维系本体的安全。潜在的、让人烦恼的存在问题被内在参照系统中日常活动的受控本质所抵消。”[1]而师魂的铸造本质是教师职业主体的精神寻求安身立命之所的必然归宿，换言之，一个内化师魂的人，就是一个在职业上皈依教育信念的人，一个有存在价值感的教师本体，有着一种区别于超我、自我的“本我”状态。

教育是个超越高尚壁垒的艰难事业，是一个需要良心与隐忍的事业，对于一个有能力的、高水平的个体而言，如果没有师魂的内在支撑，日复一日从事劳作辛苦、心理压力大，且与现实回报不成比例的教育工作是断断不可能的。教师只有首先以“育人至上”为根本思想，并相信他的教育内容与方法能够为学生带来“福祉”，能够为社会创造存在价值；同时他又坚信教育事业、教育理想值得他为之奋斗一生，使他具有很强的存在感、价值感，他才有可能在艰难的、时常陷入矛盾的教育生涯中进行长期的、良好的、及时的、有效的自我调节、自我认同、自我勉励与自我发展。“教师自我的自我效能感的形成，不仅会影响到教师的行为选择，影响教师的思维模式和情感反应模式，也决定了教师面对利益纷争、挫折、困难时，是否努力去迎接挑战并坚守其良知。”[2]很长时间以来，我们的师范教育更多关注于师能的培养，即教师的知识储备与知识传授方法技能，以致我们的师范教育取得的效果不尽如人意，很多富有学识、具有较大发展潜力、拥有强烈教育初衷的教师没有在教师岗位上坚持下去，或舍弃教学工作专心于自身的知识研究中，成为了研究学者，忘却了教师的传承、育人使命。

---

[1] 安东尼·吉登斯。现代性与自我认同[M]。赵旭东，方文，译。北京：三联书店，1998：236。
[2] 张连军。论教师的教育信仰[J]。北京教育学院学报（社会科学版），2013（8）。

如果说存在感、价值感是教师社会性的要求，那么个人幸福感的体验则是所有个体，当然也包括教师永恒的渴望，师魂的铸造恰恰能成就教师的个人幸福。一个具有内在高尚师魂的教师是坚定的、平和的、幸福的，他们更乐于进取、充满激情、无惧挫折，教师德性更趋于完美，他会体验到幸福是一种给予的快乐、一种赋予成长的满足。教师的师魂铸造帮助教师从平庸的职业生活中走向神圣崇高的教育之路。

在现有教育制度、规则特别是应试教育的束缚下，没有师魂引领的教师就像是一块柔软的泥坯，为适应不同的角色与环境需要，不断地被时代、社会捏成不同的形状并加以煅烧成型，结果被复杂多变的社会挤压扭曲，直至遍体鳞伤，支离破碎。大多数教师在现实的教育情境压力下，被迫用成绩、论文、科研等成果来衡量学生优劣，无视学生更为宝贵的品质，不在乎"为人师表"的自己的完善。教师变得畏首畏尾、毫无自信、思想僵化，更多地担当教育教学活动的监管者与执行者。很多教师缺乏教育的方法，当他们感觉到教育的力不从心时，缺失师魂的教师在"师道尊严"的幌子下，使用专制、独断的方式来"统治"学生，渐渐与学生相对立，失去了学生的爱戴，更谈不上崇拜，剩下的只是畏惧或无视。在这样的环境下，教师怎么可能有工作热情，怎么可能体验到快乐和幸福，更谈不上职业的成就感。

在教育现实中，有些教师对犯错误的学生严重缺乏教育耐心和劝导能力，动辄张口就骂，声色俱厉，更有甚者，变相体罚、摧残心灵；还有些教师对学生丧失信心，面对学生的思想偏颇和行为错误置若罔闻，任其发展，导致学生日益堕落，甚至走上犯罪的道路。随着网络通讯的发展，网络平台出现大量转载教师对学生爆粗口的视频，很多人觉得可笑的同时又无奈地对当今的教师现状深深叹一口气。反观这些现象，不难总结出，这些极端的做法，与教师内在师魂铸造的缺口有很大关系。在师魂的指引与作用下，在爱的教育信仰及方法下，教师在工作中会有足够的耐心，会宽容、善良、平和地和学生交往，他们会用心去关心学生的点点挫折，会去爱学生的点滴成长，会对学生的人生负责，体现出教师职业的人文关怀，这样，学生也会在受教育的过程中感受到爱与包容、乐于接受教诲，从中体验到努力学习、平和生活、与人和谐交往的幸福，而和谐亲密的、教学相长的师生关系更会使教师获得极致的、旁人无法体会的幸福感。

所谓幸福感，并不是拥有多大权利，多少金钱，多长寿命，曾看过一篇小文，里面说了很多让人幸福感油然而生的片刻，琐碎得很，例如需要排很长队买到的最想吃的小零食，恰巧朋友特意送来一份；公交车上有个靠窗的位子坐；打开收音机时里面恰好播放此时最想听到的歌……简言之，幸福感是和人们心中所期望的东西及所得到的东西匹配程度成正比的，她发自内心深处，是一种稳当的满足感，不以物质的多少来衡量。如果教师认识到，教育是一个灵魂唤醒另一个灵魂的过程，是彼此惺惺相惜、心灵融合的过程，教师因师魂的支撑会比常人更快、更易、更多时候在精神上获得幸福。

教师职业是一种在付出爱与尊重的同时，可以收回更多的爱与尊重的神圣职业；在成就别人的同时，也更好地实现了自身的价值。正如叶澜教授所说："教师，是一种使人类和自己都会变得更加美好的职业。如果一味地套高帽子给教师，就习惯性地忽视了教师职业给教师个人带来的利益。教师的职业行为不仅使学生成才，更是实现个体主体价值的主要途径。"

当然，我们一定不能说教师因为其职业属性就必须要不求回报地进行付出，现在社会舆论给教师们戴高帽子，将教师职业的神圣人为地、自觉不自觉地扩大、强加、赋予教师。"春蚕到死丝方尽，蜡炬成灰泪始干"神圣、崇高、美好被笼罩了沉重的色彩，教师苦涩地、默默地承受"奉献"、"付出"及理直气壮的"低收入"，他们并不能完整地、不留遗憾地体会到教师职业所带来的职业尊严和欢乐生活。

内化师魂的教师是有着高度自我认同感的，他们有着自己的特殊归属感和使命感，有着人生的意义与价值，有着自己的理想和目标，为自己感兴趣的职业奋斗。冯友兰先生也曾指出："人所实际享受的一部分的世界有小大。其境界高者，其实际享受的一部分世界大。其境界低者，其所实际享受的一部分世界小。"❶这里讲的世界实际指本体的满足感与存在感。而师魂就在一定程度上决定了他获得本体满足感与存在感的程度。

四、职业定位

教师职业发展离不开教师对教育事业的尊重与热爱。一个人如果对某个领域有浓厚的兴趣，有明确的目标，且能获得满足感与幸福感，那么，他会不辞辛苦、满怀信心、斗志昂扬地投入其中。铸造师魂则能赋予教师强烈的归属感、使命感、坚定教师育人初衷，它的内在性、驱动性、究极性会促使教师加深对教育概念的认识，能促进教师以坚定的意志、宽广的胸怀、睿智的头脑、深邃的目光、多元的智慧来看待教育，深化对教育主体的认识。

师魂的铸造不仅强化、更新教师的教育理念，而且促进教师教育技能的掌握与控制。一个将师魂内化于心的教师必将是一个在职业中乐于完善进取，敢于追求创新、善于超越提升的人，只有具备这样的品质，他们方能在教育内容和方法

❶ 冯友兰。境界：冯友兰谈人生［M］。北京：中信出版社，2012。

上有所创造，他使得教师化身为教育的一股特有的力量，教师的言行或可成为某一社会阶段的教育秩序与守则，从而产生巨大的教育效果。正如19世纪俄国教育思想家乌申斯基所说："无论有关教学和教育的指示如何详细，它们永远不能弥补教师信念的不足。……对人进行教育的最主要的途径就是培养教育信念。任何教学大纲，任何教学方法，不管它多么完善，但如果不能变为教育者的信念，那就只能成为教育者的一纸空文，而在实际上不能起任何作用。在这件事情上，甚至连最警惕的监督也不会见效。一个教育者永远不可能成为教育指示的盲目的执行者；教育指示不经过个人信念的加温，就不可能具有任何力量。"❶

师魂能使教师坚定地认同教师身份、教师职业及与这一职业相关联的生活方式，并自觉筛选、剔除有碍于职业操守的思想与行为，它帮助教师完成富有个性的、精妙绝伦的教育艺术，提供给教师强大的、源源不断的精神力量，支持教师在万花筒般的世界中拒绝形形色色、光怪陆离的诱惑，引导教师把自己生命所有的力量集中在人生理想与教育理想相统一的追求之中。同时，相对统一的师道下的师魂使得教师事业获得社会及人类的普遍认可，促使教师迈开大步，不断走向职业的高深之处，成为掌握顶尖教育艺术的专家型教师。

有些教师，他们把教育的荣耀看得像生命般重要。孟子说"君子有三乐"，"父母俱存，兄弟无故，一乐也；仰不愧于天，俯不怍于人，二乐也；得天下英才而教育之，三乐也"。教师将教育工作"区别"于其他职业，摆脱职业的"从业"束缚，将育人工作看作教师本体的内在精神需求，像孟子那样的得天下英才而教育之为乐，感受到职业生命的乐趣，乐于为精益求精的教育而不断追求，那么他才能在教育教学活动中自由地、积极地、充满活力且有创造性地发挥自己的全部潜力。

师魂的铸造与内化能够培养教师对专业教学的浓厚兴趣，就像舞蹈表演者若成为艺术家必然爱上跳舞、歌唱家必然热爱歌唱，画家必然爱上融入个人思想的创作过程一样，教育大师总是能爱上那三尺讲台，因为它是教师得以施展自己才能的地方，是实现自我价值、社会价值和人生理想的地方。师魂的内化使得教师对教育工作具有极大的热忱、强大的精神信仰、清晰的奋斗目标，它使得教师信心十足地投身于教育教学工作当中去，提高教育教学的艺术水平。

我国人口众多，教育很难在城乡之间、区域之间平衡发展，教育资源也分布不均。发达地区教师超编、不发达地区教师严重短缺的现象，致使教师专业成长有很大的差异，加上教师的素质参差不齐，一部分教师甚至是在教师岗位上混日子，这就必然导致教师队伍整体水平的下降。这种现象虽然和经济发展水平有关，

---

❶ 张璇。教师教育信仰的缺失与重建 [D]。山东师范大学，2009。

但很大程度上和教师的工作态度有很大的联系。师魂的铸造过程能使他们积极转变观念，端正态度，以平和的心态投入到经济水平差异较大的不同区域中，从而推进教师职业专业化发展的整体进程。

有人会质疑，如果说教师担负着培养全方位人才的重担，且不说能达到符合社会需求的教师数量不够多，光是如此高水平的全能教师，让他们常年窝在偏远地区，不计酬劳的执教，这就是不符合客观规律的。诚然，我们不能以“教师”之名给作为普通人的教育工作者扣上“神圣”的大帽子，我们认为，所谓“师者”，专业知识固然要“术业有专攻”，但健康的心理素质、良好的道德品质、高尚的人文素养，有针对性的教育学知识、了解学生身心发展规律的业务，热爱教育的拳拳之心，才是最最重要的，也是所有教师相通的、一致的。很难想象一个不热爱教育事业、不热爱教师职业、不热爱教学工作的人能成为一名合格的教师。“倘若没有对某种崇高理想的信念为我们的一切活动注入热情与欢乐，我们便不可能获得生活的最大成功。”❶

师魂的铸造对教师人格、教师价值观、教师的职业意识具有导向和升华作用。铸造高尚师魂的这些教师立足于所在学校的发展，将自身的生活与生命融入到国家轰轰烈烈的建设中，爱岗敬业，任劳任怨，为国家的发展做出卓越贡献。师魂的铸造是教师自我全面素质得以完善的基础，师魂的铸造能够调节和促进教师对自身的行为动机、行为持久力以及自我完善等。

我们可以看到，有的教师就是把自己的教育工作看作是谋生的饭碗，将自身的教育能力看作是谋生手段，与自己的兴趣截然区分开来；有的教师恪尽职守，责任心使得他们在自己的工作岗位上兢兢业业，使日常教学工作不出现纰漏，他们任劳任怨，默默承受着教育工作的辛劳；有的教师则是把自己的身份与职业看得无比的神圣，在工作岗位上充满热情，他们在工作中能够得心应手，他们每天的工作是自身本能发展、心理诉求的一种需要，他们爱自己的事业并能够从工作中得到价值感与幸福感，这是我们最希望看到的教育和教师的状态。而师魂的铸造对教师正确职业意识的形成有极大的推动作用，而端正的职业态度又对教师做好教育工作有着极其重要的意义。

当今时代是一个多元化并多样性的时代，是一个合而不同、求同存异、共存共荣的世界。随着科学技术的飞速发展，知识信息的不断更新、科学学科的必然分化，古代私塾那种私人小作坊的、贯穿始终的单一教学活动已不复存在，一个教师“包办”学生整个成长过程的情况绝不可能出现了，社会需要一个人根本无法满足，教育需要相对统一的社会教育群体的团结与协作来共同完成，这一过

❶ 奥伊肯。生活的意义与价值［M］。上海：上海译文出版社，1997。

程正需要教师们坚定的内在师魂作支撑。团队精神和意识已成为当今社会任何职业都不可缺少的一项基本素质和要求，教师这一职业无论从宏观的社会需求，还是微观的个人成长来看更是这样，师魂的铸造则有助于培养教师的团队精神和意识。今天，每一个学生的成长成才再也不能单靠一个名师的指导——无论为师者道德情操、知识含量、能力水平有多突出，而是由不同阶段、不同科目甚至是不同个性的教师共同努力的结果，有了教师群体的团结协作，学生才能从教师群体中"各取所需"，汲取养分，实现自身全面、多样、健康、持续的发展。

教师这一职业并不是一份能带来声望、财富与权力的职业，而能从事教师职业的人一般自身能力尚可，可以选择很多更能带来"实惠"的职业。因而，在很多人眼中，教师并不是"性价比"最高的营生，但很多人还是自愿选择了这一职业并坚守、奋斗一生，原因在于他们对教育事业、育人工作的极大热忱、极度满足感，对学生的无私热爱与强烈的责任感，"人以群分"，高尚师魂的聚合力使得教师凝聚在一起，为着共同的教育目标而奋斗。一定时期相对长期存在的师道趋同性使不同内化师魂的人为着同一职业理想团结协作、相互扶持、共同努力。教师内在灵魂的驱动性和同一性，也是教师职业身份的重要标志之一。师魂的同一性使教师职业整体内部可以很快地达成一致，教师们很快自觉自愿、默契地协调开展教育教学工作，同时，教师们可以跨时空地在各自岗位的具体的工作中获得各方面的理解、认可与支持。

五、社会范畴

"无论对什么样的民主社会来说，道德状态最终的检验就是这个社会中的孩子们"。这是新教神学家狄特里希.邦霍夫的理念，说明教育对社会、未来甚至人类发展的重要性。

作为社会学分支学科的教育社会学主要研究教育的社会性质、功能及教育制度、组织、发展规律，他们认为，学校是社会的主要团体之一，是家庭和社会之间融合的通道，是造成社会所需要的人格品质的专门机构，更是培养个人社会化的基本单位。教师承担着向学生灌输符合当前社会要求"模式"的责任，这一社会责任便意味着教师与社会、教师与学生之间存在着"契约关系"。我们这样理解，教师这个职业，并不只是将离开父母怀抱的孩子接管过来的"保育员"，他们被社会赋予神圣的职业——将孩子从家庭领入社会系统，培养出符合社会需求、遵守社会伦理的"社会成员"。

这里不得不提的是，家家都有孩子，人人皆可为父母，"家长"一词大如天，又带着理直气壮的蛮横。社会、家长很清楚教师与社会这种契约关系，他们对教师给予"厚望"，称其为"灵魂工程师"，然而，盛誉的背后是苛刻的审视与质疑。教师们作为教育者、塑造者，他们必须符合社会、家长的要求去培养、教育学生，否则，其自身便得不到社会的认可，不能成为民众眼中合格的教师。

同时，教师的社会性使得教师这个职业本体的道德、品行、能力、行为远比其他职业更受到社会的关注，当教师群体的精神追求、道德水平、职业能力与社会契约交付及要求存在差距甚至背道而驰时，他们便不能充当当前社会道德规范的旗帜，不能成为社会伦理范畴的领跑者，这时，社会就会适时地调整整个职业的道德标准，重新诠释“为人师表”。所以，这就不难解释前文的困惑，为什么人们普遍认为教师应该比一般人“更高尚”、“更无私”、“更乐于奉献”，应该具备更高的道德标准和行为要求。但遗憾的是，重新诠释“为人师表”的调整往往略微滞后于现实存在。

“化民成俗，其必由学”，教师能大化民俗。优秀教师的言传身教，受益的绝不单单只有其门徒弟子，他们更大的作用在于可以化民成俗，成为天下的楷模，使潜在门徒弟子遍布天下。“夫所谓道者，在人伦日用之间，体之以心，践之以身，蕴之为德行，发之为事业，非徒以为工文辞取科第之资已也。”[1]所以跟随其学习的“合则考德而问业，孜孜以性命为事；散则传语而述教，拳拳以善俗为心。”[2]移风易俗、匡时救弊的社会使命与责任，是通过教师这一永恒的职业，一代代传承、潜移默化影响而逐渐实现的。教师能够“吐辞为经，举足为法，绝类离伦，优入圣域”[3]，所以，“师得其人，则长吏敬之，民庶服之，故教行而化兴，不然则否”[4]。正如周敦颐说过的“师道立，则善人多；善人多，则朝廷正而天下治矣”[5]，可以说是充分肯定教育的社会功能。

在复杂多变的思想浪潮中，铸造师魂在教育生活中具有强大的凝聚作用。如前文所说，教师与社会、家长之间存在“契约关系”，那么教育就绝非是单纯的个人行为，而是一种社会活动、一种集体行为。若想达到教育学生成为社会栋梁之才的目的，必须有许多教育者摒弃自身与社会教育活动相悖的“个性”，求同存异，共同努力，否则，从根本上相悖行的教育影响很难在学生个体身上产生明确、统一、有效和持续的作用，从而不能形成教育者和社会所希望、所需要的社会品质。我们一般所倡导的要努力形成的“教育的合力”实际上就是指对教育一致性的要求，这就必须有师魂提纲挈领地把握大局，掌控教师的教育方向。“可以说，没有相对统一、稳定的师魂引领，就没有教育影响的一致性，没有衡量教育的标杆，

---

❶ 张伯行：《正谊堂文集》卷九《紫阳书院碑记》。
❷ 赵绍祖：《赤山会约跋》，商务印书馆《丛书集成》初编本。
❸ 韩愈：《进学解》。
❹ 虞集：《道园学古录·滕州学田记》。
❺ 周敦颐：《通书》。

教育工作就会断裂成许多互不相干甚至互相矛盾的碎片。”[1]不同时期、不同背景所产生的“师魂”引领并聚集起一些充满教育热情的不同个性特点的教育工作者，他们相互学习，相互影响，为共同的教育理想而奋斗。如，美国哲学家、教育学家杜威在1879年写的《我的教育信条》成为芝加哥教育实验以及后来整个进步主义教育运动的纲领。我国教育家陶行知先生在1926年发表的《我们的信条》激励了许多从事生活教育和乡村教育的同志，产生了深远的影响。日本小原国芳制定的十二条信条也成为玉川学园这个“新教育圣地”的精神指南。[2]

必须清醒地看到，教育者自我认知的不确定和混乱会不经意地促使受教育者“自我意识”的虚无。在生命与生命的相互影响过程中，如果没有价值确定性及稳定性，那么，既不会有人格的稳定，也不会有人与人关系的协调，更不会有社会的和谐发展。只有在个体有意识地反思理想的积极方面和消极方面，自愿地加以认可，并献身于这些理想之后，才可以在一个复杂的多元主义社会中达到这种（个体的和社会的）确定性。[3]因此可以看出师魂的铸造在社会范畴上的主要意义。

---

❶ 孙丽娟。论教师信仰 [D]。河南大学，2008（5）。

❷ 石中英。教育信仰与教育生活 [J]。清华大学教育研究，2000（2）。

❸ 沃夫冈·布雷钦卡。信仰、道德和教育：规范哲学的考察 [M]。彭正梅，张坤，译。上海：华东师范大学出版社，2008：31。

第三章　师魂的观瞻

教育从来就是一面多棱镜，“教人为善”、“授业解惑”早已不是当代社会教育的唯一内容和重心了，教师职业承担越来越多的责任，教师含义被赋予越来越多的内容。因此，对教师的评价就不能仅仅停留在“合法”、“合情”、“合理”上，不能单纯地用好与不好、应该与否来评价教师本身及其职责，还应从教师的行为是否符合他自身需求与社会需求的“合用”角度上来分析。

任何一个职业，如果忽视这个职业群体的主观诉求，那么无论如何从业者也不可能全身心融入到职业当中的，任何一种信仰的建立都是以自愿为基础的内心质询、认同、体验、反省、坚守的过程。如果在正视并满足教师合理诉求的前提下，激发教师的“教育良知”与“教育冲动”，使教师个体与教育全局融为一体，成为教育中不可替代的、起主导作用的一部分，那么，教师的“教化功能”将转变为“质询功能”，学生的“受教过程”将转变为“同意过程”，这个过程可以相互转换，教师亦可尝到“教学相长”的甜头，教育过程将妙不可言。总之，教师行为应该在相对统一的师道引导、规范下，内化师魂，以其自由意愿为前提，同时自觉担负起社会、历史发展责任，由个人品德、能力、意志及自我反省、自我教育共同决定与巩固的责任行为。

为教师提供民主自由的生存环境，建立完善的教师教育体制；给教师充分的教学自主权，提高教师在社会行业中的地位；关注、引导社会舆论，加大对教育事业、教师生存境遇的重视力度，这些都是铸造师魂重要的外部条件，都能成为帮助教师坚守、捍卫教育阵地的有力社会条件。

第一节　师者大道：重塑“师道尊严”

学校的贡献在于传授生活必需的个人文化的共同部分，但是这种贡献不能贬斥同样必要的情感联系和信仰信念，这就要求教师对待这些方面要宽容、圆通、敬畏。但是要知道，只有教师自己受到均衡的教育时，只有教师自己受到公平的对待时，也就是像认识到感情和信仰的价值和危险一样认识到理性与知识的价值和局限时，他们才能成功地做到这点。为师的品格不是教师们口头上承诺，而是一种本性，只有这种本性成为教师自觉自愿的行为规范时，才是我们所追求的铸造的师魂。内化师魂于心的教师，能够做到自觉地以自己的人格魅力和学识魅力为人师表。

“尊师重教”的声音，不用细听就能感受到，它从来就没有停止过，但很多做了几十年教师的人，内心里真实的感受却是：我们就是个教书的，除了家中有上学的孩子或许还功利地重视一下教师,绝大多数人越来越不拿教师当回事儿了。原因何在？其实很简单，师道不存，尊严何来？

中国历来有尊师重教的传统美德，世界上最早的一部教育专著《礼记·学记》有“建国君民，教学为先”的主张，意即“建设国家，管理公众事务，教育为最优先、最重要的事情”。《荀子·大略》有“国将兴，必贵师而重傅；贵师而重傅则人有礼，人有礼则法度存。国将衰，必贱师而轻傅；贱师而轻傅则人有快，人有快则法度坏”的论述，意即“国家想要兴旺，必定看重老师；看重老师，人们就会守礼；人们守礼，规则制度就能被保持。国家将要衰败，必定轻贱老师；轻贱老师，人们就会放纵；人们放纵自己，规则制度就会被破坏”。中国更有“一朝为师，终身为父”的说法，把“老师”等同于自己的生身父母，把“尊敬师长”等同于“孝敬父母”，认为父母给人以“性命”，老师给人以“慧命”，等等。

何为“师道”？通常人们大都认为师道就是“为师之道”，而陈桂生先生在该书《序·师道实话实说》中明白无误地指出：“至于‘师道’一词，据先师萧承慎教授考证，原出于《汉书·匡稀传》。在慎师大作《师道征故》中，分为‘为师之道’‘尊师之道’与‘求师之道’，线索非常清晰。”这三个部分组成了完整的师道。遗憾的是这些在很多“社会精英”看来，是多么不合时宜，他们用地位、金钱的权威来摒弃“师道”，将其妄自定义为封建糟粕，全盘否定并予以批判，“使得最不应该丢弃的中国教育传统或丢失殆尽或被踩在脚下”。“师道之不传也久矣！”这话是韩愈在一千多年前讲的，陈桂生先生今天读来只能是一声叹息了：“如今什么‘茶道’‘花道’‘拳道’等等都传下来了，倒是‘师道’一词真的‘不传也久矣’！”[1]

重塑“师道尊严”，是铸造师魂的根本，只有以教师尊严的确立为前提，才能凝聚人心，明确方向，铸造师魂，以此，振兴教育事业方有指望。

---

[1] 陈桂生。师道实话（增订版）[M]。上海：华东师范大学出版社，2009：3。

第二节 师业之辉：重振“教育仪式”

作为社会意识形态的宗教，是人类社会发展到一定历史阶段的一种文化现象，在其发展的过程中，为了宣扬自己对某些事物的认识、态度，渐渐引申出信仰认知及仪式活动。因此，我们看到在宗教生活中，信仰和仪式像双生子一样形影不离，信仰内容依附仪式来集中、大量地传播，有意思的是，仪式比任何说教更具有说服力，它们赋予信仰以神秘、令人敬畏、崇拜的光环，成为了孵化和培植信仰极好的手段和平台。可以这样说，举行仪式这个举动本身就是信仰的一部分，在仪式里面，世界是现实与想象相融的世界，很奇妙的是，每个人都会有不同的感受，不同的满足感，但都能从中得到想要的、急需的夯实感。总结来说仪式本身有三种作用：一种是禁止做什么事，一种是鼓励做什么事，还有一种是将以上两种作用“合理化”“合法化”，使人们乐于、勇于接受。仪式将生硬的原则、抽象的信仰、具体的要求和超我的精神结合起来，使它们彼此指导、制约、统合。

中国作为文明古国，教育仪式曾经非常受重视。著名的《学记》中有这样一段话：“大学始教，皮弁祭菜，示敬道也。宵雅肄三，官其始也。入学鼓箧，孙其业也。夏楚二物，收其威也。未卜谛不视学，游其志也。时观而弗语，存其心也。幼者听而弗问，学不养等也。此七者，教之大伦也。”❶《学记》把入学教育作为大学教育的开始，要求在开学这一天，王子率领文武百官亲临学宫，参加开学典礼，用新鲜的蔬菜、水果等祭祀先圣先师，以表示尊师重道之意。开学典礼结束后，新生入学后首先学习的内容是《诗经·小雅》中的三首诗，即《鹿鸣》《四牡》和《皇皇者华》，这是三首君臣宴乐的诗，入学教育学习它们是为了告诉学生，大学教育是培养政府官员的，上了大学就是“官其始也”，就等于踏上了仕途的第一步，就要思考今后如何才能做一名忠于君王、勤政爱民的好官。入学教育结束之后，日常的教学工作也必须严格进行。上课的时候，学生只有听到鼓声才能打开书箧，把书取出来，目的是培养学生对待学业的严肃认真的态度。教师上课之前应准备好惩罚学生的教鞭（即“夏楚”），目的是严肃课堂纪律，使学生不敢因懈怠而荒废了学业。天子委派的政府官员或天子本人不到夏季大祭完毕，不要到学校里来视察和考核学生的学业成绩，以使学生有更充裕的时间按

❶ 宋元人注。四书五经（中）[M]。北京：中国书店出版社，1985：199。

自己的志趣从容地学习。教师在教学过程中，要经常考察学生的学习状况，及时发现问题，进行正确引导，但不要指手划脚说得太多，为的是能给学生独立思考的余地，让学生充分体会学习的乐趣，培养强烈的求知欲和自学能力。年幼的学生要注意多听少问，依循由浅及深的学习顺序，做到“学不哺等”，这是大学进行日常教育教学管理的基本规程和具体行为指南，明确、具体、具有很强的可行性。其中规定的天子视学制度被继承下来，成为中国封建教育制度的优良传统。

这短短的一段话充分地说明了仪式在教育中的重要性，它告诫的不仅是学生还有教师，使其明确治学与教学的严肃性和规范性，同时明确制定了不可动摇的规则。原始社会中存在的“成人礼”是教育仪式的表现；当今社会，在大中小学仍然通过许多仪式，例如开学典礼、毕业典礼、升国旗、宣誓等仪式来教育师生，强化学习及知识以外的社会意识；我们能看到，很多师范院校门口醒目的写着“为人师表”，这也是一种仪式，相信师范学生从进入校门那一刻，便会有为人师的鞭策与自勉吧。

但是，随着社会的开放性越来越强，教育渠道的多元化发展，“现代教育的仪式性逐渐削弱了，或者说，仪式的教育性减弱了，仪式在多数时候是例行公事，仅仅只是一种教育历程的标志，缺乏一种深刻的精神陶冶力量”。❶

在大规模集体的、找准节点的教育仪式中，发挥仪式精神性陶冶力量，可以加强师魂对于教师的内化进程，可以频繁刺激学生、家长乃至社会民众的教育认知，增强教育认同感，形成合力，使师魂的铸造成为全社会的共同责任。世界不少国家，都有这种任职宣誓，并把这种宣誓作为教师从教的先决条件。1996年，新加坡政府教育部为了提升为公众教育服务的质量和水平，也进行了任职宣誓活动，整个仪式简单隆重。誓词全文为：“我们是新加坡的教师，誓言忠于教育使命，帮助所有学生将本身最好的潜能发挥出来；我们在执行任务与责任时将立下好榜样；我们将督导学生成为新加坡的好公民，有用的公民；我们将继续学习，并将学习的热情感染给我们的学生；我们将赢得家长和社群的信任、支持与合作，促使我们完成使命。”美国许多州也要求新教师在任职时进行职业宣誓。❷

榜样的力量是无穷的，具有强大的教育力量。一个内化高尚师魂于心、忠诚教育、愿意为教育事业奋斗终身的教育家本身就是一部伟大的教科书。他们的强大的精神力量、饱满的工作热情、忘我的工作状态、勤勉的工作态度和无私奉献的高尚人格，可以唤醒、强化、塑造即将成为教育者的“教师灵魂”。二千年前的“学而不厌，诲人不倦”的孔子如此，二千年后的“捧着一颗心来，不带半根

❶ 石中英。教育信仰与教育生活［J］。清华大学教育研究，2000（2）。

❷ 沃夫冈·布雷钦卡。信仰、道德和教育：规范哲学的考察［M］。彭正梅，张坤，译。上海：华东师范大学出版社，2008：169。

草去”的陶行知也是如此。他们毕生追求的教育境界和舍我其谁的强烈意志不仅教育、感染了他们的弟子门生，成就了一个时代的教育辉煌，更是作为一笔宝贵的精神财富为后人传承、反省并发扬光大。他们的事迹被世人津津乐道，传颂至今，激励着一代又一代的教育工作者。日本著名的教育家小原国芳在谈到“师道”时，就对师范生与在职教师们说，“我在这里诚恳地希望诸位精读伟人传，特别是伟大的教育家传记”“请大家一定要拜读领会这些圣者贤人们的高尚传记，至少是为了我们的国家早一天建设成为美丽的日本，为了早一天在世界上洗刷那蔑视日本为‘经济动物’的侮辱，使日本发出‘精神人类’之光”。❶

重振“教育仪式”，扬师业之辉，用严肃的、有影响力的仪式集中或分散地学习和宣传教育榜样，这样能在受教育个体身上产生强化学习的作用，从而使未来的教育者在将师魂内化于心的基础上，建立新的、具有超越时代性的教师行为模式。

第三节 家国之柱：重兴“教师事业”

铸造师魂，需要树立教师的教育理想，并在远大理想的指引下，鼓励教师不断对自身教育行为进行反思，不断对教育实践进行反思，铸造师魂将长期作用于民族素质的提高，增强民族凝聚力，提升家国地位。

前文所述，师魂的铸造使得教师们充满激情、希望地奋斗在看似平凡、平淡的工作中，他们始终牢记教育之于学生、家长、社会、国家乃至人类发展的重要性。教师在具体教育工作中要做到以下几个方面：首先，对于可塑性强的学生，应遵循客观规律，自觉依照师魂规范加以引导，使之成为有益于社会的群体，这也正是教师的基本职责——教书育人；其次，教师必须填补空缺，在当今信息开放传播的时代，不遗余力地担当起保护学生的责任，自然而然、力所能及地抵制一切侵害学生的行为与思想；再次，教师应承担起社会、国家责任，一个充满正能量，热爱家国，有着强烈归属感、使命感的教师，既能在言行上，甚至气势上给予学生以战胜困难的勇气、智慧与力量，又能帮助学生把握方向，使其逐渐形成积极向上、符合人类历史发展规律的先进思想。

教师要树立一种坚定的、理性的教育理想，以此指导教师对教育行为的反省，则必须养成对教育实践进行反思的习惯，这将有利于教师形成自己的教育理念，

---

❶ 小原国芳。小原国芳教育论著选（下）[M]。刘新乔，等译。北京：人民教育出版社，1993：334，337。

从而根据实际需要对教师的实践行为进行实时指导。叶澜先生曾指出“教学改革要改变的不只是传统的教学理论，还要改变千百万教师的教学观念，改变他们每天都在进行着的习以为常的教学行为。”[1]她强调教师要形成理性的创造智慧，并将它们理解为一种能力，认为“创造智慧不只是认识能力，而首先是一种生存态度。在我看来，有创造智慧的人，一定是有勇气的人，他要敢于面对现实、面对问题，在问题和现实的矛盾前有强烈的迎战冲动，他要敢于抓机遇，最重要的要敢于面对自己，不断地追求对自己的超越。”[2]当然，这种创造智慧的养成需要教师的远大理想作为原动力。

形成与时俱进的教育理念，建立加强对不同时期“师魂”的反思、批判与革新同样重要。教育工作是一项特殊的工作，随着时代的不同，会有着不同的表现特征。环境在变，教育体制在变，教育内容及教育目的也会不断改变。师魂铸造并不是一成不变的、一劳永逸的，它也会随着教育实践的变化而不断更新。教师昨天所信以为真、善、美的东西，在今天或许就不是那么神圣甚至不那么合情合理了，有的可能还会显得有些过时、可笑甚至该遭到批判了，这就要求教师时刻对原有内化了的师魂具有一种清醒的反省能力，不断对自己的职业领域范畴进行更新与调整，否则，坚守的师魂可能就会成为一种桎梏，进而成为教育改革的一种障碍。因此，这就要求教师形成不断更新的教育理念，铸造与时俱进的师魂。

建立完善的教师教育体制，为教师提供民主自由的工作环境，是教师坚定教育信仰的重要外部条件，这样能给教师充分的教学自主权，进而提高教师在社会中的地位。

尊重个性，还教师以“自由”。“没有自由就不可能创新”[3]。顺从是没有活力的，顺从者也不会袒露自己真实的面目。“只有赋予教师自由、尊严、权利，教育才可能是真正有创造力的”，“只有让教师成为自己，我们的教育才可能成为真正的教育”。[4]和谐、安全、信任、积极向上的环境能够使个人的创造力和自身能力得到充分的发展，使人乐于施展，敢于施展，能淋漓尽致地表现自己。由于应试教育的长期制约，教师在很大程度上没有自主、没有教学自主权，每一次创新的尝试都要面临即将到来的分数考验，殊不知，教育是长期的、渗入式的，短期的“素质教育”肯定不如“应试教育”见效得快，试问有哪个教师敢尝试呢，又有哪个家长敢放手把孩子交给教师去“实验”呢，恐怕学校也要出来阻止的吧。

---

❶ 叶澜：《让课堂焕发出生命活力》。
❷ 叶澜：《“新基础教育”的内涵与追求》。
❸ 摩罗。因幸福而哭泣［M］。北京：中国工人出版社，2002:19。
❹ 张文质：《教育的十字路口》我们这里说的自由与第四章中所说的“教师在履行职业职责时，拥有高度的选择自由”是不同的，这里所说的自由不是教师自身的随意性，而是外部对教师限制。

诚然，在全国范围有些学校已经开设“实验班”，他们正在尝试摆脱“应试”的教育束缚，但是他们追求的也一定是“素质”与“应试”并重的实验，既要不同于以往的教学，又要使学生在考试中取得好成绩，因此，教师在得到一定自主权的同时面临着更大的压力，为了取得良好的效果，实验班要通过考试对学生进行选拔，少数成绩好的学生才能进入实验班，同时，配备各科精英教师，他们有能力、有想法、有方法。我们能看到，虽然他们仍无法摆脱应试教育的束缚，但他们已经在素质教育的道路上跨出了一大步。

讨论何为好教师的同时，我们不能忽视一个现象，在长期缺乏个性教育的教育环境中，目前都对个性教育存在一定的误解。在很多学生看来，个性教师，是把课上得生动活泼，引人入胜，教师的语言要幽默诙谐，妙语连珠；课堂的氛围应该是轻松愉快，让人回味无穷；学习应该像娱乐，教师应该是演员、游戏玩伴，更是“孩子王”。不能否认，有很多教师会根据课程的需要把课讲得妙趣横生，整个教育过程寓教于乐，但是学习，对于天性爱玩的孩子来说总是枯燥的、辛苦的，是需要学生拥有专注力、自制力和学习兴趣的，教师的作用大多时候应该是通过深入讲解，启发学生思考，解决学生困惑。一个优秀的教师应该能掌控所教授的课程，张弛有度，使学生轻松地学习、快乐地学习、有兴趣的学习，更多地是主动学习，积极解决问题，来享受思想的盛宴。

这里我们呼吁：完善教师教育投资制度，提高教师的社会认同感，只有时代善待人，确定“以人为本”，社会善待教育，确立教育立国，学校善待教师，确立教师立校的理念，教育才能真正地走出强制与经济的压迫。

政府部门可以加大对教育事业的投资力度，完善教师的教育投资体系，为教师各项能力的提高（当然包括坚守从业意志的能力）提供有效平台，为教师的教学、科研、育人甚至个人生活提供合理的物质保障，这样既能在外在客观条件上提高职业的吸引力，也可以间接提高教师职业的社会认同感；权力部门可以依据法律法规及实际情况放宽教师的教育教学自主权，为教师提供宽松的工作环境；“有钱出钱、有力出力，没钱没力赚个吆喝”。说起来有点俗气，可是学生、“社会公民”的全面、健康、可持续发展必须依赖学校教育、社会教育和家庭教育的共同努力及有效协调。

这里又出现悖论，有人会问，你这一大章说的都是如何使教师铸造师魂，为的就是使其能从精神领域认可教师职业从而执着教育事业，而非受到外在褒奖甚至利诱。我们一直认为，师魂的铸造是一个相对漫长的过程，它不是一朝一夕一蹴而就的，它需要社会的很多因素的共同努力，包括一股思潮、一种舆论、一个实体单位、一些群体甚至是一条政策。

教师与其他职业不同的是，它能成就各项职业（反之亦然），它是教育的最大“执行者”，它可以被整合地称为教育事业，且这是一个绝无仅有的，在漫长的时间长河里长期存在的庞大的社会工程，因此，它需要社会各界的大力支持。

完善教师职业评价体系，加大教师职业能力评估比重，强化评估科学性，将评估的严谨性与合情性有机融合，不仅能为教师能力的考量做出一个基本的、底线的标准，而且能促使教师自觉自愿对自己的教育教学工作进行思考、整改与完善，在保护、促进教师从业意愿的前提下，坚定其铸造师魂的信心与决心，不断提高教师的职业能力，最大限度地鼓励了教师们的自主教学。为了避免“统一”的“标准”扼杀教师的创造性，同时又保证大部分教师的评价公平性，应该本着“以人为本”的教育理念，体现对教师的人文关怀，制定“一树多枝”的评价内容，“自评、他评、互评”的评价方法，构建多维度、多元化、系统化的评价体系。

走出对教师“蜡烛”“园丁”“教书匠”甚至是“灵魂工程师”单一传统认识的误区，加强对教师职业地位的舆论向导，将教师从无私奉献的神坛解放出来，将教师职业的神圣性、高尚性与个体的需求度和满足感结合起来，承认教师职业的地位与作用。

教师的社会声誉的提高，能激发教师的工作热忱，激发教师的潜在创造力，他们在真正“和谐、信任、自由”的环境中能埋头于知识钻研、授课技术研究、育人研究、自我发展，只有教师们踏实下来，才能造就学生的良好风气，形成良性循环，教师的权威与尊严才得以维护。同时，这也是一个从反推到正推的过程，如果我们只是单纯地呼吁提高教师在社会上的地位而不去要求教师自身，那么维护教师的权威与尊严只是一句空话，一个梦想，一个架在空中的楼阁。

结　语

原始社会的蒙昧时期，阶级逐渐产生，较高层次的人类开始了对灵魂的思考。自古以来，中国的德育教育经过不断创造和革新，以不同的形式存在于各个时期的教育当中，并成为教育哲学观念的核心内容，道德教育在相当长的历史时期内凌驾于知识的学习和能力的培养之上，成为教育的主要目的。师魂作为教育影响人类自我意识的载体之一，通过一个教师的自我意识，将一个人心灵深处中起关键和主导作用的核心因素和高尚的品格以潜移默化的形式灌输给学生。我们所讲的生命教育就是一种倡导关注生命、珍爱生命、提升生命和发展生命的教育形式。它批判割裂人性、生命、人格的教育，倡导对于人的完整生命的关注。

铸造师魂能使教师坚定地认同教师职业及与这一职业相关联的生活方式，并自觉筛选、剔除有碍于职业操守的思想与行为，它帮助教师完成富有个性的、精妙绝伦的教育艺术，提供给教师强大的、源源不断的精神力量，支持教师在万花筒般的世界中拒绝形形色色、光怪陆离的诱惑，引导教师把自己生命所有的力量集中在人生理想与教育理想相统一的追求之中。同时，相对统一的师魂使得教师事业获得社会及人类的普遍认可，促使教师迈开大步，不断走向职业的高深之处，成为掌握顶尖教育艺术的专家型教师。

师魂的铸造对教师人格、教师价值观、教师的职业意识具有导向和升华作用。铸造高尚师魂的这些教师立足于所在学校的发展，将自身的生活与生命融入到国家轰轰烈烈的建设中，爱岗敬业，任劳任怨，为国家的发展做出其卓越贡献。

教育能大化民俗。优秀教师的言传身教，受益的绝不单单只有其门徒弟子，他们更大的作用在于可以化民成俗，成为天下的楷模，使潜在门徒弟子遍布天下。我们倡导的要努力形成的“教育的合力”实际上就是指对教育一致性的要求，这就必须有师魂提纲挈领地把握大局，掌控教师的教育方向。

教师与其他职业不同的是，它能成就各项职业（反之亦然），它是教育的最大“执行者”，它可以被整合地称为教育事业，且这是一个绝无仅有的，在漫长的时间长河里长期存在的庞大的社会工程，因此，它需要社会各界的大力支持。

只有时代善待人，确定“以人为本”，社会善待教育，确立教育立国，学校善待教师，确立教师立校的理念，教育才能真正地走出强制与经济的压迫。

重塑“师道尊严”，是铸造师魂的根本，只有以教师尊严的确立为前提，才能凝聚人心，明确方向，铸造师魂，以此，振兴教育事业方有指望。铸造师魂，需要树立教师的教育理想，并在远大理想的指引下，鼓励教师不断对自身教育行为进行反思，不断对教育实践进行反思，铸造师魂将长期作用于民族素质的提高，增强民族凝聚力，提升家国地位。为师的品格不是教师们的口头承诺，而是一种本性，只有这种本性成为教师自觉自愿的行为规范时，才是我们所追求的铸造的师魂。内化师魂于心的教师，能够做到自觉地以自己的人格魅力和学识魅力为人师表。

师魂的铸造最终表现在教师对其从事的教育工作怀有无限的忠诚、无上的热忱和无尽的精神动力，他们发自内心地认可教育事业、坚信教育工作是无可替代且至高无上的事业；他们对教育的功能及影响深信不疑，他们对教育能成就学生、成就家庭、成就社会更能成为人类历史发展最重要的一部分有着高度自信。但同时，师魂的铸造要求教育者必须具备较高的职业素养和较强的业务能力，他们为提高师能指明方向、提供动力，使之收获幸福感、成就感，同样提高师能反过来为师魂铸造提供现实支撑，是师魂不断自我完善的推进器。

第三篇 提高师能

荀子曰：“师术有四，而博习不与焉。严师而惮，可以为师；耆艾而信，可以为师；诵说而不陵不犯，可以为师；知微而论，可以为师。”依此言，博学是为师的基础，暂且不论，为师四术中师能占其二，诵说而不陵不犯与知微而论。可见，师能对于一个老师的重要性，它决定了能否为师，师术水平的高低。

“师能”是什么，是为人师的能力；是使人信服，尊其为师的能力。“能力”又是什么，能力首先是心理的，同时又以生理机能为基础，是心理活动和生理活动共同作用的结果，在认识和实践活动中形成、在实践中得以体现。能力的高低，可以比较，可以衡量。

在中国，自古以来崇尚以能力高者为师。师德高尚的老师千万，而闻名于世界、流传于千古的名师、大师都是在能力上极为出众的。不仅在中国，追溯世界各个发达国家的教育史，就会发现对师能的重视是一致的，且各种教育体系都设有明确的师能考核标准。

做一名具备高水平师能的教师，第一级台阶是做一个高素质的人才，第二级台阶是做一个会传道、授业、解惑的高素质人才。达到第一级台阶所要具备的基础能力，包括：观察能力、思维能力、记忆能力、表达能力、审美能力。在此基础上，达到第二级台阶需要具备的教育能力，包括：教学能力、建立良好师生关系的能力、终身学习的能力、教育研究能力、科学研究能力、创新能力、知识迁移能力。

学校的生命在质量，质量的根基在教师。没有教师的成长，就没有教育的提高。子曰：学而不厌，诲人不倦。教师终身学习观的树立尤为重要，而作为教师继续教育发展重要途径的师能培训，为教师终身能力的提高搭建了平台，促进了教育的发展和教育质量的提升。校本培训、校际交流以及教育实习和实践教学等教育活动的蓬勃开展，避免了纸上谈兵的尴尬，提高了教师实践能力，有力推动了师能的发展。

教育理念的不断变革促进教育质量的快速发展，时代呼唤教育研究的深入，以期更有力地指导教育实践，教育实践又反过来进一步促进了教育研究的发展，二者相辅相成，成为了一名合格教师的必备能力。

“教师，是人类文明的传播者，是人类灵魂的工程师”。这句对教师使命的概括妇孺皆知，但是隐藏于使命之后的诸如观察、思维、表达、教学、科研、创新、校本、校际、实践等各项能力的严格要求、辛勤付出，有几人能够做得令自己满意、令世人称叹？我们皆是在追求与努力的途中，从教的过程也是不断自我提高的过程。

第一章 教育是树人之本

教育学所要研究的是如何使教育促进人的发展。首先，我们要明确教育人的目的，它是教育的最终目标，是各阶段教育培养目标的指引。而各阶段教育，由于培养对象不同，有着不同的任务，所以培养目标各不相同，教师所应具备的能力不尽相同，各阶段教育根据各自的培养目标建立本阶段师能的评价体系，因为培养目标的不同，各阶段的师能才各有表现和侧重。

第一节 教育与人

教育对社会发展的作用，主要是通过教育对人的发展作用而产生的。实践证明，并非所有的教育都能促进人的发展，有的收效甚微，有的反而阻碍人的发展。所以我们必须正确认识教育与发展的关系：教育促进发展，发展指导教育。

一般而言，发展就是指事物有规律的运动变化过程，世界上的一切事物都是变化的，由小到大、由简单到复杂、由低级到高级、由旧质到新质、由成长到衰亡的过程化过程就是发展。人的发展同其他事物一样，也是一个有规律的变化过程。

一般认为，人的发展有广义和狭义之分。广义的人的发展，主要是指人从生命开始到生命结束的全部人生中不断发生的身体和心理两个方面的变化过程。狭义的人的发展，仅指人的身心变化过程中至上升趋势的历程，即从人出生到成年的身心变化过程。

教育学研究的主要是狭义的人的发展。同时，人的发展还包括生长、成长、成熟。生长是指机体的发育过程；成长不单指身体的变化，而且包括心理的变化；

成熟则是指人的身心发展变化的状态和程度。

人的发展包括生理和心理两个方面。生理方面，包括身体的正常发育和体质的增强两个部分。身体的发育是指有人体的骨骼、肌肉、神经系统等机体的生长；体质增强则指身体的生理功能特性，以及力量、速度、反应、耐力、平衡性、协调性和机体的健康状况（主要指对自然的适应能力和对疾病的抵抗力）等。心理方面，主要包括两个部分：一是指人的心理过程即认知过程、情感过程、意志过程；二是指人的性格特征等。人的身心发展两方面是紧密联系的，具有统一性。首先，身体是精神的载体，人的精神和心理的产生离不开生命体（身体），身体的发育制约着精神、心理的发展。如果人的身体有疾病，大脑发育不正常，人的认知、情感、意志乃至性格能力都会受到一定程度的影响；反过来，精神和心理状况也会影响到人的机体的成长，心理的发育成熟，有助于人的身体成长。因此，人的身心发展是交互影响、相互作用、统一而不可分的。所以，教育促进人的发展，必须是全面和谐发展。

我们再来探讨一下教育的含义，教育是培养人的活动，分为广义教育和狭义教育，狭义教育又叫学校教育。有人认为教育是环境的一部分，为了强调教育的作用而从环境中抽取出来的。但是教育研究学界更认可的理解是教育和环境存在着区别：环境是人发展的外部因素，而教育包含有主观因素，即学生本身参与教育活动中：环境对人的影响是自发的，而教育对人的影响是自觉的、有目的、有计划的。

纵观古今中外教育家们的教育思想，可以发现很多人都认可教育是人发展的主要因素。我国古代教育家孔子提出的“性相近，习相远。苟不教，性乃迁。”，就充分肯定了教育对人发展的作用。荀子在《劝学》篇中也指出：“于越夷貉之子，生而同声，长而异俗，教使之然也”。法国的启蒙思想家卢梭则说“植物的形成由于栽培，人的形成由于教育”。德国古典哲学家康德则认为“人只有靠教育才能成人，人完全是教育的结果。”英国资产阶级教育家洛克说“我敢说我们日常所见的人中，他们之所以或好或坏，或有用或无用，十分之九都是他们的教育所决定的。人类之所以千差万别，便是源于教育之故。”他们都对教育在人的发展中的主导作用，给予了充分的肯定。

马克思、恩格斯也同样非常重视教育对人发展的重要作用，既批判了教育万能论，也批判了教育无能论。马克思、恩格斯曾在《资本论》中，提到教育对人的劳动能力的形成发展具有重要作用。他们指出“要改变人的人性，使他获得一定劳动的技能和技巧，成为发达的和专门的劳动力，就要有一定的教育或训练。”恩格斯更把教育看成是个人获得全面发展的重要条件。他说：“教育可使年轻人很快就能够熟悉整个生产系统，它可使他们根据社会的需要或他们自己的爱好，轮流从一个生产部门转到另一个生产部门。因此，教育就会使他们摆脱现代这种分工为每个人造成的片面性。”[1]

一、教育使人认识自身的价值

在人类发展历史上，人不同于动物的特殊价值并不是一开始就被发现和认识的。原始社会生产力极其低下，人经常受到自然环境和其他物种的影响，生存环境岌岌可危，而又毫无办法，因而总觉得自己软弱无力，看不到自己已有的和应有的地位与作用。奴隶社会时期，奴隶和牲畜一样被任意买卖，毫无人的地位和尊严可言。封建社会，农奴依附于地主生活，一纸卖身契便决定了他的归属，也只能过着被剥削和压迫的生活，没有人身自由。直到资本主义早期人文主义思潮出现以后，才开始听到关于人的权利的呼唤。随着现代科学技术的发展，科技解放了生产力，但在某一意义上，又对人的权利、自由产生了束缚。教育有责任改变这种现状，要不断提高人对人自身价值生命价值的认识，提高人们对人与人、人与社会、人与自然关系的认识，充分认识到人的生命价值、人的主体地位。教育不仅要教给人们知识和技能,更重要的是要教会人们怀疑人类现有认知的精神，运用知识改善生活的能力。应该使人们清醒地认识到，知识是为人所用、为人类服务的，而不应该让知识反过来奴役人。

二、教育能够发掘人的潜能

每个人的能量都不容小觑，每个人都可能在某一方面有着出色的能力。这便是潜能，很少能够自动的表现出来。必须通过教育和学习才能使人的潜能得到充分的发掘。教育者必须认识到，只有具备了一定的条件，人的能力才能得到超常的发挥，潜能才能得以发掘，充分认识人的潜能存在的事实及价值，尽可能地使人的潜能得到发展。是教育者应该努力追求的目标。一个人的成功是教育和环境及个人主观因素共同作用的结果。英国的卡文迪许实验室是世界物理学的最高殿堂，它吸引着无数追求物理研究顶峰的有志之士投身科学研究，也为他们提供了学习与科研的最佳环境，从 1904 年至 1989 年的 85 年间一共产生了 29 位诺贝尔奖得主，其科研效率之惊人，成果之丰硕，举世无双。

三、教育使人的身体力量、精神力量得以发挥

人的身体力量的发展有多种途径，教育也是众多途径之一，然而人的精神力

---

[1] 《教育学》全国教师资格认定考试命题研究中心。机械工业出版社，2011。

量的发展却只有通过教育才能实现。教育的任务不仅要培养和发展人的身体力量和精神力量，而且要协调人的身心两方面力量的发展。教育使人的精神力量从自然状态向自觉状态发展，当一个人把精神力量集中于一个方向，不断追求，必有突破。

四、教育使人的个性得到发展与完善

每个人都有独特的个性、独特的社会价值。教育的目的是使人得到全面的发展，教育不是机械化生产，教育不能按照统一的标准进行，对人的发展要根据个人的特性有不同侧重，要在人的共同性的基础上，把人的差异性充分表现出来，从而使每个人都具有自主性和独特性，实现生命的自我价值与社会价值。发展个性是教育的理想，进行个性化教育是教育的本质要求。但是如何在学校环境中，在班级学生众多的情况下，改变学校教育重视共同性有余，而重视差别处不足的现状，使每个学生的个性都得到充分的发展实现个性教育，这是个性教育面对的最大难题。

综上所述，教育在人的身心发展中起主导作用，尤其是学校教育，主导着人身心发展的水平和方向，对人身心发展的作用尤为突出。学校教育之所以起主导作用，是由学校教育的特点和特殊功能决定的。

五、学校教育的特点

（一）学校教育是有计划地培养人的活动

在中国，规范的学校教育是遵照教育部指定的教育目标、教学大纲进行的。教育部组织专家进行教育目标研究是根据一定社会要求和人身心发展规律而进行的。从学生入学的第一天起，学校教育就有明确的教育目的，即通过教育使学生的思想、体力、智力等得到全面发展，并使其能适应社会，成为社会需要的合格劳动者。为了实现教育目的，学校选择各方面的课程，通过教育教学活动，使学生掌握各方面的知识、技能、方法，养成一定的学习态度、品德修养。学校还对学生提出一系列规范要求，促使学生达到规范目标。学校还把社会认可的道德规范教给学生，按照一定的规范校正学生的非道德行为，通过各种途径提高学生的社会意识、社会责任和社会交往能力。在进行基础教育的中小学中，教育对人的身体素质的提高也具有重要的影响；专业学校教育对人从事某种社会职业所必需的知识、能力的发展又起着定向和熟练化的作用；在高等学校，更注重传授学生学习专业基础知识，提高自学能力和研究能力。所以受过学校教育的人与未受过教育的人相比，在获得知识技能方面，不仅具有数量、质量、程度的差异，而且具有态度、能力的差别。

所以教育，特别是学校教育是学校通过有目的、有计划的活动，对人实施全面的影响，既影响受教育者的身体，也影响受教育者的心理和精神，既增进受教者的认知能力，也影响其态度和思想品德。

（二）专职教师是学校教育的实施者

在我国，除少数偏远落后地区的学校外，在学校工作的教师都必须具有教师资格证书，中小学教师都是由师范学校培养的专业教育者，他们受过专门的培养训练，不仅掌握广博精深的文化知识，专业知识，对所教知识掌握透彻。同时，应专修过教育学、心理学方面知识，懂得教育规律和教育教学的方法技巧，具有较高的教育理论修养。

（三）学校教育是在时间和空间集中的可控环境中进行

学校是一个可控的教育环境，学生按照规定的时间在校，按照学校安排的教学活动进行学习。学校可根据学校的目的选取符合教育目的的积极因素，克服和阻止妨碍学生身心发展的消极因素。在克服消极因素方面，学校制定校规校纪，规范学生的在校行为，制定教师工作守则，规范教育者的行为。学校应组织安排一系列促进学生发展的活动，如课堂教学、实验教学、社会实践、文体活动等。按照符合人身心发展规律，使用有利于学生身心发展的教育内容和教育方式，保证学校环境的所有因素，都能促进学生健康成长。

学校教育是有明确目标，时间相对集中，有专人指导，并照顾学生的个性差异水平，有助于加速学生身心发展的教育活动。如果学校教育能正确判断学生的最近发展区，这种加速作用将更明显、更有意义和更富有成效。“最近发展区”是苏联心理学家维果茨基在研究儿童发展与学校教育关系时提出的一个概念。他认为，教学对儿童的发展能起主导作用和促进作用，但为此应该确定儿童的两种发展水平，一种是已经达到的现有发展水平，表现为儿童能独立完成任务，另一种是儿童可能达到的发展水平，表现为“儿童还不能独立地完成任务，但在成人的帮助下，在集体活动中，通过模仿，却能够完成这些任务”。这两种水平之间的差异就是“最近发展区”[1]。学校教学活动具有“成人指导”和“集体活动”两方面的条件，因此，只要目标提得恰当，就有可能走在自然成熟的前面，加速儿童的发展。当然这种加速是有限度的，即儿童的发展在一段时间里可能达到的发展水平。维果茨基虽然谈的是儿童的发展与教学问题，但这一思想在反映教育对发展的特殊功能方面具有普遍意义。

---

[1]《教育学 中学部分》杨秀治。山东大学出版社，2007。

六、追溯教育的源头——教育目的

当你来到学校，走进教室，面对着一群朝气蓬勃的学生，走进他们中间，与他们交谈，感受他们对生活的热情与期待，欣赏他们的奇思妙想，或许你会产生这样一种想法：这个孩子很聪明，他很有想法，他会长成一个什么样的人？他以后会是一个优秀的人吗？优秀的人是什么标准？如果你是孩子的家长、是一名教师，那你就会更加重视这样的问题，这个孩子将会成为怎样的人，我们要把他培养成怎样的人。当你这样思考的时候，你实际上无意识地涉及教育理论中的一个难题——教育目的问题。

教育目的是对教育产品（即教育所要造就的人）的规格之设计，它具体回答了教育应该培养什么样的人的问题，这是指教育的最终目标。教育是一种有目的地培养人的活动。目的成为规定教育本质的一个内在因素，这是各个学派对教育本质这个形而上问题唯一能互相接受的一个论点，至于其他便只有仁者见仁、智者见智了。

在世界各国漫长教育实践历史中，不同历史背景的人们从各自的理想出发赋予了教育所要培养的人以不同的内涵。如柏拉图把教育的最高目的限定在培养治理国家的哲学家上，他们是“心灵的和谐达到完美的境地”的人；人文主义者拉伯雷心目中理想的人能读、能写、能唱、能弹奏乐器，会说四种至五种语言，会写诗作文，勇敢、知礼、健壮、活泼，爱做什么就做什么；而启蒙运动的先锋卢梭心目中的理想人是一个自然天性获得了自由发展的人，他身心协调和谐，既有农夫或运动员的身手，又有哲学家的头脑；他心地仁慈，乐于为善，感觉敏锐，理性发达，爱美，既富于情感，更富于理智，还掌握了许多有用的本领。我国近代梁启超主张培养的人应具有的特征是：公德、国家思想、进取冒险、权利思想、自由、自治、进步、自尊、合群、毅力、义务思想、尚武。马克思主义创始人心目中理想的人是个性全面发展的人，即精神和身体、个体性和社会性得到普遍、充分而自由发展的人。马克思主义关于人的全面发展的理论是我国制定教育目的的理论基础。❶

七、从教育目的到培养目标

教育目的是一定社会对教育所要造就的人的质量规格的总的设计和构建，它

❶ 《教育目的论》陈佑清。湖北教育出版社，1994。

从最一般的角度规定了教育应从哪些方面去塑造人，是教育实施的最终目标。在现代社会条件下，最终的教育目标是由不同类型的教育共同完成的，学校教育的目标是由不同层次的教育分步骤完成的。在我国，人们常把不同类型、不同层次教育所造就的教育产品的质量规格称为培养目标。学校教育包括普通教育和专业（职业）教育，普通教育又有小学、初中、高中三个层次，专业（职业）教育有中专、大专、本科、研究生等不同层次。这些都属于学校教育的类型，除此之外，还有家庭教育和社会教育两种教育类型。不同类型、不同层次教育在完成总的教育目的中所起的作用是不同的。家庭教育，是大教育的组成部分之一，是学校教育与社会教育的基础。家庭教育是终身教育，它开始于孩子出生之日(甚至可上溯到胎儿期)，婴幼儿时期的家庭教育是“人之初”的教育，在人的一生中起着奠基的作用。孩子上了小学、中学后，家庭教育既是学校教育的基础，又是学校教育的补充和延伸。其教育目标应是：在孩子进入社会接受集体教育之前保证孩子身心，健康地发展，为接受幼儿园、学校的教育打好基础。著名心理专家郝滨老师曾说过：“家庭教育是人生整个教育的基础和起点。”确实，家庭教育是对人的一生影响最深的一种教育，它直接或者间接地影响着一个人人生目标的实现[1]。狭义的社会教育则指学校教育以外的一切文化教育设施对青少年、儿童和成人进行的各种教育活动。现代社会教育是学校教育的重要补充。不同社会制度的国家或政权，实施不同性质的社会教育[2]。

（一）如何根据总的教育目的设计具体的培养目标

如果把教育目的看做是教育的“最终产品”的质量规格，那么各种培养目标则是指教育的“中间产品”的质量规格。显然中间产品的质量规格是根据最终产品的质量规格的要求进行设计的。

在我国，总的教育目的结构基本分为知识、技能和素质三部分，所以为实现总的教育目的服务的各种类型和各个层次的教育培养目标结构也都大致分为知识、技能和素质这三部分。同时，培养目标在知识、技能和素质的每一方面的内容结构也是与教育目的同构的。比如，不论是哪一种教育的培养目标对学生素质发展的要求都应包括人的有效活动所需具备的几个方面的素质，即影响活动目的倾向的素质、影响活动过程调节控制的素质、影响活动质量和效果的素质、身体素质、个性。不同层次、不同类型的教育所培养的人的知识、技能和素质只有层次（程度）和具体内容上的不同，而没有结构形式上的差异。

---

❶ 刍议如何科学地在家庭教育中培养孩子的学习意志力。中学语文教学资源网。

❷ 引自百度百科词条：社会教育。

（二）培养目标的设定必须符合人的身心发展规律

如前文所述，教育在人的身心发展中起主导作用，但是教育作用的实现，要求教育必须适应人身心发展的规律，各阶段教育的培养目标必须是该年龄段、该类型教育受教人群所能够达到的。在决定教育内容的深度上、教育要求的高低程度上，都要根据人的身心发展水平确定，超越了受教人群的能力范围，教育目标不可能实现，只能是一纸空谈。

在选择教育教学方法上，要考虑受教人群的接受能力、思维能力，根据以上能力选用抽象的或是形象的方法。

人的身体和心理发展既然是有规律的，教育工作就要适应这种规律性，在教育内容上遵循由具体到抽象、由浅入深、由简到繁等循序渐进完成，不能“拔苗助长”，否则不利于学生身心发展。

近年来许多心理学家和教育家认为儿童心智成熟早于过去，而且社会对人才的要求更加全面，除了正常的学校教育内容外，还要求在音乐、体育、美术等方面有所特长，所以对儿童的智力、身体开发提前，主张应及早地把儿童置于学校教育的影响下，以利于智力开发和早出人才。早期教育的主张是对的，但早期教育的内容和方法应适合儿童身心发展水平，遵循循序渐进的原则促进儿童身心发展，否则教育收不到应有的效果。

关于人的身心发展阶段，我国通常根据人生理和心理的特点，把人从出生到成年划分为6个阶段：乳儿期（出生～1岁）、婴儿期（1～3岁）、幼儿期（3～6岁）、童年期（6～11、12岁）、少年期（11、12岁～14、15岁）、青年初期（14、15岁～17、18岁）、青年中期（17、18岁～26岁）。不同的年龄阶段身体心理表现出不同的特点，因此教育内容的选择和教育方法的运用都应适合学生的年龄特征。

童年期，对应于我国的小学教育阶段，学生的思维特点具有具体性和形象性，抽象思维能力还较弱，对于抽象的原理不易理解；注意力主要是无意注意逐渐向有意注意转变，集中注意的时间比较短；机械记忆能力强，因此小学阶段的教育内容应该是比较具体的知识，不宜多讲抽象的原理、理论；教学方法应重视直观教学，广泛应用直观教具，教学要生动有趣，富于变化，适当地安排基础知识背诵，在这一时期学生所背诵的内容往往会印象深刻，受用终生。

少年期，对应于我国的初中教育阶段，随着年龄的增长、学校教育与家庭教育的训练，学生的抽象思维有很大发展，但经常需要具体的感性经验做支持，因此教学内容可以是一些抽象理论，教学方法可以适当减少直观教学形式，但讲解时必须多举学生经历过的事例，注意理论与实际结合。

青年初期，对应于我国教育的高中阶段，学生的抽象逻辑思维居于主要地位，能进行理论推断，是进行逻辑训练的最佳时期。对高中生的教育，主要进行抽象理论教学，但要注意培养学生辩证逻辑思维能力。在青年初期，学生思想还不成熟，处于价值观、世界观、人生观的初步形成阶段，所以在这一阶段，要重视学生的思想教育，树立远大的理想，建立正确的价值观。

青年中期，对应的是高等教育。虽然，高等教育已不再是精英教育，但对于大学生、研究生的教育仍应着眼于国家发展的需求，培养具有创新能力的高端人才。

总之在不同的年龄阶段，选择与之相适应的教育教学内容和方法，教育才能取得应有的效果。但在每一教育阶段，教育者在确定具体的教学内容、教学方法时，既要从学生已有的水平出发，适合学生的身心发展水平。同时，同一班级的学生，发展水平也会存在很大差异，所以在教育上应因材施教，为培养优秀人才打好基础。教学不能迁就学生现有的水平，要高出原有水平，为学生经过一定努力方能达到的水平，这才能做到促进学生身心不断向更高水平发展。

此外，学生进入高一层教育阶段时，会带有一些低年龄特点，不能很好地适应新环境、新的教育方式，因此要求教育者对学生要适当“引渡”，即帮助学生适应新的学习阶段。教育要适应人身心发展的不均衡性。

人从出生到成熟的进程呈波浪式向前推进，并不是匀速的。人的身心发展不均衡，使人生理和心理的各方面发展，在一定时期内发展较快，一定时期内发展缓慢。其中，在某一时期内，身心的某一方面机能发展得最快，如果在此时期进行科学合理的教育训练，最适宜形成此方面的能力，教育家把这一时期称为此能力教育的关键期。在关键期内，根据发展特点重点进行某一方面的教育，教育既省时、省力，又容易发挥出这方面的潜力，而错过了这一时期，教育效果就会降低。人的动作技能和心智技能的发展都有不同的关键期。如人们认为弹钢琴技能训练的关键期是3岁，语言学习的关键期是3～4岁。教育的任务，在于寻找发现各方面能力的关键期，并抓住关键期及时进行科学施教，才能达到很好效果。

教育要适应人身心发展的个别差异性。人的身心发展除了共同的特征外，由于遗传、习惯、教育因素的不同，还存在着个别差异。个别差异主要指个人在认识、情感、意志等心理活动的过程中表现出来的相对稳定，而又不同于他人的心理特征。人的个别差异表现在许多方面。首先表现在同一年龄的不同人，在同一方面发展速度和水平的不相同。例如两个同为8岁的儿童，一个儿童的抽象思维已有很好的发展，已经能够掌握数的概念，利用概念进行运算，而另一个却还不能脱离实物进行运算。国外一个大规模的研究报告曾经做出这样的估计，“当一年级的教师，遇到他班上年龄差不多都是6岁的孩子时，他事实上面对着一群能力不同的儿童，从他们准备状况的差异来说，实际上是3～11岁。”其次表现为不同人在不同方面的差异。每个人由于遗传和受教育不同，在不同方面表现出优势。比如在身体方面，有的人平衡能力强，有的人奔跑速度快，有的人身体强壮，有的人身材高大；在认识方面，有的人长时记忆能力好，有的人短时记忆能力好，有的人抽象思维能力强，有的人形象思维能力强，有的人发散思维能力强，有的人想象丰富，有的人才思敏捷，等等；在兴趣和才能方面，有的人兴趣广泛，有的人兴趣专一，有的人爱好文学，有的人喜爱绘画，有的人喜爱唱歌，有的人组织管理能力强，有的人表演才能出众，等等；在性格品质方面，有的人外向，活泼好动，有的人内向、善于思考，有的人谦虚礼让，有的人助人为乐，有的人大公无私，等等。

教育工作者不仅要认识学生发展的共同特征，又要充分重视每一个学生的个别差异，做到“因材施教”，有的放矢，发挥每个人的潜力和积极因素，弥补个人的短处和不足，选择最有效的教育途径，使具有各种个别差异的学生都能得到最大限度的发展。[1]

（三）各阶段培养目标的确立

现代教育体系从横队上可分为不同的类型，如普通教育与专（职）业教育，学校教育与家庭教育、社会教育，等等；从纵向上可分为不同的层次，如小学、初中、高中，中专、大专、本科、研究生，等等。不同教育的差异也就表现为水平（程度或层次）以及类型上的差异，这些差异相应地也表现在培养目标上。也就是说，层次和类型不同的教育，其所培养的人的知识、技能、素质的水平和各自具体的内容就有所不同。所有这些决定了不同层次不同类型教育的培养目标的确立应反映学生身心发展水平和内容上的差异。也就是说，根据总的教育目的来确立某个层次、某种类型教育的培养目标时应考虑该层次教育在人才培养的总体教育体系上的地位和作用，只有很好地完成了阶段培养目标，才能很好地完成学校教育培养人才的最终目的。不同层次、不同类型的教育培养目标的具体内容是不同的。

影响某一类型、阶段教育培养目标的内容因素有：第一，该种教育的性质及其在总的教育体系中的地位和作用。比如，小学教育、初中教育在整个教育体系中是基础教育，它肩负着为学生进一步接受教育作准备以及为学生学会做人打基础的使命。职业教育、高等教育的目标是对学生进行知识、技能和素质的深入训练，使学生成为某一专业型人才，适应社会的需要。第二，社会环境对教育对象的要求和期待。处于不同社会和生活环境的人，所须学习的活动种类和范围、活动过程和方式、活动质量要求是不同的。

比如，以中国建国以后六十多年的情况来看，随着社会的开放和经济的发展，

---

[1] 《教育目的论》扈中平。湖北教育出版社，1997；《教育学 小学卷》国联资格考试研究中心组。华东师范大学出版社，2007。

社会对人才的衡量标准逐步提高并且日趋多元化，所以各阶段教育的人才培养目标也随之逐渐调整，教学内容和方式也发生了很大的变化。另外，社会对不同层次和不同类型教育的教育对象的期待和要求也不相同。譬如，小学生面临的生活问题是学会“做人”和接受进一步的教育，他生活中的主要任务是学习，因此小学生所应掌握的知识、技能和素质的内容及层次都是基础的常识类的。大学生将直接走向职业和社会生活，学会从事某种职业活动和独立生活的本领是大学生面临的主要生活问题，他所须掌握的知识、技能和素质的内容主要围绕此而展开。同样，如果具体到某一个专业，工程师要掌握工程设计的专业知识，师范生应掌握的知识、技能和素质就应以作一个好教师和有效地从事教育活动的需要作出选择，相应地，师范专业的培养目标在知识、技能和素质方面要求的内容就与工科专业的不同。

第二节　小学教育培养目标

一、制定小学培养目标的依据

根据义务教育法的规定，凡年龄在 6 周岁以上的儿童必须接受义务教育，小学生的年龄大约处在 6 ~ 12 岁这个年龄阶段。儿童进入小学后，生活的重心发生了变化，学校以学习为主导，学生有必须完成的学习任务，孩子的身心发展进入了新的阶段，要学会约束自己的行为，明确自己的任务，学会学习。生活上也发生了变化，没有了在幼儿园时妥帖的照料，学生开始学会在校期间生活自理。小学教育根据童年期儿童身心发展的特点提出相应的特殊任务，小学教育是所有教育的基础，因此，在这个阶段为学生今后全面发展打下“初步”基础，是小学教育培养目标的重要特征。制定小学教育培养目标，要注意小学生年龄发展的阶段特征，尊重他们的兴趣与需要；在考虑小学生身心发展特征的共性时，还要注意到个体差异性。

（一）儿童生理发展的主要特征

童年期是生理发展相对稳定与平衡的时期。身高、体重、肌肉的强度和耐力、肺活量的增长都相当均匀。童年期的儿童骨骼增长较快，但骨化尚未完成，因此，小学生的骨骼富于弹性，但不坚硬，易弯曲变形。尤其是脊椎的软骨成分丰富，骨盆骨化尚未完成。童年期儿童肌肉含水分相对较多，含蛋白质、脂肪、糖和无机盐较少，富有弹性，而肌力较弱，容易疲劳，但恢复快。大肌肉、上肢肌发育较早，小肌肉与下肢肌发育较迟。小学生心肌纤维较韧，心脏功能较差。[1]

（二）儿童心理发展的主要特征

1. 观察

小学生尤其是低年级学生，还没有适应以学习为重心的学校生活，观察的注意力总是被有趣、新鲜的事物所吸引，而忽略了当前主要的任务。教师应引导儿童从观察感受事物表面特征发展到知觉事物的本质特征。

2. 注意

注意力分无意注意和有意注意两类，小学生正处于无意注意向有意注意的转变阶段。低年级学生集中注意力的时间比较短，容易分散，需要教师在教学过程中采取多种生动的方式教学，时刻观察学生的状态，及时提醒。

3. 记忆

小学生记忆的主要方式是形象记忆，而且有很多事物是他第一次接触到，认识层次不会深入，而且作为对这一事物的初次印象，记忆会尤其深刻，难以改变。儿童年龄越小，识记具体的知识、事件、人物、对象、事实要比识记定义、解释、描写等越好，并且记得牢固。小学生的逻辑记忆也有所发展。因此，教学要使记忆系统化。对低年级儿童而言，在教学中要注意运用直观形象、事实。

4. 思维

随着成长学习过程,人的思维也在逐渐从具体形象思维向抽象逻辑思维过渡。小学是思维训练的初期，小学生还是以形象思维为主，思维缺乏自觉性。

5. 情感

儿童入学后，学校不断向儿童提出新的要求，包括日常的行为举止规范，互助友爱、敬爱师长、热爱祖国的道德规范，在学业上积极进取的学业要求，这都会是小学生逐渐养成自己的情感取向，从而指导他们的行为。小学生还没形成清晰稳定的道德观念，常依靠教师的评价来衡量事物的好坏。

6. 自我意识

自我意识是对自己身心活动的觉察，即自己对自己的认识，具体包括认识自己的生理状况（如身高、体重、体态等）、心理特征（如兴趣、能力、气质、性格等）以及自己与他人的关系（如自己与周围人们相处的关系，自己在集体中的位置与作用等）[2]。小学低年级儿童刚进入学校，逐步学习以学校的行为规范约束自己，还没有建立独立的评价标准，独立评价自己的能力相对较差，中年级开

---

[1] 《儿童生理与卫生学基础》杨培禾。首都师范大学出版社，2011。

[2] http://baike.baidu.com/view/99830.htm?fr=aladdin。

始逐步学会把自己的行为和别人的行为加以比较，并结合教师与父母的评价来评价自己的行为。教师与父母对儿童活动的及时评价以及言行的潜移默化对儿童自我意识的形成有重大作用。

（三）儿童的学习特征

低年级儿童难以深刻认识到学习的意义，他们去学校上课是家长的要求，上课听讲、课后完成作业是老师的要求，努力学习是为了取得好成绩。这一切并不是建立在对学习的意义深刻的理解上的，学生还没有理解知识的真正价值。这种遵守家长、教师、学校要求的行为缺乏最根本的动力，所以也不会完全的自觉遵守，教师应尽快让学生习惯于新的生活制度，使儿童认识到学习不完全是游戏，而是一项认真的工作，学习能知道很多有价值的东西。

小学生的学习动机大多是希望得到老师的称赞、父母的夸奖。学生在校的学习活动都是有老师主导的，尤其是班主任，是班级的管理者，学生对老师怎样对待他，对他的学习有什么反应十分敏感。分数，带有教师的评价，所以，学生很快就了解到分数的作用，取得高分就成为小学生的学习动机。

对学习结果的重视随年龄而增长，随着年龄的增长，尤其是在中国，学生从小学就会面对升学的压力（在很多城市，有些升学率高的初中会对生源采用考试的方式进行筛选，即使小升初没有考试压力，但是，只要高考存在，目前在教育体系中这种以分数来评价学生的现象就不可能得到根本的改变。）儿童逐渐重视学习的结果。对学习内容的兴趣常常和自己对成绩的满足感的体验联系在一起。

二、小学教育的培养目标

小学教育是基础教育，既是各级各类学校教育的基础，也是个体身心健康发展的基础。所以，小学教育的根本任务就是打好基础，即要求学好语文、数学，打好读、写、算的基础；全面推进素质教育，为全面发展打下基础；使小学生初步学会运用自己的手和脑，运用自己的智慧与体力，为培养具有高素质的公民打下基础，为全民族文化素质的提高打下基础。

根据童年期儿童的生理发展水平，允许他们进行系统的学习，但不应过度疲劳和过度紧张。老师应培养小学生坐、立、写字与看书的正确姿势，注意锻炼儿童的小肌肉，逐步锻炼手部的精细动作，但应避免剧烈的运动。培养小学生有目的有顺序地进行观察,引导儿童从知觉事物表面特征发展到知觉事物的本质特征。不断地向学生提出要求并及时提示，使小学生的有意注意得到发展。在教学活动中教师要帮助学生学会分析、综合、抽象、概括，逐步发展逻辑思维的能力。注意培养小学生的自我意识和自我评价能力。使小学生了解学习在人一生中的重大价值，培养小学生对学习的兴趣，并形成良好的学习习惯。养成儿童认真学习、积极思考的优良学习品质。培养小学生初步的分辨是非的能力，逐步发展儿童对道德的理解能力，能对社会上的各种现象进行初步的分析与思考，逐步学会科学地看待社会和人生问题。培养儿童初步的自我评价和自我教育能力。具体可分为以下培养目标。

（一）德育目标

德育是培养学生正确的人生观、世界观、价值观。使学生具有良好的道德品质和正确的政治观念。形成学生正确思想方法的教育。小学在德育方面的要求是：初步养成爱祖国、爱人民、爱劳动、爱科学、爱社会主义的思想感情；初步养成关心他人、关心集体、认真负责、诚实、勤俭、勇敢、正直、合群、活泼向上等良好品德和个性品质：养成讲文明、讲礼貌、守纪律的行为习惯，培养仁爱、信义的品德，初步具有自我管理以及分辨是非的能力。

（二）智育目标

智育是传授给学生系统的科学文化知识、技能。发展他们的智力和与学习有关的非认知能力的教育。小学在智育方面的要求是：具有阅读、书写、表达、计算的基本知识和基本技能，了解一些生活、自然和社会常识，初步具有基本的观察、思维、动手操作和自学的能力，养成良好的学习习惯。

（三）体育目标

体育是授予学生健康的知识、技能，发展他们的体力，增强他们的日常保健意识和体魄，培养参加体育活动的需要和习惯，增强其意志力的教育。小学在体育方面的要求是：初步养成锻炼身体和讲究卫生的习惯，培养学生对体育运动的兴趣，具有健康的体魄。

（四）美育目标

美育是培养学生健康的审美观，发现他们鉴赏美、创造美的能力。培养他们高尚的情操和文明素养的教育。小学在美育方面的要求是：初步具有广泛的兴趣和健康的审美情趣，培养审美能力。

（五）劳动技术教育

劳动技术教育是引导学生掌握劳动技术知识和技能，形成劳动观点和习惯的教育。小学在劳动技术教育方面的要求是：初步学会生活自理，会使用简单的劳动工具，养成爱劳动的习惯。[1]

第三节 初中教育培养目标

一、少年期的年龄特点

少年期是从童年期向青年期发展的过渡时期，是儿童心理发展的一个很重要的转变期。这个时期的主要特点是半幼稚和半成熟，独立性和依赖性、自觉性和冲动性等各种矛盾互相交错。少年随着身体发育的成熟，在生理、心理、社会影响等方面都发生了巨大的变化。所谓过渡时期是指心理的发展，从一个年龄阶段的特点向另一个年龄阶段特点的转变，它标志着前一个发展阶段的结束和下一个发展阶段的开始。转变期可划分为转变前期、转变期、转变后期。在每一个心理发展阶段的稳定期，发展是逐渐的、平稳的；而转变期的变化，则是急剧的、激烈的。转变期又称敏感期，是指有机体对外界的感受最敏感的时期，它是以前一个年龄期间所固有的一种优势状态，改造成为后一个年龄期间所需要的新的优势状态为特征的[2]。

二、初中教育的个体发展任务

少年期的年龄特征决定了初中教育在个体发展阶段的重要性和艰巨性。初中生对人生似懂非懂、渴求自主、力图摆脱家长、教师对自己的束缚，他们心里认为自己对周围的世界有了一定的认识，可以自主决定行为，不需事事征得成年人同意，但这样，最容易犯错误。有时，学生会固执己见，将问题恶化，直至到了他无法承受后果时，才会回头或难以回头。所以，在这时期，教师既要对学生进行正面教育，又要讲究教育方法，巧妙的疏导学生的叛逆情绪，才能达到良好的教育效果。

总的说来，初中教育在促进少年身心发展方面的任务可形象地比喻为“帮助少年起飞”。对少年独立的要求给予尊重、倡导和支持，丰富少年的内心世界，帮助他们形成正确的自我意识和理想自我，认识世界、认识别人，从而正确地认

---

[1] 《教育学 小学卷》 国联资格考试研究中心组。华东师范大学出版社，2007。
[2] 《心理学》（第三版）章志光主编。人民教育出版社，2002。

识自己，明确自己的目标和方向。

三、初中教育的培养目标

（一）德育方面

使学生具有爱祖国、爱社会主义、爱中国共产党的思想感情，初步树立辩证唯物主义、历史唯物主义的基本观点，初步具有为人民服务的思想和集体主义观点，具有良好的品德，以及一定的分辨是非和抵制不良影响的能力，养成文明礼貌、遵纪守法的行为习惯。

（二）智育方面

掌握必需的文化科学基础知识和基本技能，具有一定的自学能力，运用所学知识分析问题、解决问题的能力和动手操作能力，培养学生实事求是的科学态度和不断追求新知识的精神。

（三）体育方面

初步掌握锻炼身体的基础知识和正确方法，养成讲卫生的习惯，具有健康的体魄。

（四）美育方面

具有一定的审美能力，初步形成健康的志趣和爱好。

（五）劳动技术教育方面

掌握一定生产劳动的基础知识和基本技能，了解择业的一般常识，具有正确的劳动观点、劳动态度和良好的劳动习惯。

初中教育是小学教育的继续，又是为普通高中、职业高中和成人高中打基础的教育。初中教育阶段的学生处于学龄中期（少年期）。学龄中期是从儿童到少年又由少年走向青年的过渡时期，是人的成长、发展过程中非常重要的一个转折时期，因而也是为学生全面发展、全面提高素质打基础最关键的时期。初中教育的培养目标，要在小学阶段使学生“初步”得到全面发展的基础上，为促进他们的身心健康、和谐发展打好坚实的基础，而且，在初中教育中，也要为中等专业教育打下基础。初中教育最重要，但目前又是最薄弱的一环。因此，教育界和全社会都十分关注初中教育目标的全面实现。

第四节　高中教育培养目标

一、青年期的年龄特征

青春期可能是每个人回忆中最难忘的时期，在这一时期，学生最有朝气，对未来充满了美好的理想。学生身心两方面逐步走向成熟的时期。人的社会化在青年期也基本完成，青年将取得公民的资格。随着年龄的增长，大多数青年对世界、事业、人生和自己都会有较清晰和深入的思考，尤其在我国，高中阶段，学生面临着高考，下一步人生将会进行分流，或是读大学、或是继续接受职业教育、或是走向工作岗位，所以，学生要对自己的情况和理想都有较为清晰的认识，并对自己的未来作出重要的选择。因而，“未来”是青年期最重要的概念。

二、高中教育的个体发展任务

高中阶段一般是17~19岁，在这一时期，青年的身体发育成熟，体质增强，而且很多学生会走过18岁，步入成年，这一重要的标志会使学生在心理认知上向成熟迈进一大步。所以，这一时期是学生从身体、心理走向成熟的关键时期。学校在保证学生身体和心理健康发展方面依然有重要的责任。同时，很多学生面临高考，这一阶段也是中学期间学习负担最重的时期，紧张的学习、升学或择业的心理压力都可能引起身体的疾病，尤其是神经系统和心血管系统的疾病。所以，教师应合理安排任务，调节学生的心理压力。

帮助青年正确认识和处理个人与社会的关系也是高中教师重要的工作内容，这是决定青年今后人生价值取向和道路选择的重要因素。使学生建立健康的世界观、社会主义核心价值观，这是高中阶段思想政治教育中的一个特殊任务。高中阶段是人生的一个岔路口，在这一时期，学生会根据自己的兴趣、志向、现状决定自己的道路。学校教育要使青年认清时代的要求、个人的前途命运与社会发展的关系，帮助青年确定远大而又切实可行的奋斗目标，找到实现个人抱负的现实道路。

三、高中教育的培养目标

高中教育在义务教育的基础上进一步提高学生思想道德素质、科学文化素质、身体心理素质，并且使学生的个性得到健康的发展，为培养社会主义建设者和接班人奠定良好的基础。其主要目标如下。

（一）德育方面

使学生具有社会主义和共产主义理想，热爱社会主义祖国和社会主义事业，热爱中国共产党，具有为国家富强和人民富裕而艰苦奋斗的献身精神，树立辩证唯物主义和历史唯物主义的观点，具有社会主义和共产主义道德品质，使学生具有道德思维和道德评价能力，具有自我教育的能力和习惯，养成遵纪守法、文明礼貌的行为习惯。

（二）智育方面

使学生在初中教育的基础上进一步掌握必需的文化科学基础知识和基本技能，特别要打好语文、数学、外语、物理、化学、地理、生物、历史的基础，要发展学生的志趣、特长，培养学生具有不断追求新知识的热忱以及自学能力、分析问题和解决问题的能力，具有实事求是、独立思考、勇于创造的科学精神。

（三）体育方面

掌握锻炼身体的基础知识和技能、技巧，学会科学锻炼身体的方法，逐步养成自觉锻炼的习惯，使学生的身体素质全面发展，具有健康的体魄和从事生活、生产所需的身体活动能力，养成良好的卫生习惯。

（四）美育方面

培养学生正确的审美观，使他们具有感受美、鉴赏美和创造美的能力。

（五）劳动技术教育方面

使学生具有劳动观点、劳动习惯和学习生产技术的兴趣，掌握现代生产技术的一些基础知识和基本技能，学会使用一般的生产工具，掌握组织生产和管理生产的初步知识和技能。

高中教育阶段的学生处于青春早期，学生的身体和心理的发展将达到基本成熟。他们在已有的文化科学知识、生活经验和思想道德水平的基础上，初步形成了一定的世界观、人生观和道德观。这个阶段也是学生立志择业、为走向生活、走向独立作准备的时期。因此，培养目标要体现出上述各项特点。

培养目标具有导向性、规范性和一定的“可操作”性。上述所列中小学各阶段的培养目标，体现了中小学教育在不同阶段培养德智体全面发展的人的不同的基本要求。[1]

第五节　职业教育培养目标

高等职业教育以国家建设需要和学生就业为目标，培养生产、建设、管理、服务第一线的高级应用型人才的教育。所谓“培养”就是“按照一定的目的长期地教育和训练”。高等职业教育在培养模式、培养目标、培养过程、培养手段等方面都具有自身的特征。

随着经济社会发展，全球经济一体化以及国内产业升级，目前国内就业市场对高级应用型人才的需求更趋多元化，社会不仅需要传统意义上的学术型、工程型人才，同样需要技术型、技能型人才。高职教育的目标就是培养与国内产业要求相适应的，掌握本专业必备的基础理论和专门知识，适应生产、建设、管理、服务第一线需要的，德、智、体、美等方面全面发展的高级应用型人才。

高职人才培养目标是设置课程、确定教学内容的主要依据，它涵盖德、智、体、美等各方面。“德”，体现了人才培养目标的思想品质标准，要求高职学生具有服务基层、勇于实践的思想，实事求是、言行一致的作风，爱岗敬业、踏实肯干的态度，以及勤于思考、努力探索、敢于创新的精神。“智”，主要指的是知识的掌握，要求高职学生具备一定的知识素质，包括文化基础知识、现代科技知识、专业知识及专业实践能力。“体”，体现了培养目标的物质基础和心理素质，要求高职学生具备健康的体魄和良好的心理素质。“美”则要求高职毕业生要有高尚的情操和健康的审美情趣。德、智、体、美等四方面构成了培养目标的整体要求、各高职院校的具体培养目标正是通过这些方面的不同要求体现出来的。

高职学生应具备较高的综合素质，专业实践能力是培养的核心，这既包括适应工作环境的能力，与人协作完成任务的能力，实际动手操作的能力，学习新知识的能力，积极的工作态度，当然对于高素质技术人才，创新能力也是非常重要的。

高职培养目标应当具备与高等教育相适应的基本知识、理论与技能，以较强的实践动手能力和分析、解决生产实际问题的能力区别于普通高等教育，又以较宽的知识和较深厚的基础理论知识区别于中等职业技术教育。[2]

---

[1] 《教育学 中学部分》杨秀治。山东大学出版社，2007。

[2] 《高等职业教育理论构建》张新民。湖南人民出版社，2010。

第六节 高等教育培养目标

一、我国高等教育人才培养质量的现状

随着高校的扩招，接受高等教育已经成为多数青年选择的道路，同时扩招也带来了更多的挑战。招生数量多了，如何保证教学质量，面对学生就业的新形势，如何调整人才培养目标，培养方案，以适应社会的需求。尤其是研究生教育，由于扩招，研究生培养由原来的教授手工培养变成了学校机械化大规模生产，在此种情形下人才培养质量就令人担忧了。

高等教育工作者也越来越认识到在高等教育中培养学生的智能是首要任务，知识教育只是基础，在培养方式上也发生了很多变化。另一个严重的问题是高等教育专业分得过细，致使培养出来的人技能单一、知识面狭窄，适应性差。针对此，各个高校除了开设适应社会需求新动向的多个新专业，还在逐步实现大类招生。此外，在培养方式上，更加重实践教学的学时比例，使学生在实践中学习、理解、融汇书本知识，在实践中学会自我学习。

但是高校的水平和条件也是千差万别的，目前，也存在着不少高校，招生规模很大，但是实践教学条件无法满足学生需求，重视程度不足，实践教学流于形式，草草了事，不能完成培养计划设定的学时数以及内容要求，教学方法仍是上大课，教师灌输知识为主。

许多大学生缺乏对世界历史和文化的了解。学生不能独立的思考社会问题，成了跟随大众媒体、人云亦云的庸才。

大学要培养什么样的人才，当代大学生要“坚持学习科学文化与加强思想修养的统一，坚持书本知识与投身社会实践的统一，坚持实现自身价值与报效祖国人民的统一，坚持树立远大理想与进行艰苦奋斗的统一，努力成为社会主义现代化建设事业的高素质创新人才”。2003 年 12 月，胡锦涛同志在全国人才工作会议上提出人才“品质、知识、能力、业绩”均优的标准。不管是一流的大学，还是普通的大专院校及民办学校，都应致力于培养一个真正的人，教人成人，把一个自然人、生理人教育成有知识、有理想、有人格、有品德的文化人、社会人、理性人、道德人；培养一个完全的人，即一个和谐的人，不仅使其有齐备的通识（知识、见识）和谋生技能，更重要的是培养他高尚的情操，健全的人格，完善的道德，社会责任感和宇宙的眼光。有研究者提出，评价一个学生的教育质量标准是：

（1）要有崇高的思想品德，深厚的文化积淀，扎实的业务功底。

（2）要具有较强的创新精神，创业能力和实践能力。

（3）要善于学会学习，学会工作，学会做人，学会与人共事。

（4）要善于正确处理人与人、人与社会、人与自然的关系。同样强调学生个体的知识、能力和素质的相统一。❶

二、高等教育人才培养目标

（一）知识

这里仍强调知识的重要性，但是知识的范围扩大了，是人全面发展所必需的知识，包括较高的专业知识和深厚的文化底蕴。一个大学生要具备较完善的专业知识和深厚的文化底蕴。大学生应努力提高自己的专业知识水平，不断完善知识结构，做到一专多能，培养较强的实践能力。同时，人才的质量又不仅使其取决于专业知识掌握程度，在深层次上还取决于人的文化基础和文化修养。人们所处的文化背景越宽、思维领域越广、文化因子越多、文化品位越高，他的精神生活才越充实，越有可能执著追求和有所成就。大学生除要具备专业知识以外，还需具有人文科学、自然科学等方面的基本知识和基本修养。

（二）能力

这里指大学生一要具有正确的思维方式、较强的思维能力。知识固然重要，但仅有知识是不够的。如果知识不能产生思想，不能培养思维能力，训练思维方式，那么，知识又有什么用呢？拥有知识不思考、无能力的人只是一个两脚书橱而已。在一般情况下，思维能力、思维方式比知识更重要。如果没有思维能力、没有好的思维方式，是不能产生新的知识的。有了思维能力、好的思维方式，只要有深厚的知识基础，就能产生新的知识来。所以，知识、思维能力二者应该兼备。由于思维能力比知识更难获得，故思维能力比知识显得更重要。

要具备创新能力、实践能力和创业精神。在知识经济社会里，智力劳动成为社会劳动的主流，创造型人才成为决定国家和企业竞争力的关键性因素。大学必须树立起“创造力为本”的人才观念，注重开发大学生的智能，培植创意思维和创造力。随着现代科技的发展和量子信息时代的到来，知识总量与大学教学时间总量、知识不断增加和更新与人的精力有限之间的矛盾日益尖锐，一个大学生在校学习时只能获取所需知识的一部分，更多的知识要靠毕业后通过实践不断获得和更新，这样，创新能力和实践能力的培养就显得更加重要了。大学生的素质还

---

❶ 《高等教育学》。高等教育出版社，1999。

有一个重要的部分，那就是要有创业精神，作为新时期的大学生，不仅要适应社会自主择业，更要把个人发展空间视为择业的首要标准，有自主创业的精神。

（三）素质

作为大学生，要有信仰、精神。人才的质量首先表现在精神和信仰上。精神有上下，信仰有高低；同是精神和信仰，其内质是不同的。就精神而言，我们要求教职员工和学生，一是应该有精神，没有精神，人不能成其为人。得有向上的精神，奋斗的精神，百折不挠的精神．而不是相反。高质量的人才还得有信仰，有无信仰是衡量一个人能否成大事的重要标志之一。爱因斯坦说："做学问的目的一般有三个，一为功利，二为兴趣，三为信仰。"为功利者，功利到手，做学问的动力就没有了，浅尝辄止，难以做大学问；为兴趣者，有可能有重大发现，但兴趣会转移，会消失，遇到挫折，难以做到百折不挠；为信仰者，尤其是为崇高的信仰者，才能在科学的道路上矢志不渝地攀登，达到光辉的顶点，才能做到鞠躬尽瘁，死而后已。信仰有一般信仰，有崇高信仰，一般信仰指的是一般的宗教信仰,崇高信仰指的是共产主义理想。高质量的人才应具备崇高的共产主义信仰。

一是具有较高的道德素质。"一切人类价值的基础是道德。"一个人树立了正确的道德观，对人生的意义就能够理解得深刻．就能够自觉地抵制拜金主义、享乐主义和排除各种错误思想的影响。大学生只有加强社会公德、职业道德、家庭美德修养，努力培养文明礼貌、遵纪守法、爱岗敬业、奉献社会、尊老爱幼等优良道德品质，才能有效提高自身素质，在社会上有所作为。具体来说，要具备较好的道德品质，首先要做到"己所不欲，勿施于人"，自己不愿意做的事，不要强迫别人去做，自己不愿意得到的，不要强迫别人去忍受，这是道德的最低要求，道德的底线。道德的高级要求就是全心全意为人民服务，为人民而工作，为人民而奋斗。道德的一般要求就是爱人，爱社会，爱世界。对大学生的道德要求是：守住底线，实行一般，追求崇高。

二要具有良好的心理素质。心理学研究表明，人的精神状态、思维方式、认识追求等都与其心理素质有密切联系，是否拥有健全的心理素质是能否成才的关键。社会主义市场经济体制的建立以及社会生活领域"四个多样化"的出现给人的思想观念、思维方式、行为方式都提出了新的挑战。面对日益激烈的社会竞争和生活节奏的加快，即将走向社会的大学生必须要有较高的心理适应能力和良好的个性心理品质，只有这样，才能适应社会发展的要求。具体说来，心理素质主要有感觉、知觉、记忆、想象、意志、兴趣、情绪、性格等方面，只有具有这些方面的能力（包括控制）才是高质量的人才。[1]

---

[1] 《高等教育学》杨德广。高等教育出版社，2009。

第二章 教师是育人之基

随着我国社会、经济的发展，人们已清醒地认识到人才的重要地位，人才的培养来源于教育，人才的质量则取决于教育的质量和水平，教育的质量和水平又归结于教师的水平。“以‘三师’为追求，即陶冶师德，铸造师魂，提高师能。”充分体现了为师的目标与追求。

教师是教育活动中最重要的因素，如何能够成为一名好老师，德、魂、能三者缺一不可。随着时代的进步，社会对人才的要求越来越高，作为人才的培养者——教师也应该提高自身的能力以适应教育需要。

教师需要具备的能力，要研究这个问题，首先要明确能力的概念，所谓能力，是以人的一定的生理和心理素质为基础，在认识和实践活动中形成、发展的完成某种任务的能动力量；是体力和智力的有机结合，物质和精神的动态统一。

通俗易懂地解释“师能”是指教师从事教育活动的能力，主要是指教师应具有的知识和能力，它既统一于教师的素质发展之中，又是连接“师魂”——观念化动力系统和“师德”——规范化行为系统的桥梁。

若要认真研究起来，深刻的理解师能的含义，要明确何为能力，再分析为人师者在能力上的要求，这在下文将有详细的阐述。

第一节 师能的定义和内涵

一、对能力的理解

能力的概念，国内外至今未有被公认的明确、合理的界定、我们的理解是：

能力首先是心理的，是心理活动作用的结果。离开人的心理机能，能力无从产生。这就像没有人的意识的支配，手脚便不会做自如的动作一样。所以在素质教育的过程中，要改变"应试教育"中那种不重视学生心理素质培养的弊端，注意培养学生开阔的胸怀、高尚的志趣、积极的情感、坚强的意志等健康的心理品质，为能力的形成和发展打下良好的心理素质基础。

能力离不开生理机能。没有神经系统、感觉器官等肉体器官（例如手、脚和大脑等）及其协同作用，能力同样无从产生。这正如一个下肢残缺（生理的）、无法完成跳跃动作的人，虽然他可以想象（心理的）如何助跑、起跳、越竿等动作，却不能说他具有跳跃能力，因为他是"力不从心"或"心有余而力不足"。所以，培养学生强健的体魄也是提高综合素质、发展综合能力的重要方面。

能力也离不开文化因素。前面谈到，人的能力的形成是一定的生理条件和心理因素协同作用的结果。而生理机能的发挥，心理活动的展开，又离不开人的文化因素的参与。没有文化的参与，或者说人的文化因素不转化（内化）为心理因素，形成个性文化心理，单一的生理上的心理功能是脆弱的、不持久的。只有在健全的个性文化心理的调控和驱动下，人的能力的形成才会是主动的，人的能力的发展才会有强大的动力。在相同或相似的外部环境条件下，大学生创造的社会财富优于（多于）高中生，高中生创造的社会财富优于（多于）初中生。这就说明文化因素在人的能力的形成、发展、发挥过程中起着不容低估的作用。所以对学生进行能力培养，决不能脱离必要的科学文化知识教育；要提高他们的文化科学素养，增益其智慧，健全其心理，丰富其情感，坚定其志向，为能力的形成、迁移和发展提供可靠的保证。

能力又是通过活动表现出来，并在活动的过程中形成和发展的。能力具有外显性，而帮助其外显的桥梁便是活动。离开活动，能力便无法表现（显示），就像天空之于飞鸟，江河之于游鱼。所以，无论在人们认识世界的思维领域，还是在改造世界的实践领域，能力都只能表现为生理的和心理的（即文化心理，下同）协调一致的运动过程，没有这种生理的和心理的协调一致的活动，便无能力可言；而这种生理的和心理的协调一致的活动的结果，正像马克思所说，是"人的本质力量的公开的展示。"

综上可知，所谓能力，是以人的一定的生理和心理素质为基础，在认识和实践活动中形成、发展的完成某种任务的能动力量；是体力和智力的有机结合，物质和精神的动态统一[1]。能力体现在个人行为上，知识的内化为素质，知识的外在表现为能力。

---

[1] 《教师能力概论》罗树华、李洪珍。山东教育出版社，2001。

二、教师能力的结构和分类

结构是事物组成部分的搭配和组合。教师能力，作为当代教师从事教书育人活动所需要的能动力量，它是由多种单项能力组成的和谐统一的有机整体，缺少任何一个组成部分都将影响教师能力的质量、水平及其发挥；能力的分类可以有很多方式，根据各单项能力的适用范围、作用不同，可以将其分为基础能力、教育能力两部分。

（一）教师的基础能力

基础是事物发展的根本或起点。教师的基础能力，是指支撑教师职业能力的最具基础性的能力。一方面，教师的基础能力，例如教师的表达能力等，没有明显的职业指向性，教育性不是它的唯一功能，或者说它并不为教师所独有，而是作为社会人所必须具备的能力；另一方面，它又是教师职业能力产生、发挥的前提条件和基础。如果不具备这些基础能力，便不符合一个高素质的人的基本要求，更何谈成为社会所期望的教师。

（二）教师的教育能力

教师的教育能力是教师实现为师职能所必备的带有教师职业特点的能力，即教师的职业能力，这是教师教书育人、传道授业所依靠的职业能力。教师教育能力的表现具有多样性和灵活性，本书只能概括出其中几点，未能阐述全面。

三、教师能力与社会发展

（一）研究者的结论：教师能力是影响教学效果的决定因素

教育工作是一种传播人类文明，对学生启智、育德、健体、益能的实践活动，教师在具备堪为人师的思想品德、人生追求、精神素养之外，还必须具备能够胜任工作的智力和知识水平才能担当教育教学工作。

教师职业的起源可追溯至人类社会的形成之初，教育事业的发展无论在任何社会文明中都受到了极大的重视，教师也深得世人尊敬与爱戴，同时对教师也抱有很高的期待。随着文明的发展，世人对教师的期待也同样约束着教师行业，于是便形成了对教师的逐步成熟规范的培养体系、入行要求、评价体系。发展至今，多数国家都制定了关于教师资质的认定标准，主要是有相应的学历即知识水平的要求，但这只是进入教师行业的要求。教育实际表明，即使学历水平合格、工作态度合格的教师教学效果却达不到应有的要求。

可见，学历、知识、经验、态度还不是决定一个教师教育能力的全部因素。

有学者对影响教师教育能力的因素进行了研究，以具备大学学历的中小学教师为研究对象，教师的智力和知识水平不再是影响教育教学效果的重要因素。由此得出的结论是：在达到必要的智力和知识水平之后，从事教师工作所不可缺少的口头表达能力、组织教学活动的能力等，这些能力是影响教育教学效果的决定因素，或者说教师的教育教学能力与其工作效果有较高的正相关。这就启示我们：在教师的选拔过程中，在教师都达到了一定的知识要求后，考察的重点就放在教育教学能力上，何谓教育教学能力，下文将进行深入阐述。在教师的职业发展道路上，既要进行知识的更新、又要重视教学能力的提高。

（二）教育实践的期待：教师应具备与教育事业改革相适应的教育教学能力

随着我国社会的发展、进步，我国教育领域也发生了翻天覆地的变化：不仅教育对象的面貌（包括他们的理想志趣、知识视野、生活习惯、思维方法和行为方式等）发生了很大变化，而且教育的内容、手段都经历着广泛、深刻的变革。随着科技发展、社会变革，应运而生很多新知识、新学科，陈旧的知识被淘汰，这以高等教育的变化尤为突出，但并不止于高等教育，小学、中学、高中的教学内容都在不断地变化中，不仅体现在科学领域，人文课程的内容也在不断翻新。而且，各种新鲜的教学手段向传统的教学方法和模式提出了挑战，多媒体教学、网络课堂、慕课（MOOC）越来越多地被应用于教学，考试的方式、作业的形式都因网络时代的到来而发生了变化。

教育领域这些已有的和将有的改变，对正在从事或即将从事教师职业的人们意味着什么呢？意味着对教师的新的更为严格的选择，意味着教师要想胜任自己的工作，不仅要终生学习新知识，还要培养学生终生学习的习惯；不仅要掌握在新的环境中进行教育教学的规律及运用现代化教学手段的技能，又要不断地改变教学方法；不仅要了解学生身心发展特点，又要指导他们学会做事、学会合作、学会做人。而这些不断更迭的新知识、新技能，又难有招之即来的现成的教科书提供答疑和咨询；只能靠教师本人在丰富多彩的实践中去摸索、去探讨、去学习、去掌握。这就要求教师必须具有相应的学习能力和研究能力、实践能力和创造能力。

综观我国教师队伍特别是中小学教师队伍的现状，尽管教师队伍总体素质不断提高，尽管涌现出一批有高尚师德、有能力、敢创新的优秀教师。但也应该看到，有些老师还远不适应日新月异的教育实践的需要。因此，把提高教师实施素质教育的能力作为继续教育的重点，乃是师资培训部门和教师自身的明智选择。还有很多地区教师素质远不能胜任岗位职责，尤其是老少边穷地区的教育现状令人堪忧，这主要是由于地区经济发展不平衡所造成的。对此，主管部门要努力提高教师的待遇，增加教师职业的吸引力，吸引人才到这些岗位上去工作。只有把教育水平提高了，才能培养出人才，有了人才，经济建设才能搞上去。

（三）国家发展的需要：教师的素质决定了人才培养的质量

据有关部门对七国综合国力的评估结果显示，在评估取值的经济、军事、科教、资源四个主要方面，我国与美、日、德、英、法、俄六国相比，差距最大的是科教。而科学技术是第一生产力，高素质的人才是创造科学技术的源头，学校是育人的园地，教师是人力资源的开发者，教师的能力提高了，才能培养具有创新精神和实践能力的新一代。

对教师而言，当务之急是提高自身的能力，努力满足年轻一代对新知识的渴望，摆脱应试教育的旧模式，这些单纯的靠朴素的职业情感是无法实现的，因为热情代替不了智慧、方法和创造力。

四、教师能力的发展

教师能力是教师从事教育活动的能动力量，它是随着教育的进步而不断发展的，满足教育活动的需求，随教育活动的发展，对于教师能力的要求体系在不断地发展和完善，指导着教师人才的成长。

（一）教师能力随教育的进步而发展

“教”，《广韵》称之为“训”，《说文》解释为“上所施，下所效也”。这两种解说表达了一个共同的意思：为教者应当具有可让人效法的本事。人类有了文字记载之后，为了文明与文化的传承，教育活动也变得越来越重要，教育逐渐成为训导、教育后代的特定活动方式。

随着文化发展，教育也逐步成熟，成立了各级专门教育机构，总结成熟的教学内容为教材。教者不仅要以自己熟悉、擅长的方面作为教学的主要内容，而且要亲自为学生挑选或编写教材，例如流传数千年的《千字文》、《三字经》、《百家姓》、《弟子规》等内容丰富、流畅和谐、通俗浅显的启蒙教材，就是南北朝和宋代塾师所编。

随着社会分工细化和教育发展，教材逐渐成为系统化的知识，有了较为严谨的层次和类别，成为人类文明的结晶。作为教师，职责是把人类创造的严整的知识体系分层次、有步骤、分类别地传授给学生。使他们继承这些智慧的结晶，获得生存的技能，获得发扬人类文明的能力。这要求教师不仅要能牢固记诵书本知识，而且应能准确地向学生传授书本知识，启发学生的心智。这就要求教师具备系统掌握知识、高效传授知识的能力，启发学生的能力。

人类进入信息时代、知识迅速增长、频繁更新、传播迅猛，学习成为人们的生存之本，学校教育绝不是人们学习的终点，只有终生学习，才不会被社会所淘汰，指导学生学会求知、学会做事、学会共处、学会做人成为学校教育的重要目标。要担当和完成此项任务，教师必须注重自身的完善和提高，既要有高尚的人格魅力，又要有积极进取的人生态度，既要有丰富的学识，又要能掌握现代化的教学手段和指导学生“学会学习”的方法，这就要求教师具有现代教育观念和较强的学习能力、创新能力与实践能力。

总之，教师能力的内涵随教育活动的变化而变化，教师能力的水平随教育实践的发展而不断提高。

（二）教师能力是成就人才的关键

古今著名教育家，许多是从教师队伍中涌现出来的。然而，这些教育家与庞大的教师队伍相比，毕竟是凤毛麟角，为什么多数为师者终日为转述教科书辛苦忙碌、倾心尽力，却未能成为在教育改革中有突出贡献、在教育思想上有独特见地？为什么在思想更为解放、言论更为自由的今天却不能涌现出独树一帜的教育家呢？

我们认为，原因不是如今的教师们学业不精，更不是用心不专，关键的原因是缺乏开拓意识和创造能力，墨守成规或是忙碌于事务性工作，安于现状，没有把教育改革、教育创新视为己任。而有杰出贡献的教育家们，正是通过在实践中总结、在问题中思考、在困境中创新才成就一代大家的。

我国历史上伟大的教育家孔子，不仅以《论语》建树了内容丰富的教育理论、而且具备实践这些理论的卓越才能。他的学生子路和冉有都曾经问他：“闻斯行诸？”（听到道理之后就要去实行吗？）他对子路说：“有父兄在，如之何其闻斯行之？”（你有父兄在前，怎么可以听到就去做呢？），而对冉有，则说：“闻斯行之。”（听到后就要去做），对同一个问题，孔子为什么作出完全相反的回答，他曾告诉他的另一个学生公西华：冉有过于保守（“退”），就用鼓励的方法以“进之”；子路过于轻率（“兼人”），就用抑制的方法以退之（《论治·先进》），孔子能如此恰当地运用“进”和“退”的教育方法，能“视其所以，观其所由，察其所安”而灵活有效地对弟子施教，既反映了他熟知弟子，也表现了他因材施教的应变能力。

伟大的文学家、思想家、革命家同时也是卓越的教育家的鲁迅，在近二十年的教育教学活动中，之所以成为“青年的吸铁石”，除了他知识宏富、胸有真理、能与青年共忧乐之外，作为教师，主要是因为他具有批阅千古、采英撷华的能力，化育知识、见解独到的思考能力，深入浅出、幽默风趣的言语表达能力。他讲生理卫生课，既不拘于课文，又不脱离课文，生动通俗，“比喻恰当，入耳不忘”，使人百听不厌，讲完后即记住，无死记硬背之苦”。他讲中国小说史，外系的学生也来听，而见越来越多，“本来坐两个人的座位，往往挤了三四个”，“教室里坐不下，就在窗台上，过道里”，“以致点名的人无法点名，只好画个“全到”了事”。大家熟知的叶圣陶先生，他所以在我国现当代教育史上有着令人景仰的功绩，原因之一也是因为他具有超群的富有独创性的教育研究和教学实践的能力。早在小学二年级任教时，他就能把“诚实”、“反省”、“正直”、“博爱”、“强身”、“尚武”等空泛说教编织成精彩的故事、小说、童话，讲给学生听，使儿童感到新奇有趣，“皆乐而静听”在吴县县立第五高等小学任教时，学生喜欢文艺创作，他就教学生写诗、写小说。在协和大学的讲坛上，叶老首立新文学为一门课程，给学生讲鲁迅，讲周作人，讲郁达夫，讲朱自清，讲小说、新诗和美学，开了我国现代文学教学史的先河。1934 年，他与夏丏尊先生合著的读写故事《文心》，以小说体裁写出。国文的全部知识，如读法和写法，教法和学法等，新颖别致，且深入浅出，既可作“文章作法”阅读，也可作“文学入门”或小说阅读，被中学生称为“阅读与写作的宝典”，是“牛奶一般的书”。所有这些都说明，叶老的想象能力非同一般，叶老的写作能力非同一般，叶老的创新能力非同一般，叶老的教育教学能力非同一般！

（三）中国自古以来崇尚以能力高者为师

在任何历史时期，或是由于统治者提倡崇尚的思想影响。或是由于世人对教师的期待，社会对教师都是有着很高的道德要求的，但是，纵观历史，闻名于世、流传于千古的名师、大师都是在能力上极为出众的。高尚的师德或许很多人都具备，但是师者的教育能力，才是衡量教师价值的关键因素。这一点，以现代人力资源管理的思维也可以很好地解释，甚至可以以数学方法加以证明。师德，是无法明确进行考量的变量，而师能的很多方面则是可以以很多明确的变量加以体现，比如掌握运用一项技能的水平可以量化为分数。当然，师能也有无法明确考量的方面。但比之师德，确是更加容易加以比较的。而且，对能力的更高追求是无止境的。所以，在教师都被认为具备了为师所应有的德行后，评价教师所依靠的就只有能力。

在中国教育史上，最早的比较系统地阐述教学理论的《学记》产生于战国末期，书中阐述极重视教师的教育能力。它把“豫、时、孙、摩”当做“教之所由兴”即教育成功的四个环节，豫，就是预防性原则。在学生不良行为发生前就加以防范叫做预防。如果不良行为发生之后再去禁止，积习已深就难以矫正。所以这个原则要求教师在教学上要有预见性。时，是及时施教原则。“当其可之谓时”，抓住最佳的时机，及时施教，因势利导，就会取得良好的教育效果。否则，“时过然后学，则勤苦而难成”。孙，是循序渐进原则。“不陵节而施之谓孙”，教学必须遵循一定的顺序（“孙”），根据学生的年龄特征和接受水平妥善地安排教学进度。否则，“杂乱而不孙”，不按顺序教学，就会使教学陷于混乱而难以收到效果。摩，即学习观摩原则。“相观而善之谓摩”，学友间相互观摩，相互学习，取长补短，就能共同进步。否则，“独学而无友，则孤陋而寡闻。还明确指出：“记问之学，不足以为人师。”“能博喻然后能为师。”“既知教之所由兴，又知教之所由废，然后可以为人师也。”意思是，光是自己掌握了很多知识还不足以做老师，能采用灵活的教学方法，启人心智才能做教师；要懂得教育成败的原因，才能够做好老师。

汉代著名的教育家王充，将学之能用者称为“通人”，把只会背诵知识条文的人讽为学舌鹦鹉和“书柜”。他认为教师应该具备灵活运用知识的能力。所以，他主张学校应聘请具备“兴论立说，连接篇章”能力的“鸿儒”执教。

通览古今，尽管时代变换．教育不断进步，教育家们的教育主张各有不同；但教师的教育能力却一直受到关注和重视。

（四）重视教师能力是世界各国的共有趋势

考查世界各国的教育制度，就会发现教师的教育能力在各国受到普遍的关注，在任何一国的教育体系中都有关于教师能力的明确要求。

在法国，早在1816年，法令中就宣布，要通过考试给教师授予能力证书，只有持此能力证书才能在小学任教。1881年，法国又新设了教学能力证书，作为对上述能力证书的补充。此证书开始在小学设，1886年即适用于所有初等教育的教师。1945年，他们又设立了级别相同的技术教育能力证书和学徒中心（即现在的职业高中）教师必需的职业教育能力证书。此外，法国还采用竞争性考试对应聘教师的能力进行考核。

在日本，为了加强师资队伍建设，文部省的咨询机构——教育职员养成审议会，根据日本临时教育审议会第二次报告精神，于1987年做了《关于提高教员师资能力的措施等》的咨询报告，就现行的教师许可证书提出了建议。新教师录用考试分为两次：第一次是书面学历测验；第二次称为“实际能力测验”，通过面谈、讨论、写论文、当场表演等，了解受试者的思想状况和能力水平。录用小学教师时，着重看实际能力（即第二次考试），测试项目包括游泳、畜乐、图画、体育等；一般来说，如果不会游泳，或不会弹钢琴，就很难被录用。后经不断修改、完善，日本对现代教师的能力有如下几方面的要求：第一，必须具备富有成效的教学和学习指导能力；第二，必须具备对学生强有力的生活指导能力；第三，必须具有理解和把握学生心理的能力；第四，必须具有教育管理的能力；第五，必须具有独立的自修能力。1997年，教育职员养成审议会又提出"面向新时期教师培养的改善策略"的报告，为培养教师"站在全球的角度行动的能力"，新增设"综合演习"课程；为培养教师"在变化的时代生活的能力"，除了把"外语表达和信息机器的操作"确定为必学科目，还提倡采用事例研究、讨论学习等方法，培养教师以创造力和应用能力为基础的解决问题的能力。并且，为了使教师具有协调人际关系的能力，主张要为教师提供与不同人接触的机会，以丰富他们的体验。

在美国，还在20世纪60～70年代，就盛行"能力本位师范教育"。在佛罗里达州支持的一项研究中，提出了教师应具有七个方面的一千多项能力。1986年，美国五十多个州的教育学院院长集体讨论制定的《霍姆斯协会报告：明天的教师》中，在谈到专业教师的证书发放时，明确要求："首先，他们（教师）要证明自己的实际工作能力。标准化测验……不能很好地预言应试者教这些科目的能力。""这和医学领域一样，做一个解剖学和生理学的好学生是一回事，懂得如何实施外科手术又是另一回事。""其次，要成为一个合格的专业教师，候选人还必须能够证明其教某一专门学科的能力。这是指用实践和其他方式证明其专业技能和知识。"就在这一年，美国有二十七个州实行了在培养课程结束之前，或取得许可证之前的能力考试制度。

在苏联，专家们经过对比研究，指出：能力低的教师，选择与组合、结构教学信息的标志是对大纲、教科书和教学法著作的复述，即两方面的知识——学科知识与教学法知识的综合，这是他的能力的基础。能力较强教师的能力基础是什么呢？那就是较高的言语素养，即口头和书面语言的理解和表达能力。因此，他们强调师范大学生独立工作能力的培养，尤其是教育工作能力和社会工作能力的训练。前苏联当局指出：一个合格的中学教师，他既要具有解决一定难度的专业任务的教学能力，又要博学多才和具有多方面的组织能力和文化教育及群众性宣传工作的技能和技巧。

在英国，从1987年起，就把教师的专业能力作为职称评定的重要条件……[1]

从以上几个发达国家的情况可看出，随着教育发展，教师的评价体系越来越完善，学历、知识水平只是进入教师队伍的最初级标准，教学能力才是衡量教师是否合格的关键因素。也是师范教育、教师培训的重点。

---

[1] 《教师能力概论》罗树华、李洪珍。山东教育出版社，2001。

第二节 教师的基础能力

一、观察能力

观察是一种知觉活动，是人们细察事物的现象、动向。对于教师而言，在课堂教学中，及时观察洞悉学生的情况，有利于把握教学节奏，调整进度，控制学生的听课状态。在课下观察学生，丰富对学生个体和群体的全面认识，教师要观察学生由外表到内心的特点和变化把握教育教学工作的主动权。教师观察学生的能力，主要要求体现在三个方面：对学生的反应和变化观察得及时而准确，细致而深入，全面而客观。

（一）观察及时而准确

学生尤其是低年级学生的兴趣、心理都极易变化，情绪缺乏稳定性。在课堂上，他们的情绪、表情常常会随着老师所讲的内容呈现出不同的表现，老师所讲的内容他们能够心领神会，学生会表现得很感兴趣、兴奋；如果不能跟上老师的思路，就会表现出困惑、烦躁，有的还会精力分散，如果老师在上课时注意观察学生的表现，捕捉学生瞬间的表情和行为的细微变化，就能洞悉学生的学习状态，及时采取调节节奏，或重复内容，使学生跟上教师的思路，把学生的注意和思维引向教学的中心。如果，教师的观察能力差，不能及时抓住学生学习的动态、灵活应变，就无法很好的控制教学节奏，影响教学效果的实现。

观察准确，是指教师对学生或学生的某方面的看法判断正确。这是教师对学生反应采取正确措施的前期，如果观察不准确，采取了不适当的措施，不但达不到预期的教育效果，也可能会延误采取教育措施的最佳时机，或者适得其反，造成学生的逆反心理。

要做到观察准确，教师必须把感官知觉和思维结合起来。因为，感官接触的常常是事物的表层，只有通过思维，才能触及到事物的本质。所以有的心理学家把观察称为“思维的知觉”。

要做到观察准确，教师需要具备一定的基础知识，需要提前了解这一年龄段学生的共同特点。如果要着重观察某一名学生，就需要了解这名学生的性格、心理特点、学习情况、家庭环境等。在了解的基础上，教师才能对学生的细微变化进行合理分析、准确判断，及时恰当的处理。

（二）观察细致而深入

观察细致就是能观察到学生语言、行为、服饰、态度等细微的变化，从而准确掌握学生的思想状况。“轻者重之端，小者大之源”（《后汉书·陈胀传》）。学生的一些细微处的变化，粗看是不足为奇的细枝末节，其实，有些细微现象下面隐藏着的问题并不小。

青少年学生心理缺乏稳定性，性格率真，情绪波动大，仅凭一时的观察，并不能得到正确的判断。所以能够深入地观察学生表现是得出正确判断所必需的。

深入地观察体现在多场合、长时间两方面。只有深入地观察，教师才能把握一个学生的真实面貌和发展趋势，正确地培养和引导学生。

（三）观察全面而客观

全面的观察判断才能得到公正的评价。观察全面是指教师能够观察、了解学生的各个方面乃至全貌。教师对学生的观察、评价可以体现在很多不同的方面，如智力水平、身体素质、性格气质、领导才能、环境影响、家庭教育等等。教师对学生的评价，还要注意结合校内、校外、课上、课下的表现。这就需要向同学、家长询问学生的表现。只有这样，才能对学生有较为客观的完整的印象。

二、思维能力

思维能力，是指大脑对客观事物进行分析、综合、判断、推理和反应的能力。教育学生是脑力劳动，思维能力是脑力劳动的核心。思维能力的强弱决定了一个教师教育工作的水平。

不难想象，一位思维灵活、思路开阔的老师，在教学过程中，给予学生及时恰当、又不拘一格的指导，在与学生交往的过程中，在解决学生提出的种种问题时，做出准确的判断，提出恰当的富有创见的解决方法，这些言传身教的奇思妙想可以使学生学到不拘一格的思维方式，培养学生灵活、正确、开阔的思维。

（一）思维敏捷，条理清晰

思维的敏捷性，主要是指教师从事智力活动的灵敏程度，它表现为教师对课堂或其他教育活动中突然出现的情况反应迅速，处理及时，能根据新情况迅速选择、确定自己的思维方向。教师的工作对象，是思想最活跃的、个性张扬、性格各异的青少年学生，对同一问题，一群学生中会产生各种各样的想法，即使是同一学生在不同的时间、地点和条件下，其心理状态也常有变化，对同一问题也会有不同的考虑。所以，教师的思维要敏捷，要能够适应这种变化，甚至超越这种变化，将学生的思维引导向正确的方向。另外，教师在教育教学过程中必须及时回答和处理学生提出的各种问题。如果教师思维不畅，反应迟钝，不能对学生的问题给予及时地回应，会降低教师在学生中的威信，没有威信，又何谈让学生信服，不能使学生信服，又何谈教育指导学生。

思维的条理性是指教师讲述问题、处理事情时，思路有条不紊，连贯严密。课堂教学中，教师思考问题的思路、方式，其实是在为学生做出思考问题的思维方式的示范，学生在理解问题的同时也在进行思维训练，模仿老师的思考方法。“授人以鱼，不如授人以渔”，这种思考的方法，是比知识更重要的“捕鱼”方法，如果老师的思路不正确，不清晰，学生不仅是知识学得不明白，还会思路混乱，以后类似的问题永远找不到正确的解决途径。因此，教师必须具有清晰、有条理的思维。

（二）思路开阔，思考深刻

思路开阔，是指教师在思考问题时，能从不同角度、不同层面来思考问题，用多种方法、多种途径解决问题。教师在面对的学生所提的异彩纷呈的问题时，要想应对自如，解答学生的各种提问，必须具有广博的知识，开阔的视野，这样解决问题才能左右逢源，得心应手。所以，教师要不断更新自己的知识库、信息库。

思考深刻是指教师遇事能看清问题的本质，而不被表象所迷惑；教师思维的深刻性，首先是由教师传授知识的特点决定的，要把教材上经过抽象概括而形成的规律性知识，深入浅出的给学生们讲清楚讲透彻，就要求教师对知识的理解深刻，把握本质，这才能给学生以启迪，才能指给学生一条正确思考和认识问题的路。其次，教师准备上课内容需要查阅大量的资料，而查阅资料的过程便是去伪存真的过程。在这个过程中，教师的思维必须是犀利而深刻的，这样才能在浩如烟海的参考资料中，选取对有用的材料充实教学内容。再次，正如前文所说，教师思考问题的过程是对学生进行思维训练的示范，通过教师的示范，学生学会了透过现象抓本质，这才是教育所追求的高水平目标。

（三）思维富有创造

一直以来，总有这样的问题，为什么中国培养不出科技界的诺贝尔奖得主？分析原因，多数要归咎于我国的科研环境，但是教育也有不可推卸的责任。素质教育就是要改变陈旧的应试教育模式中，对分数的过分追求，培养学生的创造性思维、创新能力，而学生创新精神的培养首先要依赖于教师工作中的创造性，依赖于教师的创造性思维。

教师传授知识，在基础教育和高中教育阶段主要依靠教材，但是，同样的教材，对不同的学生要有不同的教法，根据学生实际，对知识进行创造性加工，加以提炼概括，重新编排组合，使之易于学生接受。富有创造力的教师，能够设计出高效实用的教案，有能力在课堂上调动每一个学生的学习积极性。如果是高校教师，创造力更是必备的素质，无论是科研工作还是指导学生，创新总是高校主旋律与使命。

三、记忆能力

记忆力是人脑储存、反映已有经验和知识信息的能力。古希腊格言“记忆是智慧之仓”。在记忆中储存的知识，是人们对各种问题作出分析、判断时所要借助的基础，是人们已经认识和接受的信息。记忆力越强，记忆的速度就越快，记忆的时间就越持久，记忆的信息就越清晰，储存的信息就越多，在应对问题时，可快速提供依据、提供参考的信息就越多，对问题的判断和处理就越快速、越合理。

对于学生而言，教师就像是个知识库，在课堂上向学生传授知识、在课下回答学生问题，都要求老师能够提供准确的答案和清晰的思考思路，而且要考虑全面不狭隘，这就需要教师牢固掌握丰富的知识。如果教师记忆力不佳，头脑中储存知识甚少，就难以完成教学任务。因此，具备良好的记忆力乃是教师职业的基本要求。

（一）记忆完整准确

教师向学生传播知识，是学生学习的主要来源，一般而言，对某一事物的首次感知会记忆得比较深刻，如果首次错误，以后要改正错误的印象就会比较难，学生对事物的首次感知很多都是来自于教师讲授。所以，教师讲授内容的正确性、完整性是非常重要的。如果，教师对知识识记不准，就会以讹传讹，误人子弟，而且影响范围很大。

教师识记时也要特别注意首次感知，做到首次识记准确无误。记忆一般有三个基本过程，即识记、保存、回忆再认。后两个过程都是以第一个过程为基础的。识记准确，才可能做到保存和回忆准确。

（二）记忆迅速高效

由于教师的日常工作很繁忙，可以用于学习的时间很有限，而且教学工作需要不断更新知识，需要记忆的东西量大面宽新知识层出不穷，如果反应不敏捷，记忆不迅速，就难以适应工作需要。所以，教师平时要注意锻炼大脑的灵活性，养成良好的用脑习惯，这有助于提高记忆的效率。

（三）记忆持久不忘

人对事物的识记和保持会随着时间的推移而逐渐淡化，而且新知识也会干扰对旧知识的记忆。这就需要对基本的、重要的知识温故知新，加深记忆，以便随用随取。

（四）发挥大脑功能，增强记忆效果

要提高记忆效率，增强记忆能力，应在如下两个方面做出努力：增进大脑功能、保持记忆时良好的精神状态。

从生理上、增进大脑功能。记忆是一项强度很大的脑力劳动，也是一项艰苦的工作。

一方面，大脑需要活动，需要锻炼，“用则灵．不用则废”；另一方面，脑细胞的兴奋和抑制是有节奏的，长时间地记忆，神经细胞兴奋过度就会疲劳，降低记忆功能。法国记忆研究家佛洛特，曾请一位有名的记忆术专家研究记忆量和记忆时间彼此间的关系，结果发现：在一定数量基础上，如果记忆量增加一倍，则所需记忆时间是原来的 4 倍；记忆量增加 3 倍，时间就要增加 9 倍。也就是说，记忆量和所需时间成平方比，一次记忆的东西太多会影响记忆效果。按照人脑活动的起伏周期，就一般情况而论，教师每次学习记忆的时间，以不超过 2 小时为宜。讲求用脑卫生，学习时还要注意保持正确的坐姿，保证大脑有充足的供氧和血流量。生理学告诉我们，人脑需氧量占全身需氧量的 40%，需血量是人体其他器官的 30 倍。坐姿正确，能使头部两条大动脉免受挤压，血液可以通过颈动脉直达脑部，及时支援大脑高度思维所需要的氧气和乙酰胆碱、卵磷脂等营养物质。如果坐姿随便，头歪肩斜，则血液流通不畅，供氧不足，可能会造成思维不畅，记忆迟钝。

动员多种感官参与，充分发挥大脑的记忆功能。人的记忆要靠视觉、听觉、嗅觉、触觉等多种感官的配合才能实现。据心理学实验证明，仅仅听过别人口授的东西，3 小时之后仅记住 60%，3 天后只记住 15%；自己阅读默诵的东西，3 小时之后记住 70%。3 天后能记住 40%；边听边看的东西，3 小时后能记住 90%，3 天后仍能记住 75%。这说明，耳听、眼看、口念、手写同时并用或交替反复，比单一的感官参与，其记忆效果要好得多。所以，根据个人特点选择适合的记忆方式，充分调动各种感官，形成自己习惯的记忆方式，有助于知识的记忆。

要保持和发挥大脑的记忆功能，必须有物质基础做保证。为此，教师在饮食上要注意营养搭配，不仅要保证富含蛋白质的鱼、乳、豆制品的摄取量；还要常吃含维生素的食品，特别是有利于保持大脑功能的含纤维质、果胶质的食物。

从心理上，保持记忆时良好的精神状态。记忆时，应该选择精神状态良好的时段、安静的环境，集中精力，使大脑快速的兴奋起来，提高记忆的效率。记忆还应该掌握好工作时长，合理的时长一般为1.5小时，时间短，记忆零散，难以系统化，时间长，会造成疲劳，降低记忆的效率。记忆时要充分发挥主观能动性，要有信心。日本心理学家多湖辉先生和南博先生都说过：记忆的关键，在于能有“我能记住”这种自信心。信心也是进入高效记忆状态的前提。

要保持轻松、愉快的心情，心情舒畅，大脑皮层呈安静状态，接受信息、保存信息也会比较容易。

（五）遵循记忆规律，掌握记忆技巧

1885年德国心理学家艾宾浩斯开始研究人的记忆，自此之后，越来越多的学者开始关注这一领域，时至今日，学界已经积累了丰富的实验材料，揭示出一些记忆规律，并从中概括出不少有效的记忆方法。本书简要介绍以下三种：

有意识记也叫随意识记，是指事先有一定识记意图和任务，并经过一定努力，运用一定的方法和策略所进行的识记，有意识记的目的明确、任务具体、方法灵活，又伴随着积极的思维和意志努力，因此它是一种主动而又自觉的识记活动。通过有意识记可以有效地获得系统而又完整的科学知识。所以它在学习和工作中占主导地位[1]。意义识记是根据事物的内在联系，在反复领会、理解，弄清事物本身意义的基础上所进行的识记。意义识记的先决条件是理解。理解是通过思维进行的，如了解一个词的含义、明确一个科学概念、弄懂公式的由来和推导，把握课文的中心思想和段义等，都属于理解。只有领会材料本身的意义，把它同已有的知识经验联系起来，并纳入人的知识系统，才能保留在记忆中。这种识记，保持时间长，也较容易提取，但不一定十分精确。总之，在全面性、速度和牢固性等方面，意义识记均优于机械识记[2]。

选择最佳记忆时间。每个人的生物钟和学习习惯不同，所以每个人最有利的记忆时间也各不相同，至于什么时间最适合自己记忆，这要根据每个人的生理、心理及工作节律来确定，选择自己头脑最清醒，最容易进入专注、投入状态时段来进行记忆。正如美国著名的记忆研究家赫伯特·博兰所说：“训练记忆的第一件要事，就是决定每一天该什么时间来记忆。”

巧用记忆术。人们在实践中总结、创造了许许多多其方法简便、步骤清晰、易学好用的记忆窍门，有时借助这些方法可以快速地进行记忆，而且记忆持久。

---

❶ 引自百度百科：有意识记。
❷ 引自百度百科：意义识记。

比如口诀法、算术法等。口诀法，即把要记的内容编成口诀，使之顺口易记。算术法，是指把需要记忆的数字转换成简单的公式，从而帮助记忆的方法。

四、表达能力

教师的口语表达能力，是指教师在教育教学活动中，以口语讲述知识、阐明道理、启发学生积极思维的能力。

无论现代化教学手段怎样进步，在课堂教学中，师生之间的面对面交流仍然是无法替代的，所以教师的口语讲述仍是主要的教学手段，因此，教师要努力提高口语表达能力，要表达的逻辑性强、科学性强、通俗易懂、形象生动、流利顺畅。

普通话是教师的职业语言，教师向学生传授知识，要使用普通话，使用科学严密的语言，表达清晰、准确，不能模棱两可，含糊不清。为了保证课堂教学有足够的信息量，教师说话还要简洁明快、语速适中。

（一）幽默生动，通俗易懂

由于教材是用规范的书面语言表达严整的知识体系，不少文段内蕴繁富，只通过阅读教科书很有可能不会理解透彻、深入，也有可能会有很多不理解的地方，这就要求教师用科学、通俗的语言进行解说，具体化、形象化。尤其对于低年级学生，教师要将抽象的概念具体化，用形象、生动的语言，为学生描绘出生动的画面，使学生易于理解、印象深刻。而且，幽默的语言，可以使课堂气氛活跃，学生注意力集中，提高课堂的效率。

（二）语调抑扬顿挫，语速快慢适中

美国心理学家塞门斯指出："在教师的许多特征中，语调占有一个重要的地位。从根本上讲，语调并不是教师的技能中一个重要的部分，但是一种不好听的或低沉的语调很可能阻碍教师事业的成功。"有人向学生做过"习惯何种语言"的调查。结果是：节奏快的33.5%，慢的9.7%，时快时慢的56.4%，声音高的38.2%，低的10.2%，时高时低的50.7%。这个调查说明，教师要以声音吸引学生的注意力，口头语言表达要讲究声调有高有低，有起有伏，语速快慢适宜，节奏抑扬顿挫。语速的快慢，要根据所讲授内容的难易、新旧而定，如果是难以理解的新知识，要放慢语速，有所停顿，给学生思考时间，如果是容易理解的知识，或是复习内容，可以加快语速，一带而过，节约课堂时间。在课堂上，教师语言的节奏是教师感情的体现，教师的感情也是由教学内容决定的。一般情况下，要做到平稳、分明。例如，在讲述一个重要知识点或者章节时，开始阶段的语言，

起到启发学生兴趣，介绍背景资料，引入重点内容的作用，所以宜新颖、有趣、简明并舒缓徐进；阐述重点内容，进行逐步推理分析时，语言宜准确且抑扬顿挫；结束阶段的语言，宜概括重述且微昂微收。这样以音质激发入耳的兴趣，以音量拨动学生的心弦，以音速牵动学生的思绪、以音色烘染课堂气氛，从而使课堂教学深刻形象、生动引人。

（三）条理清晰，富有层次感

教师的课堂讲授、课后答疑，与学生交流，都要求口语合乎规范，条理清晰，逻辑性强，能清晰地表达课程内容。口语表达条理清晰其实是比书面表达条理清晰更高的要求，这反映了条理清晰且反应迅速的逻辑思维。在课堂上，教师对问题的阐述，对新知识的阐述都是由简单到复杂，由单一到繁复，所以，语言表达也是随着对问题的逐步讲解而深入，不能逻辑混乱，天马行空，这样不利于学生的接受、领悟新知识。

（四）肢体语言，无声胜有声

人有丰富的肢体语言，包括面部表情和肢体动作，有很多时候，不必听只需看就可以获得足够的信息，更有些时候，当人们口是心非，而他的动作、表情、眼神却已出卖了他，显露了他的真实想法。

这就是说，人们交流，除了有声的言语交流，无声的文字交流，还有肢体语言交流，肢体语言包括人们的表情、体态、动作。肢体语言（以下简称体语）是非常丰富的，往往比有声的言语表达的更细腻。

据科学家研究，人的眉毛有四十多种变化形态，眼皮的闭合形态也有两三种之多，加上眼球的转动等，眼睛所发出的体态语言信息可谓丰富多彩。眼睛是心灵之窗，尤其是当一个教师，面对着全班几十个学生，在一节课上，无法与每一位学生发生语言交流，那么眼神交流就显得尤为重要了。在课堂上，教师在讲述中用目光扫过教室时与学生目光相对的刹那，学生便从其中感受到老师的情绪，从而产生心理反应，或是受到鼓舞、对老师产生亲近感，或是感受到没有被老师关注，略有失落，或是没有集中精力听讲，在老师的眼神中感受到了警告。

由于大脑机能具有不对称性，绝大多数人形成左半球优势。在上课时，教师进行逻辑思维的时间多于形象思维，所以教师的目光看向左边的时间会多于看向右边的时间。这会导致右边的学生感觉被老师忽视。所以老师上课时要注意目光关注的问题，合适的做法是把目光的中心放在倒数二三排的位置，并兼顾其他；不要长时间的注视某一名学生，尤其是在思考问题时，目光不自觉的注视某一名学生时间过长，会使学生误以为自己的言行有错误，情绪紧张。要注意使自己的目光自然的扫视全班，与全体学生的目光交流。真正使教师的目光变成无声调节课堂气氛和学生情绪的“中枢”。

人类的面部肌肉组织、神经系统、血液循环系统分化精细，对外部刺激反应十分灵敏，不同情绪的体现，不同信息的传递，都可以通过面部表情来进行，面部表情就是人们之间无声的信息传递之窗，是人体语言的“稠密区”。面部表情，也是语言表达的有力补充，有时，可以表现出语言完全相反的含义，而此时往往面部表情表露出来的才是一个人真正的情绪。所以，教师的面部表情，也成了学生获取信息的重要来源。这就要求教师要掌控好自己的面部表情，要自然地流露真情，但又控制好自己的情绪，在学生面前请保持教师应有的仪态。尤其是在课堂上，教师的表情，影响着授课的效果，教师表情平和、亲切，学生的心理压力就会减轻，处于放松、愉悦的精神状态，教师投入的、声情并茂的讲述，可以调动学生的情绪，使学生的思维更加活跃，接受有用信息的灵敏度会大大提高，与老师产生共鸣，接收老师传递的情感和思想。

教师的形体动作和身体姿态。主要指手的动作和站立行走的姿态。教师在课堂讲授时，常常借助手势、手臂的动作来强调重点、抒发情感，表达意思。这些动作可以使学生更关注老师的讲述，帮助学生理解和感受老师传达的思想，不完全同于生活中的手势，这些手势是教师课堂教学的一部分，是老师思想感情的艺术化表现，所以应该同教师上课时的语言表达一样严谨，符合教学内容的需要。

为什么在课堂上，教师是以站姿来进行讲课？因为站着讲课，不仅使老师处于教室中的一个突出位置，吸引学生的注意力，掌控课堂教学气氛，而且有助于教师做肢体动作，也易于使教学富有感染力。而教师不同的站立姿势，也传递着不一样的信息，对学生的心理有不同的影响。一般，在一节课开始时，教师需要简要复习上节内容、概述本节重点，此时采用站立不动，微微分开双脚，保证手势灵活施展。在讲课过程中，要拉近与学生的距离，需要描述、分析时，轻松自然地走动，使学生感到老师端庄严肃而亲切自然。

总之，人的体态语言内涵丰富，奥秘无穷，是很需要研究和开发的领域。赞可夫曾经说过：“要知道，人说出来的话，不单是靠它的内容来激发对方的思想和感情的。要有交谈者一副兴致勃勃的面孔，有一双能够表达传递情感的眼睛，有表情，还有手势……”。铭记这几句话，铭记身体语言的重要性，才能将其在教学中运用得当。

五、审美能力

审美能力，是指人对于自然美、社会美、心灵美、艺术美的感知、欣赏和评断的能力。教师作为人类灵魂的工程师，对其审美能力的要求与品味要更高于众人。首先，教师对美的评价与追求应该是健康的、深刻的、高雅的。

美是能引起内心愉悦的客观实在。而追求身心愉悦是人之本能。所以美也是教育教学工作的最本质特征。在繁琐的教学工作中，在面对个性丰富、生动活泼的学生时，一个热爱学生的教师，可以在其中发现每个学生的个性之美，在面对内涵丰富的教科书时，一个热爱教育工作的教师可以发现创新之美、改革之美。如果，对工作缺乏兴趣，在工作中体会不到快乐，找不到工作的迷人之处，那就不可能成为一个好老师，更不可能成为有所建树的教育家。艺术大师罗丹说过："所谓大师，就是这样的人：他们用自己的眼睛去看别人见过的东西，在别人司空见惯的东西上能够发现出美来"。同时，教师真切的审美体验又可以使教师以美好的情感去熏陶感染学生，从而产生师生间的美感互动，达到以美育人的目的。

（一）加强美学修养，提高审美能力

感受美的能力是指审美主体凭借自己的感觉器官，对审美对象进行感知、体验的能力。感受美可以使人愉悦，比如游览一处美丽的风景区，听一首动人心弦的乐曲，欣赏一幅迷人的图画，阅读一部引人入胜的小说，观看一场婀娜多姿的舞蹈，都能引起人们的愉悦之情，从中获得美的感受。

提高感受美的能力就要加强美学修养。教师可以通过研读美学的基础理论，音乐、美术等艺术领域的概论类书籍，快读建立起美学的基本理论框架，并在生活中，参观画展、欣赏音乐，以提高对美的感受，提高审美水平。教师只有掌握一定的审美知识，形成正确的审美观念，具备相应的审美能力，发展学生的审美能力才有保证。

（二）重视审美实践，深刻鉴赏美

鉴赏美是指审美主体凭借自己的生活经验和艺术修养，对审美对象进行观赏、品味，并作出评断的能力。如果说感受美是审美的初级阶段，是感性认识阶段，那么鉴赏美就是审美的高级阶段，是理性认识阶段。教师的审美鉴赏能力，除了在艺术领域引导学生学会欣赏艺术之美，更主要是教会学生欣赏生活之美、自然之美、人性的真善美。这需要首先教师本人有正确的价值观，并且能够深入分析表象下的真相，去伪存真。引导学生在真、善、美与假、恶、丑的强烈对比中去求真、崇善、爱美，从中受到深刻的教育。

鉴赏美的能力并非生而有之，需要在长期的审美实践中加以培养，艺术美作为自然美、社会美的集中反映，是培养审美鉴赏能力的理想参照。艺术欣赏的内容是丰富多彩的，诸如精致的建筑、巧妙的工艺、俏丽的装饰、奇绝的书法、悦耳的音乐、飘逸的舞蹈、传神的绘画、迷人的戏剧、生动的小说、优美的诗歌，如此等等，五光十色，都能给人以美学上的启迪和享受。教师应该有广泛高雅的审美情趣，善于从广阔的芳林中采集美的花朵，在鉴赏美的实践过程中不断提高

自身的审美层次。

（三）坚持以美育人，真实表达美

表达美的能力，是指审美主体对从生活和艺术中领悟到的美进行再现、传达的能力。教师具备感受美、表达美和创造美的能力。如果一位教师能够将自己所体会到的生活之美、艺术之美、人性之美，传达给自己的学生，就会使学生在获得知识的同时，受到多方面的美的陶冶和启迪，甚至实现心灵和人格的升华。诚为卢梭所言："有了审美能力，一个人的心灵就能在不知不觉中接受各种美的观念，并且最后接受同美的观念相联系的道德观念"。

教师表达美的方式多种多样，但必须结合学科性质及其知识结构特点，将教材中美的内涵生动形象的展示在学生面前。比如，数学的逻辑性很强，思维结构严谨。这就要求数学教师能够细心组织、精心设计、编拟出形式美观新颖、思维严谨合理、布局和谐的知识结构图表，给学生以赏心悦目的美感。有位数学教师在讲平面解析几何"直线单元"时设计的结构图表，恰似雄伟建筑中那高耸的阶梯，寄予了学生沿着阶梯攀登就能达到光辉顶点的鼓舞学生求索、攀登之意。这样，不仅使学生领略到数学知识结构的协调美，而且激发起学生探索神奇的数学世界的浓厚兴趣。[1]

第三节　教师的核心能力

一、教学能力

教师的教学能力体现在教学设计、课堂讲授等教学活动的全过程中。

（一）教学设计，教学之基础

关于教学设计的定义，有很多种，有学者认为："所谓教学设计，就是为了达成一定的教学目的，对教什么（课程内容等）和怎么教（教学组织、方法、传媒的使用等）进行设计"。另有学者认为："教学设计就是根据教学对象和教学目标，确定合适的教学起点与终点，将教学各要素有序、优化地安排，形成教学方案的过程。"

---

[1] 《教师能力概论》罗树华、李洪珍。山东教育出版社，2001；《教育学》全国教师资格认定考试命题研究中心。机械工业出版社，2011。

在本书中，将教学设计诠释为：教师为实现一定的教学目标，对教学活动进行的系统规划、安排与决策。

教学设计是教学全过程的预先安排，是实际教学的蓝本，教师在进行教学设计时，需要考虑教学条件、学生基础、特点，从而设定合理的教学目标，设计教学环节，基本掌握课堂教学的进度。另外，在各阶段教学结束后，教师通过将学生的实际学习状态与教学设计目标进行对比，从中找出差距，分析差距产生的原因，有利于及时调整教学方法、阶段性目标。

教学设计作为对教学活动系统规划、决策的过程，其程序包括：

1. 设定教学目标

所谓教学目标，就是预先确定的通过教学可以达到的并用现有技术手段能够测度的教学结果，是教师期望学生从该课程中应该学到的东西。

设计教学目标的基本步骤：首先，钻研教学大纲，分析教材内容；第二，分析学生的学习情况。对学生的学习习惯、学习方法、学习态度、班级风气、心智发展水平等都要有所了解；了解学生的知识水平，预备知识程度，接受知识的能力，对全班学生的平均水平和每个学生的个别情况都要有所考虑；第三，列出综合性和具体的教学目标。

2. 确定学生的起点状态

包括他们原有的知识水平、技能和学习动机、状态等；可以通过学生的培养计划、测验等方式了解以上信息。

3. 设计教学内容

中小学教育都有国家教育部、各省教育厅统一规范的教学大纲及教材，教师需要根据教学大纲，分析学习教材，并选择数本教辅材料充实教学内容，以完成大纲要求。要提高教学质量、教师必须熟悉教材，研究教材，能够全面了解教材的知识体系，把握教材各部分之间的内在联系，从根本上提高驾驭和运用教材的能力。教师还应广泛涉猎有关教学的其他资料，精选一些材料来充实教学。此外，对于职业教育、高等教育，用积累生产实践中的实例进行讲解，更有益于学生活学活用所学知识。

人的一生受教育的时间很长，学习的知识很庞杂，我们不可能掌握所学的所有内容，但是这并不影响我们继续深造，这是因为在一个人的知识体系中起到支撑作用的是基础知识、是部分重点知识，而且，有些知识随着年龄增长，知识的积累，对我们而言已是无需解释，无需指导并能明白理解。教师要在对教材内容进行深入分析、统观全局的基础上，确定教学重点，并紧紧围绕重点内容设计教学，通过各个数学环节、各种教学手段，突出教学重点。教师要以重点知识为讲授的主要线索，着力讲解难点知识，要根据具体内容的特点和学生的知识基础来确定教学难点。

4. 设计教学方法

针对不同类型的知识特点设计教学方法。我们将知识分为以下三类：陈述性知识，程序性知识，策略性知识。

陈述性知识，也叫“描述性知识”。它是指个人具有有意识的提取线索，而能直接加以回忆和陈述的知识。主要是用来说明事物的性质、特征和状态，用于区别和辨别事物。这种知识具有静态的性质。陈述性知识要求的心理过程主要是记忆。陈述性知识的获得是指新知识进入原有的命题网络，与原有知识形成联系。[1]对于这类知识的讲授，应把教学设计的重点放在解释概念，传授记忆方法方面，帮助学生深入理解含义、牢固记忆知识。教师在具体设计过程中可采用以下方法：找出新老知识的衔接关联，从学生熟知的知识入手，引出新概念，有利于学生接受新知识，构建知识体系。要做到这一点，教师需要了解学生的知识储备情况，课程、教材的内容安排。这才能找出学生讲解的进入点和结合点，易于学生理解、接受新知识；分析学生学习新知识可能产生的错误理解，明确新知识的含义，区别正确内容与错误理解，使学生更加明确概念含义。

程序性知识是个人没有有意识提取线索，只能借助某种作业形式间接推论其存在的知识。程序性知识是一套办事的操作步骤，是关于“怎么办”的知识。在学习过程性知识的第一个阶段，是习得过程性知识的陈述性形式，新知识进入原有的命题网络，与原有知识形成联系。第二阶段，经过各种变式练习，使贮存于命题网络中的陈述性知识转化为以产生式系统表征和贮存的程序性知识。第三阶段，过程性知识依据线索被提取出来，解决“怎么办”的问题。[2]学习程序性知识的目的是使学生形成运用概念、规则和原理解决问题的能力。

在教学过程中，要有教师示例示范，通过正例，使学生掌握解决问题的规范步骤，在正例之后，设计学生练习，使学生练习掌握方法步骤。但正例也有不足之处，容易忽视可能的理解错误，操作错误。所以使用反例教学也十分必要，正例反例结合使用，有助于学生深刻理解知识点，使概念精确。

策略性知识是指学习者在学习情境中对任务的认识、对学习方法的选择和对学习过程的调控。它是由学习方法、学习调控和元认知等要素构成的监控系统。策略性知识作为一种特殊的程序性知识日益引起心理学家和教育家的关注。从知识分类的观点看，策略性知识也属于程序性知识的范畴，其实质也是一套如何学习、记忆、思维的规则和程序，它控制着人的学习、记忆和思维活动。但是，策略性知识有其自身的特点。策略性知识是对内调控的技能，它所涉及到的概念和规则反映人类自身认识活动的规律。学习策略涉及的概念和规则一般都带有很

---

[1] 引自百度百科：陈述性知识。
[2] 引自百度百科：程序性知识。

高的概括性，在应用时有很大的灵活性。如“按一定顺序写”与“抓住事物特点写”的规则就非常概括，这两条规则的应用必须随描写的对象和写作目的的变化而变化。策略学习与应用受其整个认识发展水平的制约。对于智慧技能来说，它的习得主要取决于低一级智慧技能的掌握情况，而认知策略则与整个认知发展水平密切相关。例如，如果儿童尚没有分类概念，就不可能教会他们应用分类记忆的策略。认知策略中还有一个极为重要的成分——反省认知成分，这就决定了策略性知识的习得不仅包括具体方法、技术的掌握，还要学会监控自己的策略执行情况，并了解不同策略适用的条件或情境❶。

策略性知识的教学设计，有一定难度。关键是在学生认知能力、认知策略的基础上，描述教师的内在思维过程，使学生可以想象、接受教师的思维过程。因而对学生进行认知策略训练非常重要，有效的认知策略训练可以使学生水到渠成的接受、掌握策略性知识，所以在教学设计中，要着重这方面的安排。例如，在设计课堂提问时，通过逐步递进的问题，引导学生的方法方向，使之逐步由外界控制变成自我控制，但绝不是思维定势，在深入理解学习方法后，或者再经过数年学习接触到更高层面的知识后，学生会理解这种思考方法、思考方向的正确性。最基础的，教师要教会学生如何听课、如何做笔记。最高效的听课应该建立在预习的基础上，有利于学生理解知识，纠正错误，加深记忆。笔记，不光是记录知识点的流水账，要对知识进行整理、组织，它是一个人知识结构的书面表现形式，要适于自己理解、记忆，也要严谨、可扩展。所以，要做好策略性知识的教学设计，教师必须首先掌握有效的学习策略，在此基础上针对学生的特点，设计内容、方法，教授策略性知识。

5. 对教学的结果进行科学的测量与评价

教学评价是依据教学目标对教学过程及结果进行价值判断并为教学决策服务的活动，是对教学活动现实的或潜在的价值做出判断的过程。教学评价是研究教师的教和学生的学的价值的过程。教学评价一般包括对教学过程中教师、学生、教学内容、教学方法手段、教学环境、教学管理诸因素的评价，但主要是对学生学习效果的评价和教师教学工作过程的评价❷。对教学效果的评价不能单纯凭借考试结果，实际应用能力更能说明教学效果，体现教学水平。所以，科学的教学评价体系，对指引教学重点方向、提高教学质量有关键的作用。

（二）教学方法，教授之承载

1. 教学方法的含义

教学方法论由教学方法指导思想、基本方法、具体方法、教学方式四个方面

---

❶ 引自百度百科：策略性知识。
❷ 引自百度百科：教学评价。

组成。教学方法包括教师教的方法（教授法）和学生学的方法（学习方法）两大方面，是教授方法与学习方法的统一[1]。但是，它绝不是教法与学法的简单叠加，而是密切联系、相辅相成、相互作用的一个整体的两个方面，教学方法包括了教师的教和指导学生学的问题。教法直接影响学法，学生是认识活动的主体，是学习活动的主要参与者，学生的学法又制约着教师的教法。因此教师一定要重视改进自己的教法，并指导和教会学生用正确的方法去学习。

传统教学的主要特点就是“重教轻学”。忽视了学生才是学习活动的主体，只知道强迫和灌输，要求学生死背硬记，进行过多的、单调的重复，缺乏对学生积极性的调动，只研究教师如何教，很少研究甚至不研究学生如何学。

现代教学方法则明确了学生在学习活动中的主体地位，把教学研究的重点放在了学生如何学，教师如何指导学生学，教师的教法应该配合适应学生的学法。研究教学方法对教学工作的开展具有重要意义。首先，当确定了教学目的和相应的教学内容之后，就必须相应地有富有成效的教学方法，在教学工作中可以少走弯路，可以以较少的时间、精力、物力的消耗取得最佳的教学效果，提高教学效率。再次，教学方法在一定程度上影响着学生的思维方式和人格发展。教师的教法影响着学生的学法，在日常的学习中，这种学习方法会逐渐形成习惯，成为学生固定的学习、思考模式，所以教师的教法是墨守成规的、灌输式的教学方法，那么学生也就被培养成了被动接受、不爱主动思考、提出疑问的思维方法。如果教师的教法是启发式的，引导学生自己去思考学习的重点与方法，也就会培养成学生独立思考自主学习的习惯与能力。

2. 注入式教学和启发式教学

教学方法以其指导思想不同可以分两大类，即注入式和启发式。

注入式教学是教师在教学中将现成的知识结论生硬地灌输给学生的一种教学方法[2]。在这种方式下，学生被看成是知识接受者，教师向学生灌输知识，无视学生的主观能动性。教师是教学活动的主导，讲什么、如何讲也全都是教师来决定，强调教师的权威和决定作用。而学生成了教育的客体，否认学生的主体地位。这种传统教学思想目的的局限性导致了方法的局限性，注入式教学目的放在知识的传授层面，过于强调教师灌输知识，面面俱到，忽视了学生的主观能动性，不注重教师的启发和教给学生学习的方法。使课堂教学沉闷，学生逐渐养成了被动接受的习惯，学习知识而不思考学习方法，不能活学活用，阻碍了学生的发展，降低教学质量。但是，注入式教学并非毫无用处，客观地说，注入式教学确实可以快速的提高学生考试分数，在应试教育下，是使用普遍的教学方法。不仅如此，

---

❶ 引自百度百科：教学方法。
❷ 引自百度百科：注入式教学。

素质教育下，在教学中注入式教学也是必不可少的，因为不同的教学方法适用于不同的教学内容，比如定理、概念等就适合采用注入式方法。

启发式教学与注入式教学最根本的区别是将学生放在了教学活动的主体地位。教师作为学生学习的指导者，起到启发、指引、纠正的作用，要鼓励学生主动学习、积极思考，指引学生学习的方向，培养学生独立思考问题的能力和分析解决问题的能力，在学生走入误区时，及时纠正，在学生遇到瓶颈时，启发他们的思维。

根据教育目的的本质，启发式教学才与教育目的追求一致，所以，也一向受到教育家的认同与推崇。在东方，最早提倡启发式教学的是我国的孔子，他提出："不愤不启，不悱不发，举一隅而不以三隅反，则不复也"。后来朱熹将孔子的"愤悱"原理解释为："愤者，心求通而未得之意；悱者，口欲言而未能之貌。启，谓开其意；发，谓达其辞。""心求通而未得之意"，即学生想弄明白某个道理或有些兴趣，但是却弄不明白，"口欲言而未能之貌"，是指学生想说，但却说不出来、说不清的情况。孔子主张，在这种情况下，要帮助学生弄清他要弄清的道理，理清其思路，使之能表达清楚。在西方，启发式教学方法以古希腊的苏格拉底为主要代表。苏格拉底倡导的"问答法"，是西方最早运用启发式教育方法的代表。他主张教师不要把知识的结果直接告诉学生，应启发学生去思考，帮助学生自己发现和获取知识。

启发式教学并不能总结为一套具有定式的方法，其精髓是接受启发式教学思想，以学生作为教学、学习活动的主体，在教学活动中始终贯彻启发的精神，灵活运用注入式教学方法和启发式教学方法，达到培养学生主动学习、主动思考的学习习惯，独立解决问题的能力。

3. 如何选择教学方法

如何选择教学方法，这是一个仁者见仁智者见智的问题。本书中仅分析影响方法选择的四个因素：教学的目的和任务、教学内容的性质和特点、教学对象的实际情况、教师自身素养及其具备的条件。根据教学内容的性质和特点选择教学方法。只有方法合适，才能高效达成教学目的。例如，定理、基本的运算规则、公式、原理基本程序等需要学生掌握并作为工具加以运用的陈述性知识，适合注入式教学方式，而策略性知识则适合选用启发式教学。

选择教学方法的第二个依据是教学对象的情况。教学对象的年龄、知识基础、思维方式都影响最佳教学方法的选择。一般情况下，年龄低的学生思维的可塑性强，思想活跃，适用启发式教学；知识基础扎实的学生具备独立解决问题的基础，适用于启发式教学。只有选用与学生相适应的教学方法，才能真正有效地提高教学对象的知识能力和思想水平，促进其健康向上地发展。

根据教师自身素养及其具备的条件选择教学方法。应该说，启发式教学是需要教师具备更深厚的知识储备和更强的课堂掌控能力的，因为青少年学生的思维活动是非常活跃的，而且想法千奇百怪，在启发式教学下，教师要能够对学生的各种想法给予回应，并有能力将他们发散的思维引导向正确的方向。

另外，需要重申一点，启发式教学与注入式各有千秋，具有不同的功能和特点。教师要把握各种教学方法的优缺点，根据实际情况，组合使用，达到教学的最好效果。所以，教学是一门艺术，教学方法的选择与运用也体现着教师的智慧和教学艺术水平。

（二）课堂教学，教学之精髓

1. 课堂教学的意义

课堂教学是整个教学工作的中心环节，其他的环节都是在为课堂教学做准备或是课堂教学的延续。教学的成败、教学质量的高低主要取决于上课的成败与水平的高低。教学设计的目的是课堂教学，作业的布置与批改、课外辅导、学业成绩的检查与评定等都是课堂教学的补充、促进与保证。

课堂教学是教师向学生传授知识、与学生面对面交流的主要环节，是教师的责任心、道德水平、业务能力的具体、集中体现，是学生掌握知识，发展能力和品德个性的基本途径，教师只有利用好每一节课，提高课堂教学的质量，才能完成好教学任务，取得好的教学效果。

课堂教学是一种复杂的创造性劳动，它是一个开放的、动态的复杂过程。无论教学设计的如何完善，在实际的课堂教学中不能得到完美的实施，那也都只是一纸空谈，无法取得良好的教学效果。课前的一切设计，都要通过课堂教学中师生的互动得以实现。教师上课要依据教学设计，但更要依据课堂教学过程中的实际情况灵活的调整和变通，不能为教学设计所束缚。

2. 评价课堂教学效果的标准

目标明确。教学目标是根据课程标准、教材内容和学生的实际而制定的预期要达到的教学结果。它往往用学生学会了什么来表示。教学目标是教学目的的具体化，它通常是可明确界说的，是可测量可评价的。教学目标是否恰当及其实现程度是评价课堂教学效果的重要标准。对于一门课程而言，是有明确的教学目标的，最终的目标是要分配到每一节去完成的，这便是每一节课需要完成的明确目标。

内容正确。教学内容的正确应包括两个方面：一是讲授内容正确无误。对概念、定义的表述，所作的论证，引述的事实，教师的语言表述，每项实验操作和演示等，都具有正确的思想性和科学性。二是教材处理得当合理，知识体系连贯完整，补充内容恰到好处，条理清楚、层次分明、重点突出，内容充实，有一定的深度、广度，同时注意吸纳新的信息。

方法恰当。注入式教学方法与启发式教学方法结合使用，运用恰当。教师要善于调动和启发学生学习的积极性和主动性。课堂上既要高效地完成知识的讲授，又要锻炼学生的思维能力，培养他们自主学习的能力，既要有紧张的学习活动，又要有生动活泼的学习气氛。

高效紧凑。课堂教学的时间是有限的，而且学生的大脑活动也是有节律的，一般在校时间课程安排要考虑到学生的生理节律发展的规律，不同学科的课程安排上有动有静，即使是一节课45分钟的时间，也应做到合理安排，充分利用好学生注意力最集中的时间段，讲解重点、难点内容。课堂安排严密紧凑但又有张有弛，教学活动的进程井然有序但又考虑了收放的兼顾，教学时间的安排与学习内容容量之间做到对照呼应但又疏密相间，教学方式灵活多样，教学过程动静结合，教学组织的好。

积极性高。教学是教与学的双向活动，只有教师教学精力充沛，热情饱满，学生学习专心听讲、勤于思考，认真练习、情趣盎然、积极参与学习的过程，才是成功的课堂教学。

3. 课堂教学的主要策略及其运用

在课堂教学实施中，教师的行为分为主教、助教与管理行为等。主教行为是指教师在课堂中发生的主要行为，包括呈示、对话与指导；助教行为是指使主要教学行为产生更好的教学效果而在课堂中发生的教师行为，它是以学生或具体的教学情景为定向的，包括学生学习动机的培养与激发等；管理行为是指为教学顺利进行创造条件，是教师实现有效教学所不可或缺的一种行为，它主要包括课堂行为问题的管理等三个方面。教师在课堂中的三种行为是通过何种策略来实施的呢？常用的策略有讲述策略、对话策略、指导策略。

讲述策略。讲述策略是指教师以口头语言和书面语言单方面的向学生呈现、说明知识。讲述至少有两种功能：一是说明是什么或怎样做，使人明白、理解某个概念、程序或规则；二是解释原因，如分析某个概念产生的原因，告诉学生为什么必须按某些程序去做，给出制定某些规则的理由等[1]。讲述的特点是：第一，从信息传播方向看，是由教师向学生单方向的传达，它不包括学生与教师的互动行为。第二，讲述的过程完全由教师计划、掌控，由于讲述策略中，不安排与学生的互动，在课堂教学中可以完全按照教师的教学计划进行，对于知识讲解的连续性有保障，所以适于由浅入深、由易到难地阐述系统性的、总结性的、概括性的难度较大的知识。这种策略传递信息量大，对学生数量没有限制，甚至1名教师可以通过网络教学面对数以万计的学生，耗费课时少。即使对于传授知识而言，讲述策略是一种高效的教学策略，但是，在课堂教学中单纯地采用讲述策略是不

---

[1] 《教育学》全国教师资格认定考试命题研究中心。机械工业出版社，2011。

可取的。讲述策略是注入式教学的主要手段，教师成了教学的主体，学生被动学习，极易形成学习被动的习惯，独立思考能力的培养不够。其次，缺乏课堂交流沟通，气氛沉闷。

讲述策略的运用时机。在开始一章一节或一课时，一般适合运用讲述策略，用很短的时间介绍这一单元的主要内容或基本概念，并略加说明，目的在于使学生对所要讲述的内容有一个整体了解，明确各章节之间的联系，建立起知识框架。在讲到具体的知识点时也适合采用讲述策略，讲述的内容结合学生已有的知识基础，逐步展开新知识，同时，讲述要注意带有启发性，在讲述过程中，可以不断地提供正例、反例，加深学生对知识的理解。在综述要点时，亦适合采用讲述策略，教师归纳总结一节、一章的要点内容，使学生能够加深对这些问题的认识，形成对课程的完整印象。

教师在讲述时应做到以下几点：第一，要使用普通话，教师是知识的传播者，同时也是普通话的传播者，尤其是在方言使用普遍的地区，学生学习普通话的唯一来源便是教师，在教学中，教师应将普通话作为授课语言。第二，语意准确，语词恰当，语速适中，用词恰当才能准确表述含义，这也是课堂教学准确无误的要求，在知识讲授中，使用学科专业词汇，准确描述，避免不合适的比喻、假设，不使用含义笼统、容易产生歧义的词汇。讲述时尽量使用短句子，简洁明了，语速以稍慢于日常生活说话速度为宜，大致在每分钟200~300字。尤其在讲述新知识时，要有所停顿，给学生接受思考的时间，观察学生的反应，适当重复。第三，避免讲述时间太长，超出学生有意注意的时限。

对话策略。对话是指教学中师生、生生之间的互动语言交流，通过交流沟通，教师引导学生逐步自我理解知识、思考答案，可以有效提高学生的学习能力。对话策略最大的优点是在教师掌控课堂教学的条件下，发挥学生的主观能动性，提高学生的注意力，使学生印象深刻。而且，通过对话，教师能够时时掌握学生对知识的接受程度，调整课堂教学的节奏。

对话是课堂中教师与学生交流的主要方式，有两种基本形式：问答和讨论。

问答策略也叫提问策略。根据师生在问答活动中参与程度、支配权力的不同，有两种主要的表现形式；问答和“对话式”回答。前者是教师几乎完全控制着问答的过程和方向，教师可以提问而学生则不能。后者是教师提出问题请学生表达自己的观点，并在学生观点的基础上再提出新的问题，学生也可向教师提出质疑，就某一问题共同探讨，学生对问答进程和方向有较多的支配机会。可以认为，“对话式”问答是讨论式的一种。所以在问答策略中，本书只讨论“提问式”策略。

提问行为由发问、候答、叫答和理答四个环节组成，现对教师的课堂问答策略提出如下建议：发问策略。问题要清晰，措辞要精练、具体明了，一次只提一个问题，是保证问题清晰的最基本要求。保证高认知水平问题的适当比例，针对目前课堂低认知水平问题比例较高的实际，应提高高认知水平问题的比例。与学业有关问题的发问频率应维持在较高水平，把学生的注意组织在与学业内容有关的问题上；依照具体目的，合理安排低认知水平和高认知水平问题的次序。候答策略。教师发问之后，根据问题的认知水平和具体情境，等候3～5秒钟，给学生以思考问题、组织答案的时间。如果在教师叫答后，学生没有说话，教师也应等待，直至学生给出实质性回答。当然，有时在班级教学情况下，等候时间会对课的连续性造成影响，这时可适当缩短等候学生回答的时间，及时采取回答行为。叫答策略。保证每个学生有尽量多且均等的回答机会，是叫答的基本原则。具体来说，教师可以按固定形式叫答，或者把班级分成小组，小组里学生共同商议答案，教师随机请各小组的某一位学生回答。理答策略。学生回答不同，教师的理答策略也要有所不同。对于学生迅速而坚定的正确回答，要表示肯定，或对正确回答作进一步解释，或追问一个问题；对于不正确的回答或不回答，先要弄清造成这种情况的原因，采取适当的措施，如探问、转问等。

讨论策略及其运用。讨论策略多被用于策略性知识的教学中，讨论问题要具有一定的多面性，复杂性，学生之间通过互动交流，对某一问题形成较为一致的理解、评价或判断。其优点有：培养学生批判性思维能力、阐述观点的能力、综合分析的能力、人际交流技巧等。但讨论又有不易控制、耗费时间和讨论结果难以预料等缺点。要组织好学生的讨论有一定的难度，需要教师注意以下问题：

教师给出的讨论题目要明确，并且引导学生进行讨论。讨论过程中，如有学生的发言离题太远，教师便须唤起他的注意，重复解释所讨论的主题；使讨论过程在和平友好的气氛中进行；使每位同学都参与讨论，积极思考，避免个别学生垄断讨论，对发言时间过长，剥夺别人说话机会的学生教师要婉言劝阻，既不伤害学生的积极性又使大家发言的机会均等；如有学生提出疑问，教师应作简要的回答，但最好是指示线索，促使学生深入思考。当讨论完毕时，教师应作总结，归纳大家发言中的重点，以使学生所讨论的知识反省系统性。

在教学中，一般较为常见的是小组讨论，可以有不同的分组形式，有研究表明，讨论一般以5～8人为理想，超过这个数目，平均每个人的发言次数和内容就会相对减少，进而降低组员的参与感和满足感。这里介绍一个6人小组的讨论方法。因为这种方法中，每组以6人为限，每人发言1分钟，6人共计6分钟的讨论时间，也被称为六六法。这是由美国学者菲利普斯提出的。其进行程序如下：

（1）分组：以教师指定或学生自愿的方式，6人一组，每组选出一位主持人和记录员。

（2）提出讨论问题：教师提出事先难备好的题目，清楚说明题意后，要求各小组讨论出一个较一致的答案，并说明主持人和记录员的职责。如果拟定的讨论题目是学生不熟悉的课题，可提供有关资料来源，要求学生事先准备。

（3）进行讨论：限制6分钟的讨论时间，其间教师应巡视各组，观察讨论情形协助讨论。

（4）综合报告：每组指派一名组员（亦可由记录员担任），介绍本组的观点❶。

指导策略。随着学生学习能力的提高，中学、高中、高校教师可以选取部分章节作为学生自主学习的内容，学生是学习的主体，教师起到辅助指导作用。

指导策略常用于练习指导、新知识指导和活动指导。练习指导是教师通过帮助学生成功地完成课堂练习，达到学会知识和技能的目标，保证教学顺利进行的行为策略。新知识指导，一般只适用于学习能力较强的高年级学生，由学生自主阅读学习内容，按照教师提出的学习提纲，归纳总结章节知识要点。活动指导是指教师对学生独立从事的操作或实践活动的组织、引导和促进行为策略。

二、实践教学能力

（一）实践教学能力

实践教学是巩固理论知识和加深对理论认识的有效途径，是培养具有创新意识的高素质工程技术人员的重要环节，是理论联系实际、培养学生掌握科学方法和提高动手能力的重要平台，有利于学生素养的提高和正确价值观的形成❷。实践教学内容包括实验、实习、实训、社会实践、课程设计、毕业设计（论文）、学位论文等，也包括军训、创业活动以及纳入教学计划的社会调查、科技制作、学科竞赛活动等。

教师的实践教学能力，一般是指基于专业技术和社会实践基础上的教学、实验实训和科研的综合能力。这是一种实际能力，而非是"考证"的能力，其中，专业技术的实操能力和社会实践的经历是至关重要的因素。在我国高校越来越强调对学生应用能力培养的背景下，对教师的实践能力的要求也越来越高，而目前高校教师的整体状况还难以适应。因此，建设一支既有深厚扎实理论功底，又有较强的专业实践能力，能在理论和实践结合层面胜任实践教学，培养学生专业实践能力的"双师型"教师队伍，就显得尤为重要。

（二）提高教师实践能力的途径

1. 更新教育观念并提高教师对提升自身实践教学能力的认同感

高校教师不仅要具有坚实的理论基础，更要具备较强的实践教学能力，后者甚至比前者更重要。然而，受"象牙塔"式教育的传统思想影响，当前我国高校

---

❶ 《教育学》全国教师资格认定考试命题研究中心。机械工业出版社，2011。

❷ 引自百度百科：实践教学。

教师对应用型人才培养目标的认同度并不高，甚至很多教师自身都没有搞清楚应用型人才与学术型人才的培养究竟有哪些区别。为此，高校尤其是应用型专业应加强引导，组织教师学习讨论学校的办学理念与办学定位以及人才培养方案，提高教师对应用型人才培养目标的认同度，认识到教师自身专业实践能力的提升在实现应用型人才培养目标中的重要性。能主动更新知识结构，强化实践能力的锻炼，善于将专业理论知识和专业实践能力有机结合，并有效转化为实际教育教学能力。

2. 增强教师实践教学能力培养的针对性

高校教师岗前培训主要内容是教育学、心理学等理论知识培训，是为取得教师资格证的培训。生产一线的锻炼、行业或工程的历练都摆不上培训议程。结果是教师的理论水平、研究能力有了较大提高，而教学实践能力几乎没有进步，这不利于实践教学水平的提高和应用型人才的培养。因此，要对师资的岗前培训和职中培训进行改革，改进培训形式，调整充实培训内容，在岗前培训中要增加与专业对应的行业和工程背景的认知实践，职中培训要安排一定的时间进行实践教学能力的培训，切实提高教师实践教学的胜任力。

3. 借助校企合作平台来提高教师实践教学能力培养的实效性

企业是提升教师实践教学能力的宝贵资源和重要平台，要充分加以利用。要争取企业的支持和参与，可采取“双挂”的方式，即教师到企业挂职锻炼，企业的高管和高工到学校做兼职教授，实现互利双赢。学校要根据教学需要，组织、鼓励和支持专业教师到相应工厂企业挂职或兼职，让广大专业教师参与企业的生产组织、技术管理、产品开发和技术改造以及针对企业特定岗位的技能培训等项目的实际工作，及时掌握当前企业的技术水平、装备水平和企业对需求人才的知识、技术、技能结构的要求变化。可与具有一定技术含量产品或高科技产品的生产厂家建立合作关系，争取到专业教师与厂家技术人员进行技术交流或获得培训的机会，通过交流或培训提高实践能力，这也是让专业教师掌握前沿应用技术的有效方法。鼓励专业教师参与或独立承担企业的科研项目、技术改进和技术攻关、建设工程的设计以及建设项目的建设规划等工作。在实际工作中培养和提高从事工程技术工作、技术科研工作的能力和技术创新能力，培养出一批实践能力强，技术水平高的“双师型”教师。❶

三、 建立良好师生关系的能力

良好的师生关系有助于教师深入的了解学生，做到因材施教，也有助于教师

---

❶ 姚吉祥，汪本强。国外院校提升教师实践教学能力的成功经验及对我国的启示 [J]。安徽科技学院学报，2010，24（5）。

引导学生，学生通常更乐于接受自己喜欢的教师的指导。建立良好的师生关系要靠双方共同努力。教师在师生关系的建立与发展中占有重要地位，起着主导作用。要建立民主、和谐、亲密的师生关系，对教师来说，要做到以下几点。

（一）深入的研究学生

如果你想读懂学生的心，与他们有共同语言，走进他们的内心世界，就必须了解和研究学生。研究的内容包括他们的精神追求、道德标准、兴趣爱好、知识水平、学习态度，学生的个性特点、班级的风气。只有研究清楚这些问题，教师才能够找到与学生交流的最佳角度，找到亲近他们的突破口，才能对症下药，因材施教，正确直接的使教育影响到他们的内心世界。

（二）热爱、尊重学生，公平对待学生

教师如何对待学生取决于教师如何看待学生，我国传统的学生观将学生看做是被动的受体、教师塑造与控制的对象，学生在教育中处于边缘位置，对学生的教育是规范、预设的。但是，一个好老师，应该看到每个学生都有巨大的发展潜力，学生的不成熟性具有成长价值。教师要爱学生，热爱所有学生，尊重学生特别要尊重学生的人格，保护学生的自尊心，公正的对待他们，教师处理问题必须公正无私，使学生心悦诚服。

（三）获得学生的信赖

师生情谊是在交往中形成的。学生自然的对老师有敬畏感，所以，初接触时，教师应更加注意自己的言行，给学生以亲切感，但又不失教师威严，教师应主动创造自然和谐的接触气氛；经过多次良好的接触，学生感到教师平易近人，从而产生愿意同老师亲近的感情；有了亲近感，在学习与生活中教师的诚挚关怀、耐心引导被学生理解，或在共同活动中激发起学生的浓厚兴趣，从而产生感情上的共鸣；师生之间有了感情上的共鸣，学生才会逐渐对老师产生信赖感，向老师敞开心扉，接受教师的心灵指引。这种师生关系是教育成功的结果，也是成功地进行教育的重要条件。

（四）努力提高自我修养

理想的师生关系是既要有亲密师生情谊，又要保持教师的师者威严。要学生尊敬老师，老师要有崇高的理想，高尚的师德修养，科学的世界观、人生观，渊博的知识，严谨的治学态度，使学生被教师身上的闪光点所吸引、所折服。[1]

---

[1] 《师生交往论》刘建华 。北京师范大学出版社，2011。

四、终身学习的能力

教师的学习能力，是指适应教育教学工作和教师自我完善发展的需要，及时、准确地吸纳、组合前沿的知识信息，从而不断增强思想活力和工作效能的能力。面对快速进步的社会，面对越来越高的人才培养要求，面对越来越聪慧的学生，教师必须不断地学习，完善自我。要做与时俱进的教师，必须具有丰富的学习经验和较强的学习能力。教师的学习能力主要表现在以下几个方面。

（一）有强烈的学习内驱力

教师的学习内驱力来自对学习的渴望，对知识的渴望，对更加优秀的自己的渴望。

活到老，学到老，在当代已经成为一种必需。原因在于，当今科学技术的迅猛发展使得知识的有效使用周期越来越短。据估计，现在，一个人在其一生中所学的知识只有10%左右是由学校传授的，其余90%左右是在工作岗位中不断学习获得的。在各种专业中，教师又是一个特别需要学习的专业。教师工作对象是一批又一批新学生，了解、熟悉每一个学生的学习心理，理解不同时期成长起来的孩子们的思想，也是一个巨大的学习任务。教师的工作任务是授业，即使是“授人以鱼”，也需要不断根据教材的变化更新知识储备，更何况要“授人以渔”，教会学生新的学习方法、培养学生自己寻找学习方法更是需要花时间、精力不断研究的工作。

1996年联合国教科文组织在《教育：财富蕴藏其中》的报告中指出：“今天，世界上的演变如此迅速，以致教师和大部分其他职业的成员从此不得不接受这一事实，即他们的入门培训对他们的余生来说是不够用的，他们必须在整个生存期间更新和改进自己的知识和技术。”如今，教师的职前教育、入职教育和在职教育一体化趋势就是应对挑战的必然选择，终身学习势在必行。

（二）有较强的信息能力

信息能力是指了解、吸收、使用、探求和生产信息的能力。在信息社会，人的信息能力是学习能力中最重要的能力。对教师的要求是能够熟练地搜索到需要的信息、广泛的积累信息、恰当地将信息应用于教学中，教会学生搜索信息的有效途径，正确的应用信息。

能熟练地搜索到有用信息。信息时代的信息量是庞大的，我们每天也会接触到大量信息，但是从大量的信息中，用最短的时间快速地找到对我们有用的信息，是高效工作的必备能力之一。在教学中常常会需要补充很多教材以外的内容，有些可以从教辅材料中获得，有些可以通过网络渠道获得，有些可以通过书刊获得，有些来源于生活。选择何种渠道去搜索信息，这是教师们经常要遇到的问题，所以，教师要有敏锐感知，选择正确的渠道用最短的时间获得准确的信息，这样才能提高工作效率。

能广泛地积累信息。要想成为一名能够对专业、对时事、对学生的问题提出真知灼见的教师，要有一定的信息储备，做到信息“量大”与“面广”的统一，才能形成相应的知识结构，才能形成全面深刻的认识。否则，信息量小或信息类型单一，即使形成某种认识，也是肤浅、片面的。所以，凡思想丰富、见解深刻的教师，不但痴情于阅读书报杂志，勤于收集信息，而且涉猎面广，博采厚积。

将信息恰当的应用于教学。教师积累信息是为了使用信息，为了丰富自己的学识、提升自己的品味，为了指导自己的教育教学实践，为了丰富教学内容。在教学中使用的信息，必须经过仔细的遴选、加工，做到去伪存真、去粗取精、去陈取新。

能培养学生的信息能力。能指导学生收集和使用信息，这是提高教师信息能力的最主要的出发点。

（三）学习中“博”与“专”的统一

广博的自然、人文等基础知识，是人们认识科学、认识社会，形成基本的世界观所必需的，也是进行深入的专业学习的必要基础。而在广泛的普通文化知识基础上深入学习研究某一领域，向“专”的方向发展，则可以学得深透，形成自己深刻且独特的见解，取得突破性的创新成果。这就要求广大教师在当今学科之间互相渗透的情况下，在学习过程中，处理好“博”与“专”的关系，既要避免漫无边际，“博”而不“专”，又要防止涉面过窄，只“专”不“博”，努力做到广博与专深的统一。

（四）坚持终身学习

终身学习是一种广义的学习，它指的是人在生活中获得个体经验的过程，贯穿于从生到死的生命过程，包括主动的和被动的。需要付出努力去坚持的主动学习，具体地说，就是通过各种形式的自觉学习，不断更新知识，调整行为，主动适应环境变化。

书是良师益友，读书是一个人增长知识才干的有效手段。读书要有选择，现在的出版业是非常繁荣的，书的种类齐全，内容丰富，但是也该看到书的质量良莠不齐。所以，读什么样的书就很有必要研究了，作为指导人生的引路明灯，要读经典论著和重点论著；作为专业学习的参考教材，要读透本学科的名著名篇；作为开阔视野的信息来源，也要浏览热点论著和另类论著；作为丰富知识的参考用书，要翻检相关学科乃至边缘学科的书籍。

多向老教师和优秀教师学习。西方大学研究生阶段的助教制度、我国高校的课程团队制度都是培养青年教师的有效形式。青年教师要主动地向周边的老教师和优秀教师虚心学习，至少选择几位教师自始至终听完由他们主讲的课程，认真观察，细心揣摩，必将获益匪浅。

在教学实践中学习。教学是一门育人的艺术，需要在实践中体会艺术之美，寻找完善艺术之途径。从掌握教学的理论知识到内化为教学技巧再上升为教学风格，必须经过反复实践和实践反思。在学习和实践中，一个青年教师会经历模仿、吸收、消化和熟练到创造的过程，既要练习又要反思、体悟和总结。

五、教育研究能力

教育研究是以教育领域中发生的现象为对象，以探索教育规律为目的的创造性的认识活动。由于教育对象的广泛性和教育内涵的丰富性，教育研究的范围也非常广泛。教育研究面临三种不同的事实，即自然事实（物理事实）、社会事实与心灵事实。社会事实探究已经发生的故事，心灵事实谈论的是应当发生的故事。教育学既然是人学，其中关于心灵事实的层面以及部分社会事实的层面，就不适宜用自然事实的“规律”来统摄。教育研究的目的是完善教育制度、教育理念、教育方法等，教育研究者面对的是生动的教育世界、生动的学生们，所以教育研究具有人文性、规范性、科学性、多样性、实用性、开放性等特征。

在世界各国，人类教育的前进发展离不开教育研究。教师们在研究中总结经验、思考问题、确立改革的方向。教育研究赋予了研究者科学研究的任务，培养教育者科学研究的精神。教育研究使教师从经验走向理论并建立教育理论，充实学术内涵，启迪教育知识，丰富并规范研究方法，对于揭示教育教学规律、改进教学质量、提升专业地位方面具有举足轻重的作用。

在教师职业所需要的各种能力中，教育研究能力看似不是一名普通教师所必备的，但实际不然。因为，教师面对的是永不停滞、永远变化、一直前进的教育事业，教师的工作总会遇到新问题，没有经验可以借鉴，需要自己研究、思考解决办法，教师的研究能力提高了，对待教育教学问题能以科学的态度去审视，能用科学的方法去解决，就能高屋建瓴，事半功倍，大大提高工作效率和教育教学质量。所以，即使你是一名最平凡的教师，教研能力也是你应该具备的能力。

教育培养的人才要适应社会发展的需要，能够关爱他人、心怀天下、改变世界、创造未来，所以教学也不再是照本宣科，仅局限于教授教学大纲的知识任务，要加强学校与社会、课本内容与现实生活的联系，打破传统的封闭的课堂，让课本以外的新知识、新信息进入课堂。面对这些新的教学任务，教师需要依靠不断地思考、探索、研究，才能深层把握教育教学规律，具备在变化无穷的教育教学情境中应对自如的能力，从较高的视点理解和讲解新知识。

同时，在人类浩瀚的文明史中，我们也会发现诸多名师的不朽成就，在中国，孔子、孟子、朱熹、王阳明等人，既是彪炳史册的名师，又建树了恩泽华夏千秋、惠及东方各国的儒家文化；在外国，苏格拉底、亚里士多德、马卡连柯、苏霍姆林斯基等，既是享有盛誉的教师，又是成就卓著的科学家或教育家。难以想象，如果没有中外历代为师者的智慧奉献，人类文明发展史将作何观！

教育研究的领域很广，包含了素养、课程、教学等诸多方面，且已经形成了一套基本的研究方法。教育研究是每一位教师的终身事业，本篇后文将单独设立一节来细细阐述。

六、 科学研究能力

（一）何谓科研

科研是发现自然现象和社会现象中的问题，是反思我们的教育行为，是探讨我们工作中的难题。发现、反思、质疑、审视、探讨就是科研。

在我国的教育体系中，高等学校既承担着育人任务又承担着科研使命。所以高校教师的工作很具有挑战性，既身负科研重任，又要教导学生如何从事研究。

（二）科研与教学的关系

著名的教育学家朱九思对于教学与科研的关系做出过一个形象生动且准确恰当的比喻，科研是“源”，教学则是“流”，科研与教学的关系是“源”与“流”的关系。作为高校教师，在课堂上所讲的知识无不是科学研究的成果，区别只在于成果时间的新旧而已。某一个学科的基础理论，是前人的研究成果，而一些最新的操作方法可能就是当世人的研究成果，高校教师要努力探索科研与教学的结合点，既要瞄准科学技术前沿问题进行深入刻苦的研究，又要围绕教学搞科研，搞好科研促教学，形成科研与教学互动、教学与科研相长的良好局面。其次，高校教师不仅向学生讲授已有的知识，还要传授他们科学研究的方法，让学生在科研中学习。再次，从教师主体而言，教学和科研是教师的基本职责。一个教师既要能讲好专业课，又要有稳定的研究方向，以科研丰富教学。

然而，在现实环境中，教学与科研相辅相成的境界并不容易达到，也有很多高校教师重科研轻教学，于是有很多质疑声，高校的首要任务是什么？是育人还是科研？答案当然应该是“育人”，但是为什么还会出现教师重科研轻教学，科研工作挤占了老师们的时间和精力，老师的科研内容和教学毫不相关的现象呢？

仅仅用教师的师德、职业操守等来解释和要求是不合理的。从人力资源学的角度分析，我们更应该关注高校对教师的考核制度，我们把科研、教学设定为教师的两项任务，科研的指标是明确的，且是可衡量的，而教学的工作量是明确的，但是质量又如何衡量呢？当一个任务的完成情况是可衡量的，而另一个任务的完成情况无法明确衡量的情形下，教师自然会选择把更多的精力放在可完全量化考核的科研上。

（三）科学研究与教育研究的关系

科学研究是指为了增进知识包括关于人类文化和社会的知识以及利用这些知识去发明新的技术而进行的系统的创造性工作。科学研究包括基础研究、应用研究、试验发展三类活动。科学研究的范围包括自然和人类社会等许多方面的研究，也包括教育研究在内。教育研究是人们以教育现象为研究对象的科学研究。科学研究与教育研究是整体与部分的关系。

（四）科研一般程序

1. 科研的准备阶段

准备阶段是科学研究正式开展前的一个阶段，熟练的科研工作者一般都清楚，准备充分与否对科研的效率高低和成功与否的影响是很大的。在准备阶段科研人员要完成的任务有：

确定研究课题。整个的研究过程，其实就是一个提出问题、分析问题和解决问题的过程。有效地提出问题是开展科学研究的前提和重要环节。在高等学校的科学研究中，课题的确定一般遵循下列原则：首先，就是判断课题的价值，即选题要满足经济社会和科学技术发展的需要，通过选题所进行的科研活动应是人们获得新知识、新技术的创造性劳动；其次，要考虑课题的可行性，即考虑完成课题的主客观条件，主观条件是指从事科研的教师的知识结构、思维特征和科研水平；客观条件是指进行科研的时间、经费、仪器设备等，考察这两者是否能达到科研要求。

不同类型的科研，选题方法也往往不同。基础性课题来自基础研究中发现的“空白”或是对已有研究中存在的问题作进一步的理论探索。它需要研究者到学科发展的前沿阵地去选题，到原有理论和新的实验事实矛盾尖锐的地方去选题；应用性课题来自需要开展的应用研究或是对已有应用研究成果的继续深入研究。它需要研究者到生产实践中去选题，从国内外最新技术发展的方向中选题，从引进国外技术的消化吸收过程中选题。

制定研究计划。制定切实可行的研究计划，有利于科研工作者有目的、有步骤地安排和开展研究，有助于按期获得阶段性成果和按时完成科研任务。研究计划越具体、详细，后续环节的科研工作才越明确、顺利，时效性才能提高。制定研究计划，主要包括下列工作：

确定研究对象。研究者既要明确研究什么人、事或物，又要明确研究他（它）们的哪一类问题。

确定研究范围。既要明确研究对象范围，又要明确地域范围。

研究目的和意义。即研究者要明确解决什么问题以及此问题在理论或实践中有何价值。

选择研究方法。明确解决问题的主要方式和途径。

确定主要资料来源。既要明确资料来源的范围，从哪些文献、实验或调查中获取。

2. 实施阶段

这个阶段是科学研究的具体操作和研究阶段。实施阶段要完成的主要任务是：

搜集、获取事实资料。事实资料有两种基本类型：一类是通过检索记录得到的文献资料，另一类是通过问卷调查、实验观察等获得的数据资料，它包括谈话记录、回收问卷、实验数据、测试结果、观察记录等。

对于文献资料，主要用逻辑方法进行分析研究，包括比较、归类、类比、抽象、概括、分析、综合、归纳、推理、想象和假设等方式，采用哪种或哪几种逻辑方法，要根据研究目的和文献资料的特点灵活选择。对于数据资料的处理主要采用统计分析方法，对经过整理的数据资料进行分析研究，并把分析的结果用数据、图表或统计量数简明地展现出来，处理数据资料涉及一些统计学的知识，常用统计描述、统计推断、统计分析等统计方法，经过对所获数据的数学处理，进而得出科学的结论。

分析处理事实资料。在占有大量丰富翔实的资料后，研究者要对资料进行分析和研究，分析研究的主要目的是从占有的资料中获取带有规律性的东西，对占有的事实资料进行"去粗取精，去伪存真，由此及彼，由表及里"的深入思考和技术加工，完成课题设计中提出的研究任务。

3. 总结阶段

撰写论文或研究报告。建立科学概念，做出科学判断，进而构建理论体系是形成科学理论必需的三个台阶。在分析文献资料事实和数据资料处理结果的基础上，研究者应以论文或研究报告的形式表达出研究结论。

成果推广。科研工作必须为社会主义市场经济建设服务，这才是科研工作的真正目的。实验室研究的成果，以及成果鉴定或论文评审，只表示科研取得阶段性成功，因此，必须把实验室成果推广，进行中试或应用开发，然后进行产业化生产，实现高校科研的经济效益和社会效益[1]，使高校实现服务社会的功能。

---

[1] 《高等教育学》。高等教育出版社，1999。

七、创新能力

创新是国家发展的最强动力，也是决定一个国家国际地位的重要因素。纵观国际局势，世界强国无一不是经济强国或军事强国。而经济的发展和军事的强大都离不开先进的科技水平，所以是科技的领先地位、科技创新决定了一个国家的国际地位。

科技创新需要有鼓励创新的环境和有创新能力的人才。学生创新能力需要教师的创新性教育教学来培养。所以教师有没有创新的思维、有没有创新能力就成了能否有效地实施创新教育的关键。

教师的创新能力，是指教师在现代教育观指导下，能进行教育教学探索和科研实践活动，从而创造出符合教育规律且能产生积极效益的新理论、新方法的能力。创新能力是教师能力的最高境界。

（一）什么是创新

从茹毛饮血的穴居人，到掌握信息科技的现代人，人类经历的每一次进步都离不开创新。现代文明是在前人无数次的勇敢尝试、大胆创造上建立起来的，没有人类聪慧的大脑、就没有人类共享的现代文明。

在现代社会，创新是社会发展的主旋律，是企业乃至国家的核心竞争力的体现。中国的经济在过去的几十年中发展很快，但是我们也应该清醒的认识到，我们在尖端科技领域与美国等国家的差距，也应该清醒的认识到依靠代工、仿造永远不会成为真正的经济强国、科技强国。所以，我们的教育任重道远，要培养出有创造力的人才，首先要使教育有活力，要使教师有创造力。

要创新，首先必须懂得什么是创新。所谓创新，就是要素的新的组合，是“创造、发展、交流和应用新的想法，使之转化为市场适销的商品与服务的活动”。它包括四个层面：其一，原始性发现和发明，如四川省某县“宗族文”识字法的创建。其二，再次发现或进一步发展。其三，知识（信息）重组。即通过对相关要素（知识、信息、物质）的不同组合而产生新想法、新技术、新事物。在物质世界，同是硝、磺和木炭几要素，有了合适的组合，便成了火药；在精神领域，马克思主义就是英国的古典政治经济学、德国的古典哲学和法国的空想社会主义的组合、融会和升华。其四，知识信息（方法）的转化、推广和应用。创新需要有创新的新想法，并付诸实践，取得良好的收效，是新想法从产生到实际应用并发挥作用的完整过程，是指新想法转化成精神的或物质的新产品并创造出新价值。

（二）培养创新精神、创造性思维

活跃的思维，善于对世界思考与探索是培养创新能力的关键。因为，人类的创造都是源于对世界更美好的追求与想象。对现实的不满足、对世界更美好的追求，是人们进行创造的原动力，不再墨守成规，敢于尝试新的想法这便是创造精神。其实，创新并不神秘，也不遥远，创新可以发生在各个领域，教育领域也有很多可以有所突破和改变的地方，都等待着教师们去发现、去改变、去突破。教师要敢于改变、敢于突破，做陶行知先生所说的“有胆量”的“创造的教育家”、“开辟的教育家”。

人们所要创造的新理念、新方法、新事物，都是未知的，如何到达未知的彼岸，选取什么方法什么道路，都是需要借助智慧的大脑提出创造性的假设，经过无数次尝试，方可能成功。所以，有理由、有依据的假设就是我们追求的创造性思维。

八、知识迁移能力

现代学习理论十分重视学习的迁移问题，因为一个人不可能学习到每一样技能每一项知识，如何能够举一反三、灵活运用所学知识解决类似问题，是每个现代人必备的能力，所以，各阶段、各学科的教师都应在教学中注重学生迁移能力的培养。培养学生的知识迁移能力，首先要求教师有较强的知识迁移能力，其次教师掌握培养学生知识迁移能力的手段。

（一）什么是知识迁移能力

教育心理学对“知识迁移”做了如下定义：知识迁移就是“一种学习对另一种学习的影响”。在学习这个连续过程中，任何学习都是在学习者已经具有的知识经验和认知结构、已获得的动作技能、习得的态度等基础上进行的。这种原有的知识结构对新的学习的影响就形成了知识的迁移。

（二）知识迁移能力培养途径

夯实基础知识，加深对重点知识的理解。这是实现知识迁移的基础。避免对知识的机械性、生硬性记忆，只有理解知识，才能长久的记忆，灵活的运用，才能真正地掌握知识。什么是有意义的学习？我们学习不是为了记忆知识，而是为了引用知识解决实际问题。在枯燥的求学道路上体会到乐趣，激发出创造性，这便是知识迁移的基础。

构建具有清晰、概括、包容性的知识结构。我们不可能在求学期间学会所有知识，但是我们应该在求学期间建立起个人合理的正确的知识结构，这是自我学习、补充知识、进行知识迁移的前提。知识结构就如同人体的骨架，知识便如同血肉，有了健康的骨架，血肉才得以依附。我们学习的每一点知识最终都要整合到知识结构中，或是与原有的知识发生关联，是原有知识的延展，或是在知识结构中新辟出一条分支。总之这种整理归纳知识的练习，不仅可以逐步完善个人的知识结构，也可以在其中领悟知识的共性与区别，为知识的迁移潜移默化地做了铺垫。

将问题进行拆分、分类、变换形式。这往往是解决新问题的第一步。问题情境是问题的表象，是问题的综合呈现方式，如果把一个问题拆分，就可以分解为若干能够直接解决的问题和不能直接解决的问题，不可直接解决的问题可以通过拆分、分类、变换形式，逐一解决。

分类需要运用自身的知识结构将问题划分到某一具体的分支中去寻求答案，变换形式的目的是转换问题的呈现情境和样式，以使其与我们构建的认识结构接近，为知识的迁移做准备，尝试以知识迁移的方式来解决，仍不能解决的问题需要学习新知识、新方法进行解决。

要具备发散思维的意识，遇到问题挖掘本质，灵活的转换情境，避免思维定势，知识迁移不是生搬硬套，要具体问题具体分析，具体处理。这体现了个人的知识水平，更体现个人处理问题的水平。

（三）培养学生知识迁移能力的手段

教学中，以“一题多解”的方式启发和引导学生从不同的角度、用不同的方法去分析、解答同一道题，从而引导学生灵活地掌握知识，深刻理解知识的纵横联系，形成知识网络，也可有效的消除思维定势，提高求异思维和发散思维意识和能力，培养学生知识迁移的能力。

帮助学生整理知识，建立知识体系。整理已有的知识，可以增强对知识的理解程度，梳理知识的脉络，构建清晰、概括、包容性的知识结构，为知识的迁移做好准备。

教会学生在接触新问题时，分解问题，分析问题的本质，进行类化，从中找出与已有知识结构相关联的部分，逐步解决新问题。

第三章　校本培训

随着社会的不断发展进步，对教师的要求也越来越高，教师的能力急待提高，而教师校本培训正是解决这一问题的最好方法。校本培训是提高教师整体水平的有效方法和途径，校本培训旨在通过提升教师综合素质能力达到提高教育质量、促进学校发展的目的。作为教师继续教育的一种重要形式，校本培训在适应当前教育改革和发展、适应新一轮教师继续从事教育工作要求等社会经济发展改革措施方面具有特别重要的意义，是深化我国教师继续教育发展的一条重要途径。

第一节　什么是校本

校本（School-based）可以理解为以校为本或学校为本。校本有三层含义，即为了学校（For School）、在学校中（In School）和基于学校（Based School）。

一、为了学校

为了学校，是指学校自身应成为发展的中心和根本，学校的一切办学和改革措施都要有利于本校的成长与发展，最终有利于教育对象的发展。为了学校，主要是以解决自身存在或即将出现的问题为对象。解决问题，有利于学校更好地发展是其主要目的，既要解决学校自身在办学和改革过程中存在的种种问题，也要不断提高学校的办学层次和教育教学质量。

二、基于学校

基于学校，是指教育改革的主阵地是学校。要从学校的实际出发，组织开展的各种教学与培训、各类研究与课程建设、改革等，都要从学校的实际出发，尊重学校的实际情况，如果不建立在学校自身发展基础上，不以学校实际为根本，一切教育改革的措施有可能就会落空，改革的目标就可能无法实现。教育的改革与发展，归根结底要通过学校来体现和完成，对学校管理者来说，要充分认识学校的地位与作用，摆正主次位置，做好学校自身工作。

三、在学校中

在学校中，是指学校改革与发展问题，需要经过学校中的教育实践者主体——“教师”来完成，需要通过教师集体研究、讨论、分析来解决，形成的措施方案需要在学校中进行检验、实践和运用。在学校的办学和教育改革中，要充分发挥学校成员的积极性、主动性与创造性，挖掘全体教师的创造潜能，让教师真正参与和主导教育改革全过程。没有学校自身主体教师的作用，学校的一切改革都是不可能成功的。真正对学校问题有发言权的是该学校的教师，“局外人”——该校以外的专家学者、领导等，很难对该校的问题有切身的感受和全面的把握。

第二节　校本培训的概念

校本培训 (school-based in-service training) 据考证是对舶来品翻译和理解的结果，资料显示，校本培训于 20 世纪 60 年代首先在英国、美国等国家产生。80 年代末期，欧洲教师教育协会对“校本培训”一词进行了界定，认为“校本培训”基于学校课程和整体规划的需要，由学校发起组织，旨在满足个体教师的工作需求的校内培训活动。这一界定揭示了校本培训的出发点——“学校课程和整体规划的需要”，校本培训的主体——“学校发起组织”，校本培训的目标——“满足个体教师的工作需求”，以及校本培训的场所——“校内”。[1]

我国正式提出“校本培训”最早见于 1999 年教育部《关于实施“中小学教师继续教育工程”的意见》（简称“《意见》”），《意见》中指出：“中小学是教师继续教育的重要基地，中小学校长是教师继续教育的第一责任人；各中小学都要制定本校教师培训计划，建立教师培训档案，组织多种形式的校本培训”。至此，“校本培训”一词在官方文件中第一次被明确提出。作为教师继续学习和教育的重要形式，校本培训一经提出就受到了广泛重视。校本培训形式比较符合

---

[1] 郑金洲，俞海燕。认识校本培训［J］。中小学管理，2011(9)。

我国教育地理区域分布广泛，师资队伍庞大，教师继续教育、培训任务繁重，教育培训经费缺乏的客观情况，成为一种与离职培训优势相互补充的运作方式。

各类学校、教育主管部门在重视开展校本培训的同时，也在探索从实际情况出发对校本培训进行界定。

学者余维文认为，校本培训是在开展继续教育工作中，以教师任职学校为主阵地，以教师互教互学为基本形式，在岗业余自学的一种进修模式。他肯定了校本培训是在学校中进行的，指出了校本培训其中的一种组织形式，即教师互教互学。

李志华认为，校本培训是指以学校为本的师资培训，它是以邓小平“三个面向”理论为指导（“三个面向”是指，1983 年 9 月 8 日，邓小平同志为北京景山学校题词：“教育要面向现代化，面向世界，面向未来”），根据学校发展的目标和要求，探索以校为本、自主发展的训练模式。这一界定表明了校本培训的基本指导思想，明确了校本培训的目标是教师的“自主发展”。

赵蒙成指出，所谓校本培训，是指在教育行政部门和有关业务部门的规划和指导下，以教师任职的学校为基本培训单位，以提高教师教育教学能力为主要目标，把培训与教育教学、科研活动紧密结合起来的继续教育形式。这一界定相对来说对校本培训的目标、培训机构之间关系和形式的表述较为准确。

要科学、准确界定“校本培训”，其关键点在于对“校本”的理解。校本主要有三方面内容：一是为了学校，即为了学校的改革与发展。校本解决的就是学校在办学过程中出现的各种问题，它秉承“从学校中来，到学校中去”的理念，以问题的存在与解决为出发点和落脚点，最终为了学校的健康科学发展。二是基于学校，即以学校为基本单位。校本针对的就是学校自身改革和发展存在的问题，因此通常要由学校自己解决，但学校又不是解决诸多问题的唯一机构，还要依靠和借助高校和教育培训机构等帮助其进行校本培训教育。三是学校必须要有充分的自主权。校本必须要将学校作为培训过程的主体实施单位，要让学校本身有充分的自主权，根据自身实际制定切实可行的校本培训计划，解决本校存在的实际问题，促进学校自身发展，其他部门只是起建议、监督、协助等辅助作用。

通过以上剖析可知，校本培训是教师继续教育培训的延伸，是教师培训的一部分。可以将校本培训定义为：为了满足学校和教师的发展目标和需求，在教育行政部门、教师培训机构的规划指导下，由学校自主开展，从学校和教师自身工作实际出发，解决制约学校改革与发展瓶颈，进而促进教师职业修养与专业发展，提高学校办学水平和教育教学质量的一种在职培训形式。校本培训是以学校自身和教师自身的改革与发展为出发点，培训要始终关注学校、教师和教育的需求性。所谓需求性，是指在教师培养过程中考虑本校的需求，以教师为主体，解决他们在教育实践中的相关困难和教育教学问题，并有针对性地进行培训。校本培训的含义归纳起来主要有以下几点：一是校本培训从学校自身实际出发，目的是解决学校和教师在改革与发展过程中面临的各种问题。二是赋予学校充分的自主权，在校本培训中起主导作用，其他部门和机构起辅助作用。三是校本培训最终目的既满足了学校的发展，同时也提高了教师的整体素质，促进了教师的发展，二者协调统一。

第三节　校本培训特征

一、针对性

校本培训是以解决学校和教师在教育教学过程中存在的问题为出发点，将教育、教学、科学研究和实践相结合，更好地解决改革和发展过程中出现的问题的一种教师教育培训形式。

首先是针对学校的发展。学校在办学过程中，一定会产生各种问题，这些问题一定程度上阻碍了学校的改革与发展，不利于提高学校的整体办学水平。校本培训就是以解决这类问题为出发点，针对这类问题进行研究并加以解决，最终实现学校的教育发展。

其次是针对教师个体的发展。教师的需求因人而异，不同年龄段和不同阶段的教师需求也是各有侧重，如对教育理念培训的需求、对教育方法培训的需求、对某一学科前沿领域的探求、对当今学生各种能力认知的需求等等。校本培训很好地解决了教师的差异性，针对教师的实际情况，有针对性地设计了更贴近教师个体成长与发展的学习培训计划，不断促进教师综合素质的提升。

二、自主性

因为校本培训的主体是学校和教师，所以学校和教师有充分的培训自主权和发言权。

首先，校本培训通常是自主设计和制定教育培训计划。在校本培训中，要求学校的管理者要具有高瞻远瞩的战略思维，根据上级教育行政部门的相关规定，紧密联系学校实际情况，自主设计和制定校本培训的目标、实践、内容、形式等。学校自主设计、管理校本培训，教师自主规划、参与校本培训。

其次，校本培训是自主选择培训资源。培训资源分为校内资源和校外资源。校本培训的主体——学校和教师可以根据自身实际情况自主选择符合学校和教师发展的各种培训资源。

再次，校本培训是自主制定教师专业发展方案。校本培训着力提高教师专业能力和素养，因而根据教师专业化、职业化方向，从教师个体发展实际需求出发自主制定发展培训方案。

三、灵活性

灵活性指的是校本培训在时间安排、培训内容制定、培训对象确定、培训方式选择、培训效果展示等方面不拘泥于条框，具有一定的灵活性。

首先是培训内容具有灵活性。校本培训根据学校和教师发展需要，将学校和教师在发展过程中遇到的实际问题和困难，灵活地设计到校本培训方案中。既有基础理论学习，又有实践技能训练；既有集体讨论，又有个体展示；既有必修课，又有选修课。总之，校本培训在内容设计和选择上具有一定的灵活性。

其次，校本培训形式具有灵活性。在校本培训中，培训形式多种多样，结合学校和教师实际需要和各期培训的主要目的，灵活设置适合的、恰当的培训形式，如专题讲座、观摩演示、小组讨论、案例分析、经验交流、考察调研、撰写论文、教学大赛等。

再次，校本培训对象具有灵活性。校本培训的对象具有灵活性主要表现在可以根据培训对象——教师的个体差异和需求的不同，针对不同时期、不同阶段、不同需求的教师进行灵活组合，这样更有利于加强教师间的学习、交流、合作，切实提高培训的针对性和实效性。

此外，校本培训时空具有灵活性。校本培训可以根据学校实际情况和培训内容的不同，灵活设置培训时间与空间。在时间上，校本培训既可以是白天，也可以是晚上，既可以是课余时间，也可以是假期时间，可以贯穿于教师职业生涯的每时每刻；在空间上，校本培训既可以在校内进行，也可以到校外进行培训，既可以实地培训，也可远程培训。培训时空的灵活性可以有效缓解集中培训的工学矛盾和经费困难两大培训压力。

四、多样性

校本培训不同于纯教学式的单一培训方式，校本培训在培训方式上具有多样性的特点。常见的有三种：

经验交流。包括年轻教师与经验丰富老教师之间的交流，优秀骨干教师与一般教师的交流，教师与教育专家交流等。

案例分析。案例分析既是解决问题的过程，也是进行培训的过程。教师聚集在一起，就给定的案例进行研究、讨论、意见交换，最终形成解决机制，教师在不知不觉中能力得到了锻炼和提升。

课堂研讨。课堂上展示出的信息量不断庞大而且直观，最能体现教育教学过程中存在的问题，也最能展示教育教学成果，因此，课堂讨论是校本培训的重要方式之一。

第四节 校本培训的类型

校本培训按照不同的标准区分，呈现不同的培训类型。[1]

一、按作业方式

校本培训可分为三种作业方式：

（1）在整个学校的水平上进行的培训，针对学校中最常见或最基本的问题，通过培训提出解决方案。

（2）在某些部门或某一学科中进行的培训，这类培训是学校内的局部培训，提出创新思维。

（3）由两所以上的学校进行的合作培训，它以合作学校的共同需要为出发点，集中人力和物力解决共同的问题，是学校开放办学的一种方式。

二、按组织形式

1. 优秀教师负责型

优秀教师指的是在某一方面处于领先地位的教师，校长可以在他们中间指定专人负责培训其他教师。我国长期以来在学校中实行的新老教师“师徒制”就是其中的一种。此外，经验交流、专题报告等都是常见的形式。

2. 培训机构合作型

学校可以和大学、进修学校、教育学院、师范类学校进行合作。这样的培训也有几种常见的形式：其一，学校可以通过“合约”的方式，邀请培训机构有关人员定期来学校开展咨询、研讨活动；其二，学校向培训机构提供培训信息，传

---

[1] 郑金洲，俞海燕。认识校本培训［J］。中小学管理，2011(9)。

达学校的需要，然后由培训机构有针对性地进行设计，并到学校进行实地培训；其三，学校和大学等机构合作的课题研究本身也是一种培训。

3. 培训基地自建型

校本培训可以通过校际合作来进行，几所学校互通有无，共建一个培训基地。基地是“信息交流场”，各种培训信息，无论是校内的还是校外的，培训前的还是培训后的，都能够及时准确地体现在“基地”中，确保了信息的畅通、快捷。它也是“设计所和输送站”，由它设计选择最佳方式，为不同的学校送去各自所需的培训。

4. 自培小组负责型

自培小组指的是学校自己建设的师资培训小组，一般由校长挂帅，学校有关部门的负责人和教师代表参加，共同负责管理和组织整个培训工作，包括培训目的的确立，培训计划、内容、方式的制定，以及培训结果的评估等。

5. 教育技术辅助型

我国现在的大中小学也早已存在着教育技术辅助培训的现象，比如利用计算机进行课堂教学等。利用教育技术就是力图使培训像看“参考书”一样方便，这也是一种兼顾教师个体的培训方式。

6. 远程教育网络学习型

以网络为平台的一种学习形式，如慕课（MOOC）精品视频公开课等通过网络课堂在线学习必修课程和选修辅修课程，并在网络上开展教学研讨，提交学习心得和学习成果。这种类型有利于利用教师松散时间进行学习，同时教师可根据自身实际选修贴合自己的辅修课程，一定程度上体现了因材施教，满足个性化需求。

三、按具体内容

从需解决问题的角度来分，校本培训有两种类型：

（1）针对现实的培训。这类培训的目的就是要直面现状，将培训和解决问题统而为一。

（2）面向未来发展的培训。这类培训的目的就是要将今后可能碰到的问题提前解决，培训过程中针对现实的培训与面向未来的培训必须相辅相成，以实现一所学校的整体发展。

第五节　校本培训注意事项

一、事先做好需求调查

学校在校本培训中具有自主权，能够根据学校和教师的实际需求做出校本培训课程安排，培训的目的就是要解决困难，提高教育教学质量。因此，对学校和教师实际需求的准确把握，是决定校本培训效果的关键所在。在校本培训中，可以通过多种方式调查了解学校和教师需求。一是根据国家和上级对教育教学的新要求，结合学校长远发展规划需要；二是开展座谈会，与师生座谈，了解教育教学实际动态和师生实际需求；三是发放调查问卷，科学设置调查问卷题目，向师生发放，并做好调查数据的统计、整理与分析；四是实际查看与听课制度，通过观察走访了解一线师生动态，掌握教育教学现状和存在的问题。

二、精心制定校本培训方案

校本培训方案制定要符合教育规律，符合学校发展规划，符合师生成长特点。要精心设置校本培训的各个环节，考虑学校实际，进行科学周密安排和布置。

三、注重发挥骨干教师在校本培训中的作用

教师是学校教育教学的主要执行者，教师在教育教学第一线，积累了丰富的经验，在校本培训中教师的积极参与有利于校本培训各个环节的顺利进行，有利于达到校本培训的目的。注重教师尤其是骨干教师、老教师作用的发挥，能够促进校本培训效果的提升。

四、注重校本培训方式多样化

校本培训应采取多种方式，讲座、座谈、调研、经验交流、案例分析、教学观摩等多种形式交叉进行，能够有效发挥校本培训作用，全方位提高教育教学质量。

五、注重对校本培训效果的评估和反思

每一期校本培训结束后，都要进行及时总结与分析，可以通过座谈调研或者问卷调查的方式了解该期校本培训在环节设置、师资水平、组织形式等方面优缺点，了解教师在培训后的感受以及进一步改进培训方法的建议等。学校及时总结梳理意见建议，并积极改进，做好下一期校本培训策划。

六、注重案例分析在校本培训中的重要作用

案例分析作为校本培训中的重要方式，近年来受到了极大的关注。因为案例分析来源于实际教育教学，又经过精心设计、加工与梳理，成为应用性极强，又易于吸收理解的方式。在案例分析环节中，培训的教师具有较大的自主权，通过案例结合实际教育教学，能够参与到案例讨论与交流中，并从中发现新问题，获得新感受，进而使能力得到较大提升。

第六节 校本培训内容

一、学科理论及教改信息

1. 学科理论知识

教育教学需要知识和理念进行支撑，需要符合教育发展规律。学科的基本理论知识随着社会的发展不断更新，教师需要不断学习新的理论知识充实自我，不能用陈旧的理论去指导不断发展的新的教育教学，面对新事物，教师要不断学习掌握，更好地做好教育教学工作。

1986 年舒尔曼最早提出了学科教学知识的概念，舒尔曼认为学科教学知识属于学科知识的一种形式，“它包括学科内容和它的可教性方面的知识”，“它是特定的内容与教育学的混合物，是教师独特的领域，是他们专业理解的特殊形式”，是学科知识在教学应用中的独特体现。舒尔曼和西尔克思 (Shulman & Sykes) 认为，学科教学知识具有以下内涵：理解学科的中心主题，并能用适当的方式教给特定年级的学生，能对每一主题提出“什么是学生需要掌握的主要概念、技能和态度？此主题中哪一部分是学生较难懂的？什么是学生最大的内在动机 (兴趣)? 对于一些具有特定概念或知识背景的学生，有哪些模拟、譬喻、举例、

明喻 (Simile)、示范、仿真、操作等能够有效地促使学生形成关于此主题明确的观念或态度？学生在学习的过程中会有哪些原有概念？”等问题。舒尔曼于 1987 年又重新定义学科教学知识，认为它是教师在面对特定的学科主题或问题时，如何针对学生的不同兴趣与能力，将学科知识组织、调整与呈现，以进行有效教学的知识。这是一种使得教师与学科专家有所区别的专门知识。总之，舒尔曼认为，学科教学知识是有别于学科与教学知识领域的一种知识体系。同时，亦强调此种知识是教师在面对特定单元与学生时，其学科知识的表征方式与概念改变的教学策略等内涵的知识。学科知识也是校本培训中应该具有的内容。❶

2. 教育改革信息

教育改革信息量大，且随着教育改革的不断深入而带来教育的不断发展，教师教育教学必须跟上新的教育改革，适应社会的需求，符合教育理念的变化，更好地促进学生发展。通过学习当前学校教育理论、教育改革等最新成果，以及学生创新精神与实践能力培养前沿理论，教师能够从理论角度统筹考虑问题，分析问题产生的原因，使教师在教育教学改革的实践中不教条，避免功利的、盲从的行为。

教育改革不仅要对课程建设进行改革，要不断更新教材，使之跟上时代步伐，要注重向学生传授最新前沿知识，而且更要对实践教学建设进行改革，结合社会需求，加强学生动手能力、实践能力的培养。这些都需要学校通过校本培训对在校教师进行系统地培训，提高教师知识储备量尤其是知识更新的速度！

二、教师职业的相关知识

教师职业的相关知识包括很多，如政策、法律法规、心理知识、教育学知识、自然科学、应用科学及新兴学科知识等等。以教育政策和教育法律法规为例，教育法律法规和政策的制定与施行、教育方针政策的贯彻等都要切实结合具体的教育教学实践，不能不切合实际空谈；反之，教育的法律法规、政策只有在实践中、从实际出发才能发挥其指导作用。政策法规对教师教育教学具有指导性，是教师维护自身权利和履行义务责任的依据。教师必须认真学习教育法律法规和政策，了解掌握科学教育常识，掌握教育的基本要求和基本理念，并且将这些政策、理念运用到教育教学中，合理保障师生权益。通过对新课程改革相关政策和指导意见的学习研读使教师具有实施新课程的先进的教育理念，有什么样的教育理念，就会有什么样的教育行为。努力使教师树立起基础教育课程改革的基本理念，掌

❶ 黄兴丰，马云鹏。学科教学知识的肇始、纷争与发展［J］。外国教育研究，2011(11)。

握基本内容、基本方法、基本手段，引导教师深入思考教育观、课程观、教师观、学生观、学习观、教学观、质量观、生活观等重要问题。又如心理方面的知识，包括学生心理、教师心理，这些心理方面的知识是教师教育教学中必需的，掌握这些知识是教师发展和学生发展的润滑剂。教师掌握自身心理健康的基本知识，能够调整自身心理，正确处理人际关系，减轻工作压力，提高心理素质。教师了解和掌握学生心理健康教育的基础知识和基本技能，并在教育教学工作中自觉运用，能够解决学生成长过程中的心理问题，促进学生健康成长。掌握学生学习心理，能够较好激发学生的学习兴趣，促进学生学习。

三、现代教育理论

教师在教育教学工作中，往往重实践轻理论，虽然教师在教育教学实践中，并没有直接应用教育理论，但是，教师教学整个过程中一直都贯穿着教育理论，教育教学过程是教育理论运用的过程。教育理论已经内化为教师的教学理念，应用到平时的教育教学活动中，他们或者认为学生“性本善”，或者对学生“因材施教”，这些都是教育理论的内化后的行为表现，大中小学教师仍需要不断进行教育理论的学习，以支撑其教育实践活动。

在校本培训中，对教师进行的教育理论培训应该是对其职业发展有价值的理论，这其中包括与课程和教学有关的教师学与教学论、教育研究方法、教育心理学、教育社会学和教育哲学等方面。此外，教育理论学习还包括教师平时有目的、有计划地自主学习与讨论，以及与科研院所人员合作对教学问题开展的研究。有经验的教师，倾向于以一种由他们的经验所强化了的批判的角度来学习和研究教育理论，这往往比处于职前培养阶段的师范生，更能判断所需要的理论及其学习的价值。理论学习是个长期、漫长的过程，往往难以短时间内见效，受到实用主义的影响，理论的学习往往在校本培训中受到忽视，但是教师个人的自学行为是应该提倡的，教育理论的学习应该以新的学习形式和教学形式为载体，促进教师的理论学习。

四、教育实践方法与技能

1. 现代教学方法

与传统的讲授法不同，现代教学方法运用现代教育手段，能够进一步促进学生学习，激发学生学习兴趣。现代教学方法包括模拟教学法、情景教学法、互动教学法、现场教学法、目标教学法、案例教学法、行为导向法、问题探究法等。以情景教学法为例，情景教学法根据课程需要，将课程的教学过程编排进一个模拟的、特定的场合之中，通过现场课堂教师的组织、学生的参与，模拟真实场景，学生在愉悦宽松的场景中达到教学目标，情景教学法锻炼了学生的实际操作的能力和临场应变能力，不仅活跃了现场教学气氛，而且提高了教学的感染力。如英语教学将课堂设置为现实生活中的一个特定场景，如商店购物、医院就医、车站接人等，让学生在其中扮演角色，用英语进行面对面的相互交流，不仅提高了学生的英语表达能力，也提高了学生学习英语的兴趣。校本培训要根据学校的实际条件和学科特点对教师进行有关现代教学方法方面的培训，提高教师运用现代教育方法进行教育教学的能力，使教师在教学中能够熟练使用，促进学生发展。

2. 教育教学技能[1]

教育教学技能是指教师在课堂教学中，依据教学理论，运用专业知识和教学经验等，使学生掌握学科基础知识、基本技能并受到思想教育等所采用的一系列教学行为方式。教师教学技能可分为两大类：一是基本教学技能，包括语言技能、板书技能、教态变化技能、演示技能、讲解技能和实验教学技能等；二是调控教学过程的技能，包括导入技能、提问技能、反馈强化技能、结束技能和教学组织技能等。

基本教学技能包括：

教学语言技能。指教师用正确的语言、语调、语义，合乎语法逻辑结构的口头语言，对教材内容、学生问题等进行叙述，解释说明的行为方式， 主要包括三方面内容。一是导入新课的语言技能，包括创设情境、引入材料、启发谈话导入新课时，教师的语言应富有感染力；直观演示、动手操作、借助实例导入新课时，教师的语言应该通俗易懂，富有启发性；审题入手，类比、联系旧知识导入新课时，教师的语言应该清楚明白，准确严密，逻辑性强；用巧设悬念的方式导入新课，教师的语言应该是含蓄耐人寻味的。二是课堂讲解的语言技能。包括准确使用概念，恰当进行判断，严密进行推理逻辑性语言要求；阐发透彻、尖锐，引导清澈见底的透辟性语言要求；激发学生学习内部诱因，运用适时而巧妙的话语给学生以启迪、开导和点拨，培养学生的认知兴趣和思维能力的启发性语言要求。三是归纳、总结的语言技能。包括语言简练的凝练性要求；语言质朴、严谨、实在的严实性要求；顺延、伸展、向新的深度和广度掘进的延伸性要求。

板书技能。指教师在课堂教学中，利用黑板以凝练的文字语言、图表和符号等形式，传递教学信息的教学行为方式，主要包括六方面内容：

（1）语言准确，有科学性——板书语言要做到准确无误，避免出现词不达意、语言过滥的现象。

---

[1] 教师教学技能的基本内容来自百度文库。

（2）重点突出，有计划性——由于课堂时间的有限性，为了让学生在短时间内系统地、多样地进行学习，板书语言必须重点突出，详略得当，板书内容要事先计划好，做到少而精，恰到好处，只有这样，教师才能有条不紊地进行教学活动。

（3）书写规范，有示范性——教师板书时，不但要注意文字的美观，而且要让学生看清楚，甚至对数字顺序、标点符号都要有所推敲，这样教师的板书不仅起到传授知识的作用，而且可以引导和训练学生养成良好的书写习惯。

（4）层次分明，有条理性——各学科的教学内容都有较强的层次性、逻辑性、连贯性和条理性，所以板书要反映出内容的层次，有条有理。

（5）布局合理，有艺术性——内容上字、词、句、公式或符号都要准确无误，不出现错字、别字、漏字或语句不通、语言表达不准确等错误，形式上要内容布局结构合理、教师的书法绘画等能够吸引学生的注意力，激发学生的学习兴趣，能够对学生学习起到潜移默化的作用。

（6）形式多样，有启发性——板书设计不能墨守成规、一成不变，应当在不影响教学要求的前提下，适当地采取随机应变的措施，具有高度的灵活性，在板书的设计上，应该用精辟的语言画龙点睛地展现教材内容的整体框架，使学生能从板书上受到启发，引发其积极思考，且终身难以忘却。此外，新形势下，课堂越来越多地采用PPT形式作为讲授方式，所以PPT技能也是一项重要的教学能力，可以称之为“新板书”或者“现代板书”，要充分重视PPT制作讲解演示技巧，更好地服务于学生。

教态变化技能。指教师变化不同的刺激，引起学生的注意，交流情感、促进学生学习的教学行为方式，主要包括五方面内容：

（1）身体的动作——教师在课堂的走动，既要控制走动的次数，不能一节课不停的地走，又要控制走动的速度，身体突然地运动或停止都能引起学生的注意，再次走动时姿势要自然大方，不做分散学生注意的动作，并善于运用教师身体的动作，如头部和手等动作均能表达一定的思想。

（2）面部的表情——在交流中教师的表情对激发学生的情感有特殊的作用，学生会从老师的微笑里感受到关心、爱护、理解和友谊，同时，教师的情感也会激发学生喜爱课程，并积极主动参与学习。

（3）眼神的交流——在人类历史上，眼睛一直对人的行为有很大的影响，它是人与人沟通中最清楚、最正确的讯号，这一点对教师来说显得非常重要，如果教师讲话时不面对全班学生，没有较长时间的眼神交流，学生会不喜欢听，同时，教师也不能从学生的目光中去发现他们对于所教课程的反应。

（4）适宜的停顿——在讲述一个重要事实之前或在句子中间插入停顿，能够有效地引起学生的注意，同时一节课中恰当地进行停顿会使人感到有节奏感，不停顿地讲述45分钟，不给学生留下思考的余地是不可取的。

（5）声音的变化——声音的音质、声调和讲话速度的变化，以及赋予表情的语言，会使教学变得很有生气，当教师从一种讲话速度变到另一种讲话速度时，即使有人已经分散了注意，也会重新将注意转移到教师所讲的话题上来。

演示技能。指教师在促进学生感知或创设情景时结合有关内容的讲解把各种直观教具及实验等陈示给学生观看。把所学对象的形态、特点、结构、性质或发展变化过程展示出来，用媒体传递信息、促进学生学习的行为方式，包括六方面内容：

（1）心理准备，在进行演示前先向学生说明要观察什么，为什么要观察，怎么观察及观察中应思考的问题，使学生处于想观察的心理状态。

（2）出示媒体，要注意媒体摆放位置的高度、亮度等，是否能使每个学生在座位上都能观察到。

（3）介绍媒体，在引导学生观察前，要向学生介绍所使用媒体的特点或结构、组成，如果是实验演示，都使用哪些仪器、药品，仪器如何安装，药品如何配制以及如何操作等。

（4）指导观察，有计划、有步骤地指导学生观察，思考现象与本质之间的联系，是媒体演示的重点。

（5）提示要点，讲解或观察后教师画龙点睛地指出哪一方面或哪几方面是重要的或本质的，以使学生进一步理解观察的目的意义，抓住要点掌握知识。

（6）核查理解，通过提问等活动检查学生是否理解了所观察到的现象，并掌握了现象中所反映出的知识。

讲解技能。指教师利用口头语言并配合手势、板书和各种教学媒体等，阐述事实、揭示事物本质，引导学生思维发展的教学行为方式。主要包括四方面内容：

（1）明确教学目标，明确、具体的教学目标则为分析、综合指明了方向，明确通过教学使学生应该掌握的事物的本质特征。

（2）明确教材中的基本概念，基本概念是教学中的重点，如何确定什么是基本概念是通过对某一章节中概念系统的分析而逐渐明确出来的。

（3）明确概念的内涵，明确地规定概念的内涵，是使学生科学正确地掌握概念的前提和基础，概念的内涵稍有变化，便会得出错误的结论，在讲解相似概念时，如不准确地把握概念的内涵，也极易发生错误。

（4）明确教学方法，为了使学生正确地掌握概念，选择恰当的教学方法是非常必要的，采用例证的方法还是直观演示的方法，用说明讲解的方法还是讨论或发现的方法，用演绎推理还是用归纳推理，都要根据概念的特点、学生的特点恰当地进行选择，还要特别注意如何导入和结束。

实验教学技能。指教师运用实验教学手段和方法对学生实验操作进行具体指导。实验教学是学校基础教育教学的一个重要环节，对学生更好地了解知识，提高学生实践动手能力具有重要作用。实验教学技能是教师尤其是理工科教师必备的教育教学能力，在实验前，教师要做好充分准备，实验教学过程中，教师要对学生进行积极引导，不断激发学生学习的主动性。主要包括以下几个方面：一是充分准备，总体介绍实验流程和需要注意的事项，引导学生自己动手实践，提升学生自主学习和实践能力；二是有计划地采取独立和合作两种形式引导学生完成实验，这样既可以锻炼学生独立动手实践并独立完成实验的能力，也能通过某些实验环节培养学生的团队精神；三是注重通过实验培养学生的创新思维和能力，发挥学生的想象力，开发潜能。

调控教学过程的技能包括：

导入技能。教师在一个新的教学内容或活动开始时，引导学生进行学习的行为方式。主要注意以下几方面：

（1）集中学生注意力，导入的首要任务是使学生对与教学无关的活动受到抑制，迅速投入到新的学习中来，并使之得到保持。

（2）引起学生对新内容的兴趣，兴趣是学习动机中的重要成分，是求知欲的起点，导入的目的即用各种方法把学生这种内部积极性调动起来。

（3）激发学生思维，在导入中激发学生的思维活动，最主要的是使学生的学习进行心理定向，以便引导学生的思维一步步深入，向着学习目标的方向不断发展。

（4）明确目的，在导入的过程中只有学生明确学习目的，才能把他的内部动机充分调动起来。

（5）进入课题，通过导入自然地进入新课，使导入和新课之间建立起有机的联系，才能发挥导入作用。

（6）导入的时机，主要集中在一节课的教学开始时、一个新概念开始时、变换学习或活动的主题时、在师生互动的问答题之前、在小组讨论活动之前、在放映教学录像、幻灯、多媒体之前等等。

提问技能。指教师利用提出问题的方法，通过师生相互作用检查学习、促进思维、巩固知识、运用知识、促进学生学习，实现教学目标的一种教学行为方式。主要包括以下四个方面：

（1）引入阶段，教师用不同的语言或方式来表示即将提问，使学生对提问做好心理上的准备。

（2）陈述阶段，引导学生弄清要提问的主题或使学生能承上启下地把新旧知识联系起来，并能够清晰准确地把问题表述出来，同时教师预先提醒学生有关答案的组织结构。

（3）介入阶段，在学生不能作答或回答不完全时才引入此阶段，教师以不同的方式鼓励或启发学生回答问题。

（4）评价阶段，当学生对问题做出回答后，教师以不同的方式处理学生的回答。

反馈强化技能。反馈是师生之间的相互沟通、相互作用、信息往返交流的过程，是教师传出教学信息后，从学生那里取得对有关信息反应的行为方式。主要有课堂观察法、课堂提问法、课堂考查法、实验操作法、五色反应卡等。课堂观察法包括环视法：教师有节奏、周期性地把视线从教室的左方扫到右方，再从右方到左方，从教室的前边扫到后边，再从后边回到前边；点视法：当发现某个地方或某个人出现异常反应时，把目光集中在那一点上仔细观察，及时发现问题，采取相应措施；虚视法：是指好像眼睛在看什么，但实际上你什么也没看，虽是虚视，目光也要自然，不要让学生从你的目光中看出你的紧张神情。课堂提问法包括慎重选择提问对象，应各类学生都能照顾到；对学生的反应要给予反馈。课堂考查法包括现场板书演示、当堂小测验等。实验操作法是指运用仪器设备、材料等来检查学生对知识、技能、技巧掌握的程度，以及把所学理论知识运用于解决实际问题的能力。五色反应卡是指学生每人准备五张彩色硬纸片，红卡表示正确，黑卡表示错误，用于解答是非题，白卡表示理解、明白，黄卡表示不明白，蓝卡表示有新见解，既可用于回答问题又可用于学生对教学的反应。

结束技能。指教师完成一个教学任务或活动时，为巩固、拓展学生的学习所采用的特定行为方式，包括认知型结束和开放型结束两个方面。认知型结束（封闭型结束）主要可采取以下方式：

（1）总结归纳，用总结性的语言把一节课、一章书的内容在最后进行归纳，这个工作可以由学生单独完成，也可引导学生集体讨论完成。

（2）区别对比，在一个教学内容结束时，将教学中一些容易混淆的知识加以区分和对比，能帮助学生加深记忆和理解。

（3）竞赛活动，对于一些比较枯燥无味的内容或实践性较强的内容，在结束时可以用稍长一点的时间进行有关内容的竞赛活动，使学生在活动的过程中巩固知识。

（4）实践应用，用向学生提出问题的形式，也可用实践操作的形式，要求学生利用当堂所学知识解决生活、生产、社会实践中的问题，达到学以致用、活学活用的目的。

（5）绘简图或模式图，在一节课结束之时，可通过画图让学生想象、回忆所学内容，这样不仅帮助学生学会利用图形来提高理解记忆能力，而且是利用学生的空间智能进行学习。

开放型结束主要可采取以下方式：

（1）悬念存疑，教学中上下章节之间的联系有时非常密切，在前一部分完成时可以把下一内容的重点或学生感兴趣的内容提示出来，然后告诉学生“欲知后事如何，请听下回分解”，也可顺着本节课的总结提出几个问题让学生思考，这样承上启下的结束，往往能激发学生浓厚的兴趣。

（2）故事遗趣，故事最好由班上的学生自己准备，让他们自己来讲，促使学生课后多读与课程相关的有趣故事，拓展其知识面。

（3）拓展延伸，指将教学内容向社会实际、生活实际、学科发展前沿开拓延伸，以便学生了解学习的价值，引发学习的间接兴趣。

教学组织技能。指在课堂教学过程中，教师不断地组织学生注意，管理纪律、引导学习，建立和谐的教学环境，帮助学生达到预定教学目标的行为方式。主要包括管理性组织和诱导性组织两个方面。

（1）管理性组织分为课堂秩序的管理、个别学生问题的管理和非正式群体的管理。课堂秩序的管理是指要从关心、爱护学生出发，了解他们的问题，倾听他们的心声，和他们交朋友，进而对症下药提出要求，用课堂纪律约束他们；个别学生问题的管理是指做出安排，使学生不会从不良行为中得到奖赏，从而自行停止不良行为，奖励和不良行为相反的行为，教育与纪律约束相结合；非正式群体的管理是指有一些学生会因为兴趣爱好相似而组成一个个小团体，因为并不是像班级那样正式的编制，故称其为非正式群体，对于这样的小群体，一方面全面了解学生情况，耐心做好学生的思想转化工作，避免一味简单粗暴的批评、指责的消极处理方式，另一方面，根据他们的兴趣、爱好、特长、可培养的潜能，给他们布置一定量的任务让其完成，再给予一定的指导，保证任务顺利完成，让学生在实践中体会到成就感和学习的重要性，逐渐改正不足。

（2）诱导性组织可分为亲切热情鼓励和设疑点善激发。亲切热情鼓励既适用于好学生，更适用于学习困难或不善于表达思想的学生；设疑点善激发要求教师首先要善于提出问题，使学生学会思考，学会运用理论，运用科学的思维方法去求得矛盾的解决。

3. 学校管理

作为校本培训内容之一的学校管理，其相关知识涉及学校组织与管理、人力资源开发、财务运行等等。作为中青年教师需要了解学校总体上是如何运作的，以便能够更好地熟悉了解学校运行机制，更好地适应和参与学校的改革与发展。有关调查显示，学校管理内容在校本培训中的增设，有利于加强教师对学校管理以及学校在教育系统中的地位的认识与理解，也有利于促进教师积极参与学校管理，使更多的教师愿意参与学校的改革发展。

五、现代教育技术

现代教育中越来越多地运用了信息技术，信息技术的运用进一步改变和完善了教育教学的手段和方式。作为教师要紧跟时代步伐，尽快掌握并能熟练运用现代教育信息技术，促进教育改革与发展。校本培训中的现代教育技术要针对教育教学特点而设计培训内容，主要包括熟练掌握和运用计算机，熟练编排Word文档、Excel文档和PPT的制作与演示，同时，还要掌握图片处理技术、影音插入技巧、CAI的基本理论等。要了解掌握网页制作软件、多媒体制作软件，并能自行编制CAI课件。

六、教育科研知识

1. 教育研究方法

教师既是教育者也是研究者。作为研究者，需要掌握必要的教育研究方法。了解掌握研究方法是教师开展科学研究的基础，是规范研究、科学研究的必要条件。校本培训中需要涉及教育研究的方法、过程，包括如何开展课题研究、如何选题、开题，如何进行调查问卷设计、如何查阅文献资料、文献综述的撰写以及论文的撰写，研究报告的撰写等。

2. 教育行动研究

教师教育行动研究是教育实际工作者（教师、行政人员及其他教育人员）基于解决教育教学实际问题的需要，将教育教学中的问题发展成研究主题进行研究，以解决实际问题，直接推动教育教学工作的改进为目的的一种教育研究方式。英国当代著名教育家埃利奥特将“行动研究”作为教师教育的核心原则，埃利奥特经过长期的研究发现，教师改变教学策略的行动，先于理解力的发展，即“以行促思（action initiates reflection)”。埃利奥特由此认定，教师可以在教学实践过程中进行有关教育理论的研究，使研究与行动合二为一。教师教育行动研究能够促进教师专业发展，把教育行动研究作为校本培训的内容，有助于大中小学教师更好地解决自身在教学实践过程中遇到的问题，并对问题进行分析、研究，对教育教学行为进行反思，更好地完善教育教学。校本培训中的教育行动研究的培训内容，主要涉及教育行动研究的方法、过程、报告的撰写，学习教育行动研究最好的方法不是理论探讨而是实际的操作，来源于教学实践的研究。

七、教师职业道德

教师职业道德，又称“教师道德”或“师德”，是教师在教学实践中所应遵循的道德规范，是教师在从事教育劳动中所遵循的行为准则和必备的道德品质。由于教师教育的对象是尚未步入社会的学生，因此要求教师必须用良好的职业道德去感染学生、陶冶学生，“以人格培育人格”。可以说良好的职业道德是教师的立身之本，是教师取得社会信任的先决条件。教师职业道德的内容包括依法执教、爱岗敬业、热爱学生、严谨治学、团结协作、尊重家长、廉洁从教、为人师表、积极参加学校开展的各项活动，乐于承担学校分配的各项工作并认真完成等等。教师职业道德是校本培训的核心，也是教师执教的根本，教师职业道德培训是一个长期过程、长项工作。同时，在校本培训中更要强调对受训教师职业道德底线的规范。可以根据教育部《中小学教师违反职业道德行为处理办法》和教育部《关于建立健全高校师德建设长效机制的意见》等相关规定精神对教师进行职业道德操守教育。

如《中小学教师违反职业道德行为处理办法》第四条——教师有下列行为之一的，视情节轻重分别给予相应处分：

（1）在教育教学活动中有违背党和国家方针政策言行的；

（2）在教育教学活动中遇突发事件时，不履行保护学生人身安全职责的；

（3）在教育教学活动和学生管理、评价中不公平公正对待学生，产生明显负面影响的；

（4）在招生、考试、考核评价、职务评审、教研科研中弄虚作假、营私舞弊的；

（5）体罚学生的和以侮辱、歧视等方式变相体罚学生，造成学生身心伤害的；

（6）对学生实施性骚扰或者与学生发生不正当关系的；

（7）索要或者违反规定收受家长、学生财物的；

（8）组织或者参与针对学生的经营性活动，或者强制学生订购教辅资料、报刊等谋取利益的；

（9）组织、要求学生参加校内外有偿补课，或者组织、参与校外培训机构对学生有偿补课的；

（10）其他严重违反职业道德的行为应当给予相应处分的。

《关于建立健全高校师德建设长效机制的意见》中划出对高校教师具有警示教育意义的师德禁行行为“红七条”，对高校教师有违反“红七条”情形的，将依法依规分别给予相应处分：

（1）损害国家利益，损害学生和学校合法权益的行为；

（2）在教育教学活动中有违背党的路线方针政策的言行；

（3）在科研工作中弄虚作假、抄袭剽窃、篡改侵吞他人学术成果、违规使用科研经费以及滥用学术资源和学术影响；

（4）影响正常教育教学工作的兼职兼薪行为；

（5）在招生、考试、学生推优、保研等工作中徇私舞弊；

（6）索要或收受学生及家长的礼品、礼金、有价证券、支付凭证等财物；

（7）对学生实施性骚扰或与学生发生不正当关系，以及其他违反高校教师职业道德的行为。

综上，在校本培训中，要通过多种手段和方式引发教师对教育工作者职责的反思,对教师职业道德的反思,以行为规范约束教师的行为,实现教师的理念转变。

校本培训在具体实际操作过程中，各学校因实际情况不同和培训人员类别不同，在培训内容设计上和培训侧重点上也各不相同。总之，要让校本培训为学生服务、为教师服务、为学校服务。

第七节 校本培训方式

一、案例教学式

案例教学式是指运用一定的手段方式，对讲授的教育教学内容进行情景或故事性描述，引导培训对象对已经发生的或正在呈现的某一特殊情景进行研讨，以解决某一问题为目的的一种参与式培训。学校要根据需要分学科、分类别、分层次设计案例教学方案，使教师针对案例进行学习、研究、反思、感悟、借鉴，案例教学应作为校本培训的一种基本方式。其基本要领是：（1）选择恰当的案例；（2）精心设计案例；（3）对案例进行精准分析。

二、课堂观摩式

课堂观摩式是一种更加直观的校本培训方式，通过现场课堂教学展示，真实展现课堂教学全过程，使受训学员现场学习、交流、借鉴，借以提高教育教学技能的一种培训方式。基本要领为：（1）选取的课堂教学内容要具有典型性；（2）现场课堂讲授的教师要具有高超的教育教学能力；（3）观摩之前，要向受训学员讲解课堂观摩的注意要点和注意事项，以便学员更好地学习和交流；（4）课堂教学观摩通常以现场教学的形式展示，尽量不采取录像等形式的观摩。

三、自修反思式

教师根据自己的需求，在培训者的指导下，自主学习，自主实践、自主评价、自主完善。自修反思通常由“教材自学与研修——自我评价与评估——教师之间互评——组织相关专家进行审评——成果鉴定”五个方面构成。基本要领包括：

（1）结合自身岗位实际，确定自修内容；（2）根据自身实际需要，学会自主开发学习资源；（3）自我反思学习内容；（4）重视互评、专家评价意见。

四、研训一体式

研训一体式是指将教育教学研究与学习培训相结合的一种培训形式。基本要领包括：（1）以问题为切入点，以解决问题为目标，以教学研究为载体；（2）善于思考，将教学经验付诸于研究当中；（3）将研究成果运用到实践中进行检验。

五、沙龙研讨式

沙龙研讨式目前被广泛应用于学习培训工作中，是指培训机构组织学员在一起就某一个议题进行讨论，可邀请领域专家学者与学员一道研讨的一种参与式培训。基本要领包括：（1）沙龙研讨会前要做好充分准备；（2）沙龙研讨要确定每次研讨的主题，并准备相关材料；（3）研讨会中，主持人要注重把握节奏；（4）要做好研讨记录并进行整理。

六、专题讲座式

学校根据教师专业发展中的共性需求，每年确定几个重点专题，邀请专家学者讲座，组织受训学员进行集中听讲培训。专题讲座式是指专家学者围绕某一专题，主要通过言语表达的形式，为受训学员进行信息传递的一种培训方式。基本要领包括：（1）讲授的内容要紧密围绕主题展开，具有科学性、系统性、针对性，重点突出；（2）培训者要在专题领域研究有所建树，能够很好地表达自己的观点；（3）可以借助多媒体进行辅助讲解，以增强讲座效果。

七、师徒结对式

师徒结对式是目前学校采取较多、也是比较有成效的一种培训方式，是指学校通过新留校员工与经验丰富的老教师一对一或一对多进行结对，对新员工进行培训。师徒结对式要格外注重“师傅”的选取，要选择教学经验丰富、师德高尚、有责任的优秀教师担任。主要通过传、帮、带等方式对“徒弟”进行言传身教，使之尽快成长。师徒结对式时间灵活，形式多样，效果明显。基本要领包括：（1）“师傅”选取要重视质量；（2）“传、帮、带”的性质必须是建立在平等合作关系的基础上；（3）“徒弟”要善于观察和学习，并时常进行自我反思；（4）

学校要有相应的配套机制进行保障。

八、网络交流式

网络交流式是指运用现代信息技术手段，如计算机技术、网络信息技术、多媒体技术、卫星传导技术等，利用教师教育系统、卫星电视网与计算机互联网（天网、地网、人网）相融通的全国教师教育网络平台，以虚拟学校、虚拟教室进行学习和交流的一种现代培训方式，它集合各类优质教育资源，集中共享，适合于各级各类的培训，前景十分广阔。其基本要领是：（1）受训者必须具备利用网络进行信息资源的搜索、处理和整合的操作能力；（2）着力培养研究性的网络思维方式；（3）学校要从教师教育的长远大计出发；（4）加强网上培训的内容引导和制度建设。

学校要从本校实际出发，创造性地开展多种形式的培训活动。

人数和规模较大的学校可以学校为单位，人数和规模较小的学校可以学区/区域为单位实施校本培训。校本培训是教师真正走向教育岗位的重要途径，是教师职业化发展的必由之路。学校通过校本培训，能够更好地关注教师发展、关注教师所需，进而关注教育需求、学生需求，关爱学生成长！

第八节　校本培训方案的制订

开展校本培训，应提前制定切实可行的校本培训方案，校本培训方案的制订要具有科学性、实用性、可操作性。一般包括培训目的、组织机构、培训时间、培训内容、培训方式、培训要求等。如：某学校校本培训方案。

某省实验中学校本培训方案

一、指导思想

为了更好地贯彻落实基础教育课程改革，提升教师综合素质，现面向学校全体教师开展第三期校本培训活动。此次校本培训活动以提高教师的整体素质为目的，以强化教师教育教学能力为重点，倡导自觉学习和终身学习理念，因材施教，理论与实践并重，注重质量与实效，努力造就一支师德高尚、业务精良、善于从事素质教育的新型教师队伍，进一步促进学校教育事业的科学发展、跃升发展。

二、组织机构

组长：张某某

副组长：李某某、王某某

组员：赵某某……

三、培训目标

1.进一步健全完善我校校本培训制度，形成有利于全校教师职业发展的有效运行机制。

2.加强教师师德师风建设，弘扬“学高为师，身正为范”理念，在育人上下工夫。

3.进行基础教育课程改革培训，使教师与时俱进，掌握教育改革动态，树立现代教育教学理念，并鼓励教师加强理论与实践结合，将理论更好地应用于教育教学中。

4.继续进行教学名师遴选和优秀教师评选工作，选拔在教育教学领域有突出表现的教师，并注重典型培树，使他们真正成为教书育人楷模。

5.注重教师科研能力培养，提升教师教改科研能力，打造教学型、研究型教师，使教师寓教于学、寓教于研。

6.通过培训，引导教师树立终身学习的理念，指导教师学会学习，乐于学习，提升教师尤其是新留校教师实际动手能力和教育创新能力，进一步促进教师的成长成才。

四、培训时间

2015年10月20日～2016年4月20日

五、校本培训内容

1.结合上级教育部门的要求和学校实际情况，介绍教育最新动态和学校改革发展。

2.及时进行新课程培训，解决教学实践中的问题。较系统地进行学习教育教学基本理论的培训。

3.与时俱进进行新教育理念培训，倡导因材施教。

4.提高教师多媒体运用等现代教育技术培训，研究学科课程整合问题。

5.进行教育科研基本知识、方法培训。

6.进行德育工作和班主任工作的培训。

7.师德培训。通过各种形式加强教师的师德培训，培养一支受学生喜欢、家长放心、品德高尚的师资队伍。

六、培训方式

（一）自主学习

鼓励教师主动学习、自主学习，提倡终身学习理念，通过自学不断更新观念,强化内在,更新自己的教育教学方法,自觉学习掌握现代教育教学技术。要广泛地通过教师自学、学历达标培训学习以及其他有专业特长培训学习等促进自身素质的不断提高。

（二）以课促培

学校教育教学的主阵地是课堂，让学校教师通过课堂教学实践，锻炼和提高自身素质是十分重要的。抓好新教师助课，新老教师同上一节课、评课等活动促使教师快速成长。

（三）以结对促培

充分发挥新老教师的特点，达到老带新、新促老、传帮带、互帮互学、各得其所的目的。对教师新老结对，学校将制定明确的目标和要求，监督新老教师结对培训的过程，年终进行检查评估验收和奖励。

（四）以研促培

组织教师参加各种教学研究活动。促使教师不断提高反思、学习、研究的自觉性。要求教师自主自立积极参加课题研究，人人有奋斗的目标。

（五）以会促培

要有计划有层次地组织教师参加校内外各级各类学术研讨会、专题报告会、经验交流会、教学观摩展示会等，促进教师继续学习。在校内要组织教师教学经验交流、课堂教育教学技术展示会等，让教师在交流实践经验、探索方法、交流成果、学习借鉴的基础上进一步激发积极性和创造精神。

（六）以考察促培

学校要有计划有目的地组织教师分期分批外出培训、学习、交流、考察，使教师们开阔眼界、解放思想、转变观念。通过学习交流，取长补短，结合实际，提出教育教学改革与发展的意见、建议、思路和方法，促进教育教学能力与水平提升，进一步激发教师自主学习意识、研究及实践的积极性。

七、校本培训管理办法

1. 为使校本培训更加正规化、科学化、制度化，按照上级要求，我校规定教师每学年参加校本培训时间不得少于30学时，学校将学时数统一分解到各个培训项目上，根据出勤率、考核成绩等实际情况评定校本培训总体成绩。

2. 强化校本培训的过程管理。安排专人负责参训教师的考勤、记录、考核、总结等，促进学习、实践与研究的良性互动。

3. 建立校本培训档案。每次校本培训相关材料皆应存档，档案资料应包括校本培训规章制度、校本培训计划、校本培训实施方案、校本培训教材、校本培训记录、校本培训考核成绩、校本培训成果以及校本培训总结等材料。

4. 建立校本培训受训教师个人档案，内容包括培训课程目录、培训情况记录、教师个人反思、学习笔记、培训相关资料、听讲记录、个人制作的学习教案、参与的课题研究情况、个人获奖情况等。

5. 建立完善校本培训的考核制度。具体考核内容如下：

（1）检查校本培训教师手册；

（2）各学科每月整理一份教学反思、一份教学案例；

（3）35岁以下的青年教师每学期上一次公开课，计入期末考评；

（4）每位教师每学期培训学时不少于30学时；

（5）对各种培训，不迟到，不缺勤；

（6）对学校批准的外出学习的教师，学校按每次会议的具体要求以及“超支不补、违章则罚”的原则，报销参加科研活动必需的费用（包括车费、住宿费、会议材料费等）。外出学习的教师回校当天及时上报；

（7）严格外出学习汇报制度。外出教师学习结束后要及时向领导做好外出学习汇报，交学习心得以及学习材料，有必要将在全体教师会上进行交流（或讲课）；

（8）完善校本培训评价机制，学校要重视直接激励，每年召开一次教育科研交流大会。

八、校本培训的保障措施

1. 校长是校本培训的第一责任人。学校成立校本培训工作领导小组，建立健全校本培训制度，包括考勤、考核、激励奖惩制度等。各学科要管理到位，保证校本培训的学习研究科学、有序、高效地开展，提高培训的整体质量。

2. 校本培训过程中，各部门要加强协作，各教研组要按照学校的统一部署和要求，结合本学科实际，制订计划和实施意见，认真抓好学科典型。确保校本培训的顺利实施需要良好的管理制度，一个好的校本培训管理制度有利于培养造就一支品德高尚、观念新颖、业务精湛的师资队伍；有利于深化教育改革，全面推进学校素质教育，培养创新人才；有利于全面推进课程改革，促进教师专业发展。

3.校本培训工作领导小组成员要帮助各教研组制定切实可行的校本培训方案，建立行之有效的培训模式，并指导组织实施。通过培养校本培训的骨干力量，发挥他们在校本培训中的骨干、带头和辐射作用。

4.要加强对校本培训工作的评估检查和督导力度，校本培训实行单独考核。学校要把此项工作列入教师教学工作专项考核。开展“校本培训先进集体、个人评选活动”。期末在所有学科、教研组、教师中，评选出先进集体、先进个人。对评选出的先进集体和先进个人，进行表彰、奖励。

5.对校本培训工作要做到人人重视，尤其是分管领导要做到层层管理，确保实效性。学校为校本培训专设培训经费，确保校本培训年度经费的落实。

××大学2015年校本培训通知

各有关单位:

为贯彻落实国家关于高等学校新进教职工岗前培训的有关规定，帮助即将迈入高等教育事业的新进教职工适应学校环境，了解学校政策，融入学校氛围，提升教学与科研能力，提高管理与服务水平，加快成长和发展进程，根据《某省关于组织开展2015年全省高校教师校本培训工作的通知》并结合实际情况，学校决定开展2015年新进教职工岗前培训工作，现将有关事项通知如下:

一、培训对象

（1）2014年9月及以后来校的教职工（包括师资博士后）；

（2）2014年9月以前来校且未取得岗前培训合格证的专任教师、德育教师和师资博士后；

（3）前期因故未参加培训的教师。

二、培训形式

本次校本培训采取专题报告、课堂教学与实践（针对专任教师）、研讨交流等方式进行。

三、培训时间与内容

5月12日~6月23日，分三个阶段进行：

第一阶段：专题报告（5月12日~5月31日）

邀请校内外专家学者作专题报告，主要包括：

1.高校教师职业道德、廉政教育专题、学术规范与学术道德专题讲座；

2.高等教育学专题、高等教育心理学专题、高校教育法规概论专题讲座；

3.校史校情教育、大学文化精神专题讲座；

4.科研能力提升专题讲座；

5.管理服务能力提升专题讲座。

第二阶段：课程教学与实践（6月1日~6月15日）

本阶段主要包括教学理论与实践两个方面：

1.教育教学技巧与方法专题、现代教育技术学专题讲座；

2.名师授课观摩活动、教学点评活动和教学技能竞赛活动。

第三阶段：研讨交流总结（贯穿培训环节始终）

本阶段贯穿于校本培训环节始终，主要是在每次专题培训和课堂教学与实践培训之后及时开展研讨交流活动，将培训学院分成若干组，每组配备1~2名指导教师，就培训内容进行深入讨论和交流，培训结束时撰写心得体会。

四、报名与考试

1.专任教师、德育教师、师资博士后登陆高校教师岗前培训考试网上报名系统注册报名，网上报名时间截止至6月20日。

2.2014年及以前参加岗前培训未取得岗前培训合格证书的专任教师、德育教师、师资博士后请在补考栏注明补考科目。

3.培训考试定在7月10日举行。考试由省高等学校师资培训中心统一组织，考试地点在教学楼101室，具体考务事宜请关注人事处网站通知。

五、培训要求

1.参加培训的教职工须按照岗前培训课表（培训前公布）的要求参加相应的培训课程。

2.参加过培训但未取得培训合格证（未通过考试）的专任教师、德育教师和师资博士后也须按上述要求在规定时间内注册报名，但可免修免考已经通过的专题课程。

3.参加培训的教职工培训合格，通过考试后，由省高等学校师资培训中心和学校分别发给相应的培训证书，该证书是教职工参加其他培训及岗位聘任等的必备材料。

4.请各相关部门重视新进教职工培训工作，督促新进教职工遵守培训纪律。请新进教职工严格遵守培训时间和课堂纪律，保证出勤率和学习效果。

5.请各部门于5月7日前将教职工培训报名表（人事处网站下载）、2张1寸照片（专任教师、德育教师和师资博士后）报送人事处培训科，同时将报名表电子版发送至rscpxk@126.com，联系电话：86666。

××大学人事处

2015年4月27日

第四章　校际交流

开展校际交流工作，是落实和贯彻教育提升工程的重要举措。校际交流有利于消除校际之间的教育质量差距，提高学校和教师队伍素质和整体办学水平。因此要从构建社会主义和谐社会和实施人才强国战略的高度，充分认识开展校际交流工作的重要意义，提高工作的主动性，增加工作的实效性，推动交流工作深入开展。

第一节　校际交流的内涵

校际交流是指为促进学校专业课教学水平的进一步提高，吸收外校教育教学的先进经验，搭建教师、学校相互学习、相互交流、相互借鉴、共同提高的学习平台，学校通过与兄弟院校、社区以及国外先进大学联合对教师进行提高的一种方式。学校通过教师间交流访问、学术交流、社会实践等形式对在校教师进行培训提升。校际交流的目的主要表现在以下四个方面：

（1）提升学校的管理水平、教师的教研水平和教学能力，实现优势互补和资源共享，提高教育教学质量。

（2）促进学校发展与办学理念的落实，促进教师的专业发展，打造研究型教师队伍。

（3）促进教育理论与教学实践的结合，有针对性地解决教师在教学中遇到的问题。

（4）促进教育资源的整合和开发，有利于优质教育资源共享，逐步实现教育均衡发展。

校际交流经过长久的发展得到了较大幅度的提升和发展，由最初的对家长开放课堂、教师离职培训等形式，发展为小学与中学、中学与大学、大学与国内外的兄弟院校、科研院所、企事业单位进行长期的合作交流。在交流的形式上由原有的现场交流，发展为远程视频交流。校际交流是提高教师能力的重要途径。

在校际交流的过程中，无论是校方还是教师都不能只注重形式，还要注重内容和方法。既要重视学校宏观管理的交流，又要重视教育教学教研的交流；既要重视参观考察式的交流，又要重视观摩研讨式的交流；既要重视同学段学校的交流，又要重视不同学段学校的交流；既要重视“走出去”的交流，又要重视“请进来”的交流；既要重视“人与人”的交流，又要重视“人与物”的交流。

以东北大学为例，近年来校际交流开展得如火如荼，根据《东北大学改革和发展“十二五”规划》，学校制定了“双百计划”，即：开设100门英文授课课程，聘请100名非华裔外籍专业教师。“双百计划”外籍教师指服务于学校“双百计划”的各专业领域教师。以期通过与国外教师在教学和科研中实现良好的校际交流模式，实现对在校教职工整体技能的提升。同时，积极鼓励教师出国攻读学位、研修、参加国际会议和进行国际交流合作。此外与国内相关高校、企业和国外一些高校建立了合作关系，扩大交流力度。经过长期的实践和交流，无论在交流形式还是在交流内容上都有了一定的进步和提升，在形式上更加丰富多彩，以人为本；在内容上更加多元化，色彩纷呈；在效果上更加明显，耐人回味。

第二节　基本原则

本着“定期互访、教学研讨、开设讲座、学生共建、信息互享”的理念，两个或多个学校紧密围绕中心工作开展交流工作，遵循校际交流的基本原则如下。

一、科学合理原则

遵循义务教育规律和教师成长规律，动员社会各方支持，创新教师管理模式，有序推进城乡、校际间教师合理流动。

二、公开规范原则

规范教师校际交流的程序和办法，公开操作，严肃纪律，加强监督，校际交流方案要经教职工讨论、教职工代表大会通过，防止人事腐败现象产生。

三、积极稳妥原则

坚持从实际出发，统筹规划教师校际交流，妥善处理改革、发展、稳定关系，把握工作重点和进度，循序渐进。

四、以人为本原则

尊重教师主体地位，加大政策宣传和思想教育，妥善解决教师后顾之忧，引导教师积极支持、主动参与校际交流。

五、促进发展原则

保持和发扬学校办学特色和优势，发挥骨干教师引领作用，避免“削峰填谷”，推进义务教育质量整体提升。

六、取长补短共赢原则

相互学习和借鉴合作单位好的经验和做法，取长补短，共同探讨教育教学重点难点，实现双方或多方互利共赢。

第三节　交流对象的确定

一、年龄要求

一般接近退休教师或者年龄较大教师原则上不安排交流，年龄太小或者刚刚工作的教师通常也不安排交流。这主要考虑一是年龄较大的教师临近退休，不符合交流收益最大化原则；二是年龄较大教师由于身体等原因，有可能影响交流效果；三是刚参加工作的年轻教师，实践经验不足，对工作认识还不够深入，较早进行校际交流，不利于知识的吸收，同样也不符合交流收益最大化原则。

二、年限要求

一般在一个学校连续工作满一定年限，学校就要考虑进行校际交流。连续工作一定年限，本身具有一定的教学基础，校际交流能够接触不同的学校好的经验和做法，有利于自身素质的进一步提升，同时也避免了长期工作在一个环境中养成的思维定式和教学慵懒现象。

第四节 交流形式

坚持组织选派与教师个人自愿相结合，采取多种形式开展教师校际交流工作。

一、组织选派交流

主要是学校结合自身实际和特点，有计划有组织地选派教师进行校际交流。上级主管部门也可根据校际间学科教师余缺情况，将应交流教师的人数指标落实到学校，实施城镇学校与农村学校、优质学校与薄弱学校教师交流。

二、岗位竞聘交流

以职务评聘为导向，教育行政部门确定农村学校、薄弱学校部分中、高级教师岗位，统一组织一些中高级岗位职数不足学校中符合条件的教师，到区内地理位置较偏远、条件较艰苦但岗位职数又有空缺的单位，参加岗位竞聘上岗。竞聘上岗后，该教师应在调入校任教不少于 3 年。

三、校际协作交流

建立对口帮扶关系的城镇学校和农村学校、优质学校和薄弱学校进行教师协作交流，按照协议要求定期指派教师进行帮扶和邀请教师来访交流学习。

四、个人申请交流

符合校际交流条件的在职教师，可自愿申请到农村学校、薄弱学校任教，经学校和教育行政部门批准后实施交流。

第五节 校际交流的具体内容

一、学校管理

包括教学管理、教研管理、德育工作、档案管理、后勤管理、制度建设等。

二、教研工作

包括以说、听、评课为主的常规教研工作，教研组活动的开展，集体备课，课题研究，校本教研，校本课程开发，学科竞赛，教学论文的撰写，实验课教学，第二课堂开展情况等。

三、教育教学

包括德育工作、班主任工作、辅导员工作、集体备课、各科教学方法学习与交流、作业批阅、差生转化、成绩检测等。

四、其他方面

包括校园环境建设、校园文化建设、绿色学校创建等。

第六节 校际交流的具体方式

校际交流的具体方式包括：

（1）参观校园环境、图书室、阅览室、省部级和国家重点实验室、教学实验室、体育场馆与器材室、多媒体教室、德育展室、微机室等各类功能教室，整体感知学校的管理情况。

（2）查阅档案资料，包括教学、教研、德育、后勤等方面。

（3）听取校长、专家学者、教学名师等经验介绍，了解学校管理特色。

（4）开展说、听、评课活动，学习先进教学方法。

（5）就教育教学中的某一个问题以座谈会的形式开展专题研讨。

（6）在“走出去”的同时，可以把其他学校的骨干教师“请进来”，组织全校教师听课和评课，学习研讨。

第七节　校际交流制度

一、完善制度，有序管理

建立健全一套校际合作交流制度，使校际合作交流有序开展，走上制度化、规范化的轨道。

二、建立校际合作交流领导管理机制

成立校际合作交流领导组，负责校际合作交流活动的策划、规划、协调、管理、检查、评估等。设立校际合作交流负责人，负责各项合作交流活动的组织与执行，确保校际合作交流活动有序、有效开展。

三、建立校际合作交流活动制度

认真制订校际合作交流活动计划，保持活动的系统性、稳定性和持久性，精心策划每次活动，或理论学习，或集中研讨，或经验介绍，或说课评课，或案例交流，或录像观摩，或辩论研讨等，让教师都洋溢着务实、民主、宽松的教研氛围，在相互切磋、交流研讨中共同提高教育水平。教师做到人人参与，个个发言，体现校际合作交流的全员性。

四、建立校际合作交流评估激励制度

在校际合作交流中，重视过程管理，实行跟踪管理，进行评估考核，通过激励机制。进一步提高教师参与的积极性，促使他们扬长避短，成名师，出成果。

第五章 教育实践

教师教育要适应发展和变革必须经过不断优化教育质量,提高教育实践力度。教育实践是教师教育不可缺少的一个重要的教学环节，是人才培养的重要途径，也是教师职业能力发展和提升的核心课程，它的重要性无可置疑。

第一节 教育实践的沿革

随着实践哲学的复兴,亚里士多德提出的“实践智慧”概念逐渐进入教育学领域,形成了课程“审议”、教学“反思”等概念。从“实践智慧”的角度来看,教育实践是一种以善为根本追求、以情境性为特征、以实践理性为依归的“智慧的”活动。作为教育实践者的教师,可以对教育理论采取一种实验的态度,通过实践性学习和反思,运用策略性思维,踏上通往“实践智慧”之路。

作为教师，在教育学生的同时应注意与时俱进，要在实践中不断地检验和发展真理，这将不是一个简单的随着时代发展的进步，而应该超越时代发展，走在时代发展的最前端。只有在实践中不断发展和检验真理的正确性，才能为学生未来的发展方向把关，提出具有指导性的建议和意见。实践不仅仅是一个大熔炉，将现有的知识体系进行熔炼，更重要的是实践可以将现有的理论知识提炼出来，得到真知。

通过对理论的“审议”和教学的“反思”进行分析，可以初步看到教育实践是一种道德的、智慧的实践，属于“实践智慧”理论范畴，该范畴具有以下几个特征：以善为根本追求，以情境型为基本特征，以实践理性为依归。

综上所述“实践智慧”概念使我们重新将视野从“理论”转向了“实践”本身,从“研究者”转向了“实践者”本身,关注教育实践的复杂性和不确定性,重视教育实践者在实践中的认知和反思；同时也使我们认识到，理论与实践相互作用的支点在于实践者，在于实践者的理性自觉，在于实践者的实践智慧。因此，沟通教育理论与教育实践之间关系的关键点，也就在于如何发挥教育实践者的主体性，激发他们的理性自觉，提升他们的实践智慧。具体来说，有四条重要的策略或路径：实验的态度，实践性学习，实践性反思，策略性思维。

第二节 教育实践的概念

人民教育家陶行知指出“行是知之始，知是行之成”，“教学做合一”，学习与实践相结合的教育理念。要想界定教育实践，首先应理解：

一、教育实践是一种活动

教育实践是“人类有意识地培养人的活动”[1]。学者叶澜认为，教育实践是对人类所进行的教育活动的总称，它是人类社会活动不可缺少的组成部分，有独特的对象与领域，教育以有意识地影响人的身心发展为直接目的，这是其与别的社会活动领域的标志性区别[2]。日本长谷川荣把教育实践概括为“向教育对象施加具体的影响以形成其人格的具体行为”。这些都表明教育实践是一种活动，一种教育活动，一种培养人的教育活动。

二、教育实践的主体具有一定的教育理念

教育实践活动需要实践者依据一定的教育智慧进行指导，任何教育活动的背后都蕴含着实践者自身对教育的理解，这些理解本身就是一种教育理念，在教育实践过程中需要运用一定的教育理念来统筹规划整个教育实践，实现教育实践的目的。

教育实践要想取得实效，实践者必须具备科学的教育理念，并在实践中运用理念根据实际情况进行有效指导。这些教育理念包括以人为本的理念、全面发展的理念、素质教育的理念、创造性理念、个性化理念、系统性理念等。

---

❶ 顾明远。教育大辞典［Z］。上海：上海教育出版社，1999。
❷ 叶澜。思维在断裂处穿行——教育理论与教育实践关系的再寻找［J］。中国教育学刊，2001（4）：2。

三、教育实践需要借助一定的方式、方法

任何实践活动都必须借助一定的方式与方法，教育实践也不例外。任何教育实践都蕴含一定的方式、方法,需要通过并借助一定的方式、方法来完成教育实践。

四、教育实践是为了促进教育者或受教育者更好地成长和发展

教育实践的运用，目的就是提高教育者或受教育者的素质，进一步促进教育者或受教育者自身的成长与发展，进而达到教育的目的。

综上所述,可以把教育实践界定为：通过教育理念，借助一定的方式方法对教育者或受教育者施加影响，以促进教育者或受教育者自身成长和发展的一种活动。

第三节 教育实践研究

教育实践研究是紧紧围绕教育实践中的人、事以及人与事之间的交互作用，从教育实践中获得研究的问题和资料，运用各种研究方法，探寻与解释教育实践的实际运作过程及其隐含的规则与意义，并从中提炼出描述、阐释教育实践的学术观点和理论概念的一种研究类型。

它既关注教育的工具理性，也探寻教育的价值理性，而其最终目的在于寻求教育行为的合理性。

教育实践研究内容主要包括：

（1）研究教育规律，主要研究教育与社会发展关系的规律、教育和人的发展关系的规律等。

（2）研究教学效果，主要研究课堂教学效果，教师如何讲好一门课，编写一部优秀教材。

（3）研究实验教学，主要研究实验操作对学生知识掌握的作用，如何强化实验教学环节。

（4）研究学生心理，只有了解不同阶段学生心理需求和学生心理变化规律，教育教学才能有的放矢，才能更好地促进学生成长成才。

（5）研究人才与社会需求，主要研究社会需要什么样的人才，学校如何培养人才，既要站在社会需求的角度，又要着眼长远和大局进行人才培养。

第四节　教育实践分类

教育实践按照时间顺序可分为教育实习和实践教学两大类。

一、教育实习

教育实习是指师范院校学生到教学单位进行教育和教学专业训练的一种实践形式。它是师范教育贯彻理论联系实际原则、实现培养目标不可缺少的教学环节，是教学计划中的重要组成部分。通过教育实习，可以使学生把知识综合运用于教育和教学实践，以培养和锻炼学生从事教育和教学工作的能力，并加深和巩固学生的专业思想。

教育实习一般包括见习、实习、研习三个方面。教育见习主要是指师范生通过观察、接触、体验等形式，切身感受教育教学过程，感受课堂教学真实情景，进一步激发师范生探究教育教学理论的动机和学习教师实践性知识的需求。

教育实习有助于师范生探索创新、积累经验，是教育实践课中最重要的一个教学环节，同时也是师范生全方位参与教育教学活动的实践行动。通过教育实习，使师范生亲身体验教育教学，体会教育实践经验，并根据实习的认知需要来感知实践经验与实践探索的转换。教育实习为师范生提供了学习、体验、探索教育教学的平台，为师范生正式上岗并从事教育教学提供了锻炼机会。通过教育实习，使师范生有效地掌握教师实践性知识。

教育研习是教育见习、实习的延伸，是对教育教学的回忆、反思和认识活动，是师范生提升教师职业素养、教育理论水平和教育科研能力的重要途径。通过教育研习，让师范生重新回忆教育教学情景，认真反思教育教学实践的经验与教训，从教育教学活动中选择和确定有价值的研究专题，主动地获得知识，应用知识，解决问题。在教育教学实践活动回忆、反思的基础上，再一次认识教师职业、教师素质、教师能力，教育研习是促进师范生实践性知识优化的重要途径之一。

二、实践教学

实践教学是巩固理论知识和加深对理论认识的有效途径，是培养具有创新意识的高素质人才的重要环节，是理论联系实际、培养学生掌握科学方法和提高动手能力的重要平台。做好实践教学首先要充分认识到以下几点：

（1）理论知识是实践教学的基础。实践课程主要锻炼学生的实际动手能力和工作能力，要想获得良好的实践课程教育效果，必须以理论知识为基础。在对学生进行实践教学之前，教师要为学生集中讲解教育实践过程可能涉及的各个环节以及所需要掌握的相关知识点，要把学生教育实践过程中需要运用的理论知识为学生进行系统梳理。理论讲解，可以概括性介绍实践教学总体内容，先让学生记住实践教学的整体流程，鼓励学生带着任务，带着探索的精神进行教育实践操作，在具体实践操作中加深对教育教学相关知识的理解。在学生动手实践操作之前，在实践教学环节中，作为教师，应该做好充分的前期准备工作。例如如何分配实践教学的各个流程，以什么样的形式进行实践操作，遇到突发事件如何处理，需要准备什么样的工具器材等。教师只有心中有数，准备充分，实践教学才能更好地进行，也才能起到更好的效果。

（2）理论知识要运用到实践教学过程之中。在教学体系的整个设计中，在注重实践教学课时的同时，不能忽视理论教学课时，并加强理论和实践并用，在实践教学过程中强化理论知识学习和运用，并在实践中进一步深化和升华理论知识，让学生不仅局限于理论知识的简单掌握，更要懂得理论知识如何在实践中运用，并在实践运用中找到规律，在实践摸索中探索技巧，理论与实践相辅相成。教师丰富的理论知识要在实践的过程中渗透到学生实践的每一个细节，让学生能够亲临实践的环境，切实达到实践教学中教、学、做的一体化。

（3）学生在实践教学中处于主体地位。不论是教学体系还是教学设计，都要以学生为中心，要始终突出学生在实践教学中的主体地位。学生既是教学设计的主体，也是实践教学的主体，学生的主体地位是否得以保证是教学成败的关键所在。在教学活动中，如何使学生更好地掌握教学知识，是教育教学的根本任务和重中之重。在教学活动中，我们一方面要通过开展丰富多彩的教学实践活动来调动学生的积极性，让学生尽可能地参与到教学活动之中。另一方面，我们要积极引导学生认清岗位的基本情况和未来的职业前景，认清自己今后的人生道路，这对培养他们的实践教学内容和操作的兴趣大有裨益，有时会起到事半功倍的效果。因此，在实践教学过程中，要不断强化学生的主体地位，做好学生的培养工作，使学生更好地成长成才，这不仅是教师的职责所在，同时也是教师教育教学的最重要的任务。

（4）实践教学中应高度重视安全。组织学生在校内或校外开展的各项实习、实训活动，包括实验实训教学活动、课程实习、毕业实习、顶岗实习、社会实践等各类实习实训活动中要高度重视学生安全问题。作为学校应牢固树立安全防范意识，把学生实践教学活动的安全工作纳入学校日常教育教学管理工作之中。具体安全防范工作主要包括：一是在实践教学前对学生进行必要的安全教育工作，对即将开展的实践教学活动进行有针对性的安全教育，主要是讲解安全法律法规和规章、一般安全知识、安全事故的危害与预防、安全操作规程、应急预案以及常用的急救知识等。二是针对校内实践教学场所，要加强安全管理，教师须全程参与学生实践教学过程，对可能存在安全风险的操作，指导教师必须进行现场演示。三是针对校外实践教学场所，学校、校外单位和学生应事先签订符合规定的相关协议，明确包括安全管理在内的各方权利、义务和责任。参加校外实践尤其是校外实习的学生应当购买人身意外伤害保险和学生实习责任保险。

以东北大学为例，学校培育了东软集团、沈阳东大材料先进制备技术工程研究中心以及沈阳东创自动化仪器仪表有限公司等相关企业，形成产学研结合的高新技术产业链，同时，这些企业又成为了教育教学实践基地。在充分发挥高校对社会的科技辐射和服务功能，完善学校科技成果转化和中小型高新技术企业孵化的同时，不断培养和造就创新创业人才，实现产业发展同学科建设的良性互动，为东北大学总体目标建设服务。同时，学校与沈阳机床、鞍钢集团、建龙钢铁等国有大型企业合作交流，通过组织教工、学生参观企业，参与企业生产实践，增加教师和学生的实践经验和技术精度。

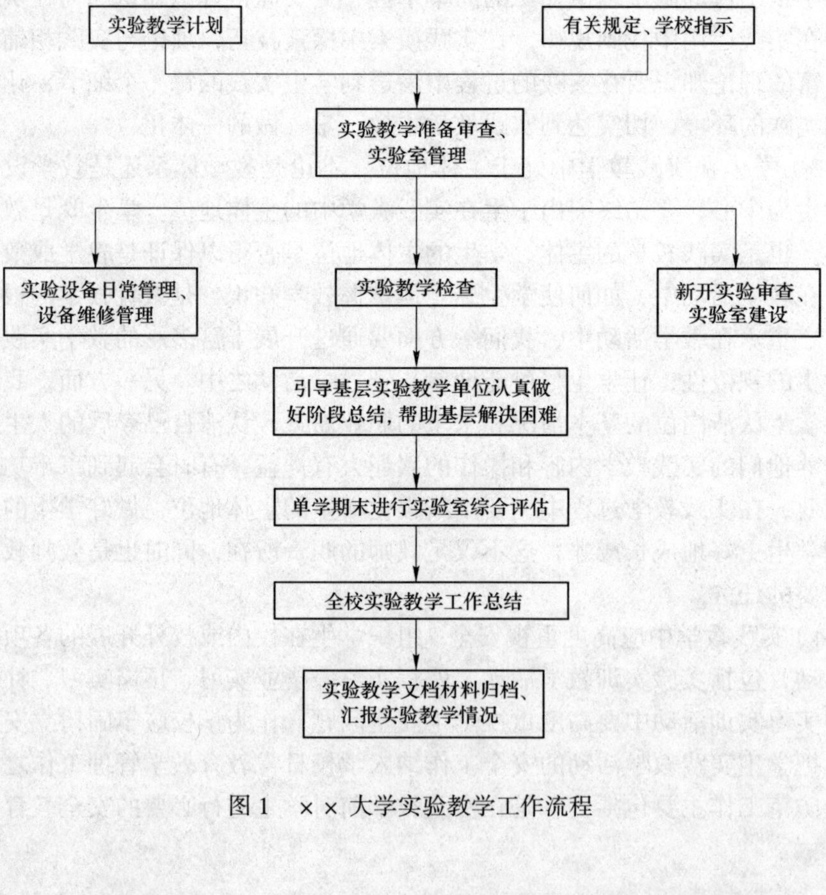

图1　××大学实验教学工作流程

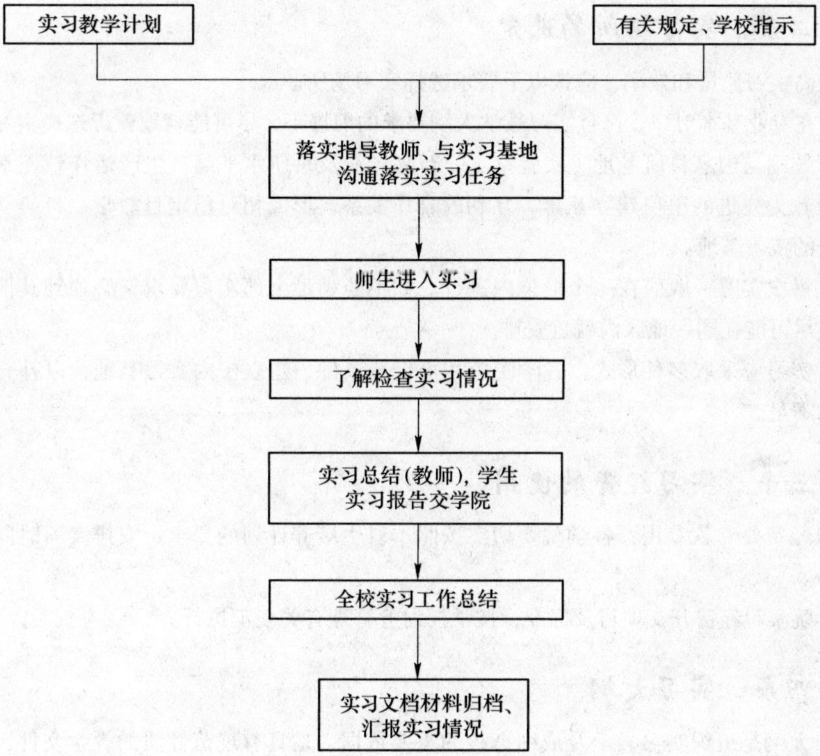

图 2　× × 大学实习教学工作流程

×× 大学关于本科生实习管理规定

× × 教字〔2014〕38 号

本科生实习是本科教学过程中重要的教学环节，是培养学生创新精神和实践能力的重要途径之一。为加强本科生实习工作，特制定本规定。

第一条　实习的组织

本科生实习实施校、院两级管理的模式，并要求各单位之间加强分工与协作。

学校宏观层面的实习管理由教务处负责，制定实习管理办法和实习基地的建设规划，对实习中重要问题进行宏观协调，对学院实习及管理进行检查评估，组织全校实习的经验交流和总结。学院由主管教学副院长负责组织领导本学院本科生实习工作。学院负责执行学校实习的规定和实习工作的具体实施。各学院要高度重视本科生实习工作，实习性质、次数、时间与要求，应严格按照培养计划规定进行。

第二条　实习场所的选定

为提高实习质量和效率，应按以下要求选择实习场所。

一、在专业基本对口，符合实习教学大纲要求的前提下，尽可能就地就近选择实习单位。

二、鼓励与国家科研基地（实验室）、新兴产业及科研水平高、生产运作较正常、技术管理手段较为先进的单位建立互惠、互利的合作关系，形成相对稳定且教学、科研、生产实践相结合的实习基地。

三、每次实习一般应在一个单位内进行。如不能满足全部实习要求，必须到其他单位实习时，应尽可能在同一地区内就近安排。

四、实习应采取多种形式，各学院应积极创造条件，建立校内实习基地，以补充校外实习条件的不足。

第三条　实习经费的使用

实习经费要专款专用，各学院要切实按照本科生培养计划的要求，安排实习时间，完成实习任务。

各学院实习经费开支项目及标准，按学校财务管理有关规定执行。

第四条　实习大纲

实习大纲是组织实习教学及成绩考核的重要依据，是具有规范性质的教学文件，也是专业实践教学及其组织管理水平的体现。实习大纲由各学院组织有关各系（所）制定，经学院主管教学院长批准，报教务处实践教学管理科备案。各学院制定实习教学大纲应符合以下要求：

一、按培养计划中的要求，组织有实践教学经验的教师编制实习大纲并认真审定，于实习前发给师生。

二、实习大纲应包括实习的性质、目的与任务；实习的基本内容与方法；实习的基本要求；实习考核与成绩评定；主要的教学参考资料等。

三、实习大纲应根据培养计划的调整及时进行修订。

第五条　实习教材

在实习基地比较稳定的前提下，根据实习教学大纲和学科发展的需要，组织编写实习教材或多媒体电子教材。

第六条　实习计划

实习计划是根据实习大纲的要求，结合实际情况制定的实习教学实施方案。各学院应在每年的 11 月份提出下一年各专业实习计划，经学院主管教学院长审批后报学校教务处汇总。

实习计划的落实，除实习人数比较集中的单位由学校教务处统一联系外，其余由各学院自行联系落实。

第七条 实习指导教师的遴选和职责

一、各学院在安排每学期教学任务时，要同时落实指导实习任务，确定实习指导教师。一般每个教学班应安排两名指导教师，实习指导教师应由实践教学经验丰富，具有一定组织能力的讲师及以上职称的教师担任。

二、实习指导教师要在实习前了解和熟悉实习单位的情况，根据实习大纲的要求拟定具体的实习计划（根据实习大纲的要求，与实习单位有关负责人共同商定实习方案，内容包括：（1）实习内容及要求；（2）实习的车间、岗位；（3）技术报告、思想政治教育报告内容及报告人；（4）需要参观的单位及内容；（5）各项实习活动的程序及时间分配）。

三、实习指导教师要以身作则，言传身教，严格按实习教学大纲的要求组织学生的实习工作，并做好过程指导、监督和教育工作。

四、实习指导教师要与实习单位保持联络，掌握实习教学的开展情况。

五、实习指导教师要及时做好实习结束后的学生考核与总结工作，将结果报学院备案。

六、实习指导教师应将实习中出现的重大问题及时向学校和实习单位汇报。

第八条 对学生实习活动的要求

一、学生在实习期间应按实习大纲和实习计划的要求完成各项实践任务，听从指导教师和实习单位的安排与指导，按时完成实习报告。

二、在实习过程中尊重实习单位的有关人员，理论联系实际地学习，并协助实习单位从事力所能及的工作（如参与技术创新和工艺劳动等）。

三、严格遵守实习单位的安全、保密与操作规程等有关制度，遵守实习纪律，遵守学校规定。不准野浴，不准夜不归宿，不准占用实习时间游山玩水。对违反纪律或有关规章制度的学生，指导教师要及时进行教育，令其改正。对已造成恶劣影响或严重后果者，必须立即停止其实习，并报告学校予以处理。

四、实习考勤参照学校学籍管理的有关规定，实习期间请假者应有相关证明并经指导教师批准，违者按旷课处理。

五、实习学生要认真记实习日记，完成实习作业，撰写实习报告。指导教师应及时予以指导、检查和批阅。

第九条 实习成绩

一、学生须按培养计划规定时间参加实习，一般不得免修或请事假。

二、实习成绩按五级制记分，即优秀 (90 分以上)、良好 (80 ～ 89 分)、中等 (70 ～ 79 分)、及格 (60 ～ 69 分)、不及格 (60 分以下)。

三、实习成绩的考核依据按实习大纲进行。

四、凡未经批准，实习缺勤时间累计达 2 天及其以上，或因违纪而被停止实习者，其实习成绩为不及格，须重新进行实习。重新进行实习的费用自理。

五、因病 (须持有校医院或地方县级以上医院证明) 缺勤时间累计达本次实习时间的三分之一及其以上者，其实习成绩不计，须重新进行实习。

六、因参加学校组织的活动，不能按时参加实习者，须事先向本学院提出申请，经学院主管教学院长签署意见，报教务处按有关规定免修实习的部分或全部内容。

七、实习成绩计入学生成绩档案。

第十条　实习结束时的要求

一、实习带队教师负责作实习总结，填写《实习汇报表》。

二、走访实习单位有关部门征求意见，妥善安排好各项离厂有关事宜。

三、组织学生集体返校（就地放寒假、暑假除外），不得分散行动。擅自离队者，其车、船票不予报销，并根据情节给予纪律处分。

四、返校后，实习带队教师应及时向学院、系（所）领导作书面或口头汇报，并将《实习汇报表》一式两份和实习成绩单送交学院教学办公室。

五、《实习汇报表》经学院主管教学院长审阅后，由学院统一上报教务处一份备案。

第十一条　实习用品

实习所需劳保用品、仪器和工具由学校工程训练中心办理，实习报告封皮、学生实习专题技术报告人员酬金表、学生实习市内交通费明细表等由学校教务处办理。

第十二条　进修人员实习

进修人员的实习管理工作可参照本规定执行，费用自理。

第六章 教育研究

教育活动是与人类文明同步甚至是超前文明发展的。我国学校教育活动有着悠久的历史，在我国教育活动史上出现了一大批著名的教育家，如：孔子、孟子、老子、韩愈等，他们提出了许多教育见解，对人们认识教育的重要性和教育规律有着不可或缺的作用。随着时代的变迁和社会的进步，教育变革成为了社会变革的一个重要方面，从而产生了许多教育改革理论，可以说没有教育研究就没有教育理论。换句话说，教育研究对教育和社会变革都起着至关重要的作用。二十一世纪，是知识大爆炸的年代，教育差异尤为明显，教育变革的要求更加深刻，时代呼唤教育研究，教育研究成为当今教育发展的迫切需求，成为新时期教育工作者的必备能力。

第一节 近现代教育研究沿革

教育研究理念的提出最早可以追溯到公元前四世纪亚里士多德的论点，亚里士多德主张应该先仔细观察然后再作结论，鼓励并培养教师从事研究工作。美国的教育哲学家杜威（Dewey）也曾倡导教师从事教育研究工作。杜威是美国前进教育（Progressive Education）奠基的功臣，杜威和他的夫人在1896年成立了一所以启发思维取代传统思维教育的实验学校，鼓励在校生在课堂上以实验性的方式进行学习。1929年杜威提出教育科学要想更好地发展就必须要有教师参与教育研究工作，同时，杜威强调每位教师都应该经常进行自我分析和综合思维来改进自己的教学。杜威与他同时代的教育家虽然都积极鼓励教师从事教育研究活动，但是这种强调实用为主的教育理念和课程却没有能够真正落实，主要原因在于当时条件下，大部分教师还缺乏教育研究意识，相关教育研究理论也比较匮乏，大部分教师不太可能切实地针对问题而提出其可能的原因，然后再根据不同的原因去设想检验的方式。

到了20世纪50年代中期，美国的教师采用行动研究，着手课程与教育改进。柯雷(S.corey)、塔巴(H.Taba)等人主张让教师投入研究，在他们的指导下，界定问题，建立可以改进每日工作情景的行动假设，考验较为优良的教学程序并搜集资料，以确定程序的效果。60年代，由于行动研究在美国的衰落，教师研究也一度销声匿迹。斯腾豪斯提出“教育改革成败的核心和关键是教师，应赋予教师更多的责任、权利和自由。”随着社会的发展，对教师的研究职能又重新给予了肯定，认为在一线工作的教师才是具有权威的理论家和研究者，才最有发言权，教育研究应该由大学和实验室转移到教师和社区，教师应该在教育学术界的协助下从事研究。1985年美国科学促进会提出了一个旨在全国范围内改革幼儿园至高中毕业阶段科学教育的长远的综合型计划。这项计划是美国进行科学教育改革的主要项目，也是一个最早由中小学教师、大学教师和中小学生家长共同参与的教改项目。作为实施该计划的一个措施，编著了《科学普及的资源 / Resourse for science literacy》、《科学普及设计 / Designs for scienceliteracy》等书，帮助教师提高自身的科学素质，指导教师专业发展和进行课程改革等。

第二次世界大战以后，日本中小学校开始积极引导教师参加教育科研活动。20世纪70年代，日本学者指出，要改变传统的教师观，教师不能满足于做知识的传递器，要做创造型的教师。每个教师都要不断地在教育科学方面进行学术研究，为了大力发展本国教育，加强人才培养，提高教师素质，以迎接新的挑战，日本十分强调教师的教育研究能力。《教育公务员特别法》明确规定“教育公务员为完成其职责，必须不断地进行教学研究和提高修养。”日本的各类学校为鼓励教师进行科研活动，营造教师科研的良好氛围，一般都会成立相应教学研究会等。组织研究时，采取由教师分工研究有关课题，共同发表研究成果的方法。同时，日本政府非常注重提高教师的教育研究能力，其措施有：改革师范教育，加强教育科学及研究学分的比例；实行优秀教师休假制度，休假期间，教师可集中精力研修或著书；为教师提供科研的场所等等。

我国教育研究的发展演变与大部分国家一样经历了一个由个人走向团体、松散走向建制的过程，然而由于我国教育研究起步较晚、发展过程十分艰辛，与发达国家相比还有一定的差距。自20世纪初，中国科学社为代表的民间松散型的科研体系，到科教兴国战略体系的提出，我国的教育科研走过了一段不平凡的历史。1917年，蔡培担任北京大学校长后，针对北京大学当时的学术现状，进行了一系列富有成效的改革。蔡元培认为大学应该是“研究学术之机关”，并着手开始筹划研究所之事。1920年7月，北京大学评议会通过了《研究所简章》，其中规定：“研究所仿德美两国大学之Seminar办法，为专攻一种专门知识之所”。

1921 年 11 月，蔡元培向校评议会提出北大研究所组织大纲案，该大纲称："本校为预备将来设大学院起见，设立研究所，为毕业生继续研究专门学术之所"。1923 年，中国科学社向政府提议建立一个科学研究机构的计划，设立诸如理化研究所、生物研究所、博物馆等。同年，国会议员黄攻素提出了建立国立科学院的议案，按照该议案，国立科学院直属大总统，主要事物有："研究科学上一切疑难问题；审查科学上之著作或发明；召集全国科学专家会议，至相当之时期，并可召集国际科学会议；发给科学研究家或发明家之奖金及奖章；刊行科学杂志及报告"。1928 年 5 月 15 日，在南京召开的第一次全国教育会议上，蔡元培提出要"提倡科学教育：一方面从事科学上高深的研究，一方面推广民众的科学训练，俾科学方法得为国内一般社会所运用。"同时，蔡元培针对于此进一步指出，近虽专研科学者与日俱增，而科学的方法，尚未为多数人所采用，科学研究机关更是绝无仅有。盖科学的方法，非仅仅应用于所研究之学科而已，乃至一切事物，苟非凭藉科学，明辨慎思，实地研究，详考博证，即有所得，亦为偶中；其失者无论矣。本院为实行科学的研究与凭藉科学的方法起见，故设中央研究院，以为全国学术之中坚；并设科学教育委员会，以筹划全国科学教育之促进与广被。1928 年 6 月 9 日，中央研究院正式宣告成立，从而形成了较完备的组织管理制度、学术评议和奖励制度，表明了有中国特色的、官办集中型的国家科研机构体系正式确立。科研机构的成立是科学体制化最为重要的条件和内容，是科学发展的基础和标志，是我国科学研究的真正起步。20 世纪 50 年代以来，国际上特别重视科学教育研究，研究成果十分丰富。我国虽然没有像英、美等发达国家那样有着规模宏大而且历时较长的"教师成为研究者"运动，但在我国教师即研究者的思想一直贯彻在致力于教育改革的有识之士的教育理念和实践中，并影响着我国教育的改革与发展。改革开放以来，为了贯彻落实"科教兴国"战略，全面推进素质教育，我国实施了基础教育课程改革。在改革中，科学教育成为重要的组成部分，由此，我国的科学教育研究也有了显著的发展。我国教师教育研究的高潮开始于 70 年代末期，"科学技术是第一生产力"指导思想的提出，要求各行各业都要向科学要质量、求发展，教育行业也不例外，80 年代初教育部长刘西尧在讲话中提出"一切教育改革都要经过实验"。由于历史的原因，当时的学校教育发展水平与四个现代化的需求、与已经认识的教育科学规律、与国际教育的先进水平之间存在着较大的差距。在学校，这种差距表现为许许多多的教育问题需要通过教育科研的途径来解决。面对这些问题，专业教育研究界却因队伍的"人少质弱"显得力不从心。这就要求学校教师要自觉学习先进的教育科学理论，进行教育科学研究。近年来，陆续出台的教育法律、法规、政策对教师研究做出了一系列规定，主要有：《中华人民共和国教师法》确定教师有"开展教育教学改革和实验的权利"；《中国教育改革和发展纲要》要求"鼓励和支持学校、教师和教育研究工作者积极进行改革实验”；国务院颁布《教学成果奖励条例》，把教育教学改革中研发的“反映教育教学规律，具有独创性、新颖性、实用性，对提高教学水平和教育质量、实现培养目标产生明显效果的教育教学方案”称为“教学成果”，施予“国家级和省（部）级的”奖励，以“鼓励教育工作者从事教育教学研究”。

在“教改实验”、“科研兴校”的旗帜指引下，一场以教师为研究者的学校教改研究活动在全国迅速兴起，并很快显露成效。教师的科研成果被刊登在报刊杂志上，有的学校还被列为科研兴校的实验基地。关于科研型教师培养的模式、方法等也成为研究的重要课题。一些中小学教师与高校等专业研究人员开展合作研究。广大教师都已认识到教育科研的重要性。有人对1977年以后的中小学学科教学方法改革实验做过不完全的统计，有代表性的就达120项。比较有代表性的有卢仲衡的初中数学自学辅导实验，李吉林的语文情景教学实验，魏书生的中学语文六步教学法，顾泠远的初中数学教学改革等等。诞生了诸如“成功教育”，“愉快教育”等模式，涌现出大批研究型的校长、教师和学校。上海闸北八中之所以能摆脱薄弱学校的面貌，其成功的关键就在于教育科研。但值得注意的是：相对于国外的教师行动研究来说，我国在基础教育研究方面多推广性、宣传性的文章，对实验的结果及影响阐述比较多，但对改革和实验本身，特别是教师参与研究的过程和实际效果研究的较少。

第二节　教师需要什么样的研究

20世纪70年代，“教师即研究者”、“反思的实践者”、“行动研究者”等理念逐渐被大家所接受和认同。教师作为教育的践行者，需要具备一定的教育研究能力，这样才能有利于教育的科学发展。

在基础教育新课程背景下，教师进行教育研究十分必要。前苏联著名教育实践家和教育理论家苏霍姆林斯基曾经说过：“如果你想让教师的劳动能够给自己带来乐趣，使天天上课不至于变成一种单调乏味的义务，那你就应当引导每一位教师走上从事研究的这条幸福的道路上来。”那么教师到底需要什么样的研究，一些高校科研单位把大量的时间与精力花在了立项、开题、结题、撰写论文、评奖、发表成果等环节上，往往忽视了最核心、也是最重要的环节，即成果的实际运用价值，是否具有可指导性、服务性、实践性和可操作性，通过学习教育科学的理论，改变教师的教育教学行为。实际上，教师的教育研究，应当把理论讲座与教师共同探讨、促进教师转变教育行为当做非常重要的目标。教育研究必须为教育实践服务，必须为教师服务，必须关注所处学校层次和学生年龄段的实际需要，立足于教学实践的不断改进和教师专业素质的不断提高。一般来说，教师并不是专门的、专业的研究人员，因此不能完全照搬正规科研的方法去严格规范教师的研究。教师的研究，通常是针对自身在教育教学过程中出现的问题和困惑，进行的反思性的实践研究，即具有“行动研究”的特点，教师的研究重在解决教育教学的实际问题。教师在教育研究过程中要注重科学研究方法的运用，并结合自身教育教学实际情况，将学习、研究、讨论、总结、反思、实践和成果体现在教育教学过程中。教育研究要高度重视教师的教育实践，教育研究需要大量的教育实践，要不断强调教师的“做”，高度尊重教师在教育实践中的主动性、创造性，积极鼓励教师把学到的知识运用到自己的教育教学实践中，促进教师教育行为的转变。教师教育研究所带来的价值绝不亚于一批高质量的学术论文，教师教育研究对教育发展具有极其重要的影响，不要引导教师进行大而无当的研究，要鼓励教师在教育实践中不断总结提升，将教师教育研究与教育实践相结合，走出一条独特的教师教育研究之路。

通过调查显示，教师有能力也愿意对自己从事的教学行为进行思索和研究，相对于高校等科研院所的研究人员，教师往往更具有研究的便利之处。因为教师本身就时时处在教育教学实践的第一线，只要对其加以适当引导，他们就能更好地对其教育实践活动进行理性分析和研究，进而改进自己的教学实践。要重视加强教师与教师之间、教师与家长之间、教师与学生之间、教师与专家学者之间的合作、对话、交流，教师的研究成果不只体现在研究论文，更多地表现为教师专业素质的提高，教育教学经验的梳理，因此，要注重强调实践就是研究，实践者即研究者的理念。不断营造浓厚的教育研究氛围，充分发挥专家在其中的引导与指导作用，并经常性地就教育教学热点问题进行沟通、探讨和交流。各级教育行政管理部门要进行科学的教育研究规划与指导，更好地促进教师教育研究的发展。同时，高校等科研单位研究人员要将理论研究与为学校服务、与当前教育改革发展需求紧密结合起来，脱离实践，教育研究就是无水之源，无本之木，只有在实践这块土壤上，教育研究才会有无限的生命力。

第三节 教育研究的类型与功用

教育研究是以教育现象为对象而揭示教育规律、改进教育实践为目标的活动。教育研究按不同的标准可以作以下分类。

按研究内容分为：基础研究、应用研究、发展研究。

基础研究。基础研究旨在探索教育的一般规律，提出对于教育具有普遍适用性的概念、原理、理论或学说，建立关于教育的知识体系。例如，关于教育本质与属性的研究，关于教育内外部关系的研究，关于教育历史的研究，关于教学过程本质的研究，关于学生心理特征的研究，等等。基础研究具有基础性、思辨性和理论性等特点。

应用研究。应用研究是关于教育特殊规律的研究，它以基本理论为基础，又定向于特定的教育实践问题，探索基本理论在特定教育实践中应用的可能性及其条件，提出对具体实践具有直接指导的理论。应用研究是基本理论与实践结合的一个中介，它既有理论性，又具有技术性，是理论与技术的统一。

发展研究。发展研究是运用教育理论对教育具体实践面临的调控问题提供方法和手段的研究，以提供具有可操作性的程序、方案、技能为主要任务。例如：关于教育政策的研究，关于发展规划的研究，关于议程的编制，关于教育评价指标体系的研制，等等。发展研究是理论研究成果的应用，也是检验理论研究成果的实践途径，它具有鲜明的技术性和工艺性。

按研究方法分为历史研究、描述研究、比较研究、实验研究、理论研究、教育叙事研究、质的研究等。

历史研究。历史研究是对过去发生的事件的了解和解释。目的在于通过对以往事件的原因、结果和趋势的研究，对解释目前事件和预测未来事件起到借鉴普示作用。如教育人物思想研究，某教育家思想对我国未来教育改革的影响等。

描述研究。描述研究是通过问卷、调查、访谈、观察以及测验等手段搜集资料以验证假设或回答有关现时研究的问题。如高校贫困生现状调查、大学生就业状况调查研究等。

比较研究。比较研究是按一定的标准对彼此有联系的事物加以对照分析以确定他们共同点和差异点、共同规律和特殊本质，从而得出符合客观实际的结论。如国别教育比较研究，发达地区与贫困地区人才使用状况比较研究等。

实验研究。实验研究是根据一定的假设在教育活动中创造能验证实验假设的系统和环境，主动控制研究对象，排除无关因素的干扰，从而探索事物的因果关系。如上海青浦数学教改实验研究，李吉林的情景教学研究等。

理论研究。理论研究对复杂的教育问题的性质和相互关系从理论上加以分析和综合、抽象和概括以发现其内在的规律或一般性的结论。

教育叙事研究。教育叙事研究是教师（即研究者）以叙事或讲故事的方式对教育教学事件进行描述、分析、论证和反思的研究方法，其目的是从发生在自己身边的有研究意义和研究价值的教育教学事件中发掘隐含其中的教育思想、教育理论和教育信念，从而解释、发现或揭示教育的本质与规律。教育叙事研究包括获取故事、叙述故事、反思故事等几个方面。教育叙事研究是为提高教师教学水平、提高学生学习质量的研究。

质的研究。质的研究是在自然情境下，研究者与被研究者直接接触，通过面对面的交往，实地考察被研究者的日常生活状态和过程，了解被研究者所处的环境以及环境对他们产生的影响，其目的是从被研究者的角度来了解他们的行为及其意义的解释。其结果只适用于特定的情境和条件，不能推广到样本之外。“质的研究”就是一种“情境中”的研究，它与我们通常讲的“定性研究”有类似之处，例如都强调对意义的理解和解释，但又有很大不同。“质的研究”更加强调研究的过程性、情境性和具体性，而“定性研究”比较倾向研究的结论性、抽象性、概括性。

第四节 教育研究领域[1]

一、科学素养

科学素养（Scientific Literacy），是当前科学教育研究的热点之一，国际上普遍将科学素养概括为三个组成部分，即对于科学知识达到基本的了解程度；对科学的研究过程和方法达到基本的了解程度；对于科学技术对社会和个人所产生的影响达到基本的了解程度。《全民科学素养行动计划纲要》和新课程改革指出要“以提升学生科学素养为根本目标”，要将“科学课程的目标定位于培养学生的科学素养为宗旨，并在不同版本的科学教材、课堂教学模式中融入这一理念”。由此可见，科学素养的内涵、意义和评价，以及如何提升学生科学素养的策略等成为了科学教育研究的重要内容。其中，科学素养的评价和如何提升学生科学素养是研究的重要内容。目前，一些学者和机构对学生、教师和普通公众的科学素养均进行过不同程度的调查，结果显示，这些群体的科学素养都普遍不高，为此，如何提升科学素养，特别是学生的科学素养，成为教育研究的重要议题。学生科学素养的提升，与教师的科学素养程度以及科学素养评价知识密切相关，特别是科学素养的评价。即科学素养应该包括科学知识、科学方法和科学意识。但由于历史、文化、社会背景因素等影响，在我国要全面转变评价机制，在很大程度上需要依赖于社会评价机制的转变以及教师科学素养评价知识的具备。

---

[1] 蔡铁权，陈丽华。我国科学教育研究述评［J］。全球教育展望，2011(6)。

二、STS 教育

STS（Science Technology Society，科学、技术、社会）的研究简称为 STS 研究，它探讨和揭示科学、技术和社会三者之间的复杂关系，研究科学、技术对社会产生的正负效应。STS 教育是科学教育改革中兴起的一种新的科学教育构想，其宗旨是培养具有科学素质的公民。它要求面向公众，面向全体；强调理解科学、技术和社会三者的关系；重视科学、技术在社会生产、人们生活中的应用；重视科学的价值取向，要求人们在从事任何科学发现、技术发明创造时，都要考虑社会效果，并能为科技发展带来的不良后果承担社会责任。STS 教育研究由西方发达国家在 20 世纪 60 ~ 70 年代产生，当时，科学技术的不断发展，带来了经济发达、社会繁荣和人们生活幸福，但与科学技术发展有关的重大社会问题（如环境、生态、人口、能源、资源等等）也随之不断出现。为了更好地解决这些问题，STS 教育应运而生，可以说，STS 教育的产生是社会发展的需要。STS 教育实施对象由最开始的高等学校大学生不断发展至中小学生，STS 教育已成为一种世界性的潮流，也是教育改革的一大趋势。

我国大约在 20 世纪 80 年代中期开始引进有关 STS 教育的理论，并在三个方面对大、中、小学 STS 教育进行了理论和实践的研究。一是在科学教育目标上，由过去片面追求个体认知的发展、单纯知识的掌握转向包括认知、情感、态度在内的公民“科学素养”的普遍提高。二是在内容构成上，不断倾向综合化。因为学生面对的“生活世界”是完整的、统一的，而以往各学校在学生所进入的“科学世界”领域则以分科来完成，“分科”课程固然有其“合法性”，但最大的问题在于它割裂了本来是完整统一的“生活世界”。基于这一弊端，以综合化为特征的 STS 教育自然就成为了改革的焦点。三是在教学方式上，更加注重探究与体验。由于 STS 教育旨在提高公民的“科学素养”，因而它在教学方式上就必然重视学习过程中的探究与体验。

三、科学探究

当今社会，以“科学探究”为核心已成为国际科学教育改革的普遍共识。所谓科学探究，是指个体通过自主地调查与研究，不断探索自然世界，并对自然活动进行认识和解释。科学探究包括以下几方面：

（1）科学探究的对象是自然界，它是对自然现象或自然问题进行的一种调查和研究。

（2）科学探究从发现问题到解决问题，需要经过一定的活动过程或阶段，例如发现问题、建立假设、制定探究方案、检验假设、得出结论等。

（3）在科学探究中，为了能够更准确地把握自然现象或事物的特征，揭示自然的发展规律，个体通常要运用观察、比较、分类、测量、交流、预测、假设、实验等一系列的科学方法寻求对于自然问题的答案，获得对于自然世界的理解。

（4）科学探究作为一种探索活动，其具有双重含义，既可以指科学领域里的探究，即科学家所进行的各种探索自然的活动，也可以是指个体以一种类似于科学研究的方式进行的各种科学学习活动。

科学探究的开展，有助于改变课程实施过程中片面强调接受学习、死记硬背、机械训练的现象，积极倡导学生自主学习、主动参与、乐于探究、勤于动手，不断培养学生搜集和处理信息的能力、获取新知识的能力、分析和解决问题的能力以及交流与合作的能力。“突出科学探究”已成为我国课程改革的基本理念之一，是教育教学和教育研究的重要组成部分。

四、科学本质

近年来，科学教育界越来越重视科学本质 (Nature of Science， NOS) 的教育，认为这是提高学生科学素养的核心。美国在 1996 年颁发的国家科学教育课程标准 (National Science Education Standard，NSES) 中明确地将科学本质的相关理念放进课程标准中，另外，英国的科学教育协会 (Association for Science Education，ASE) 在 1983 年的课程改革草案中也提到：“学生应该对科学原理 (principle) 及理论 (theory) 的历史发展有一些基本的了解”。我国新颁布的科学课程标准也强调学生必须领悟科学的本质。因此，科学教师有必要在科学教学中促进学生对科学本质的了解，以达成科学教育的总目标。但是，对科学本质及其教育价值的研究一直没有引起我国基础科学教育界的重视，当前的科学教育改革迫切需要人们重新认识科学本质及其教育价值，并采取有效对策加强科学本质研究和针对学生的科学本质教育，唯有这样，才能更好地促使学生形成正确的科学观，使学生在学习的过程中体验科学的方法与过程、培养学生的批判精神和科学情感。

五、科学史哲

科学史哲对科学教育的作用毋庸置疑，科学史哲对科学教学的不断渗透，进一步加深了学生对科学本质的理解、促进了学生对科学内容的学习。正因为此，HPS(History of Science, Philosophy of Science, Sociology of Science) 教育，即“科学史 (History of Science)、科学哲学 (Philosophy of Science) 和科学社会学 (Sociology of Science)”教育的简称，其研究开始兴起并在科学教育研究中成了热点。与其他的科学研究领域一样，HPS 教育研究，也是在借鉴国外研究成果的基础上发展而来的。借鉴最多的是孟克 (M.Monk) 和奥斯本 (J. Osborne) 提出的 HPS 教学模式。1997 年，英国伦敦大学皇家学院的科学教育者孟克 (M. Monk) 和奥斯本 (J. Osborne) 在总结历史经验与教训的基础上，结合当前关于科学课程改革的新观点，提出科学史教学模式。这一模式的基本前提是，假设学习的课题是科学史上某一科学家曾经研究过的自然现象，如自由落体运动、植物的向光性、食物的消化等。该模式的教学程序主要包括以下 6 个环节：提出问题、引出观念、学习历史、设计实验、呈现科学观念和实验检验、总结与评价。在探讨如何提升学生科学史哲素质的同时，科学教师自身的科学史哲素质也成了研究的重点。为此，在关于如何提升科学教师史哲素养中，有研究者就从以下几方面提出了建议:“科学界亟待重视科学史哲书刊的编撰与出版；科学教师教育中必须注重科学史哲；中小学科学教科书中应该融入科学史哲。”只有这样，科学教师的专业素养才可能提高，科学教育的改革才可能成功，公众科学素养的提高才可能得到保障。

六、科学概念转变

“学习就是概念转变”。多年来，人们对于学生在科学学习中的概念化理解开展了大量研究。这些研究所关注的共同主题是认识学生关于自然现象的原有概念的重要性，把科学学习看作学生关于自然现象的原有概念的发展或转变。

科学概念（Scientific Concept）是科学知识的基本元素，是科学知识结构的基础，形成科学概念是深刻认识自然现象本质特征的标志，也是领会自然规律的基础。所以，科学概念的教学是科学教学的关键。目前，我国已将“科学概念转变”视为科学教育研究的重要议题。根据认知心理学的研究，概念转变的心理模型建构过程包含四个阶段的循环：激活原有心理模型中迷思概念，对模型中的元素产生不满(产生认知冲突)；创建新模型，学生审查和修改该模型的元素，或重建新模型；使用新模型。为此，如何发现并转变学生的迷思概念，也随之成为概念转变研究的重要内容。李雁冰等认为迷思概念的发生机制主要有：“日常生活的影响；事物表面或明显特征的影响；知识与文化背景的影响；同伴文化的影响；教学的误导；大众传媒的影响。”而要转变学生迷思概念的方法可以有访谈、构建“概念图”、纸笔测试等。此外，在借鉴国外研究的基础上，提出了在这方面还需深入研究的方面主要有：“学习者原有认识以什么方式支持原有概念并排斥科学概念？如果原有认识不可能凭空消失，那么如何促使其由支持迷思概念转向支持科学概念。”“如何使学习者认识到科学概念是可理解的、合理的？即如何使学习者顺利认识概念的内涵和外延？”“对哪些具体概念采用何种策略是更有效的？在采用认知冲突策略时，如何判断学习者有意义的认知冲突已经发生，并对教学起到了积极的促进作用？这样的认知冲突如何达到？支持教学策略的理论本身是否存在不足，应该从什么角度发展和完善？”这些方面将成为今后在概念转变领域研究的重点问题。

七、可视化工具

目前，越来越多的教育研究者开始关注并运用可视化工具进行教育教学。其中，概念图的研究与应用在可视化工具中最为广泛。概念图的研究包含四个方面：一是教与学的领域、二是非教育学领域、三是教育评价领域、四是其他领域。概念图在科学教育中作为“教”的功能，主要体现在以下两方面。一是概念图在教学设计中的运用，可以在分析学习者特征、分析教育教学内容和教学策略设计等方面发挥积极的作用。同时，在教学评价设计中，能够真实地反映学习者对知识的组织状况和有意义建构的效果，可以有效地弥补传统评价手段存在的不足，是一种重要的评价方法。二是运用概念图的过程能够进一步促进教师对知识的理解和概念的梳理，更好地明晰教学重点、难点并探寻解决方案，可以不断培养教师分析教材的能力。概念图在科学教育中作为“学”的功能，主要体现在，促进学习者进行有意义的学习，提高学习者合作学习的能力；提高学习者的创造性学习能力；促进学习者认知结构的变化以及作为学生日常生活的评价和反思工具。同时，随着国外的 Cmaptools、Inspiration、Kidspiration 和国内的易思－认知助手等这些制作概念图软件的研发和使用，能够较好地实现概念图的自动布局、冗余节点以及多概念图的合并等。此外，概念图也得到了教师越来越多的认可与重视，不断将其运用到新课引导、复习等科学教学之中。随着概念图研究的兴起，其他的一些可视化工具的研究也随之在我国兴盛，这些可视化工具包括思维导图、思维地图、观念地图、概念卡通等。思维导图在教育中的应用，其研究成果也较多。思维导图的合理运用，在学生掌握知识的过程中能帮助学生记忆；在理解知识的过程中能促进学生思考；在应用知识的过程中能打开学生思路。思维地图一种简单而有效的可视化工具，能够有效提升学习效率、快速解决学习中的难题，大量降低所需耗费的时间以及物质资源。概念卡通和观念地图，目前研究较少。此外，也有部分学者开始探讨研究将这些可视化工具结合运用于科学教育的成效，例如概念图与思维导图的结合使用等。

八、信息技术

信息技术（Information Communication Technology）作为教育研究领域之一，越来越受到重视。《基础教育课程改革纲要（试行）》指出：“大力推进信息技术在教学过程中的普遍应用，促进信息技术与学科课程的整合，逐步实现教学内容的呈现方式，学生的学习方式，教师的教学方式和师生互动方式的变革，充分发挥信息技术的优势，为学生的学习和发展提供丰富多彩的教育环境和有力的学习工具。”信息技术与科学课程的整合，日益受到了科学教育研究者的关注。信息技术与课程整合作为21世纪我国基础教育教学改革的一个新途径，它与学科教学有着密切的联系和继承性，同时它又具有相对独立性特点，是一种新型的教学结构类型。华南师范大学教育技术研究所所长李克东教授认为：信息技术与课程整合是指在教学过程中把信息技术、信息资源、信息方法、人力资源和课程内容有机结合，共同完成课程教学任务的一种新型的教学方式。整合的三个基本点：一是要在多媒体和网络为基础的信息化环境中实施课程教学活动，二是对课程教学内容进行信息化处理后成为学习者的学习资源，三是利用信息化加工工具让学生进行知识重构。信息技术与课程整合，不是把信息技术单纯作为辅助教或辅助学的工具，而是强调要把信息技术作为促进学生自主学习的认知工具和情感激励工具，利用信息技术所提供的自主探索、多重交互、合作学习、资源共享等学习环境，把学生的主动性、积极性充分调动起来，使学生的创新思维与实践能力在整合过程中得到有效的锻炼，这正是创新人才培养所需要的。由此可见，信息技术与课程整合是改变传统教学结构、实施创新人才培养的一条有效途径。关于信息技术与科学课程的整合研究，地区差异很大，一些地区由于硬件匮乏，软件缺失，在这方面的研究及应用相对较少。

九、综合课程

综合课程（Integrated Curriculum）是指打破传统分科课程的知识领域，组合两个或两个以上的学科领域构成的课程。随着课程改革的不断推进，综合科学课程的理论与实践逐渐成为了科学教育研究的重要领域和方向。综合课程的研究主要集中在以下三个方面：一是实施综合科学课程的必要性和重要性；二是综合科学课程的实施策略；三是国外综合科学课程实施情况的介绍。一些学者提出了实施综合科学课程的具体策略，第一，以政策推动促进观念转变。针对部分科学教师对综合科学课程的不适应，则需要转变教育观念，政府倡导及支持，为推进综合科学课程提供信心。而且还需提供正确的评价导向，实现由单一的纸笔考试到多元评价的转变、由关注知识到注重能力考查的转变、由分科考试到合科考试的转变。第二，以教学研究提供专业支持。强化教研网络建设，加强以校为本的教研组建设，加强实际教学问题研究，及时总结推广成功教学经验。第三，以资源建设保障教学需要，通过职前培养和职后培训，让科学教师领会综合科学课程的理念，完善学科的知识结构，发展科学教学的技能，把握综合科学课程的教学要求。此外，还要努力提高综合科学教材的质量。对国外综合科学课程实施情况的介绍，以期从中带来启示和借鉴意义，这种介绍集中在美国、法国、西班牙等欧美发达国家。关于综合科学课程的实践，我国一些省市早已实施了初中综合科学课程，特别是浙江省，在全省均实施初中综合科学课程，且已实施几十年。对其他省份实施综合科学课程有积极的借鉴意义，并总结出推行综合科学课程的基本经验："强化组织和领导；加强科学教师师资队伍建设；推动教研组织建设；保证教材质量；改革评价制度；加强宣传。"

十、建构主义

建构主义 (Constructivism)，其最早提出者可追溯至瑞士的心理学家皮亚杰 (J. Piaget)。建构主义认为，科学知识的建构是在一定的情境即社会背景下，借助他人的帮助即通过人际间的协作交流活动而实现的意义建构过程。个人的认知结构是在社会交互作用中形成的，发展正是将外部的、存在于主体间的东西转变为或内化为内在的、为个人所特有的东西的过程。学习的结果在于意义的获得，对新信息形成自己的理解，学习不仅仅是信息的简单表象记忆，而是调动、综合、重组甚至改造头脑中已有的知识经验，对所接受到的信息进行解释，生成个人的意义或者说自己的理解。建构主义科学学习观认为科学学习不是接受知识的过程，与此相应，科学教学就不是传递科学知识的过程，而是创设一定的环境和支持，促进学习者主动建构知识的意义。也就是说，建构主义提倡在教师指导下的、以学习者即学生为中心的学习，建构主义既强调学习者的认知主体作用，又不忽视教师的指导作用，教师是意义建构的帮助者、促进者，而不是知识的传授者与灌输者。学生是信息加工的主体、是意义的主动建构者，而不是外部刺激的被动接受者和被灌输的对象。正是基于建构主义对科学教学带来的新的启示，当前开始出现了诸多科学教学的模式和方法，例如基于探究的建构式教学；课题研究模式；问题解决模式；探究学习模式；情境学习模式；概念转变学习模式；社会文化模式；抛锚式教学模式；支架式教学模式；随机进入式教学模式等。但如何深入理解建构主义理论并运用建构主义理论，提出新的有效的教学策略等方面还有待于进一步研究和探索。

十一、科学与人文

科学教育与人文教育 (Scientific education and humanistic education) 相互结合，相互渗透，日益引起研究者的关注。时代呼唤科学与人文相融，这种融合既是科学技术发展的必然结果，也是人类自身发展的必然需要。科学教育与人文教育融合的研究议题主要有以下三方面：一是科学教育与人文教育融合的必然；二是科学教育与人文教育融合的途径和方法；三是科学教育与人文教育融合的趋势。首先，科学教育与人文教育融合的必然，是由科学教育和人文教育内在的一致性、人的发展、社会的发展所决定的。科学教育和人文教育具有内在的一致性，这是两种教育融合的客观基础。科学教育具有人文价值，科学研究活动中的行为规范和价值观念，是科学文化体系的最基本内核。在当今社会，只有科学和科学的精神，才能解决人类面临的最富于人文精神和终极关怀意味的一系列全球问题，例如自然生态危机等。此外，人的发展，是科学教育和人文教育融合的内在要求。而社会的发展，是科学教育与人文教育融合的外在需求。其次，科学教育和人文教育融合的途径和方法，有学者认为应当包括树立科学—人文主义教育理念；培育人文精神；激发创新意识；提升教师素质；营造良好的校园文化氛围。还有的学者针对科学教育与人文教育出现的“断裂”、“错位”和“疏离”的现状，提出了解决策略：STS课程的实施、合作学习的运用以及“新人文主义”带来的启示等。再次，关于科学教育与人文教育融合的趋势，可以将其归为以下几方面：自然科学与人文科学的汇流，即自然科学向社会人文科学的渗透、大量边缘学科和综合学科的出现；科学方法与人文方法的互补。20世纪90年代，科学大战(Science War)更加剧了两种文化的争议，也出现了两者之间的融合。

十二、实验教学

随着科学教育的发展，当前科学实验教学（Experiment Teaching）研究正日益引起关注。以实验情境引领学生探究学习，是每位科学教师非常注重而迫切需要解决的问题。教师应努力为学生创设能够充分认识科学本质的有效的实验情境，使学生的逻辑思维能力以及创造性解决问题的能力得到充分的发展。教师要想出色地完成探究性学习组织者的任务，必须学会使用科学的方法，让学生在实验探究活动中不断地产生问题，通过解决问题来学习知识、培养能力、发展科学素养，从而为学生个体的今后发展铺平道路。科学实验教学研究可以算是一个比较早的领域，在当前又出现了很多的新成果、新途径和新方法。科学实验教学研究的新途径主要有：第一，对现有实验进行改进。即充分利用当前不断出现的新材料、新器件、新设备，对原来某些不太理想的实验加以改进，以期达到更好的实验效果，例如运用激光作为光源对光学实验的改进。第二，开发突破重点与难点的实验。现成的实验装置有些不能满足教学的需要，课本上还有许多内容没有现成的实验配备。实践证明，缺少必要的实验手段，学生将缺少感性认识，不利于模型的建立，不利于科学过程的想象。因此，教师要注重短缺实验的开发，尤其是注重对重点与难点教学内容实验的开发。第三，开发低成本实验。在研究设计与改进实验时，注重因陋就简、就地取材、废物利用，以最低的成本达到最好的实验效果，这些低成本实验不仅仅是为了节约开支，更重要的作用是能激发学生的学习兴趣和创造性思维。第四，开发玩具的教学功能。许多玩具不仅现象奇特，好玩有趣，且具有丰富的科技含量，如果在教学中引入这类玩具，开发出这类玩具的教学功能，往往能极大地激发学生的学习兴趣，产生很好的教学效果。第五，开发游戏活动。在游戏活动中，不仅能让学生感到身心愉悦，而且能增强学生的协作与交流。如果能开发一些科学实验游戏活动，则能让学生在快乐中学习，并往往能起到终生难忘的效果。科学实验教学研究的另一个重要议题就是DISLab(Digital Information System Laboratory 数字化信息系统实验室）的应用。DISLab中对传感器的引入，初步实现了科学实验教学过程中测量手段的数字化，与计算机结合后更实现了数据显示、分析、计算的智能化。DISLab将在真实实验的基础上实现了信息技术与科学实验教学的整合，实现了对传统的超越。此外，DISLab具备“实时实验”的功能，数据采集、处理和图形描述都由计算机完成，由此教师和学生可以从数据读取、记录、公式运算和图线描绘等繁琐的数据处理中解脱出来，将注意力集中在科学探究上，并且为学生实现在科学实验中的体验，开展合作与交流提供了时间和空间。另外，DISLab凭借传感技术还可以弥补传统实验中多个测量空白，解决多种物理量精确采集问题，加上相对完善的数据处理软件，可以设计出很多借助传统实验装置想做而做不好的实验。

十三、习题教学

习题教学（Exercise Teaching）研究，主要集中在对习题教学的要求、原则以及习题教学的策略研究等。在新一轮基础教育课程改革的背景下，习题教学应充分体现课程教育改革的理念，避免以往死记硬背、生搬硬套和“题海战术”的打法。习题教学的设计应注重培养学生将科学知识应用于生产、生活和科技的意识。此外，习题教学应注重体现学生的自主学习，引导学生自主分析探究，培养学生思维能力。目前，对习题的编制，尤其是开放性习题、探究性习题，体现过程与方法、情感态度与价值观的习题有了不少的研究，对原始问题的研究，培养学生发现问题、提出问题能力习题编制的研究都是值得肯定的。

十四、教学评价

教学评价（Teaching Evaluation）是依据教学目标对教学过程及结果进行价值判断并为教学决策服务的活动。教学评价是研究教师的教和学生的学的价值的过程。教学评价一般包括对教学过程中教师、学生、教学内容、教学方法手段、教学环境、教学管理诸因素的评价，但主要体现在对学生学习效果的评价和教师教学工作过程的评价。《基础教育课程改革纲要(试行)》明确指出："要改变课程评价过分强调甄别与选拔的功能，发挥评价促进学生发展、教师提高和改进教学实践的功能。"正是基于这样的要求，科学教学评价改革逐渐引起科学教育研究者的重视。

目前，科学教学评价的研究分为以下四类：一是科学教学评价的目标和原则；二是科学教学评价的方法；三是科学教学评价的内容；四是科学教学评价的工具。科学教学评价，至少应具备下列目标：了解学生的学习进展、意愿和兴趣；帮助学生发掘学习的困难，并鉴别其原因；提供有关学生学习潜能、状况与方向的具体资料或指针，供个体辅导时参考；引导学生学习的方向，以适应学生的个体差异；学生学习成就的评价及成绩报告；鉴别教学缺失、改进教学；开发可行的教学法或教学媒体；评估教学成效及各项教学有关事项对教学成效的影响，以调整教学进程；其他教学上的特殊需要。基于这样的目标和原则，在当前的科学教学评价内容的研究中，更多的学者关注以下四方面：科学探究、方法和能力的评价；科学知识与技能的评价；科学态度、情感与价值观的评价；对科学、技术与社会关系的认识的评价。针对科学教学评价所涉及的以上四个方面，在科学教学中部分研究者开始借鉴和引进国外和境外的科学教学评价工具，主要有常模参考评价、标准参考评价、实验活动评价、自我评价、同伴评价、多元才能评价以及探讨式学习评价等。

十五、教育资源

关于科学教育资源（Educational Eesources）的研究，目前，存在着诸如盲目提供、缺乏指导、利用率不高等问题。因此，在提供科学教育资源时，要明确目的，不断树立科学教育的意识；要恰当指导，不断提高科学教育素质；要挖掘资源，不断拓宽科学教育渠道。科学课程在内容上以学习化、生活化、时代化、综合化为特点；在教学上提倡自主、合作、探究的学习方式；在教师中提倡新型的互动——培育型的教学观念；在评价上提倡发展式的评价，注重评价过程对发展的促进作用，实行多样化的评价，改变只注重考试的单一评价方式。在这样的理念要求下，科学教学资源的范围更广、要求更严，要有利于学生探究与创新；要注意与现代化信息技术结合；要集约化；要有高的安全性、可靠性；要多样化、多层次。而要做到以上几方面，则需要花大力气搞好常规教学仪器的现代化；教学软件要为教师和学生的活动创造平台。

十六、综合实践活动

综合实践活动（Comprehensive Practice aActivity）是现代教育中的个性内容、体验内容和反思内容，与传统教育片面追求教育个体的发展、共性和知识有所不同，综合实践活动提供了一个相对独立的学习生态化空间，学生是这个空间的主导者，学生具有整个活动绝对的支配权和主导权，能够以自我和团队为中心，推动活动的进行。目前，关于综合实践活动的研究正逐步引起关注和重视。综合实践活动课程，它对应于分科课程，是一门综合课程；对应于学科课程，它是一门经验课程。综合实践活动课程是指在教师的指导下，由学生自主进行的综合性学习活动，他是基于学生经验，密切联系学生的生活和社会实际，体现对知识综合应用的学习活动。

综合实践活动课程是一种经验性课程，强调以学生的经验、社会实际和社会需要和问题为核心，以主题的形式对课程资源进行整合的课程，以有效地培养和发展学生解决问题的能力、探究精神和综合实践能力为目的的课程。综合实践活动课程是一种实践性课程，综合实践活动课程尤其注重学生多样化的实践性学习方式，转变学生那种单一的以知识传授为基本方式、以知识结果的获得为直接目的的学习活动，强调多样化的实践性学习。综合实践活动课程向学生生活领域延伸，强调超越教材、课堂和学校的局限，在活动时空上向自然环境、学生的生活领域和社会活动领域延伸，密切学生与自然、与社会、与生活的联系。综合实践活动课程是三级管理的课程，“国家规定—地方指导—校本开发与实施”是综合实践活动课程“三级课程管理制度”的特征表现。具体讲，国家提出了综合实践活动课程的宏观目标和原则要求；地方对落实国家的要求提出具体的指导性意见；学校负责针对学生和学校实际，来开发具体的活动内容，针对具体内容来预设具体的活动目标、方式方法的采用、基本活动流程、实施针对性评价等，是校本开发与实施的过程。

十七、课堂教学

课堂教学（Classroom Teaching）是教育教学过程中最常用到的一种手段，它是教师给学生传授知识和技能的全过程，课堂教学主要包括教师讲解、学生问答、教学活动以及教学过程中使用的所有教具等，也称“班级上课制”，与“个别教学”相对。课堂教学具有以下三方面特点：

（1）将年龄和知识水平相同或相近的学生，编成固定人数的班级集体。

（2）按各门学科教学大纲规定的内容，组织教材和选择适当的教学方法。

（3）根据固定的时间表，向全班学生进行授课。

课堂教学要重视前期的设想与计划，即课堂教学设计，要在课堂教学工作之前进行周密的教学计划与筹划。具有以下特点：

（1）规划性，课堂教学设计实际上是对整个教学过程各项工作的总体规划，如目标编制，教学资源的开发和利用，教学重点、难点的确定，教学方法与手段的筹划等等。

（2）超前性，教师通过课前的充分思考，预测教材内容、学习环境、教师的行为可能引起的效果以及学生作出的反应，借助于想象在头脑中拟定操作蓝图，以其提前完成教学准备工作。

（3）创造性，所谓创造性就是教学设计者，总是要根据教材和学生实际去设计新课独有个性的教学方案，使课堂教学常教常新。

目前广大教师已从传统的备课转向科学化的教学设计，科学课堂教学设计已成为广大科学教师的教研活动、教学研究的主要内容之一。但由于正规培训相对不足，教学设计尚缺乏规范性和创造性。同时如何有效、快捷、方便地进行教学设计，都尚待研究。

十八、教师教育

教师教育（Teacher Education）是对教师培养和培训的统称，就是在终身教育思想指导下，按照教师专业发展的不同阶段，对教师实施职前培养、入职培训和在职研修等连续的、可发展的、一体化的教育过程。科学教师的专业化是我国科学教育改革以至基础教育改革的核心环节。科学教师专业化，也成了科学教育研究的重要议题之一。目前，教师教育包括以下三个方面：

（1）国外科学教师专业化内涵的借鉴。

（2）科学教师专业素质构成的主要部分。

（3）科学教师专业化提升的途径和方法。

在借鉴国外科学教师专业化内涵的基础上，关于科学教师专业素质构成的主要部分，提出主要有以下几方面构成：专业知识、专业技能和专业情意。其中专业知识包括整合的学科专业知识、基本的教育理论和广博的普通文化知识。专业技能包括学科技能、教学设计与实施能力、科学教育研究能力。专业情意则主要指专业理想、专业情操、专业性向和专业自我。但在目前对科学教师专业化中如何根据教师的学科教学知识 (Pedagogical Content Knowledge, PCK) 建构专业化科学教师的知识体系，如何进行职前培养和职后培训而形成高素质的科学教师队伍等方面的具体做法尚缺少研究。

以上 18 个方面是我国在科学教育研究方面所涉及的主要领域，研究成果较为较丰富，研究队伍也颇为庞大。不容否认，除了以上几个方面之外，目前我国关于科学教育研究的其他一些领域，涉足颇浅，例如，科学教育的社会性科学议题教学 (Socio Scien-tific Issues，SSI)、科学推理 (Scientific Reasoning) 教育的研究、科学教师的学科教学知识以及在科学教师专业成长中的作用、科学阅读和科学写作等。这些方面在我国的研究成果相对缺少，研究的学者屈指可数，是我国科学教育研究中亟待重视的领域。而对于科学学习心理学、性别差异对于科学学习的影响、多元文化与科学教学、科学元勘或科学知识社会学 (SSK) 与科学教学及科学教育观之间关系的研究，科学教育发展史等，其研究成果更是寥寥无几，尚未引起关注。

第五节　教育研究的基本过程

任何研究都是一个过程，教育研究过程一般由六个基本阶段组成，即选题并提出假说；设计课题研究方案；实施方案；收集资料；整理、分析资料；解释结果、判断假说。也有学者把研究过程设定为这样的环节：确定课题—查阅文献—提出假设—进行研究设计—制订研究工作计划—搜集、整理资料—分析研究（形成理论）—撰写报告—总结评定。

选定课题。包括提出问题和确定课题。所提问题的质量，是对研究者学术素养和研究能力的综合性评价，并非提出的问题都值得研究，这就需要进一步确定课题。一般来说，选择问题的途径：从有关理论中演绎要研究的问题；从现时社会潮流中发现问题；从过去研究中发现问题；从与研究人员接触中发现问题；从日常工作遇到的实际问题中提炼出课题；从教学改革实践中发现问题；从成功经验中发现需要深入研究的课题；从对国内外教育信息的分析中提出问题等。选题要注意的问题是：选题的范围大小要适度；研究的问题难易要适度；课题的主攻目标要明确。课题选择的原则要考虑的主要问题是课题的价值和课题的可行性。课题的价值主要考虑学术和实践价值；课题的可行性主要考虑完成课题所具备的客观条件，即人力、物力、财力及有关方面的条件。

文献检索。查阅文献的过程也是权衡选题价值的过程，查阅文献很可能导致重新选题，该课题的研究思路也很可能通过查阅文献而进一步成熟和深化。文献的分布很广：有书籍、报刊、教育档案、网络站点、专家咨询、文字资料等。查阅文献的方法有很多，此外利用国内外的文献数据库，如国内主要资源有超星数字图书馆、中国学术期刊数据库等。

形成假说。所谓假说就是陈述若干个变量之间关系的命题；建构假说的过程可以是逻辑过程，也可以是直觉过程。假说具有两个比较重要的特点：首先，它具有推测性；其次，必须以事实材料和科学知识为根据。对一种现象往往存在多种假说。好的假设的标志：研究假设应该是可以验证的；应该叙述变量之间的关系；应该与大多数的已知事实符合；应尽量简洁，所设假设可以直接解释某一问题或现象，而不必附加其他假设；研究假设的叙述应限定范围；研究假设应有一定的广度，以便导出很多推论；假设应以叙述的方式加以说明；是在研究过程中逐步完善的。

制定研究方案。研究方案的内容：课题名称，概念术语的界定；研究意义：课题研究针对的主要问题是什么，本课题具有哪些学术价值或应用价值，是否具有研究的紧迫性；研究目标：说明本研究工作达到的目标；文献综述：说明国内外相关课题的研究情况，曾做过哪些与本课题相关的工作，有哪些主要研究成果，存在的主要问题，本研究的创新所在，研究的内容；研究方法：说明所用的研究方法及各种方法所具有的特定要求；研究基础：课题小组成员的现有相关研究成果和研究能力等；资料与设备：说明需要的资料和设备及其来源或解决方法；时间与阶段：说明所需要的时间及开始与结束时间，并说明阶段划分情况；成果及形式：说明预期的成果是什么，阶段性成果是什么，成果形式是什么（论文、专著、产品等）；鉴定方法：说明是否需要组织鉴定及鉴定的时间和方法；经费预算：说明经费项目、总预算和经费来源。

实际运作。通过观察、测量、分析来检验假说。这需要根据具体的研究课题而定，具体情况具体分析，此处不多做介绍。

提交报告。将研究结果如实呈现。[1]

第六节　科学教育研究的不足

目前，科学教育研究还存在一定程度上的不足，主要表现在以下三个方面：

科学教育研究一定程度上缺乏系统性。科学教育研究虽然在主要领域方面研究成果较多，论文数量庞大，但研究质量有待提高。很多研究还只是停留在对其概念的解读，内涵的理解和作用意义等方面的简单论述，这些研究缺乏系统性，深度不够。我国科学教育研究目前还主要停留在对国外科学教育研究的学习和借鉴层面，结合中国国情的科学教育研究不够，缺乏创新。一些研究只是在短时期

[1] 《教研的学问》周小山，严先元。四川大学出版社，2010。

内对某一议题的关注，缺乏长期持续的研究与实践的成果。这就导致许多科学教育研究者的研究还比较粗浅。

科学教育研究团队较少。对于科学教育的研究，目前还主要集中在个人范畴，缺少关于某一问题研究的专门团队或群体，也缺少有影响的科学教育领域杰出人才和战略科学家。科学教育问题的复杂性、跨学科性和综合性特点，需要有专门的研究团队合作开展研究。采用多学科、多梯度的合作方式，从多角度、多方面进行科学教育研究成为了国际科学教育研究的重要趋向之一。

与国外科学教育研究领域的合作与交流不多。缺乏与国外科学教育领域的合作与交流，科学教育研究国际化水平不足，与国际的沟通融合不够，总体水平不高，有建树和深度的高水平研究成果不多，没有能在国际上产生应有的影响，更缺乏引领国际科学教育研究方向和开辟新的研究领域的学术带头人，具有特色的中国学派也还未形成。

针对以上问题，在今后的科学教育研究中需要从以下几方面进行改善。一是不断加强教师队伍自身建设，提高教师队伍整体素质。培养高水平专业化教师是更好开展科学教育研究的重要基础，不断要重视教师的职前教育，更要充分做好教师的职后培训，使教师学习成为终身行为。二是积极开展科研院所与一线学校合作交流，重视团队建设。开展科学教育研究要鼓励科研院所专家学者与一线学校科学教师间的合作，使理论与实践紧密结合，更好地推动科学教育研究。三是加强与国际社会科学教育研究领域密切联系。目前，我国科学教育研究的发展，是在不断借鉴国外科学教育研究的基础上发展而来的，国外的很多科学教育研究理念值得我们学习，因此，要不断加强国际交流，学习借鉴国外先进研究方法，提高我国科学教育研究国际化水平，并根据我国实际进行不断完善和创新，开创自己的研究领域，形成自身的特色，不断提升科学教育研究水平。

第四篇 为人师表

云山苍苍，江水泱泱，先生之风，山高水长。先生，不仅是一个称谓，一种修为，更是一部文明纪录片，一牍文化思想史。先生们为国传承担当，以弱身御强世，以正身传薪火。悉观华夏传统，尤以师道弥久。自东周孔夫子首树万世师表典范，魏晋以降师道大兴，待中唐后退之先生更以“师说”、“原道”再举师儒新气象。时至民国，群贤毕集，大师迭出，且生于乱世，不求苟全性命，不求闻达诸候，对学生教之导之帮之扶之惜之爱之，对学术恭之敬之精之勤之望之新之兴之。先生们，或为小学教员，或为大学教授，或为学术大儒，或为无名英雄，或许小节有亏，或已湮没时代，但国民意志尚留薪火、图存意志不竭不息，权有赖于此。民国的先生们，沿传中国道统正宗，循“立道以育人，立德以树人，立美以宜人”之骥，虽望之俨然，但即之亦温，无愧为中国精神的执牛耳者。关照当下，世风渐嚣之际，那些走在基层与山间泽润桃李的平民教员们，行在坚守与热血间泽被一方的一线教师们，他们以身作则，规避世俗旁骛，以鲜活的生命为先生再度正名，以无言的大爱生发新儒风貌。

二十四节气中，大雪时令，陶冶师德，德若冰心，欲白碧莹莹，非唯在修炼，更在顿悟；立春时分，铸造师魂，魂若新绿，欲生机勃勃，非仅在外显，更在内蕴；芒种时节，勖勉师能，能若禾田，欲硕果累累，非唯在才赋，更在耕耘；逮秋分之处，为人师表，欲静水潺潺，非在诸上时令迁移蓄备，唯在正本清源、行胜于言；允公允能，知行同一。若时下师者多能若此，则先生之道不远，国之教育复兴可待矣。

第一章 修己立人，陶铸师表

第一节 温良恭俭，正身敬人

一、思和，人格导范

（一）敢为人师，冷暖自知

教师的人格魅力来源于渊博的学识和教书育人的能力，具备这样条件的老师不但在教育教学上游刃有余，而且善于处理、协调跟学生以及同事之间的关系，创造融洽和谐的工作氛围，以利于获得事业的成功。马克思说：“性格是环境的产物。”从这样的老师身上，学生性格能受到各方面的良好影响，受益终身。

教师的人格魅力来源于善良和慈爱。学生的学习能力千差万别，教师抱着不抛弃不放弃的理念，悉心教导每个学习吃力的学生，带领他们跨过学习的障碍。在他们心里，教好每一个学生是老师的天职。他们胸怀博大，容得下性格脾气各不相同，兴趣爱好互有差异的学生。他们不仅是学生的良师，也是慈爱的长者，更是学生的知心朋友；他们不仅关注学生的学业成绩，也关心学生的思想品德与行为习惯，更把学生的喜怒哀乐、寒暑冷暖放在心头。

教师的人格魅力来源于对学生的引领和宽容，在课堂上他们不是一味灌输，包办代替，而是把学习的主动权交给学生，让学生在探索之中享受成功。他们是指导者和引路人，从不把学生看做知识的容器和考试的机器，他们相信学生的能力并想方设法锻炼和提高学生的能力。他们很少对学生说你必须这么做，他们更喜欢对学生说：想一想，你应该怎么做。在人品上他们更是给学生以充分的信任，哪怕是在学生有过失的时候，同样相信学生具有改正过失重新开始的能力。他们不光看到学生的现在，更关注学生的将来，从而利用现在为学生将来的发展打基础。他们既是学生现在的引路人，也是学生未来发展的规划师。

教师的人格魅力来源于对事业的忠诚，他们不是仅仅把教书看成谋生的手段，而是毫无私心杂念地投身其中，以教书育人为崇高的职责，并能从中享受到人生的乐趣。他们以自己的真诚去换取学生的真诚，以自己的正直去构筑学生的正直，以自己的纯洁去塑造学生的纯洁，以自己人性的美好去描绘学生人性的美好，以自己高尚的品德去培养学生高尚的品德。他们是最能以身作则的人。教师的人格魅力来源于从不满足的执着精神，他们始终用胜不骄败不馁的形象去感召学生追求卓越。在挫折和困难面前，他们是当之无愧的强者。他们不会陶醉于成功之中而不思进取，更不会沉溺于暂时失败的痛苦中不能自拔。他们会反思，并从反思中获得宝贵的经验教训，确立新的奋斗方向和目标，用勤奋和智慧浇灌出更丰硕的成果。实践告诉我们，要想做一名成功的教师，必须首先做一个充满美好的人格魅力的人。

（二）甘为人梯，悉心哺育

春蚕到死丝方尽，蜡炬成灰泪始干。儿时，教师代表一种威严，是学生们行为的标杆，为他们树立准则；少年，教师代表着一种包容，将学生的叛逆轻轻拾起、拂去，然后珍藏；青年，教师代表一种理解，年少的轻狂不羁被渐渐打磨成学生们独特的个性与气质。刻在木板上的名字未必永存，刻在石头上的名字也未必流芳百世，但教师用毕生的年华将自己的气质赋予了悉心哺育的学子们纯真的心灵，这才是真正的不朽。

韩愈说，师道之不传也久矣，欲人之无惑也难矣。对于教师，授之书而习其句读者，并不是真正意义的传其道解其惑，惑之不解而耻于问师才是要解决的问题。葆有一颗赤诚的教子之心，或主动约学生谈心，或事必躬亲了解每一位学生的心态，或在平日举办各种游戏活动拉近师生关系，比起终日在三尺讲台传经解惑，小学而大遗，足以见其明。木直中绳，輮以为轮，每个学生都是一张白纸，白纸是幻化成缤纷的彩带，还是褶皱的纸屑，教师之所为是主导。春夏秋冬，白驹过隙，一批批学生奔向各自的未来，弄潮着时代的浪花，在他们背后，是教师看到硕果天下的欣慰和更大动力的诲人不倦。

人生易老天难老，教师燃其一生俯首甘为孺子牛，将不毛的沙漠孕育出广袤的绿洲。有人说，师恩如山，因为高山巍巍，使人崇敬。有人说，师恩似海，因为大海浩瀚，无法估量。待到山花烂漫时，她在丛中笑，或是师恩最好的写照。

为人师，是爱的智慧，是心灵的呼唤。只有关爱学生，才能走近学生；只有灵活巧妙的运用心理知识，才能赢得学生的心。我愿把有限的时光投入到无限的为学生服务中去，用无悔的人生铸就教育的辉煌。

二、思真，师格垂范

（一）尊重学生，师格之基

最柔和的慈爱，最无畏的坚毅，最温厚的情感，对德性的最崇高的热爱，所有这一切都成功地使一个人震颤的心房充满生气和力量。这就是教师的人格魅力，涵有着凝重感，甚或是磅礴感，而且携挟着激荡力和感召力。教师的一个赞许，一个关切的眼神，一个信任的点头都是这种魅力的体现。师者，所以传道、授业、解惑也。教师的职责即为传授为人之道，传授知识，这就决定了教师的劳动必然带有强烈的示范性。师者，人之楷模，教师劳动与其他劳动的最大不同，就在于教师要用自己的思想、常识和言行，用示范的方式去直接影响劳动对象，故教师的自身修养是极为重要的，其人格魅力对学生的影响和教育效果也是巨大而持久的。

人格魅力的另一个重要特征是知性魅力，即魅力形象具有学识、智慧和才华。才华、学识，是一种知性魅力，是一个人博学多知、善于思考、观念新颖、思路清晰、见解独特、风趣幽默等综合素质的体现。它主要得自于后天的求索，即使是天才也莫过于此。富有学识的人，从来就很受人们的赞赏和倾慕，并能使他们获得一定的声誉。歌德说过，最伟大的天才，最著名的大师，他对自己总是提出无尽的要求，为培养自己付出不可名状的辛劳。

个人品质的吸引力，根本在于一种使人喜爱，仰慕并渴望接近的性格品质，这种反映一个人的精神和品德的内在属性，能磁铁般地使众人聚集在他的周围。尽管东方和西方在文化背景上存在差异，但在最高层次上的观念是相通的，人格魅力的最高标准或最完美的标准就是真，善，美。而教师常常就是人们心中真，善，美的化身。前苏联教育家马卡连柯说过，爱是教育的基础，没有爱就没有教育。乌申斯基指出：教师个人对学生心灵的影响所产生的教育，无论什么样的教科书，无论什么样的思潮，无论什么样的奖惩制度都是代替不了的。作为教师，只有热爱学生，特别是尊重、爱护、信任学生，使学生真正感受到来自教师的温暖和呵护，教育才富有实效。爱学生，是师德的重要组成部分，是师德区别于其他行业道德的主要特点。师爱的最高境界就是把自己的心与学生的心融为一体，此即大真，大善，大美。

我们常说，没有爱就没有教育，这是不错的，但要知道，爱是有前提的，这就是“平等地尊重所有的人”。没有平等的尊重，那就根本谈不上爱。为什么？尊重与爱是有区别的。尊重是一种义务，是一种强制性要求，受尊重是人的基本权利，它是法定的，所以是平等的。比如我们不能说对某人要尊重，而对某人可以不尊重。包括罪犯，你可以不爱，但不能不尊重。爱是一种情感，最多是一种伦理性要求，不是一种强制性要求，它不是法定的（尽管我们提倡爱每一个学生）。缺少尊重的“爱”只会变成怜悯和施舍，所以对于现在非常时髦的“感恩教育”要多加小心，让孩子在学会知恩、感恩的同时，给予他人以尊重。师爱的基础是对学生人格的尊重。尊重学生人格是施爱的基本要求，也是获得学生的爱的基本途径。要尊重学生的兴趣与爱好，尊重学生的情绪与情感，尊重学生的选择与判断。尊重意味着确认每个学生都拥有平等的地位和权利。康德说过，在道德理想王国里，每个人都是目的。民主最终肯定的是：人是目的。这种意义上的民主对于个体和人类来说均是绝对价值，是终极性的善的理念。教师应当用人本思想为自己的职业奠基，用民主精神为自己的职业导航。尊重不能成为一句口头禅，必须融入自己的思想观念，体现在平时所有的生活细节中，成为教师的一种习惯和素养。反之，如果忽略了对学生的尊重，就会诱发学生的叛逆心理，逆反情绪滋生，这样就破坏了师生之间的和谐氛围，各项工作就很难得到学生的配合，最终难以实现教学的目标，无法完成教育的使命。

（二）成就学生，师格之体

教师从知识形态去悉心关爱学生是必要的，但更要从生命状态去全身心地成就学生。一个人从小便有了教师这个梦想，于是努力学习终于考上了师范大学，在学成归乡后在县中学教书，一直有一个特级教师梦，在如愿入选省优秀教师评选后校长拒绝其参加，说道：我们不需要这样的人才，而为了特级教师梦只能远走“东南枝”。在这过程中我们是成就了学生还是成就了自己呢？扪心自问，我们现在许多教师都在满腔热情地参加所谓教改实验，热衷于观摩评比、论文竞赛等，我们可都是为了成就学生？又有多少教师为了成就学生而去努力丰富学生的思想生活，在众多的评比竞赛中我们始终不要忘记“成就学生才是教师的价值之本”。

《陈寅恪最后的二十年》中提到1967年的陈寅恪已经双目失明，但在那个疯狂的年代仍然在劫难逃，要被抬出去批斗，他的学生，当时已经66岁的中山大学历史系主任刘节自愿站出来，代他的老师去挨批斗。要知道在那样的年代，这样做随时都可以丢掉性命。可是，当那些红卫兵在轮番辱骂、殴打刘节后问他有何感想，他抬起头答道：“我能代表老师挨批斗，感到很光荣！”

是怎样的师恩，才能换来这样以生命为代价的回报？是人格的伟岸，才能焕发如此强大的感召力，根深蒂固，经久不息。

作为“教授中的教授”，陈寅恪的一生就是一座用人格雕铸而成的丰碑。双目失明之后，清华的校长梅贻琦劝他先休养一段时间，可是陈寅恪却笑着说：“我是教书匠，不教书怎么能叫教书匠呢？我每个月薪水不少，怎么能光拿钱不干活呢？”他依然坚持由助教搀扶着去上课。还有一次，陈寅恪在他的住宅为他的助手胡守为一人上课，当胡守为来的时候，先生马上到楼上，下来时已经换了一身装束，长袍袭身，这才正式开始上课，胡守为在事后多年回忆这一幕，仍然感慨道：“这件事对我的教育很深，这就是为人师表啊！”

陈寅恪的学生很多，其中很多都成为大师级别的人物，如季羡林、蒋天枢、刘节等人，他们都曾撰笔记述自己当年这位恩师，他们的笔下，陈老更多是以一座人格的丰碑在昭示着他们各自的人生道路。而今，他们自己纷纷继承了先师的衣钵，成为中国人精神的模范。这种师徒在人格精神上的传承，充分证明了“亲其师，信其道”的真理性。其实，老师这一身份，授业解惑之外，从对学生长远的影响上来看，人格的感召更为深刻，也更为持久。丰子恺在谈及自己的老师李叔同时曾说，自己能成为现在的自己，老师李叔同的作用不容忽视。丰子恺的漫画，淡薄的生活方式，他与佛教的深厚渊源，从中都可以找到老师李叔同的影子。

两千年前的孔子没有提出什么系统的关于德育的理论工作，可是旗下的七十二贤士各个都是人格修养方面的真君子。孔子最中意的弟子颜回之所以能够“一箪食，一瓢饮，在陋巷，人不堪其忧，回也不改其乐。”是因为他的老师孔子在这方面做出了表率，拥有三千弟子，名声大过当时王侯将相的孔子一直坚持“饭疏食，饮水，曲肱而枕之，乐亦在其中矣。不义而富且贵，于我如浮云。”德育建设的旨要在于传输正确的价值观和人生观，有的时候难免宽泛和抽象，难以深入到学生的内心深处，教师的师德作为德育教育的一种具象呈现，能够无时无刻，犹如涓涓细流般地渗入学生的心田。只有学生从心底里相信某种信仰、某种道德、某种价值和人生模式，他才能在自己的身上真正去践行一种行为模式和道德修养。可见，用自己的文化知识来启迪学生，用自身的道德修养来感染学生，成就学生的梦想，助力学生的未来才是师格之体，教育之魂。

第二节　宽信敏惠，修己爱人

一、思信，术业宜人

（一）终身研习，不可以已

荀子在《劝学》中写道：“学不可以已。”近代著名教育家陶行知倡导“活到老，干到老，学到老，用到老”。教师应该成为终身学习的楷模。教师强则学生强，教师强则教育强，教师强则民族强。

马卡连柯说过：“教育者的技巧，并不是一门需要什么天才的艺术，但它是一门需要学习才能掌握的专业”。学习是发展之本、提高之策、进步之源、成事之基。在学习化社会中每一个人都将是终身学习者，教师作为学生学习、发展的指导者，促进者，应当学会学习，正如古人所云“问渠那得清如许，为有源头活水来”，一桶水是远远不够的，必须具有“活水源”，这个“活水源”就来源于不断的学习。

陶行知先生曾经尖锐的指出：“有些人一做了教师，便专门教人而忘记自己也是一个永久不会毕业的学生。因此很容易停止长进，甚而至于未老先衰。只有好学，才是终身进步之保险，也就是常青不老之保证。”陶行知先生说：“有些人做了几年教师便有倦意，原因固然很多，但主要的还是因为不好学，天天开留声机，唱旧片子，所以难免觉得疲倦起来。”他还说：“要想做教师的人把岗位站得太久，必须使他们有机会，一面教，一面学，教到老，学到老。当然，一位进步的教师，一定是越教越要学，越学越快乐。”

教书者必先强己，育人者必先律己，教师良好的素质并不是表现在一纸文凭上，教师的学历不等于能力，只有持久的学习力，才能使教师的能力不断增长，素质不断提高。只有教师学会读书，才能教会学生学会读书；只有教师的知识不断更新，才能使学生的知识不断更新；只有教师学会终身学习，才能教会学生学会终身学习。马卡连柯说：学生可以原谅教师的严厉、刻板、甚至吹毛求疵，但不原谅他的不学无术。总之，教师要胜任教书育人和为人类社会造福这一神圣的使命，必须建立起动态的知识库和科学的知识结构，随时补充、更新、调整自己头脑中的知识体系，使自己的思想、观念和知识跟上科学发展的需要。要做到这一点，教师一方面要向书本学习，另一方面又要博览群书，上知天文，下知地理，中知人事。

教师作为专门从事人才培养的职业，从业者不仅要有高尚的道德情操，而且应该具有广博的专业知识，精湛的教学艺术，才能担负起为祖国培养建设者和接班人的重任。信息时代，科技飞速发展，社会日新月异，教育者必须日新其德、日勤其业，才能学为人师，身为世范。过去，教师常常认为知识是确定的，教科书是固化的知识体系，教育的过程就是把这些确定化的知识传授给学生。现在，随着科学技术的飞速发展，知识的更新也日渐加快，知识不再仅仅是一个定型物，一个客观化了的、明晰化了的、真理化了的标准，而越来越多的内蕴着和人之间的互动关系，人在知识中的作用越来越强了。就教师而言，能否与时俱进决定了教师能否具有先进性，能否赋予学生适应时代浪潮的能力。

基于知识观的前提，教师的学习并不是只读书、读死书。教师学习的内容非常广泛，包括学习专业知识、学习育人方法、学习教学技能等等。这就意味着，教师的学习途径可以从书本中学、从网络中学、从他人身上学、从教学实践中学，等等。还需要教师学习方式必须发生转变。第一，由被动、机械地学习向主动、探究地学习转变，善于从日常生活中发现自己感兴趣的问题；第二，由依赖教材、教参向关注社会实践、经验和其他信息资源转变；第三，由盲从权威、迷信书本向发展创新精神和创新能力转变；第四，由过分关注单一应试知识向注重认知、兴趣、意志、毅力、信仰、科学精神等情感、态度和价值观转变。

那么，教师应当怎么去学习呢？

（二）践履思省，不可已止

首先要勤于读书。“腹有诗书气自华”，读书是人一生当中最应该养成的一种重要习惯。一个致力于教育事业的人有了读书的习惯，树立了终身学习的意识，才会不断充实自我、完善自我，才能走得更远！

只有通过多读书、读好书，才能不断丰富自己的大脑，提高自己的文化底蕴，才能使自己的知识不断更新，在教学上才会有创新，才会有灵感，才能做一个受学生喜欢的老师。吴非教授说，教师读书是关系到教育成败的大事。教师不读书，就没有教育思想，就没有教育信念，就没有教育思考，就没有教育智慧，就没有教育活力，就没有教育创新，一句话，就没有教育生命。教师是天生的职业学习者，是天生的职业读书人。教师只有活到老、学到老，才能一辈子“站直了”教书。

其次要乐于反思。真正的学习并不是一个人关起门来苦读，或如古人那样需要悬梁刺股读死书和死读书。真正的学习应该学会借助于有效的表达和倾听，他能很好地表达自己的想法，并以开放的心态容纳别人的想法。他经常会自问和反思“为什么”，理性地分析并得出结论，然后他会和别人充分地交流，并对于不同于自己的观点抱宽容和尊重的态度。

做有思想的教师，要求教师经常反省自己。美国心理学家波斯纳曾提出教师的成长公式是“经验 + 反思 = 成长”；我国著名心理学家林崇德也提出“优秀教师 = 教学过程 + 反思”的成长公式。

什么是反思？李镇西老师诠释得非常好：“同样两个大学毕业生分到学校工作，同样兢兢业业地上班；三年后，其中一个无甚进步，最多就是所教学生考上了高一级学校，而另一位教师却硕果累累，什么原因呢？原因就在于，前者每一天的兢兢业业都是盲目而麻木地工作，他表面上工作了三年，其实只工作了一天，因为他每天都在重复昨天的故事，而后者则的的确确工作了三年，他每一天都带着一颗思考的大脑在工作。这就是我说的反思型教师。所谓反思，在我这里的语境里，不仅仅是‘想’，而是一种教育的状态，就是不断调整、改进、提升自己教育品质的行为。具体地说，即‘四个不停’：不停地实践，不停地阅读，不停地思考，不停地创新。

最后要笃于实践。随着科学技术的迅猛发展，知识经济出现，人们对知识的认识发生根本性的变化，传统的知识概念和知识观已不能适应知识经济发展的需要。当今时代知识概念的内涵与外延大大的丰富和拓展了，传统的满足于事实性知识和陈述性知识的学习方法，满足于课堂和课本的学习方式，已经远远不能适应时代的要求，新的知识结构的构建需要更为广阔的空间和多样的途径，而实践能为教师学习知识提供背景和条件。

教师在教育教学实践中可以培养具有敏锐感受、准确判断生成和变动过程中可能出现的新问题的能力；具有把握教育时机、转化教育矛盾和冲突的能力；具有根据对象实际和面临的情境及时作出决策和选择、调节教育行为的能力。每位教师都必须具备自我发展、自我完善的能力，不断提高自我素质，不断接受新知识和新技术，不断更新自己的教育观念、专业知识和能力结构，以使自己的教育观念、知识体系和教学方法等跟上时代的发展步伐，提高自己对教育和学科最新发展的了解。教师自己也需要端正态度，树立终身教育理念，更新知识体系，培养综合能力。

教师在开始进行教学时就要具备为教育事业无私奉献的执著之心,要站得高，看得远，立志高远。要甘于寂寞吃苦，不怕任何艰难险阻，准备牺牲自己的一切，无悔无怨，踏踏实实地努力实践，一步一个脚印地前进。最后才能通过自己不懈的努力，通过大量的自主学习，不断积累、碰撞、总结、反思，最终踏上成为一名优秀教师的成长发展之道路，并成为教育领域的行家里手。

二、思美，风貌怡人

（一）教风练达，立美怡人

汉代的杨雄说过，师者，人之模范也。对“模范”二字，古人如此注解：“学高曰师，身正曰范。”学高者，教风练达，立美怡人；身正者，气质涵咏，以美育人。高尚的师德，会对学生产生最生动，最具体，最深远的影响。在中外教育史上，没有一个不重视师德修养的教育家；在社会现实中，也没有一个缺少师德而能树育良人的教师。

“业精于勤荒于嬉，行成于思毁于随。”教师作为一种职业，每个人即使做不到学富五车，才高八斗，但至少也要精通自己的专业。学而不厌，诲人不倦是为人师者应当具备的基本素质。教育家陶行知先生说：“要想学生学好，必须学生好学。唯有学而不厌的先生，才能教出学而不厌的学生。”被群众誉为“大众学者”“平民教授”的方永刚，携笔从戎 22 年来，把三尺讲台当作实现人生价值的舞台，到底有多少人听过方永刚的课？没人说得清。从校内到校外，从军队到地方，从漠河边陲到南疆哨所，方永刚走到哪就讲到哪，一条擦汗的毛巾，一壶润嗓的白开水，见证了方永刚诲人不倦的敬业精神。动人以言者，其感不深；动人以行者，其应必速。方永刚用他勤劳奔走的身影，为教风刻画了熠熠之美。

知识是一片无边的海洋，任何人都不可能游到彼岸。无论是在教学活动中，还是在日常生活里，老师都要让学生在自己身上看到严谨治学的态度和尊重科学的勇气。唯有求真理心切，才能成为大仁大勇，肯为真理而牺牲身家性命。凡是有真知灼见的人，无论社会如何腐化，政治如何不良，他必独行其是。这两句铮铮话语出自我国卓越的科学家教育家竺可桢教授。1938年11月，他正式将“求是”定为浙江大学校训，始终以身作则，激励着代代浙大乃至全天下学子严谨治学。不问是非，不计利害，或是科学精神最好的注脚。我们熟知的布鲁诺和伽利略，因倡议日心说一个被烧死于十字架，一个在将近古稀之年下狱，被迫改正学说，教会淫威虽能生杀予夺，却不能减损先知先觉的求是之心。开普勒，牛顿等人先后研究证明，凭自己之良心，甘冒不韪，真理卒以大明。

学然后知不足，教然后知困。知不足，然后能自反也；知困，然后能自强也。故曰：教学相长也。教育的每一天都是新的，每一天的内涵与主题都不同。接受新思想，更新观念，才能与时俱进，紧跟时代的步伐。锐意进取也是为人师者应当具备的基本素质。教师必须不断进取，不断充实，不断创新，在实践中学习，在学习中实践，才能满足学生强烈的求知欲。现任中国科学院系统科学研究所名誉所长的吴文俊院士,在花甲之年利用电算成功攻克了一个难题——“机器证明”，改变了数学家“一支笔，一张纸，一个脑袋”的劳动方式。一位老人，用一辈子锐意的钻研探索，推动一个时代地创新前进。

博学而笃志，切问而近思。在教育的路上，不断地治学，不断地探索，心思就愈加笃实，愈加坚定，对真知就愈加渴望。现在，由于市场经济的负面影响和社会评价的反面导向，有些教师表现出精神迷失，信念淡薄，责任冷漠，不求精进，急功近利，而教师心存一份大美，以练达的大美、宽厚的胸怀、育人的热忱、奉献的无私贴近学生、贴近实际、贴近生活。

（二）气质涵咏，以美育人

“为人师表”的说法最早见《北齐书·王昕书》：“杨愔重其德业，已为人之师表。”师表就是榜样，表率，即在人品学问方面做别人学习的榜样。17世纪捷克教育家夸梅纽斯也说“教师应该是道德卓越的优秀人物”。这说明，做教师工作的，必须修炼自己的道德情操，提升自己的学识水平，规范自己的言行举止，要以自己的“识”、“言”为学生之师，“德”、“行”为学生之范，言传身教，晓之以理，导之以行，“以德立身”，“以身立教”，最终达到为人师表这一崇高目的，做名副其实的人类灵魂工程师，从事太阳底下最光辉的职业。

对教师的要求，古往今来，没有最好，只有更好。教师必须不断注意自我修养，自觉用师德规范自己的言行举止，自觉增强教育的事业心和责任感。“不能正己，焉能正人？”教师应时时刻刻以自己的人格影响人，以自己的品性感化人，以自己的言行引导人，处处是学生的模范，事事是学生的榜样，以情暖人，以美育人。

“祖国再穷我也要为她奋斗。”这样一句铮铮誓言，出自年少成名时候的苏步青。1937年抗日战争爆发，日本东北帝国大学拍特急电报，再次聘请他就任该校数学教授，各种待遇从优；不久又一份特急电报，他的岳父松本先生病危，要苏步青夫妇火速去日本仙台见最后一面。苏步青体谅夫人的心情，对她说，你回去吧，我要留在自己的祖国。祖国再穷，我也要为她奋斗，为她服务。为祖国奋斗，这样的觉悟，这样赤诚的热血，铸成了一代大师的爱国之美，这样的美，在那个时代熠熠生辉，振聋发聩，拨开了笼罩在当时中国天空的乌云。

美籍核物理学家吴健雄在20世纪70年代曾两度回到祖国探访，当时她高兴地穿着她最心爱的衣服——旗袍。这旗袍是20世纪30年代她离开中国时做的，她一直珍藏在箱底，倍加爱护。这旗袍既寄托着她深沉的乡思，同时也记录着她为科学奋斗的一生。

吴健雄教授一生钟爱旗袍这种中国妇女的传统服装，其实也是她身上中华民族妇女传统美德的一种体现。君子固穷，吴健雄教授对旗袍的钟爱对现在教师无疑是一种正能量。近年来越来越多的学术造假，招生造假甚嚣尘上，教师的信任危机日益严重。这样一种坚守本色，不忘初心的从容淡泊，是每个教师都应保有的涵咏气质，如是方能育人。

第三节　仁义理智，立德树人

一、思义，知难而勉

（一）超越自我，惟新授业

有一位教师的朋友，送了我一本他最近的著作《用思想点燃课堂》，洋洋30万字。我花3天时间一口气读完、掩卷，然后就进入一种说不清楚的情绪之中，久久不能自拔。这不算一本了不起的学术巨著，似乎也没有严密的论述逻辑和系统方法，但是整部著作充满了一种激情。作为中学历史教师的作者魏勇先生，在其书中始终有一种类似于迷雾中寻找出路的焦虑，力图在高考压力和应试教育的背景下，建立他所谓的意义世界。在我看来，他更大的追求不是在于真的就能够找到所谓课堂的意义，而是在唤回一个性灵的中国，一个在当今时代渐行渐远的真正良师的背影。此外，他始终在唤起那些孩子的公民意识，早已不将学生看作一个个任我们随意填塞无用知识的被动受体。在他的激情里，我还更多地看到了颠覆的冲动，因为这个冲动，他试着在中学历史课堂上实施祛魅的伟大工程，虽然，对于整个时代的祛魅来说，他所做的是那样微不足道！

尽管这只是一个人的言说，是大时代背景下的匹夫劳作，但这在一个教师的内在修为和外在践行中都体现着难得的超越姿态。超越自我常常被我们挂在嘴边，甚至大有成为一个时髦词汇的嫌疑，但是世间之人有多少能够实现，作为一名教师又有多少人能够从这个职业中悟出超越之艰难与可贵。现代教育设计大约应该从纽曼那里算起，他对教育的设计可以总括为 Liberal education ，也就是我们翻译成的“博雅教育”，但事实上这个 Liberal education 还有另外一层意思，那就是自由教育或者自由人的教育，强调的是对人格中自由精神的塑造，这在根本上是对功利的超越，是对致用教育的一个补充，是哲学性对机械性的调适。面对这样的现代教育观念，实际上我们每个教师都必须在意识里形成这样的内在超越，即在经世致用的中国传统里寻求良知的获得，在世俗意义的职业生涯中保留精神自治的权利， 在应试教育的劳作中实现心智的开启，在有用人才的培养中塑造公民品格。对于处在一个文化传承和精神接力运动中的教师，所谓薪火相传生生不息，不是简单的一个职业操守或者奉献精神，而是用自己独立精神、自由思想的潜质去影响我们的学生，让我们这简单而辛勤的工作具有思想的分量和艺术的优雅，让纯净的常识回到纯净的土地，正像《用思想点燃课堂》中说的：我们在学生心灵中播下的自由种子最终将绽放并成烂漫之势，从而惠及我们的子孙后代…… 如此，继承了我们各自姓氏的子孙后代将生活得阳光、健康、自由。如此，我们在结束自己生命的时候，可以对围在自己床边的子孙们坦然地说“我已做了该做的事”。

对于教师自我超越，可以分为三重境界。教师超越自我，既是一个过程，也是一种境界。从“自在”、“自为”到“自觉”，即从低到高的发展阶段中臻于一种卓越境界。与此相对应，首先，是在“自在”之境中，如何正确认识自我。需要根据新的时代要求，正确审视和认识自我，找准自我定位，明确发展方向，为最终实现超越自我奠定坚实基础。其次，是如何在“自为”之境中不断完善自我。认识自我包括准确认识自己的优势与局限，以及今后的发展潜质与空间，然后不断改变自我、提升自我、完善自我。最后，是在“自觉”之境中如何实现超越自我。套用一句老话，从一个量变过程突然产生质的飞跃，告别今天之我，而将明天之我、可能之我由预想转化为现实，并将教师这个行当永承下去。

推动以上三种境界的依次升华，最为核心的动力就是教育创新。创新既是一个民族的灵魂，也是教育的灵魂，如果教师没有创新，就不可能告别今天之我而走向明天之我，也就不可能最终实现超越自我，并且做到推陈出新，惟新授业。

（二）乐学勤勉，执着守业

因为热爱，所以执着；因为执着，所以勤勉。

作为一名班主任亦或学科教师，作为一名班级干部亦或小组长、科代表，同样的学习、工作时空，不同的人来做会有不同的风格与效果，这就是人思维方式和工作思路的差别和差异。即使你不是很聪明，但如果拥有勤勉、善思的美德，相信你的学业和工作一定会是出类拔萃、与众不同的！对于自己的学习和工作，有天分、自身条件优越固然重要，但勤勉执着，善思善悟更是不可或缺的宝贵品质。不是所有的成功都可以一蹴而就，不是所有的完美都可以一笔写成，更不是每个学习和工作的最高点一朝一夕就可以创造！冰心的诗集《繁星·春水》中有这样一句话“成功的花，人们只惊慕她现实的明艳，然而当初她的芽儿，浸透了奋斗的泪泉，洒遍了牺牲的血雨。”这就是成功背后的勤勉与执着！

执着、进取永远是一个成功者必备的优秀品质。对于教师而言，更需要执着的精神、进取的心态来要求自己、挑战自己。要有进取的心，要不甘落后与平庸。生活要知足，工作要不知足，正是因为不知足，我们才会不断地学习，思考，努力完善自我。在当前教育形势下，面对复杂的学生群体、灵活多变的新教材，做一个享受教育快乐的成功者，任重道远。潜心思考与研究，坚持学习与交流，不断地执着、进取会让我们成为一个有思想的教师，一个有生命力的教师，一个大智大勇的教师。进取的心会让我们永葆教育的热情，执着的心会让我们努力丰富自己的个性素质，体验教育诗意般的快乐。

然而，只有勤勉与执着，只是一味地埋头蛮干，也不一定就会撷取到成功之花，原因何在呢？我想，那大概就是要善于总结和思考吧？面对学习和工作，要有勤勉执着的韧劲儿，肯于付诸坚实的努力；同时，面对实践中遇到的困惑与问题，“善思善悟”，能不断去反思与总结，在反思中优化并改进自己的学习或工作方法，换言之就是，用心去感悟和思考如何变换方法提升自己的学习和工作质量，在同样的时空条件下，不断创新、创造性地去学习和工作，通过策略和思路的改变，提升效率，达到优质，并不断刷新自己的学业或事业业绩的最高点！这就是自我的超越，这就是对生命的丰富与延长，这更是让自己的人生更有意义、更具挑战性和幸福感的最有效的方法！

“衣带渐宽终不悔，为伊消得人憔悴。”作为一位人民教师，应该爱这个职业，爱他们的学生，在自己平凡的岗位上兢兢业业，尽心尽责，以心换心，以爱博爱，倾我所有，去实现明天的桃李芬芳。在人生的奋斗中我们不能忘记我们的教师身份，更不能忘记教师的职责所在，要守住教师这份责任，守住教师这个身份，在大胆创新不断学习的过程中更不能忘记教师的责任心，要真正做到乐学勤勉，执着守业。

二、思礼，守执更勖

（一）规划人生，立足当下

人生下来就面临着各种各样的难题，我们活着不是为了解决问题而活着，而是学会如何与问题相处。不要把生活中各种各样的问题缠绕在一起，试图去为它寻找答案。因为许多问题你穷其一生也未必会得到答案。背负着诸多的问题活着，会让你的眼神麻木而呆滞，或痛苦，或沮丧，或悲伤，忧郁的症结便会在前方等着你。

我们很容易遭遇逆境，也很容易被一次次的失败打垮。但是人生不容许我们停留在失败的瞬间，如果不前进的话，就注定只能被这个世界抛弃。那么，怎样鼓励自己向前追上去呢？

1. 树立远景

迈向自我塑造的第一步，要有一个你每天早晨醒来为之奋斗的目标，它应是你人生的目的地。远景必须即刻着手建立，而不要往后拖。你随时可以按自己的想法做些改变，但不能一刻没有远景。

2. 把握情绪

人开心的时候，体内就会发生奇妙的变化，从而获得阵阵新的动力和力量。但是，不要总想在自身之外寻开心。令你开心的事不在别处，就在你身上。因此，找出自身的情绪高涨期来不断激励自己。

3. 调高目标

许多人惊奇地发现，他们之所以达不到自己孜孜以求的目标，是因为他们的主要目标太小、而且太模糊不清，使自己失去动力。如果你的主要目标不能激发你的想象力，目标的实现就会遥遥无期。因此，真正能激励你奋发向上的是，确立一个既宏伟又具体的远大目标。

4. 紧迫意识

20 世纪作者 Anais Nin(阿耐斯) 曾写道：“沉溺生活的人没有死的恐惧”。自以为长命百岁无益于你享受人生。然而，大多数人对此视而不见，假装自己的生命会绵延无绝。惟有心血来潮的那天，我们才会筹划大事业，将我们的目标和梦想寄托在 Denis Waitley(丹尼斯) 称之为“虚幻岛”的汪洋大海之中。其实，直面死亡未必要等到生命耗尽时的临终一刻。事实上，如果能逼真地想象我们的弥留之际，会物极必反产生一种再生的感觉，这是塑造自我的第一步。

5. 迎接恐惧

世上最秘而不宣的是，战胜恐惧后将会迎来某种安全有益的东西。哪怕克服的是小小的恐惧，也会增强你对创造自己生活能力的信心。如果一味想避开恐惧，它们会像疯狗一样对我们穷追不舍。此时，最可怕的莫过于双眼一闭假装它们不存在。

6. 调整计划

实现目标的道路绝不是坦途。它总是呈现出一条波浪线，有起也有落。但你可以安排自己的休整点。事先看看你的时间表，框出你放松、调整、恢复元气的时间。即使你现在感觉不错，也要做好调整计划，这才是明智之举。在自己的事业波峰时，要给自己安排休整点，安排出一大段时间让自己隐退 下，即使是离开自己挚爱的工作也要如此。只有这样，在你重新投入工作时才能更富激情。

7. 直面困难

每一个解决方案都是针对一个问题的。二者缺一不可。困难对于脑力运动者来说，不过是一场场艰辛的比赛。真正的运动者总是盼望比赛。如果把困难看作对自己的诅咒，就很难在生活中找到动力。如果学会了把握困难带来的机遇，你自然会动力陡生。

8. 立足现在

锻炼自己即刻行动的能力。充分利用对现时的认知力。不要沉浸在过去，也不要耽溺于未来，要着眼于今天。当然要有梦想、筹划和制订创造目标的时间。不过，这一切就绪后，一定要学会脚踏实地、注重眼前的行动。要把整个生命凝聚在此时此刻。

（二）调适性灵，放眼明朝

多数人认为，一旦达到某个目标，人们就会感到身心舒畅。但问题是你可能永远达不到目标。把快乐建立在还不曾拥有的事情上，无异于剥夺自己创造快乐的权力。记住，快乐是天赋权利。首先就要有良好的感觉，让它使自己在塑造自我的整个旅途中充满快乐，而不要在等到成功的最后一刻才去感受属于自己的欢乐。

1. 加强排练

先“排演”一场比你要面对现实还要复杂的战斗。如果手上有棘手之事而自己又犹豫不决，不妨挑件更难的事先做。生活用来挑战你的事情，你定可以用来挑战自己。这样，你就可以为自己开辟一条成功之路。成功的真谛是：对自己越宽容，生活对你越苛刻；对自己越苛刻，生活对你越宽容。

2. 敢于竞争

竞争给了我们宝贵的经验，无论你多么出色，总会人外有人，所以需要学会谦虚。努力追赶别人，能使自己更深地认识自己，但更为重要地，要满怀快乐、真诚之心的参与到正向的社会竞争中，明白最终超越别人远没有超越自己更重要。

3. 撇开“朋友”

对于那些不支持你目标的“朋友”，要敬而远之。你所交往的人会改变你的生活。与愤世嫉俗的人为伍，他们就会拉你沉沦。结交那些希望你快乐和成功的人，你就会在追求快乐和成功的路上迈出最重要的一步。对生活的热情具有感染力。因此同乐观的人为伴能让我们看到更多的人生希望。

4. 不断内省

大多数人通过别人对自己的印象和看法来看自己。获得别人对自己的良好反应，尤其正面反馈。但是，仅凭别人的一面之辞，把自己的个人形象建立在别人眼中，就会面临严重束缚自己的危险。因此，只把这些溢美之词当作自己生活中的点缀。不要从别人身上找寻自己，应该经常自省并塑造自我。

5. 走向危机

危机能激发我们竭尽全力。无视这种现象，我们往往会愚蠢地创造一种追求舒适的生活，努力设计各种越来越轻松的生活方式，使自己生活得风平浪静。当然，我们不必坐等危机或悲剧的到来，从内心挑战自我是我们生命力量的源泉。圣女贞德说过：“所有战斗的胜负首先在自我的心里见分晓。”

6. 精工细笔

创造自我，如绘巨幅画一样，不要怕精工细笔。如果把自己当作一幅正在描绘中的杰作，你就会乐于从细微处做改变。一件小事做得与众不同，也会令你兴奋不已。总之，无论你有多么小的变化，点点都于你很重要。

7. 放眼明朝

作为有远见的教师而言，必须放眼未来，达到了放眼未来的高度，就有了那种极目远眺，无限风光尽收眼底的气魄。学习科学发展观就要认认真真办教育，扎扎实实办教育，安安静静办教育，切忌浮躁、功利，干好今天该干的事，想好明天应该干的事。

人很容易后悔当初。以上方法能使你改变这种思维方式，转而向前看。在我们不断塑造自我的过程中，影响最大的莫过于是选择乐观的态度还是悲观的态度。我们思想上的这种抉择可能给我们带来激励，也有可能阻滞我们前进。

第二章 冰心玉壶，一代师表

第一节 正本活源，勤业精业

一、正本：庠序问责

庠序初指古代的地方学校，后也泛称学校或教育事业：设庠序以化于邑，学子愤慨于庠序，商贾喧噪于廛市。《孟子·滕文公上》：“夏曰校，殷曰序，周曰庠。”《孟子·寡人之于国也》：“谨庠序之教，申之以孝悌之义。”问责，本是一个舶来品，马丁·特罗曾将其阐释为教育组织按照法律和道德的要求有责任向他人汇报、解释、证明和回答教育资源如何使用，效果如何，主要涉及谁负责，负有何种责任，向谁负责，通过何种手段和方法，结果如何。并进一步指出美国高等学校强化问责制是为了证明自身的诚实可靠性以及向公众呈现如何自我改进，同时也是为防止政府和外界对于大学的过度干涉。也有国内学者将其诠释为“说明责任”，特指学院或大学必须对外界负责并向他们述职的组织行为。对于我国高校来说，问责制是认清组织的使命，并就此达成一致意见，通常被看作建立责任制度的基本原则。正本，要求从高等学校开始整顿，即高等学校要自治，学者要享有学术自由，其基本前提是要有明确的权利与责任界限。学校必须严守法律，必须对学生负责，对国家和纳税人提供的资源负责；学者必须对学术工作负责。对于故意或者过失、不履行或者不正确履行法定职责的学校和个人，应当建立追究其责任的制度。庠序问责，离不开社会环境和大学本身。

纵观我国当代文化环境，主要由三种基本因素所构成：中国特色社会主义文化、中国传统文化、个性大众文化。中国特色社会主义文化作为当代中国的主流文化，是同社会主义基本制度、政治制度紧紧联系在一起的，它具有时代性、开放性等特点。中国传统文化是在中国历史演变过程中所形成的一种社会文化体系，由于中国历史的悠久以及文化的源远流长，而具有体系庞大、复杂等特点。个性大众文化则是改革开放、尤其是上个世纪九十年代以来当代中国的一种引人注目的个性文化现象，在我国大中城市、经济发达的地区，个性大众文化在相当程度上已成为人们生活中不可或缺的一部分。这三种文化相互依存，相互促进，形成了当代中国文化环境的主体，满足了人民群众日益增长的精神文化需求。

而就大学来说，她不仅仅是一种客观的物质存在，更是一种文化存在和精神存在。在一定程度上说，大学的文化存在和精神存在具有超越物质存在的历史价值。何为大学精神， 先辈阐述醍醐灌顶，教育界内尽人皆知："大学之道，在明明德，在亲民，在止于至善。"北京大学老校长蔡元培："大学者，研究高深学问者也"，应"学术自由、兼容并包。"清华大学老校长梅贻琦："大学者，非有大楼之谓，有大师之谓也。"何谓大师？清华大学90周年校庆，提出"五个第一流"："第一流人格，第一流学术，第一流思维，第一流胆识，第一流文采。"

当代一些大学校长也提出了一些精辟的见解，武汉大学前校长刘道玉："西方大学的精髓就是十个字：独立、民主、自由、质疑、批判。这是大学精神之美，是导致发明创造所必不可少的。"复旦大学前校长杨福家："一流大学应该特色鲜明、大师云集、科研领先、以人为本，有大爱情怀。"中国科技大学前校长朱清时："大学应有崇尚学术卓越的精神。"复旦大学校长杨玉良："大学应该在精神层面上回归大学本身的高尚"，"当前来讲，回归和坚守，比改革更重要"，"大学精神不能虚脱"，"当社会出现失范时，应该发出警世之言"，"中国不出大师是因为缺少为学术而学术的人"。

纵观国外著名大学校长对大学精神的总结，其中最能直指本心的有，哥伦比亚大学校长伯林格教授：大学面临全球化挑战。牛津大学副校长威廉姆·D.麦克米伦：制定大学发展战略需要历史的眼光。德国柏林工业大学校长库特·赖纳·库茨勒：大学是促进科技成果转化的重要力量。斯坦福大学教育经济学家马丁·卡诺依：大学要应对教育不平衡现象带来的挑战。早稻田大学校长白井克彦：大学新的核心使命是创造性解决多元化社会的问题。巴黎第十一大学原校长格扎维埃·夏皮萨：真正的现代化大学应很好地适应社会需求。

总体而言，大学精神，即是大学区别于其他社会机构所特有的相对稳定和健康的群体心理定势和精神状态，是大学在长期发展中积淀的最富大学特质和时代特色的精神特征，是大学群体的面貌、水平、特色及凝聚力、感召力和生命力的体现，是大学优良文化传统的结晶，是大学历久常新的动力和源泉。

何为大学文化，首先说文化，文化是一个内涵非常丰富、外延十分广阔的概念。从广义的角度进行定义，文化应当是人类在社会实践过程中形成的知识体系、价值观念和生存方式的总和，它涵盖了人类在认识和改造自然、认识和改造社会的过程中形成的一切文明成果。从狭义的角度定义，文化则主要是指与经济、政治相区别的观念形态，它涵盖的是人类的精神生产活动及其成果。而大学文化是由一个特殊的社会群体“大学人”在对知识进行传承、整理、交流和创新的过程中，形成的一种与大众文化或其他社会文化既相联系、又相区别的文化系统。与大众文化或其他文化相比较，大学文化具有自己鲜明的特征：

（1）大学文化是一种追求真理的文化。

（2）大学文化是一种追求理想和人生抱负的文化。

（3）大学文化是一种崇尚学术的文化。

（4）大学文化是一种严谨求是的文化。

（5）大学文化是一种具有强烈批判精神的文化。

尽管大学文化具有多方面的特质，但其核心和灵魂只有一个，即大学精神。如果说上述五个方面的品质主要表达的是大学文化的共性的话，那么，大学精神这个概念更多的则是在诠释一所大学的个性。坦率地说，并不是每所大学都具有自己独立的大学精神，只有那些在长期的办学历史中，通过对本校办学理念的倡导、践行、提炼和升华，并在这个过程中形成了独特的价值判断和理性诉求的大学，才名副其实地具有自己的大学精神。大学精神一旦形成，就将为学校抗打击、求发展注入坚强的生命底蕴，并发挥出强有力的价值导向、群体凝聚和社会辐射等一系列功能。

从哲学，历史与文化这三个视角，深入地审视大学精神，便能充分展现其广泛内涵。从哲学视角下理解，大学精神实际上反映了一所学校所特有的哲学思想，它本质上是学校的办学理念、育人方针、学术追求、管理模式的哲学抽象，是对学校“文化体”和“文化群”的整合、凝炼和升华。作为哲学层面的大学精神，一定具有世界观和方法论相统一的理论品质。我们应当能够从一所大学的精神中，清晰地看到这所大学的理想目标、精神信念、价值取向以及认知世界的态度和方法，感受到它的理性光芒。再以历史视角剖析，大学精神不是一朝一夕铸就的，它是通过长期的历史沉淀、凝聚、发展而形成的，是特定范围的“文化体”和“文化群”共同的价值判断、价值选择和价值认同的自然结果。作为历史层面的大学精神，一定具有继承和创新相统一的理论品质。大学精神中，应该让人们既能够看到学校的历史足迹，又能够看到它的现实追求，既能够看到它优良的传统，又能够看到它创新的硕果，感受到它与时俱进的精神脉搏。最后从文化视角下观察，高等学校是以传承、整理和发展科学文化作为自己的存在方式的，大学精神正是“大学人”进行这种传承、整理和发展文化活动所产生的、关于自身的价值追求和行为方式、行为准则的文化成果。作为文化层面的大学精神，一定具有伦理、科学与民主、开放相统一的品质。在大学精神中，我们应当既能切实地感受到对知识的渴求、真理的探索和对科学的崇尚，又能深刻地领略到对合理公正的社会理想的不懈追求，以及由它透射出的报效祖国、造福人类和改造社会的崇高使命感与责任感。

大学的发展是国家与社会进步的源动力之一。哈佛校长佛斯特说过一段话："大学的本质是对过去和未来负有独一无二的责任——而不是完全或哪怕是主要对当下负责。"世界近现代的历史都说明，国家的发展和崛起都和大学有关。德国的大学并非是世界上历史最悠久的，但19世纪时，德国的大学理念在世界上可算是最先进的。柏林洪堡大学当时强调学术自由，强调科学研究与教学结合，引领了当时世界大学教育的风尚，科学技术的中心也由英国转移到德国，可以说，先进的大学教育理念促进甚至引领了德国的崛起。日本明治维新之后，1877年成立了第一所近代大学——东京大学，重视"实学"，这对后来日本工业的发展起了很大作用。这些例子都说明了大学对社会发展的作用。

大学对未来的责任是什么？其实很简单：引领。大学应该服务社会，但不能仅仅成为社会的风向标，而应该成为能够引领社会前进的发动机。大学，尤其是一流大学，应能引领科技发展、社会思想和文化的进步。而大学欲引领社会进步、引领未来，重要的在于能出思想；能出思想的根本又在于独立精神与学术自由。丘成桐先生曾说："大学应该有自己的独立见解，引领社会，而不应该在政府、企业或传媒的驱使下迷失方向。"

引领表现在开放性上，开放主要表现在对不同思潮乃至异质思维的包容。引领也表现在批判性上，社会中先进的思想往往都是在质疑与批判中逐步形成的，以包容的心态接纳各项信息，再以批判的眼光去其糟粕，才能够整合出最先进的，最符合时代特色的，能够引领全社会进步的思想。大学是知识分子最集中的地方，应该是思想最活跃的地方，也是能够体现一个社会先进程度的地方。如果在大学中都不具有开放性和批判性，恐怕就很难体现其先进性，更遑论对社会的引领作用以及对未来的责任了。

大学不仅要给社会提供先进的思想，更重要的是她向学生提供面向未来的思想、知识和意识，使学生养成面向未来的习惯。在思想活跃的大学中，学生耳濡目染，自然养成独立思考和面向未来的习惯，这对于国民素质的普遍提高是有重要意义的，而且也关乎中国崛起以及"中国梦"的实现！

特别值得一提的是，中国社会目前正处于转型的关键时期。处在社会转型期的大学，更需要发挥她对未来社会发展、社会转型的引领作用，这是大学尤其是一流大学义不容辞的责任。

二、活源：师道问归

"师道"一词，出自《汉书·匡衡传》："望之奏衡经学精习，说有师道，可观览。"大意是萧望之给汉宣帝上奏举荐匡衡，称其学说是师承的。尔后，《后汉书·桓荣传》有记载，桓荣认为太子刘庄已经学有所成，就说“臣师道已尽，皆在太子。”而“师道”一词所陈事态早在两汉之前已有。

开儒学之先，立道统之始的“至圣先师”孔子首倡的师道，经由孟子、荀子、董仲舒、韩愈、朱熹、王守仁等人的不断继承和发扬，逐步形成为中华传统。我国古代“师道”是由古代名儒大师们倡导和实践，并为当时广大教师所向往和追求，具有典型意义的为师理想、风范和行为的总括。

《礼记·学记》记载:“建国君民，教学为先”、“化民成俗，其必由学”。“天佑下民，作之君，作之师。”这里把君主和教师并称了，这都充分说明教育对于一个国家的重要性。孔子的一生，大部分从事教育活动。他是我国历史上第一个将毕生精力贡献给教育事业的教育家，而他之所以如此热衷于教育事业，也是基于他认为教师工作与政治家的活动具有同等重要性。荀子说:“天地者，生之本也;先祖者，类之本也;君师者，治之本也。”认为教师的主要职责，是“正礼”，“礼者，之所以正身也，师者，所以正礼也”(《荀子·修身篇》)。古代教育家们从这样的高度来看待教育和教师，树立以天下大任为己任的事业心和诲人不倦的责任感，勉精勉进，立志于教育。《学记》说:“记问之学，不足以为人师”，又说:“君子知至学之难易而知其美恶，然后能博喻，能博喻然后能为师，能为师然后能为长，能为长然后能为君”。指出那种对知识不求甚解，不能融通，而只会死记硬背的人，是没有资格当教师的。其次，要求教师具有浓厚的求知兴趣，勤勉的学习态度，反思的批判精神。孔子认为：教师必须有“学不厌”、“教不倦”的精神，而他自己就是“好古敏以求之”，一生勤奋好学，孜孜不倦。孟子则说：“君子深造之以道，欲其自得之也。自得之，则居之安；居之安，则资之深；资之深，则取之左右逢源，故君子欲其自得之也”(《孟子·离娄下》)。再次，要求教师具有雄厚的教育专业知识。这一点在《学记》中体现得尤为突出，《学记》提出:“既知教之所由兴，又知教之所以废，然后可以为人师也”，认为，一个好的教师在教学中要能知道“四兴”、“六废”、“四失”，才能在教学中做到“导而弗牵，强而弗抑，开而弗达”、“知其心，然后能救其失也”。最后，要求教师具有娴熟的教学能力。良好的知识修养、广博的知识基础以及相应的教育学、心理学知识，只是必要条件，教师还必须得具备娴熟的实际教学能力，这些实际教学能力在孔、孟、荀的论述及《学记》、《师说》中都有至今还值得借鉴的成功经验。朱熹尖锐地批评当时官学中“师生相见，漠然如行路之人”的现象，决心发扬孔子“诲人不倦”的精神，经常“讲论经典，商略古今”至深夜。即使在病重之时，每遇学生来问辩，也马上从病床上爬起来，耐心讲解。弟子们对他莫不尊崇备至，在他去世时，虽然官方严厉监视，不让送葬，但四方弟子前来者仍及千人之多。

荀子则提出：教师除了博学外，还必须具备四方面的基本条件，即尊严庄重，经验丰富而有威信，讲解条理分明而不陵节(等)，精深的知识素养和丰富卓越的教育教学经验、技巧。《中庸》强调教师要“已立立人”、“已达达人”。为此需要“格物致知，正心诚意”。《学记》中说：“记问之学不足以为人师”，而要“善教者使人继其志”。董仲舒关于治国的三大文教政策中重要的一条就是“置明师”，只有那种“明于古今，温故知新，通达国体者”才能被选为师。韩愈强调教师必须“闻道在先”，“术业有专攻”。朱熹特别反对务记览、为辞章、钓声誉、取利禄，只会科举时文的教师，主张教师应有“德行道艺之实”。

总之，古代“师道”要求教师既要德行坚定，又要术业有专攻；既要知其理，又要践其行；还要日精日进，不断获取新知，并将此作为严师重道的基础。《学记》中说：“凡学之道，严师为难。”一个教师，只有当他具备了《中庸》中所说的“君子尊德行而道问学，致广大而尽精微，极高明而道中庸，温故而知新，敦厚以崇礼”的时候，才算真正具备了为师的条件。

古代的名儒大师特别重视以身作则，行不言之教。强调教师应以自己崇高的人格和优良的精神风貌去陶冶和影响学生，使学生在耳濡目染中收潜移默化之功。由此逐渐形成了古代《师道》在育人方法和途径上的特征。《论语·阳货》中记载，孔子说：“予欲无言。”子贡说：“子如无言，则小子何述焉？”孔子说：“天何言哉？四时行焉，百物生焉，天何言哉？”说明孔子对行无言之教的重视。在平日的教育、教学实践中，孔子总是以身作则，以自己的风范和人格去感化和陶冶学生，要求学生做的，总是自己首先做到。“君子不重则不威，学则不固”(《论语·学而》)。对此，颜渊喟然叹曰：“仰之弥高，钻之弥坚，瞻之在前，忽焉在后，夫子循循然善诱人，博我以文，约我以礼，欲罢不能。”孔子弟子三千，贤人七十二，后来大都成了当时社会各个方面的栋梁之材，这和孔子的善育善教和高超的教育艺术是分不开的。

古代儒家教育是要造就“修己治人”的治术人才，注重的是“人”的教育，其核心是“明人伦”。要求教师把德的教育放在首位，以传授伦理道德为主。孔子曾说，“弟子入则孝，出则悌，谨而信，泛爱众而亲仁，行有余力，则以学文”(《论语·学而》)。他在教学生时，“子以四教：文、行、忠、信”。其中行、忠、信都属于政治道德教育。使用的教材是他亲自删定的六经，即：诗、书、礼、乐、易、春秋，其内容主要都是有关政治道德方面的。以后的教师们在教育的具体内容上虽有所变化，但总体上都没有超出“以德为主”的基本原则。

古代“师道”在教学上并非不重视知识传授和文化学习。孔子说过：“未知，焉得仁。”韩愈要求：“学古通则兼通其辞，通其辞者本乎古道者。”教师要“术业有专攻”。王安石强调教师要传以“能为天下国家之用”的实学，既能有“先天下之法言德行治天下之意”，又能“通古今，习礼法、天文、人事、政理更新”(《上仁宗皇帝言事书》)，及至清朝的颜元等人更是重“实学”、“实教”和“实务”。古代“师道”是强调“尊德行和道问学”相兼顾、相结合的，但始终把“尊德行”

放在首要地位。

古代“师道”还倡导师生教学相长。《尚书·说命下》说：“教学半。”即《学记》解释的：“学然后知不足，教然后知困，知不足然后能自反也，知困然后能自强也，故曰教学相长也。”韩愈主张“弟子不必不如师，师不必贤于弟子”，也包含了教师向学生学习的意思。柳宗元更明确地提出：“交以为师”的观点。王夫之主张把师生关系变成朋友关系。这种师生观，是彼此友爱和相互学习的统一，包含了深刻的辩证法思想。

古代的教育家们十分重视启发诱导，强调要从学生实际出发进行教学。孔子最早提出启发式教学的主张，说“不愤不启，不悱不发，举一隅，不以三隅反，则不复也”(《论语·述而》)。他强调教学中教师要善于使学生处于“欲罢不能”的状态，要求教学要根据每个学生的特点进行。朱熹也曾说：“夫子教人各因其材。”《论语》中记载过这么一件事：子路和冉有都问：“闻斯行诸？”孔子对他们两人的答复完全不同，别人不理解，问孔子何故。孔子说：“求(冉有)也退，故进之。由(子路)也兼人，故退之。”说明孔子善于根据学生的不同特点进行教育。孟子形象地把启发式喻为：“引而不发，跃如也。”主张教学要“有如时雨化之者”。《学记》是我国古代第一本系统的教学理论书籍，对启发式的教学方式作了详细表述：“君子之教，喻也。道而弗抑，开而弗达。”在因材施教方面，《学记》主张在了解学生的基础上长善救失，“学者有四失，教者必知之，人之学也，或失则多，或失则寡，或失则易，或失则止，此四者，心之莫同也。知其心，然后能救失也。教也者，长善而救其失者也。”启发诱导和因材施教是我国古代“师道”教学观的一个重要内容，由孔子发端，到《学记》趋向完备，为后来的教育家们继承和发扬。

时至唐代，“唐宋八大家”之首韩愈曾慨叹“师道之不传也久矣”。他何出此言，《师说》中记载韩愈所谓“师道之不传”，主要是指“今之众人，耻学于师”，“士大夫之族，曰师曰弟子者，则群聚而笑之”，而这种现象是自魏晋以来，到韩愈所处时代，经历大约六个世纪，师道久已失传。而明清之际，黄宗羲也曾叹“师道之不传”，却与韩愈所说截然不同，《续师说》中记载：“师道之不传也，岂特弟子之过哉？亦为师者有以致之耳”，“师者所以传道受业解惑者也。道之未闻，业之未精，有惑而不能解，则非师矣！”从唐代至明清，从韩愈到黄宗羲，师道之不传由学生的“耻学于师”变成教师的“道之未闻，业之未精，有惑而不能解”。所谓“师道”，是近代职业社会以前的教师价值观念。其中所谓“道”，是指一定社会文化中在他们看来应有的价值观念。故后人把“传道授业解惑”的“师道”，理解为教师的基本职能，不无原因。

我国如今正处在社会转型期，新旧价值观念的冲突比较激烈。师道如何，不只是教师本身的问题，也是同社会进步相关的问题。在价值多元化的社会里，每个教师参与教育工作，都不免有自己的动机理想。教育工作是造就和培养下一代人的伟大事业，如果没有广大教育工作者对人民教育事业的强烈事业心和社会责任感，没有一种“春蚕到死丝方尽，蜡炬成灰泪始干”的牺牲精神，我们的教育就无法振兴和发展。教师对自己要抱“严于律己”的自立态度，履行教书育人职责的前提是教师自己要严于律己。“师严，然后道尊。道尊，然后民知敬学”。教师对自己的严格要求包括德和才两方面。古代“师道”强调“尊德行”为主，“道问学”为辅，可见古代“师道”中“德”的重要地位。因此，今天我们仍应将坚定正确的政治方向放在教师自身修养的首位。对学生善用“人格感化”的施教手段。教师以诲人为业，仅有自身过硬的条件和乐于育人的愿望是不够的，还必须善于育人。古代“师道”特别重视“人格感化”的教育手段，强调教师要善于行不言之教，以自己崇高的人格和优良风范去陶冶和感染学生，构建和谐的师生关系，达到“善教者使人继其志”的目的。

第二节　允公允能，悟业兴业

一、允公：举中国梦

宋成剑副教授在《论允公》一文中分析允公有以下一些内涵：“允公”是育人为本德育为先的教育思想，是以爱国主义为核心的民族精神，是对中华民族优良道德传统的继承和弘扬，是为人民服务的人生观、以奉献为自身追求的价值观，是社会主义道德建设的要求，是建设社会主义核心价值体系的举措。

允公，深度诠释了师德之问。在中国梦流行的今天，也给广大教师指出了其应该具有的道德情操。在新时代下的中国，教师这个职业已不是人们心中最神圣的职业,这种变化归根究底由于是很多作为教师者的心中并没有真正崇高的梦想，无从实现自身的幸福感。教师的中国梦，或者说中国梦下的“教师梦”，应该有以下几个方面的内容：“学子梦”、“教学梦”、“职业梦”。而中国教师的“教师梦”就是教师幸福的积淀；教师的幸福也正是“教师梦”的表象。

学子梦。作为一名教师最大的梦想就是让我的孩子们养成优良的习惯，具有优秀的品质，打好坚实的基础，为美好的人生奠基。我们最大的愿望就是看到自己桃李天下，看到自己的学生成功成才。我国自古注重尊师重教，乃礼仪之邦。能为师者，幸事也。桃李满天下，师者自豪幸福感油然而生。每当路上偶遇所教学生，他们总是相隔很远就和你亲切地打招呼；每当得意门生事业有成时，自己总会自豪地对人讲，这是我教的学生；每当教师节来临时，都能收到来自四面八方学子温馨的祝福，此时此刻，为师者沉浸于幸福中。教师的幸福首先在于“胸中有梦”，这梦就是“泽被学子，桃李天下，不求功名，但求育人”的学子梦。

我们之所以强调要做到“胸中有梦”，是因为有梦的人生才是幸福且充实的人生，有梦的人生才是幸福且快乐的人生。从成功心理学角度来看：人的抱负层次越高，成就也越大；从文学的角度来看：人活着，一定要有生活的目标。

对于“胸中有梦”的幸福的教师来说，教育不是牺牲，而是享受；教育不是重复，而是创造；教育不是谋生的手段，而是生活的本身。我们的一生不一定要干成什么惊天动地的伟业，但它应当犹如百合，展开是一朵花，凝聚为一枚果；它应当犹如星辰，远望像一盏灯，近看是一团火。在“照亮”学生的过程中，同时也“照亮”了自己。“胸中的梦”就是我们人生奋斗的明确目标。胸中有目标，认定方向的人，成长得快而平稳；没有志向而彷徨犹豫的人，不但成长得慢，且容易出错。我们中间有许许多多“胸中有梦”的人，他们在自己的教育生涯中，有着十分明确的奋斗目标，在成就学生的过程中，同时也成就着自己。

教学梦，一名教师，如何认识自己的价值，如何在工作中实现自己的价值，就是我们的“教学梦”。我们在工作中不断提高自己，然后更好地去工作，不断用自己的工作实现更多的“学子梦”，不断在工作中实现自己的价值，对于教师来讲，这是多么幸福的一件事情。情感是人一切行为的动力，一个幸福的教师，必然拥有亲情、友情、爱情，是一个感情上的富翁！一个幸福的教师，在他的身上，必然洋溢着满腔的热情和澎湃的激情，必然充满着暖暖的温情和甜甜的柔情，同时还拥有高雅而有品位的闲情！

热情在每一个人的人生旅途中有着十分重要的作用，因为热情是人的“内心之神”，“没有热情，便没有伟大的成就”。幸福的教师大多饱有热情、激情，在事业上非常投入，热爱学生、热爱工作。在教育引领学生成长的过程中，幸福的教师都会以海洋般深沉宽广的爱去拥抱每个孩子，让他们在爱的洗礼中长成大树，长成栋梁，并且懂得以爱去回报社会，回报生活。

作为幸福的教师来说，要努力使自己成为一团熊熊燃烧的火，用自己这把火去点燃学生求知、求美、求善的火把。作为幸福的教师来说，要保持住自己的热情、激情，就要努力地挖掘自己所从事的工作的内在价值与趣味性，使自己对工作、事业有一种日日新、月月新、年年新的感觉，使自己始终保持一种良好的状态。

教师的职业梦，是与学子梦，教学梦分不开的。我们可以看到，在网上有不少关于老师失意、抱怨、牢骚的内容。那么如何才能实现自己心中的职业梦想呢？我认为只有进行自我心理调节，塑造积极向上的阳光心态，把工作当作一种享受，充分体验自己的职业幸福感，才能向着自己的职业梦想更进一步。作为新世纪的教师，我们应具备以下四种心态：

1. 责任心

具备强烈的责任心是教师生存和发展的前提，是一个人立足于社会的根本。我是教师，我的责任是教书育人。有了这种意识，就会以积极的心态去面对繁琐的日常工作。教师每日认真备课、上课、批改作业、辅导学生，因为这些都是其分内之情。教师在为国家培养接班人，其工作是神圣的，所以其工作着并快乐着！

2. 进取心

拥有一颗进取心是人生的一笔巨大财富，更是推动我们学习的重要动力。作为新世纪的教师，我们肩负着教书育人的重任，当然更应该做学习的先锋。向社会学习、向科学家学习，向网络学习，向名师学习，向学生学习，向家长学习。学习做人之道，提升综合素养；学习业务知识，更好地开展工作；学习管理之道，营造育人氛围。“活到老，学到老”，这句至理名言应该是我们每位教师永远提倡的座右铭。

3. 感恩心

感恩心是幸福之源，快乐之源。我有自己热爱的工作，有欣赏自己的领导，有信任自己的家长，有关爱自己的亲人，有活泼可爱的学生朋友……感谢命运对我的格外眷顾，我是多么幸福的人！

4. 欣赏心

欣赏他人，成就自己！只要有阳光的照耀，每一颗露珠都会发出耀眼的光芒；只要有欣赏的目光，每个生命都会绽放出迷人的色彩！学会欣赏他人，是成就自己的前提条件之一。作为教师，用欣赏的眼光来赏识每个学生，深信他们之中就有下一个牛顿、钱学森、袁隆平，那每天的教学教育工作一定是极其主动的。

实现中国教师的中国梦，实际上也是我们人生梦想的实现，是我们作为一名教师所追求的人生价值的体现。正如张伯苓在他的公能教育思想中体现的，作为教师，我们在教育这一项长久而有深远意义的工作中，要时刻允公允能，时刻紧跟时代的步伐。在当代的中国环境中，深刻理解中国梦，在此基础上发掘自己的教师梦，实现自己的中国梦，既是自己梦想的实现，也是中国梦想的一个小小的实现，更会让更多的学子，实现他们自己的中国梦。

二、允能：兴实干风

张伯苓指出：“教育一事，非独使学生读书习字而已，尤要造就完全人格，德智体不可偏废”(1914 年 4 月在修身课上对学生的演讲)。他又指出：“办学之目的，在信学以致用，学以医愚，学以救国、救世界”(1916 年 1 月在修身课上对学生的演讲)。他在 1917 年学生毕业典礼上对学生讲演说：“今日正值诸生立志之时，无论各具何长，要皆能发扬昌大，以备国家干城之选…… 望各立而志，急图自新（这段讲演词为周恩来所记录）”。在此演说中他还指出：“学校正如一小试验场，场内人皆有信心，具改造社会之能力，将来进入社会改造国家，必有成效”。所以可见，张伯苓主张培养出来的人才，不是独善其身的白面书生，而是要培养有改造国家改造社会为人民谋福利的“干才”。所以“允能”者，是要求受教育者理论联系实际，学以致用，培养工作能力，努力方向是锻炼救国自强的能力和精神。用今天的话说，就是要求受教育者有全心全意为人民服务的真本领。

对于教师的“允能”，也是要求我们要全面发展，全面教育。要在实践中提高自身的教育教学水平，丰富和更新自己的专业知识，并在自己力所能及的范围内，发挥自己的全部能量。允能，就是要求我们有实干的精神，从小事做起，从每一件事情做起。做一名学习型、实干型、修养型教师。

首先，要勤奋刻苦，做“学习型”教师。宋代史学家司马光说过：“才者，德之资也；德者，才之帅也。”德与才两者缺一不可，有德无才，难当重任，难做大事，甚至不能成事；有才无德，难做好事，甚至只能坏事，贻害无穷；德才兼备才能多成事、成好事、办大事。诸葛亮在家训中也说，“非学无以广才，非学无以明识，非学无以立德。”这些古代思想家一番哲理，道出了一个真谛：德能正其身，才能胜其任，言能达其意，书能成其文，干能成其事，绩能服其人。人要达到这一境界，除了本身具有天赋外，唯一的途径就是学习与实践。

学习是能力之基。能力是一个人综合素质的体现，是其能够胜任某项工作、完成某项任务、开创工作新局面的主观条件，是一个人的体能、技能和智能的高度统一。当今时代，科技日新月异，知识更新加快，是一个生存空间日益狭小、综合竞争日趋激烈的时代，是一个崇尚能力的时代。可以说，现在教师们不熟悉、不懂得的东西仍然很多，需要其学习和掌握的知识亦繁多而广博，昨天的理论未必能解释今天的现实，今天的经验也未必能解决明天的问题。如果不学习，或者不愿意学习，或者不深入学习，或者学习与实践脱节，必然会出现本领恐慌、才能恐慌、知识恐慌，更谈不上一个教师必须具备的“张口能讲，提笔能写，遇事能办，有题能答”的基本素质。

学习是修身之道。德是教师立身之本，为政之要。立德以修身为先，修身以立学为本，道德修养高低与学识深浅密切相关。比如，善于修身的人，必然信念坚定，一个人特别是共产党员信念坚定，就能够正确认识党，始终忠于党；就能够正确认识社会，坚定必胜信心；就能够正确认识自己，定准人生方向。又如，学会修身的人，必然始终保持清醒的头脑，深谋远虑，观天地之精微，察万物之规律，在大是大非面前能够把握方向，在头绪繁杂面前能够把握主动。

学习是成事之本。大凡富有远见卓识的人，善于理性思考的人，具有敏锐眼光的人，能够成就事业的人，一个首要的前提就是酷爱学习，他会把学习当作自身的最好投资，当作成功的最短阶梯。学习谈起来容易，做起来太难，持之以恒更难。作为一名教育管理工作者，既是贯彻落实科学发展观，推进科学发展的实践者，又是肩负一项工作、从事一项事业的骨干力量，切实加强学习，具备更多的知识、更强的能力、更高的素质，显得至关重要。

那么，如何成为“学习型”教师呢？我认为就是“真学、善思、会用”。一是真学，就是真正学习，发奋学习。业精于勤，厚积薄发，无论学业，还是事业，大抵如此。如果把学习当成一种政治责任、一种精神境界、一种终身追求、一种成长途径，你就会静下心来，抓住一切机会，通过各种形式和渠道，挤时间学，抢时间学。学习最基本的方式就是阅读。阅读是增加内涵的重要渠道，是积累精神财富的重要方式，是一项有益于提高自己观察社会与思考人生的智力锻炼。此外，还要从历史中学、从他人中学、从实践中学，从中吸取精神营养。我们如果多学习一些新知识、多掌握一点真本领，很可能会使自己成为做好本职工作的行家里手。二是善思，就是善于思考，注重总结。践行科学发展观，一个最现实的问题，就是提高用科学发展观总结思考问题的能力，对一个问题善于从现象到本质、从局部到全局、从个性到共性、从静态到动态的思考。善于思考的真谛在于，掌握现象，领会实质，而不是学而不深、学而不精；深入细致、入心入脑，而不是一知半解、浅尝辄止。我觉得一个教师要注重并善于总结。一个领域的工作其内涵和外延是什么，其理论和实务是什么，需要总结；一个阶段的工作取得什么成效，有什么收获，有什么教训，需要总结；一件事情办理的速度和质量如何，需要总结；对一个问题的处理，其思维方式和工作方法是否对头，需要总结。三是会用，就是学以致用，学用结合。古人云：道虽迩，不行不至；事虽小，不为不成。读书是学习，使用也是学习，而且是重要的学习。只有实践，才能将学到的理论和方法用于指导具体工作，用学到的知识和技能提高自己内在素质。作为一名教师，提高实际工作能力和水平，只有在具体工作中，身体力行，勇于实践，不断探索，才能取得实效。

其次，要扎实进取，做“实干型”教师。实干就是脚踏实地、扎实做事，做有利于党和人民群众的好事，做有益于社会发展的实事，做好本职工作的具体事。邓小平曾经说过，世界上的事情是干出来的，不干，半点马克思主义都没有。对一个地方来说，经济发展是写不出来的，和谐社会是画不出来的，民生改善是喊不出来的，只有求真务实、真抓实干，才能创造出实实在在的业绩，才能从根本上改变旧面貌。对于一个教师来说，不干事，无异于丢掉了立足之本，干不成事，就等于失去了成长和发展的支柱。干事体现了一种责任，干成事体现了一种能力，评价一个教师行不行，除了德的表现外，主要看他肯不肯干事，能不能干成事。那么，“实干”从何而来呢？首先，既要敬业又要精业。

敬业，就是要敬重自己的事业，热爱自己的工作，“主一无事便是敬”，无论是好岗位，还是一般岗位，无论是大舞台，还是小舞台，作为一名教师，都要一心一意，心无旁骛，立足岗位干好事，利用舞台唱好戏。只要干一行爱一行，爱一行就干好一行，任何岗位都可以使你大显身手，任何舞台都能够让你展示风采。

精业，就是精通业务，熟悉本职，对业务能熟练自如，融会贯通；对本职能独当一面，驾驭轻松。按照科学发展观的要求，就是要提高用科学发展观深刻认识问题的能力、敏锐发现问题的能力、妥善解决问题的能力。首先，在自己的工作岗位上，即文字能力要强、工作水平要优、办事效率要高、综合协调要好。工作虽然繁杂琐碎，应急性强，要求高，但在具体工作中必须做到“不以事小而不为，不以事杂而乱为，不以事急而盲为，不以事难而怕为”。

再次，既要充满激情又要保持理性。具体讲，就是对建功立业要充满激情和渴望，对自身定位要保持高度理性。不想当元帅的士兵不是好士兵。同样，对事业没有成功渴望的教师也不能算是优秀的教师。成功渴望所点燃的创业激情，会使工作过程充满新鲜感、趣味感和成就感。保持对建功立业的热情和渴望，一方面要树立做好本职工作和干出工作成绩的理想和抱负。有了这种理想和抱负，才会催生创业的兴趣，激发创业的炽热情感。当在工作实践中取得一定的实绩，得到他人的认同时，工作和创业的兴趣又会进一步提高。另一方面，要培养强烈的事业心和责任感，履行职责，敬岗爱业，勤奋扎实。与对工作充满激情和渴望紧密联系的，是每一个教师对自身定位的理性态度。对自身准确定位的最基本要求是准确地了解自我和形成合理的期望值。即对自己的发展和个人价值的实现程度进行综合判断，合理确定自己的发展方向，同时，在对待名利得失上保持淡泊的心态，有“不以一时之得意而自夸其能，也不以一时之失意而自堕其志”的境界。

第四，既要认真负责又要开拓创新。毛泽东同志曾说过：世界上什么都不怕，怕就怕“认真”二字，共产党人最讲“认真”。作为一名教师，每个人身上都担负着神圣的责任。对于这份责任，要时刻保持认真的态度。不管什么工作，不管事情大小，都要认真对待、一丝不苟；承担每一项任务、处理每一件事务，都要兢兢业业，扎扎实实，保证工作的质量和实效。开拓创新，就是敢于创新、善于创新。做事缺乏创新，最多只能把一件事做对，而不能把一件事做好。创新是融责任、勇气、方法、态度等要素于一体的实践活动，是一切工作取得进步的关键因素。比如在求真务实中开拓创新、在大胆探索中实现突破、在拓宽思路中推行举措、在把握规律中增强预见，等等。

最后，要加强自律，做“修养型”教师。修养是一个教师道德风范、知识素养、心理素质、仪态风度等方面的综合体现，是一种达到完美境界的人格魅力，是一种对精神品位的高尚追求，是一种感知真善美，感悟健康、高雅、文明的生活情趣。做一个“修养型”的教师，主要是品格、思想、处世、情趣等方面的修养。

（1）品格上的修养。人品，是指人的品格修养。有不同人品的人，待人接物的方式也不一样，对他人、对社会的影响也就有所不同。人品高尚的人会受到人们的景仰，人品卑下的人会遭到人们的唾弃。李源潮同志指出：人民教师要有三个敬畏，即敬畏历史、敬畏百姓、敬畏人生。作为一个普通教师，同样也要有三个敬畏，即敬畏法纪、敬畏人格、敬畏口碑。品格修养还在于知足、平和。得之坦然，失之淡然，争其必然，顺其自然。要常常告诫自己，知足者自安，止浮躁之心；知足者自乐，止敷衍之心；知足者自重，止茫然之心。要始终以平常、平和、平静的心态去看待、去思考、去领悟；始终把心思、精力投入到学习和工作中，去寻找乐趣、去拓展空间、去丰富自我、去体现价值。

（2）思想上的修养。思想修养表现在很多方面，对于一名教师而言，增强理想信念意识是最为主要的。一名教师没有理想信念，就没有主心骨，就没有了目标和前进的方向。理想的动摇是最危险的动摇；信念的滑坡是最致命的滑坡。有了理想信念，才会有服务意识、有奉献精神；才会立足自身、立足本职、立足自省、立足今天；才会做到人生态度同那些积极进取向上的人比，工作学习同那些走在前面的人比，名利升迁同那些埋头苦干、不计名利的人比，生活享受同那些工作比自己辛苦、收入比自己低微、生活比自己艰难的人比。这样，才会比出思想、比出心态、比出境界。

（3）处世上的修养。善于处世，意味着和谐共事、和谐共创、和谐共赢。善于处世的基本前提就是注重团结、善于团结、能够团结。要做到团结，实属不易，需要具备诸多条件。比如，顾全大局。注重集体与个人的协调统一；胸怀宽阔。没有宽阔胸怀的人很难与同志相处，如果每个人都有了宽阔的胸怀，单位里就有了共同的心声，就有了和谐向上的基础；互相信任。没有信任就没有团结，不信任别人的人就不会团结人，别人也不会信任你；合作精神。在做好分内工作的同时，应主动伸出手，帮助周围的同志做些力所能及的工作；与人为善。团结是一个人与多人的关系，不能只讲自己，不想别人，不能总是自己站在高处，而贬低别人；诚实守信。诚实乃做人之基础，处世之要则，更是搞好团结的重要条件。待人不诚，为人失信，则众人皆离，何以团结？如果一个人与多个人搞不好团结，矛盾的主要方和主要责任肯定在自己。同志之间有隔阂、不团结，必然会分散精力、影响工作、形成防范、不利发展。

（4）廉洁上的修养。廉洁自律是每个教师必须遵守的行为规则。在一个法治社会里，在一个纪律严明的政党里，谁漠视甚至藐视法纪，谁就必然会付出沉重的代价。面对囊中羞涩要昂首做人，面对物欲诱惑要等闲视之，面对美色陷阱要不越雷池半步。不怕别人告状的人，他胸怀坦荡，心中无愧；惧怕别人告状的人，他授人以柄，心怀鬼胎。要做到廉洁修养，就是要随时用共产党员的标准衡量自己，用廉政建设的要求约束自己，真正在思想上树立起廉洁自律的防线，真正懂得切莫违纪违法，放纵自己，省得镣铐加身，悔之莫及。

（5）情趣上的修养。情趣，乃为情感、兴趣。情趣看起来固然是生活小节，但小节不“小”，小节中更反映出人的品德、形象、人格、能力与水平。俗话说，小事求大善，小节立大德。相反，小节不拘，终累大德。小节是一个人品德修养的“试金石”，小节影响大德，小节折射形象，小节决定命运。做到情趣修养，就是要严守生活小节，培养健康情趣，守住欲望关、爱好关、亲情关、社交关。人人都有欲望，个个都面临诱惑。但既然是一名教师、一名党员，就要按照人们常说的“克制住欲望、顶得住诱惑、耐得住寂寞、经得住考验”的警言去努力践行。兴趣爱好反应一个人的精神境界和追求，通过培养健康向上的兴趣爱好，可以愉悦身心、开阔胸怀、陶冶情操、提升境界，使生活更加丰富、更加充实、更加富有色彩。人都是讲感情的，但亲情再深也应有度，决不能超越法律、道德的界限。否则，表面上看为亲人谋取了一时之利，最终则害了自己也害了家人。朋友之间是相互影响的，与益者交，终生受益；与损者交，受害无穷。每个教师一定要把握好和什么人交往、怎么交往、交往到什么程度，择善而交，择贤而交。永远记住这样一个道理：交往，可以互利，但不可相互利用；可以相帮，但不能超出原则范围；可以取悦，但不能虚荣讨彩。

“允公允能，悟业兴业”，作为老师，我们应该不断学习，不断思考，不断在社会主义现代化建设的过程中定位自己。热爱自己的职业，努力实现自己的价值，正是新时代的教师所必有的认识。

第三章　立德树人，为人师表

教师立德，既在于德、识、细，更在于情、理、爱。以德以识树铸人，以细以理润育人，以情以爱感化人，便是立德与师表的要义。在基层，在大山，在史上，在当下，近现代的师德史，既是一部文化史，更是一个民族、一个时代的成长史。他们，以平实而又闪光的师德师风，践行着属于他们，更属于一代代学子的人生大美。在每一个时代的片断里，我们都能够从他们的果敢与奉献，砥砺与耕耘中见出一代师风，一代德性。

第一节　雨露基层，大美人生

一、乡野春晖：最美乡村女教师

（一）赤爱至诚，落花至美——曹瑾

有一种爱是赤爱，唤醒了迷惘，哺育了自信，点燃了青春。

曹瑾是重庆市巫山县平河乡一个普通的农家80后女孩，2010年毕业于重庆师范大学数学系后，毅然选择了回到大山支教，不辞辛苦地为大山里的孩子尽自己一份力。落红有情，愿做春泥护花。时光悄悄地溜走，却一点一点把曹瑾的生命带向绝地。2011年7月为不耽误学生毕业曹瑾将病拖成癌症晚期。2011年8月26日，曹瑾去世，最后捐献眼角膜的愿望未能实现。曹瑾用她的赤爱铸就了责任和使命的师魂，铸就了一道最美乡村风景。

这个世界大多数人都是平凡人，然而大多数平凡人却都怀有一个不平凡的梦想。没有多少人甘于平凡，然而她却甘愿平凡。大学毕业的曹瑾，主动要求回巫山支教，被分到偏远的平河乡小学。全班34个学生，其中27个是留守儿童。为

了带好这群孩子，除了完成繁重的教学任务，她还成为了女生寝室的“知心姐姐”，每天从早忙到晚。

大多数大学生向往的都是都市的繁华，很少有人愿意去偏远的山村，曹瑾就是这为数不多之中的一个。她的梦想就是做好一个平凡的乡村教师，在平凡的乡村教师岗位上去镌刻自己的美丽人生。在她的世界里，首先想到的是大山里那些孩子的未来，是大山里那些孩子能够带着尊严走出大山，而不是自己的美好前途。为了不耽误毕业班的孩子们，不影响孩子们的正常上课，她不舍得挤出一点时间去为自己的身体着想。当她得知自己的生命已经接近尾声时，首先想到的还是她的学生，当她躺在病床上和病魔大战时，最关心的还是她的学生，当她永远闭上双眼时，留下的遗言最多的还是她的学生。“爸爸、妈妈，女儿有个心愿，希望你们能同意，如果我走了，我想把我的眼角膜等有用器官捐给需要的人，让我能继续看着家乡的孩子健康成长…”这个心愿是多么的震撼人心，又是多么的让人感动和惭愧！

曹瑾走了，带着许多凄美的遗憾永远的走了，但那份赤爱却永远留在了人世，那献身奉献的美丽精神永远留在了人们心中。

教师本就是一个令人敬佩的职位，以书育人是每个教师应尽的责任，三尺讲台，育万代英才。一位教师，只有把责任当作义务，才会有她那样的赤爱。生命的意义只有工作中才能体现，知识和爱一样是看不到的。知识的具体化推进了社会的发展，爱的具体化延续了人类历史的文明。爱最直接的表现就是奉献，奉献不是人人都会做，也不是人人都不会做，作为一名教师，只有懂得奉献，才能更好地诠释老师这一名词。曹瑾的赤爱是无形的，却光芒万丈；她的赤爱是无声的，却振聋发聩。她如蜡烛般，燃烧自己，照亮别人；她如落红般，即使零落成泥碾作尘，也要将自己作为一份养料，来滋养其他的花朵！虽然她的生命走到了尽头，但是她的赤爱精神将无限延续！

（二）倾爱至深，敬业无私——刘爱霞

一个人最美好的时间献给了一个职业，而且一生都乐此不疲。她的眸子中装的是学生，装的是倾心于教育事业的热忱，因此而闪耀出无限光辉。

平顶山市叶县廉村乡韩桥村的中师学历的刘爱霞已经在乡村教导阵线上摸爬滚打了二十五个春秋。二十五年如一日，以校为家，一直奋斗在教书第一线，长期担任小学结业班数学老师。她德才兼备，无私贡献于乡村的教育事业，成绩明显。

二十五载，刘爱霞在平常的讲解岗亭上做出了不平凡的事迹。倾尽生命送走一批批的小学毕业生。

1988 年 9 月，刘爱霞踏上了乡村小学教导的“三尺讲台”。从事先起，她就把人生的坐标定在了为教育献身的轨迹上，是出于真心热爱教育事业、热爱三

尺讲台、热爱每一个门生。

为了使自己与时代接轨，她努力去吸收潮流教学思想，不断进修。注重实际书本，深化研讨教导讲解实际，同时加强讲解基本功。她深知如果没有充沛、厚重的基本功底，没有准确的知识规划，没有较为先进的教导头脑，就无法胜任太阳底下这一光耀的职业。她在讲解中力图做到有清楚透彻的思绪，耐性寻味的劝导。深入浅出的讲授，当前讲解方法的公开运用，都得益于不断的进修和相应的实习，才使每一节课都成为精雕细琢的艺术品。

自任教以来，曲折与鲜花同路，坎坷和欢歌齐飞。在刘爱霞的心中一直铭记“金奖银奖不如家长的夸奖，金杯银杯不如家长的口碑。”她一直把教育完满人品看作同生命一样重要的大事。她班有个男孩子，许多同学都向她反映，这名男同学下课不肯和其他人一起玩，很孤僻，反而经常摸班上女孩子的头发和衣服什么的，叫女同桌很害怕。她知道这件事后没有立刻批评这个小男孩，而是经过观察走访和一系列调查，终于解开了这个谜。原来，这个男孩的父母离异，父亲在外地打工，母亲也很少回家，对孩子不闻不问；爷爷奶奶都上了年龄，又没有文化，对孩子的教育很不到位。于是她就多次和这个小男孩交心，最终他吐出了内心话：其他孩子都有爸爸妈妈心疼，我也要，但是怕同学看不起。真相大白了，这个孩子是在家庭上缺乏关爱的“留守儿童”。从那以后，刘爱霞一有空就和他在一起玩，偶尔把他搂在怀里，并经常带他回自己家，像对待自己的孩子一样爱护他，让他感觉到母亲般的温暖，使他的少儿心理得以正常发育。过了一段时间，这名同学和其他孩子融洽相处在了一起。这样的例子在刘老师身上还有许多许多，她特别把德育教育放在教育之首，既教书又育人，使孩子们健康成长。刘爱霞老师常挂在嘴边的一句话就是“讲解无大事，育人需全心”。

都说谈恋爱需要倾心，其实做什么都需要倾心。刘爱霞正是倾心于教育事业，所以她才无怨无悔，正是倾心教育事业，所以她才默默地尽心奉献。倾心于教育，故倾爱于教育。所以一干二十五年，从来没有厌烦，反而深深地爱上了这份工作。刘爱霞用自己的实际行动诠释了一名教师所应具有的大爱与无私，她用自己的毕生经历给人们上了最动人的一课，其感人事迹也必将影响和鼓舞一代又一代人。

（三）绝爱至纯，青春无悔——邓丽

面对都市的白领生活，能够坦然放弃，作为中共党员，她主动去偏远地区支教。

原中南民族大学工商学院2008届电子商务专业毕业生邓丽，毕业后在武汉的知名培训机构找到一份老师的工作。“能当上老师，当时很开心。”邓丽说，她对工作要求也不高，当老师可以每天跟学生打交道，看着学生进步是最幸福的事。工作近一年，邓丽的绩效突出，但她快乐不起来。那时的邓丽，穿着时尚，每天出入写字楼，月收入4000元左右，在朋友和家人看来，是份很体面的工作。

“可我越来越觉得空虚，我当老师不是为了成为赚钱机器”。2009年4月，她看到了省教育厅的“农村教师资助行动计划”，非应届毕业生也可报考。她马上报名回老家恩施鹤峰，希望当一名“纯粹”的老师。通过考试，她被分到离县城最近的八峰中学。“八峰中学已经够好了，需要我的，是大山里的学校。”邓丽找到县教育局要求重新分配，去有“屋脊小学”之称的高原小学。从此邓丽在大山里找到了幸福感。

高原小学地处高寒地带，海拔1800多米，环境恶劣，条件艰苦。在邓丽到来之前，学校只有7名男老师，平均年龄52岁，教师队伍年龄老化严重。她的到来，给学校增添了无限的生机和活力。她对每位学生都给予关注和关爱，许多问题学生在她的面前变得阳光，积极向上，也因此成为学生最贴心的朋友。在学校，她担任了一个年级的班主任，任教一个年级的语文、四个年级的英语和全校的音乐课，还兼任了少先队辅导员和女生寝室管理员，课程多，任务重，但邓丽老师却从没有怨言。孩子们现在也学会了说普通话，学会了英语。她把学校的文艺活动开展得有声有色。以前每年六一，全校孩子要坐农用车到二十多里外的集镇上，眼巴巴地坐在台下为别人鼓掌。而邓丽到高原小学后的第一个六一，她组织老师们把破旧的课桌腿锯掉，拼成舞台，把泛黄的墙壁贴上图片，涂上色彩，和孩子们一起排节目，做道具，想创意。在邓丽老师的组织带领下，孩子们第一次在自己的学校过上了六一，第一次走上了自己的舞台。

邓丽老师注重引导，不断鼓励，让一个个羞涩的孩子变得自信，让一群群成长的孩子增长才艺。邓丽班上有个9岁孩子叫春琼，这个孩子以前很害羞，很自闭，每次回答问题总是怯生生的，常常低着头，不停地咬手指。邓丽不厌其烦的教她唱歌跳舞，用相机录下她的歌声，放给她听，引导着她逐渐放松自己，不断激发她的文艺兴趣。在她的帮助下，现在的春琼像个城里姑娘，落落大方。

这三年来，她还为孩子们募集到了新课桌、新衣服和学习用品等等，还为学校特困生彭少莲找到了资助。2011年10月，她又通过努力争取，为全校孩子们募集到免费午餐基金20万元，这意味着，在此后三年里，全校每个孩子每天中午都可免费享用可口的饭菜。

邓丽在这个偏远高寒的学校一待就是三年，她从没怨言！用自己吃苦耐劳和乐观向上的精神感染着这里的老师和孩子们。不理解的人说她是“傻女”，这么年轻就来这里浪费青春。对此她只是微微一笑，依然把这份真挚的爱播撒在高山之上。

邓丽对孩子们的爱和对教师这一职业的热情是纯真的，她用自己的信念与意志在这个物欲横流的社会里找到了自己人生的方向，让自己的青春韶光越发得光彩夺目。

二、大山甘露：最真支教志愿者

（一）践行之至，先锋党员——龙瑞雄

2010年，就读江西蓝天学院的“90后”党员龙瑞雄在网络上发起并组建名为“益路黔行”的支教队伍，组织来自全国6个省市的11名在校大学生赶赴贵州山区开展为期一个月的暑期支教活动。这次活动彻底改变了他毕业后的人生轨迹。

为使区外更多的爱心人士了解贫困山区孩子的生活现状，龙瑞雄放弃节假日休息时间，走村串屯开展贫困生走访调查，把收集的信息第一时间通过心守家园网站、微博等向社会爱心企业、爱心人士寻求资助。

三堡中学女生杨燕妮、杨丽萍两姐妹家住在建于上世纪七十年代、不足50平方米的木板房，房屋已五面透风，加上还有两个弟弟上学，杨家穷得几乎揭不开锅。了解到这一情况后，龙瑞雄利用周末邀上同事一起到杨燕妮家家访，并将耳闻目睹写就一篇调查报告贴在广西校园网。一个月后，香港明爱赛马会梨木树青少年综合服务公益组织组织了17人的考察团到山区开展助学考察，为三堡乡中心校捐助了价值一万多元的爱心物品。随后，经过龙瑞雄积极联系沟通，该公益组织再次为天峨县贫困山区学校捐赠了价值15多万元的物资。

参加西部计划以来，龙瑞雄的足迹遍布天峨县9个乡镇35个村屯，家访了135个贫困学生，走访了解了15所中小学校，参与和组织了关爱留守儿童、关爱农民工子女、扶贫助学等公益活动35次。

2011年底，为了让寒冬穿着单薄的山区孩子过上一个温暖的冬季，龙瑞雄时刻关注爱心组织发布的捐冬衣信息。得知腾讯网新闻中心发起了“衣加衣”温暖行动后，他第一时间与主办方负责人取得联系。他的努力得到“衣加衣”温暖行动的支持，共争取到衣服、鞋子、文具等1.6万套件，受益学生达两万多人。

2012年12月12日，龙瑞雄到三堡乡顶换村完小学调查走访。该校地处云贵高原南麓，海拔高，常年气温低、湿度大。走访中，龙瑞雄看到寒风刺骨、呵气成霜的冬天里，很多孩子还身穿短袖加破烂的外套，脚穿凉鞋或拖鞋……龙瑞雄心疼不已，回来后便立即联系爱心捐助。不久，来自上海的21箱衣物运送到顶换村完小学，分发给孩子们。

两年多来，龙瑞雄先后帮助山区学校筹集助学资金、物资等累计达100多万元。此外，他还积极为山区孩子申请“免费午餐”、“给孩子送双运动鞋”等项目，也得到了项目方的积极响应，项目正在落实中。

龙瑞雄用自己的实际行动践行了中共党员全心全意为人民服务的光荣誓言，彰显了一名新时代青年所应具有的无私奉献的优秀品质。他用自己的爱心、真诚

与坚持为贫苦乡村的孩子们带来了光明与希望，让人们真切感受到了这个世界并不缺少爱。

（二）瑶山之女，圣洁质朴——盘振玉

两旁是教室和办公室，中间是一间不到10平方米的厨房兼食堂，厨具一尘不染，橱柜上的蔬菜水灵灵的，刚刚灌满开水的两个热水瓶，还在冒着热气。柜子上放着一个药箱，旁边码放着晒干的金银花、鱼腥草、车前草等十几味草药，地上一个大茶壶里，是浸了中草药的凉茶。楼上，是两间寝室，铺盖整整齐齐，靠墙一边挂着一溜洗净晾着的衣裤，墙边摆放着一溜小桶小盆。这是一所学校，也是一个温馨的家。

五马垅村位于海拔1300米的大山深处，离乡政府30多公里，2000年才修了条简易公路，2002年才通了电，至今未通班车。16岁就走上讲台的盘振玉，主动放弃下山工作的机会，在这座几乎与外界隔绝的大山里一干就是22年，把自己的青春和全部的爱，都献给了瑶山的孩子。当地瑶胞亲切地称她为瑶山“圣女”！

“盘老师与我们同吃同住，学校就是我们的家！”

五马垅小学仅有9名学生，最大的10岁，最小的还不到5岁，分别在小学一、四两个年级和幼儿班。开学第一天，盘老师正在采用复式教学给学生上课，她时而用汉语普通话、时而用瑶家语，有条不紊地在几个年级间穿插讲课，与学生展开讨论。

这学期，9名学生中有6名在学校寄宿，其他3名学生每天也在这里吃中餐。对这一切，盘老师早已习以为常了，22年来她都是这么过来的，与她同吃同住的，最多时有十几个。她白天除了上课，还要为学生做饭、洗衣裳，晚上除了备课、批改作业，还要为学生盖被子，招呼学生起来大小便……

22年了，盘振玉就像母亲一样精心呵护着这些瑶山里的孩子。瑶胞重情义，“圣女”之称，逐渐在瑶山传开了。

“不管多难，盘老师都教育我们学好知识，改变瑶山。”

前些年，瑶山里很穷，学校更穷，买粉笔的钱都很紧张，更无钱买教具。盘振玉就自己动手做。为上好自然课，她上山采集了数百种生物标本；学校没有室外活动场地，她利用课余、假日带领村民把教室旁的土堆和乱石挑走，开辟了一个60多平方米的简易操场；如今操场里的升旗杆、跳高架，教学仪器柜里的计数器等不少教具，都是由她和丈夫一起制成的。

五马垅的孩子上学比外面孩子要难得多，他们从小说瑶话，基本上听不懂普通话，入校首先要过语言关。盘振玉坚持用双语教学，在学前班和一年级，她先用瑶家话讲课，再“翻译”成普通话。从二年级起就要求学生说普通话，而且

要求学生回家以后也推广普通话。可想而知，她比一般教师要多下多少功夫。

全村四个组64户居民散住在十几个山头，组与组之间隔着大山，近的十几里，远的二三十里。因此过去很多家长不愿送孩子上学。为了不让瑶山孩子辍学，盘振玉就挨家挨户上门劝说。有一回，不到20岁的盘老师凌晨两点才到家，开门的父亲简直不相信眼前衣襟和裤腿都被露水打湿的女儿，竟摸黑在野兽和毒蛇出没的山路上跋涉了五六个小时。近10年来，五马垅村适龄儿童入学率和学生巩固率都达到了100%，盘老师为此流了多少汗、付出了多少心血，瑶胞们个个心里一清二楚。

当地干部作了一个调查，五马垅村64户236人，有167人是盘振玉的学生，有13人先后考上了大中专学校，22年来五马垅小学教学成绩在全乡一直名列前茅。

"哪怕只有一个学生，我也会选择留下来。"

盘振玉将自己的青春播撒在瑶山深处,用无私的爱撑起了孩子们梦想的天空，用自己的真诚与质朴带给了孩子们母爱般的温暖,让孩子们懂得了唯有发愤图强，努力学习才能走出贫困，走向更加幸福的生活。

（三）实践行者，大山骄傲——徐本禹

"除了感动之外，更需要做的是行动。不仅要有爱心，也要有毅力！"

徐本禹出生于山东聊城的一个贫穷的农村家庭，他勤奋学习，成绩优秀，获得国家奖学金和学校"特困生自强奖学金"，并被评为学校三好学生和优秀毕业生。他在政治上积极要求进步，被评为学校优秀共青团员，当选为共青团湖北省第十一次代表大会代表，并加入了中国共产党。他满腔热情，积极投身社会实践，被评为湖北省大学生社会实践先进个人。他富有爱心，在大学期间节衣缩食，用自己勤工助学的微薄收入和刻苦学习所得到的奖学金，先后资助多名经济困难的同学，并积极为社会公益事业捐款。从2001年到现在，他一直在资助湖北沙市一名叫许星星的孤儿（曾获全国十佳春蕾女童称号），从未间断。他在自述中写道："我唯一能做的就是把爱心传递下去，用自己的行动来帮助那些生活上需要帮助的人。"

2002年7月，徐本禹参加学校组织的暑期社会实践，到贵州省大方县猫场镇狗吊岩村设在山洞里的为民小学支教一个月。这次社会实践使他更加深刻地认识了国情，激发了强烈的社会责任感，决心以实际行动为改变当地贫穷落后的状况贡献自己的力量。返校时，孩子们依依不舍，他向孩子们承诺一年后会再回去给他们上课。考上研究生后，他打算放弃深造机会，回到贵州实践自己"阳光下的诺言"。学校经过研究，决定为他保留研究生学籍两年，支持他的行动。

2003年7月，他从办学条件已经大为改善的狗吊岩村转点到条件更加艰苦

的大水苗族彝族布依族乡大石村继续义务支教。

如果眼泪是一种财富，徐本禹就是一个富有的人，在过去的一年里，他让我们泪流满面。他离开繁华的城市走进大山深处，用一个刚刚毕业大学生稚嫩的肩膀，扛住了倾颓的教室屋脊，扛住了贫穷和孤独，扛起了本来不属于他的责任。也许一个人的力量还不能让孩子们的眼睛铺满阳光。徐本禹点亮了希望的火把，也点燃了更多青年的奉献热情。

第二节 泽被一方，大爱无疆

一、感动中国：平凡人间平凡事

（一）悬崖支教，烛照深山——李桂林、陆建芬夫妇

甘洛县乌史大桥乡二坪村，是凉山北部峡谷绝壁上的彝寨，村民上下绝壁都要攀爬5架木制的云梯，进出极为艰难，村民一年也难得下绝壁一次。就是在如此艰险的环境下，李桂林、陆建芬夫妻扎根这里18年，把知识的种子播种在彝寨，为村民走出彝寨架起“云梯”。

1990年，已经停办了十多年的二坪村小学准备复课。曾经在雅安汉源县一所小学当过民办教师的李桂林听说后,决定到大渡河对岸的这个山村来看看情况。

那时，李桂林只知道二坪很穷，山路难走。但等他艰难跋涉近10个小时来到二坪村时，才发现这里远比他想象中落后：老人们穿得破破烂烂，衣不蔽体，很多人都没鞋穿，小孩子更是打赤条到处跑。这一幕幕场景让李桂林既吃惊又难过。

村民的落后与贫苦，深深地刺痛了李桂林的心。他也是彝族人，他的家就在大渡河对面的山里，但是那边的生活要比二坪村好太多了。二坪村太需要一个老师！李桂林决定留下来教书，让二坪村的孩子长大后不再过这样贫穷的生活。

到了第二年，李桂林把妻子陆建芬也动员到山上来教书。从此，“天梯”的两头，多了两个护送学生的身影，寒冬酷暑，春去秋来，从不间断。21年来，夫妻俩一共培养了六届学生共254人，其中有22人是从外村慕名而来的。李桂林本人还两度被评为县优秀教师。

21年的坚守，他们如智慧的烛火，照亮了深山，照亮了山里人渴望文明的心，使得曾经的文盲村逐渐变成远近知名的文化村。

昔日的文化荒野到今天的精神巨变，与这两位老师付出的心血是分不开的。他们用双手抓住天梯，用脚板丈量峰峦，用热心温暖他人，用智慧照亮家园。他

们是物质上的赤贫者，却是精神上的富豪，他们用实际行动维护了师尊，铸就了师魂，感动你我，更感动中国。他们为偏远山区的教育事业撑起了一片蓝天。感动中国这样评价他们：在最崎岖的山路上点燃知识的火把，在最寂寞的悬崖边拉起孩子们求学的小手，19年的清贫、坚守和操劳，沉淀为精神的沃土，让希望发芽。

（二）心灵放歌，最美校长——李灵

2009年夏天，一个衣着朴素的女孩边嚼着干粮，边奋力蹬着三轮车，专门收购小学教辅图书，而且给出的价钱也比一般“破烂王”高得多。这个场景，被一个名叫“莫笑书生无情”的网友看到。他拍下女孩骑车收书的照片，发到了网上。

“希望每一个曾经有过这种经历的人，可以稍稍给女孩尽一点力量……”写着简短文字的照片，迅速引起巨大反响。很快，人们知道这个女孩叫李灵，是淮阳县一所农村希望小学的校长；为了让几百名孩子有书可读，27岁的年轻女校长只身来到省城收购旧书。

收书，一个源于普通乡村教师质朴心愿的举动，让无数人为之动容。李灵的作为，也赢得了由贾平凹、阎肃、崔永元、于丹、金庸、冯骥才、喻国明等35位各界名流组成的“感动中国”推举委员会的喝彩，她被推举为CCTV2009“感动中国”首批30名候选人之一。

2002年，刚从淮阳师范毕业的李灵，看到农村有大量留守儿童辍学在家，便萌生了在家乡办学的念头。在父母和亲朋的支持下，她办起了周口东新区许湾乡希望小学。在学校，她是校长兼思想品德老师。在她的一手操劳下，这个学校有了7个班，1到4年级各1个，还有3个学前班，共300多名学生。由于所有学生全部免费，学校无力为学生购置教辅读物和课外书籍，而且到2009年，李灵为建学校已欠下8万元外债。

“就像收废品一样，骑着车到处去转着叫。”李灵说，她的每顿饭都是两个烧饼。烈日下，李灵骑着破三轮车穿街过巷，拿着秤一斤斤地回收旧书本，满头大汗地装载着“精神食粮”，向卖旧书的小孩露出天真的笑容……27岁的李灵眼角已经布满皱纹，手上的皱纹也是操劳的印记。每次说到这些时，李灵总是不大好意思，“没有办法，我本身就是农村里头的，一直都忙这忙那，也顾不上这么多了。”李灵笑称，自己在学校是校长也是工人，“我自己给自己打工，没有工资的，每件事都要自己去跑。”

27岁，已是考虑结婚的年龄，面对这个问题，李灵苦笑着说：“我现在没有男朋友，也没有时间去考虑这个问题。”现在的目标，还是要把这个阅览室建好，别的事情想都没想过。“现在大家都关注起来了，虽然获得的捐赠也多了很多，但是我的压力也大了很多，生怕做不好，辜负了社会对这些孩子的期望。我的梦想没有变，其他都得靠边。”

于丹评价李灵：在自己可以开花的年华上，李灵却做了孩子们的泥土，滋养更多花开。她用一个小女子的担当许给家乡孩子一片未来。

她用双手撑起了孩子们的蓝天，“捧着一颗心来，不带半根草去。”

（三）烈火炽爱，让爱燃烧——王茂华

生命是一场良知大爱的考验。一对侠义翁婿，火海中三进三出，为人们讲述了生命是舍生忘死，人间挚爱！这是感动中国授予一位英雄教师的颁奖词。英雄已去，然英魂长存，感动着我们，带给我们心灵的温暖。

一个普通的下午，宜春市袁州区慈化镇伯塘村马路边的一栋普通民房内，5个小孩在屋内嬉戏，他们中年龄最大的仅7岁，里屋还有一个1岁多的小孩正在睡觉。孩子们发现屋内一辆摩托车油管正滴滴答答的漏油，浓烈的汽油味弥漫了整个厅房。旁边，一个刚刚灌满气的煤气罐静静安放在屋角。这时，一个稍微大点的孩子在地上捡到一只打火机，并试探地打火——一场灾难随之降临！

大火迅速蔓延，引燃了厅堂里停放的两辆摩托车及家具等。当天是星期天，伯塘中学青年教师王茂华与岳父谭良才刚回到家，就听到了邻居余水兰的呼救声。他们赶紧跑到屋外，看到大火和浓烟从余水兰家滚滚而出，屋内传出咳嗽声和哭喊声。王茂华率先冲进火海，循着哭声，他摸到了几个孩子的头，抱起来就往外冲。“里面还有孩子！”冲出来的王茂华告诉正往里冲的岳父谭良才。谭良才二话不说就冲进了屋内。王茂华急喘几口气，再一次冲进火海。此时，屋里的大火愈燃愈烈……

就在王茂华和谭良才抱着第5个孩子往外冲时，更加严重的灾难发生了：大火引燃了屋角的液化气罐，“砰”的一声巨响，一团火焰将王茂华和谭良才包围，随后一阵巨大的气流将两人带孩子们冲到屋外。这时，余水兰的儿子闻讯赶回家，打开后门冲进去将在里屋睡觉惊醒的幼儿救出。

伯塘村村民汤淑华回忆，被气浪冲出来后，王茂华的衣物被烧个精光，全身焦黑，躺在地上动弹不得，口中却呢喃不已。闻讯赶来的妻子谭长华贴在王茂华嘴边才听清楚：孩子没事就好，孩子没事就好……谭良才情况稍好一些，他忍痛跑到了旁边的水塘纵身跳了进去。之后，汤淑华将其拉了上来。

村民们很快将王茂华、谭良才送到了当地卫生院，但由于烧伤程度高、面积大，卫生院医生劝王茂华的家人将两人转往离慈化镇不很远的浏阳市人民医院。当天下午五点多，王茂华、谭良才被送进了浏阳市人民医院烧伤科。经多方救治无效，王茂华于5月2日凌晨1时19分不幸去世，年仅27岁。

就是这样的一位普通教师，面对威胁生命的火海时，在自己和孩子之间，他选择了孩子，三进三出火海，彰显了一名人民教师高尚的师德。如果说第一次是本能，第二次是责任，那么第三次就是果敢与豪气了，这是从一位80后教师身

上体现出来的英雄本色。他是播撒爱的使者，他用壮举完成了这一崇高使命。

（四）高义薄云，生命怒放——胡忠、谢晓君夫妇

他们是夫妇，他们是老师；他们带上年幼的孩子，是为了更多的孩子；他们放下年迈的父母，是为了成为最好的父母；不是艰苦与辛酸，是幸福与浪漫；不是冲动，是由心的选择。他们就是胡忠和谢晓君，来自成都，多年坚持在海拔4000多米的塔公草原支教，他们感动着我们，他们的“高原红”怒放在当代。

胡忠和谢晓君原来是四川成都市石室联合中学的化学老师和音乐老师。2000年8月，他们夫妇一起去四川省甘孜藏族自治州康定县的塔公草原旅游。塔公草原天蓝、地阔，景色美丽，他们还看到了塔公乡西康福利学校那些孩子渴求知识的眼睛。旅行结束，两人在回成都的车上久久沉默，胡忠红着眼圈冲着谢晓君说：“我想来这里支教。”谢晓君一把抓住丈夫的手：“你来吧，我支持你。”胡忠以志愿者身份前往西康福利学校任教。临别那天，谢晓君一路流着泪把丈夫送到康定折多山口。

胡忠到校后一开始教数学和汉语。孩子们很小，有的一点儿汉语都不懂，因此他只能从汉语拼音教起。除了教材里的内容之外，胡忠还要教同学们如何与人交流，怎么做才算对人有礼貌，才是一个诚实的好孩子。胡忠还搬到男生寝室里，督促他们洗漱、换洗、打扫房间等。

课余时间，胡忠当孩子们的足球教练、带孩子们爬山、野营，还教孩子们唱歌，绘声绘色地给孩子们讲神话故事。思想品德课上，胡忠教孩子要努力成为一个“好人”，“好人”就是对社会真正有用的人。

日子就这样一天天过去了。在成都的妻子谢晓君始终没有等来丈夫回家的消息。因为在高原上，有一群孩子等着胡忠回“家”吃团圆饭。谢晓君是四川音乐学院钢琴系毕业的大学生，她多次前往藏区探望丈夫，看到这里的孩子是那么的尊敬老师，对知识的渴望是那么的强烈，那些纯朴的藏族孩子深深地打动了她。2003年，谢晓君带着他们年仅3岁的女儿，申请到西康福利学校支教。然而，到了塔公草原她才发现，那里的孩子还处于脱盲阶段，教他们学习文化知识才是最急迫的。于是，她只能放弃音乐，从自然老师、生物老师到语文老师，寒来暑往，谢晓君那双弹钢琴的手开始变得粗糙起来。

夫妇俩对高原教育的献身，对孩子的大爱让格桑花在雪域高原盛开！让高原的天在孩子纯真的笑脸映衬下，更高，更蓝！

（五）冰雪为容，白玉作胎——张丽莉

张丽莉出生在一个教育世家，2007年，她从哈尔滨师范大学毕业后，分配到佳木斯市第十九中学任教。

2012年5月8日，放学时分，张丽莉在路旁疏导学生。一辆停在路旁的客车，因驾驶员误碰操纵杆而失控，撞向学生，危急时刻，张丽莉向前一扑，将车前的学生用力推到一边，自己却被撞倒了。

车轮从张丽莉的大腿辗压过去，肉都翻卷起来，路面满是鲜血，惨不忍睹。被轧伤后的她时而清醒，时而昏迷，在送医院的途中，还对大家说：要先救学生。昏迷多天后，张丽莉醒来的第一句话是："那几个孩子没事吧！"

经过抢救，张丽莉被迫高位截肢。她的亲人和医护人员都不敢想象她知道真相的后果会是怎样，但张丽莉很快接受了事实，还反过来安慰父亲说："当时车祸的场景我还记得，很幸运，如果车轮从我的头碾过去，你们就看不到我了，我救了学生，也保住了命，今后一定会幸福的。"

躺在病床上的张丽莉老师十分挂念即将考试的学生，在接受第三次手术前，她通过工作人员转交了写给自己学生的一封信。

我最最亲爱的宝贝儿们：

今天是我醒来的第10天，距离你们中考仅有一个月的时间了！醒来的每一天第一时间想到的都是你们！你们丽莉姐的大脑里，无一刻不浮现出所有人每分每秒积极学习、努力付出的画面。相信我善良、可爱、幸运的宝贝儿们必定会在中考之时获取辉煌战果！因为手还比较肿，所以只好打字给你们。但是不要担心我，我的身体恢复得很快，可以说一天一个样，连医生都诧异于我强大的生命力！而且，对于当时那一瞬间的选择，我从未后悔过，对于今后的生活也早已欣然接受。实际上，我真心地感谢上苍，让我在迎接每一天的曙光时，真切地感慨——活着真好！今后，我会更加精彩地活，为了这个世上所有爱我的人！所以，孩子们你们要记得，你们每个人都是这个世界上最幸福的人，因为你们能够健康、快乐、平安地生活！

……

另外，平日里上下学一定要注意安全，要懂得保护自己。最后送一首蔡琴的《我心是海洋》给你们，我们彼此共勉！加油，孩子们！

永远爱你们的丽莉老师

2012年5月25日

有人问张丽莉，"你后悔吗？"她回答："不后悔。这样做是我的本能。我已经快30岁了，我已和父母度过了将近30年的快乐时光，那些孩子还小，他们快乐的人生才刚刚开始。"

张丽莉失去了双腿，但却给孩子们插上了翅膀。都说人生没有彩排，可即便再次面对那一时刻，她的选择依然不会改变。那一刻的壮举，展现了一位新时代师者的高风亮节，大美形象！在当时那个寒冷的冬天，为人们带来浓浓暖意；在车水马龙的路口，给孩子们上了人生最美的一课。

二、温暖中国：动容时刻动情泪

（一）大师无言，桃李成蹊——徐小荷

徐小荷，浙江温州人，1933年8月生。1957年毕业于东北工学院（现东北大学）研究生班，留校任教，是著名岩石力学家，更是一位无院士之名，具院士之实的采矿大师。从50年代后期开始，耕耘教坛50载。除从事凿岩爆破课程的教学外，致力于岩石破碎学这一新学科的创建，提出了岩石破碎和防止岩石破碎是采矿工程科学基础的论点。针对我国采矿界全面推广普氏和苏氏岩石分级法存在的弊端，在其所著《论我国岩石分级》一书中，提出了按齿碎比功岩石分级原理，这种分级方法现在国内得到广泛的推广应用。所著《岩石破碎学》推动了这一学科在我国的发展。60年代后期，他利用波动理论来研究撞击凿入系统的受力效率问题，改进了实验方法，并建立了撞击面有局部变形和短暂分离的撞击凿入计算模型。在这领域中作了一系列研究工作，“冲击凿岩理论与电算方法”成为分析凿岩机和冲击器等冲击凿入工具的有力手段。1984年，被国家科委批准为国家级有突出贡献科技专家。徐小荷是首届中国岩石力学与工程学会常务理事，岩石破碎专业委员会主任委员，国家教委科技委员会委员，国务院学位委员会第二届学科评议组成员。

徐老一生致力于采矿研究，他就科研工作的一丝不苟、待人接物的宽和厚重，感染着一代又一代学子。徐老是一位“剪报”专家，自退休起，他便将报纸上有关于“文化”、“教育”、“美学”、“科学”的大师论断和前驱思想剪辑成册，厚厚的近百本的报章杂辑印证着这位老者对于文化的执着与思想的坚守。正如学术盛年时代的徐老毅然放弃申请院士，不逐名利、不问得失，实实在在为人，勤勤勉勉做事，是徐小荷老师一直所坚守的学者良心，他说：得到什么并不重要，重要的是让你们能够少走弯路，多些生活与学习的美学。

晚年的徐老，依旧在与代代青年的薪火相传中承载时代责任。80岁老者与90后一群小生的跨越时代的对话，不仅仅是对采矿学科的学术接力，更是一种睿智人生的对话与勾勒。徐老师用工科巨匠的智慧与哲学大儒的精神，在采矿学这一工程领域取得了开创性的成就，他更是遍览《史记》、《诗经》、《道德经》、四书等中国传统文化著作，对东、西方美学有着独道见地，科学技术与美学如何结合、科技哲学未来的发展视域，皆是徐老所关注的问学之处。也正是这样的一位工科杂家，让所有聆听徐氏教诲的60、70、80、90后在各自的时代里、各自的领域里，对所学专业、所在研究有了更为全新、全面的认识。徐老师的学术体

系是体大思精的，他以工科学者的角度，站在一个文化的、历史的、辩证的角度看待科技发展与人的发展，他无愧于“采矿大师”、“不是院士的院士”等赞誉。

正是这位普通的老者，在奉天城的南湖畔见证了一个百年校园的迁变，见证了一个又一个时代的交迭，但不变的是，他对于人生的思考，对于文化的敬意。五十六年来，徐小荷老师一直耕耘着自己的三尺讲台，春去秋往，日复一日，一代代桃李芳华经过老师悉心哺育各自奔往未来，不变的，是身后老师坚定的目光。桃李不言，下自成蹊，徐小荷老师用自己切身的行动，诠释了大师无言自美的风范。

（二）燕园巨匠，支疆先驱——孟二冬

“苟利国家生死以，岂因祸福避趋之”。1980 年 2 月初，孟二冬完成了专科学业后被择优留校，成为中文系的一名老师。此后十余年里，他三进三出，走过了进修学习、攻读硕士学位和博士学位的求学历程。1994 年，博士毕业后的孟二冬留在北大中文系任教。

孟二冬备课缜密周详，讲课驾轻就熟，深入浅出，突出重点和难点。他每次上课都会早到迟归，希望与学生有更多的交流时间。学生眼中的孟老师，是一位博学而又酷爱运动，儒雅而又专注学术，敬业而又热爱生活的老师和朋友。

为支援新疆高等教育事业的发展，2004 年 3 月，孟二冬主动要求参加了北京大学对口支援石河子大学的工作。在到石河子大学的第二周，他就出现了严重的嗓子喑哑症状，尽管每天打针、吃药，他仍坚持上课。随着声音越来越微弱，他不得不在课堂上用起麦克风，在师生们的再三要求下，他来到当地医院检查，医生根据病情做出了“禁声”一周的医嘱，但他第二天又强忍病痛站在了讲台上。2004 年 4 月 26 日，他在剧烈的咳嗽中坚持讲完“唐代文学”最后一节课，倒在了讲台上，经医院诊断，他已患食管恶性肿瘤，因医治无效于 2006 年 4 月去世，享年 49 岁。

在石河子大学期间，孟二冬除坚持为中文系 2002 级四个班的学生每周讲授 10 学时的必修课外，还为中文系教师开设了“唐代科考”选修课，利用业余时间积极主动与中文系老师座谈，交流教学工作经验。孟二冬治学严谨，有很长一段时间，为了完成那部具有重大史学文献价值的专著《登科记考补正》，查找了大量资料，发现存在大量缺误。他对这一著作进行研究和整理。孟二冬花了 7 年时间，终于完成了 100 多万字的《登科记考补正》（上、中、下三册，北京燕山出版社出版）。2004 年，这部专著荣获北京市哲学社会科学优秀成果奖一等奖，并得到我国文学界和史学界的高度评价，认为这是近些年我国文学界和史学界不可多得的一部力作。他付出了大量心血，得到的稿费却只有 3 万元。就是这 3 万元，他还全部换成了著作，送给自己的老师和学生。

袁行霈先生说，孟二冬做学问特别讲究用第一手资料，研究功底非常扎实。

他洋洋400多万字的研究成果，从《中国诗学通论》到《千古传世美文》，从《陶渊明集译注》到《中国文学史》，都像他的为人一样厚实可信。

一位进修老师找孟教授请教专业问题，他热情相待。从先秦聊到隋唐，从古籍聊到古人，滔滔不绝，不觉到凌晨三四点钟。他的女儿睡在隔壁，第二天早晨对妈妈说："想不到爸爸不仅一肚子学问，还竟然那么能说！"在一般人的印象中，他话语不多，专业功力以考证知名，生活应该很枯槁才对。面对这些，孟教授没有刻意去反驳或者证明什么。当他在古籍阅览室读书思考的时候，他是不是在古雅的字里行间神游物外，在与古人的神交中如鱼得水？他有没有在某个时刻突然发现自己到达了美丽的桃花源，精神富足而不足为外人道也？他在众多的书架间穿梭，他生活在自己诗意而丰腴的世界里。这些足见孟二冬的豁达淡泊。

古人云"化民成俗，基于学校；兴贤育德，责在师儒"。孟二冬就是这样的师儒，勇敢地成为支疆先驱，他用并不结实的臂膀，为荒野边疆开拓出一片牢固的育人堡垒，用自己的亲历亲为，指引后续无数支教者在他曾经工作过的地方挥洒汗水，为师儒做了最好的注脚。

（三）献身西部，感动宁夏——冯志远

冯志远，1949年考入东北师范大学中文系，1953年毕业后分配到上海任教。1958年响应国家支援边疆教育事业的号召到宁夏，先后在中宁县鸣沙、关帝中学任教。

1958年，不顾新婚不久的妻子的反对，自愿来到宁夏回族自治区中宁县的一所中学，一年后又主动转到更偏远的关帝中学任教。作为关帝中学教师队伍中唯一的一名大学毕业生，冯志远包揽了语文、历史、地理、俄语4个科目的教学工作，从早到晚不停地上课，和学生们一起挤学生宿舍，吃学生食堂。

由于关帝中学的学生们都是农民子弟，生活都很困难，他就从工资里拿出钱来，给学生们买书和学习用品，剩下的钱再寄回家里，常年不换新衣服。

这样的日子一过就是11年，期间他一直与妻子分居，以致在他40岁的时候，才和妻子生下了一个男孩，然而，他每年只有两次机会听儿子叫他爸爸，那就是在每年暑假和寒假回上海时。每次回家，儿子都哭着求他快点回来吧，可他每次都是一边答应，一边告诉妻子好好照顾儿子，因为他的心早就飞回了学校。儿子生病了，妻子发来加急电报让他回去，当时正好赶上冯志远班里的学生中考，他一咬牙留在了课堂上，直到学生们中考结束才从宁夏坐火车返回上海。由于冯志远常年不回家，和妻儿的关系也越来越淡，以致他至今未得到妻儿的谅解。

1984年，冯志远突然感到眼前越来越模糊，双眼视力急剧下降，由于没时间治病，不久他在一次语文课上双目失明。那一年他55岁，学生们担心他离开学校，而他却作出了"不离开学校，不离开孩子"的决定。失明后的他，没有办

法备课，就凭着记忆给孩子们上历史课。从远古时代到新中国解放，他用说评书的方式将历史讲给学生们听，成为了学生们最喜爱的历史老师。

每天早晨，都会有两名学生来到冯志远的床前，为他打来洗脸水，扶着他下床，然后拿着毛巾站在旁边，等老师洗完手后，再将毛巾递过去。上课铃声响起时，学生张涛就会牵起老师的手扶着他走向课堂，全班同学看着冯志远摸索着走上讲台，总会起立齐声高喊："老师好！"

下课了，学生们争先恐后地扶着他，来到食堂，争着把自己碗里的菜夹到老师碗里，有的学生干脆直接喂老师吃，常常是十几双筷子同时伸出去，放在冯志远的嘴边，等着老师吃完再送上下一口菜。就这样，在学生们的照顾下，冯志远又坚持当了5年盲人老师，直到60岁退休才正式离开讲台。然而，退居二线的他，仍旧住在学校，只要孩子们需要，他就义务为孩子们辅导，直到他身患脑血栓，无法自理的那一天。

他曾说："如果现在还让我当老师，我依然愿意，虽然我看不见学生，下不了床，但我还能说话，我可以为学生们讲讲历史，讲讲做人的道理。"老人说他这一生唯一的遗憾是太愧对妻儿，他希望有生之年能再见他们一面。

（四）执教卅载，启蒙三代——李新孝

在赤峰市喀喇沁旗四十家子乡罗营子村天上队小学里，李新孝既是校长又是班主任，还是代课老师，他默默无闻地在教育岗位上干了32年。李新孝从小家境贫寒，酷爱读书，靠着每星期一块钱的生活费，他读完了初中，成了当时村里最有文化的年轻人，看到学校没有老师的难处，他放弃了已经到手的高中录取通知书，毅然走上讲台，成了"天上队小学"唯一的一名教师。

罗营子村天上队位于海拔1500多米处，是喀喇沁旗有人居住的最高地方。1952～1972年，当地教育部门给天上队小学先后安排了12位老师，但是由于这里偏僻荒凉、条件艰苦，他们纷纷离去。1973年，30多个孩子，两间低矮、阴暗的茅草屋，一块儿黑板，这就是当时天上队小学的全部。夏天，风大雨急，简陋的茅草屋随时都有倒塌的危险，李新孝就把自己还贴着喜字的新房腾出来当作教室；冬天，大雪封山，一年8个多月积雪不化，土坯墙教室难以抵御刺骨的寒风，李新孝就把学生们带到自家的火炕上学习。

全校30多个学生分为4个年级，所有课程都由李新孝一人承担，32年来，他相当于教了60年的课程。李新孝的教学方式可谓既"新颖"又"奇特"。他采用的是"分批次、分时段"授课法。全校30多个学生分为4个年级，每周分一、三、五和二、四、六分两拨上课；具体到每一天的上课时间，又分白天和晚上两个时段。

李新孝说："乡亲们把孩子交给我，我就要让他们学到东西，否则就对不起

乡亲们，更对不起孩子。”32 年来，李新孝的 300 多个学生没有一个辍学。30 多年风风雨雨，一万多个日日夜夜，李新孝一直坚守在“天上队小学”，始终没有动摇过。如今，村里 45 岁以下的人都做过他的学生。许多学生毕业后，又继续读了初中、高中，成了有文化的农民，成绩优秀的还考取了中专和大学。乡亲们说：“李新孝改变了罗营子村天上队的命运，没有他，就没有我们的今天！”2005 年教师节这一天，央视《2005 奠基中国》大型特别节目现场采访了李新孝在讲台上默默耕耘的动人故事。李新孝难得去一次北京，央视的工作人员于胜春劝说他多玩儿几天，他说：“我还要赶回家给孩子们上课呢！”

在李新孝心中，孩子们永远是最重要的。

（五）甘南师魂，身残志毅——房锋生

他是一个残疾人，但他的精神无比挺拔。他被称为甘南教育界的“师魂”。

18 年来，他拖着残疾的身躯一个人撑起了一所学校，把一个濒临关闭的村小学办成了有 100 多名学生的学校。目前，北山村小学的学生入学率、合格率、毕业率都稳定在 95% 以上。

房锋生 8 岁时因意外事故落下残疾。1988 年初中毕业，被乡里聘为北山村第 10 任代课教师。由于村上条件十分艰苦，调来的老师任教时间都不长，很快就走了。只有他不计报酬、不怕困难坚持了下来。

1992 年，旧学校房屋出现裂痕，随时有倒塌的危险。为了学生的安全，他用自己微薄的工资租了两间民房作教室，用土坯木板搭成桌子，学生自带凳子，开始了北山村的“复式”教学。

就在他租房办学非常艰难的时候，全县解聘乡级招聘教师时他也被解聘。许多学生家长找到他，希望他继续教书。面对渴望学习的孩子，面对乡亲们的殷切期望，他决定继续教学，每月的报酬是 30 元钱。1994 年秋天，他决定搬迁校址改善教学条件，建新校。但没有资金，他就拿自家的房产作抵押贷款 2000 元；没有木料，他就搬来已故的父亲准备给家里修房子的椽子、柱子和木板。他的行动感动了乡亲们，纷纷前来帮忙，新学校很快建了起来。鉴于村小学的实际情况，1994 年他被破例招聘为县级招聘教师，每月发 120 元的工资。

1998 年北山村小学被列为义务教育工程项目学校，校舍列入搬迁范围。他再次走进乡信用社，个人申请贷款 5 万元，并把自家一块平整、离村庄最近的责任田让出来作校址。平时，他把学校不多的学杂费全部拿出来，批发学习用品，免费发给学生，减轻学生家庭的经济负担。

房锋生用残疾的身躯、无私的奉献，改变了山村孩子们的命运。他的事迹感动了乡亲，也感动了社会。2005 年，他被特批为正式教师。

房锋生不仅是一个呕心沥血的教师，还是一名热心善良的村医，随便找一位

村民都能说出一大堆房老师热心助人的事迹。他通过自学拿到了乡村医生的行医证书，在家里办了个药铺，常给乡亲们、学生们看些小病。碰到谁家经济紧张要赊欠药费，总是免费的送药给他们。为了配合乡上的义教工作，他还办了一所夜校，先后完成了对本村五十多名中青年文盲的扫盲工作。对于一些孤寡老人，他也尽己所能的给予一些救济帮助。

作为一名最基层的教师，他是平凡的，因为他从事着普普通通的教育事业，他又是不平凡的，为了干好这项事业，他付出了比其他人多数十倍的努力，有着比其他人更坚强的意志。作为一名农村党员，他十分清楚，只有教育才是真正关系北山村前途与命运的根本利益所在，他把三尺讲台深深地根植在自己的心中，把自己全部的心血都献给了这一片生他养他的土地，就像一颗傲立雪中的参天大树，呵护着北山村数百名孩子茁壮成长。

他是一名真正无私的“园丁”、一支彻底奉献的“蜡烛”，他用数十年如一日的坚持与执着，表现出了一位人民教师崇高的师德风范。善化人者，心诚，色温，气和，词婉，容其所不及，而谅其所不能；恕其所不知，而礼其所不欲。房锋生就是这样一位善化人者，用自己温文儒雅的一片赤心，屹立在甘南山岭之上，唤来一片晴空，为大山深处带来希冀，堪称师界良心。

第三节　静水流深，大儒风骨

一、 民国大先生：大楼大师大胸襟

古者称师曰“先生”。在世人评判标准中，并非所有的教师，都配称“先生”。师，要传道、授业、解惑，“道之所存，师之所存也”。为师者，必须“智入泉源，行可以为表仪”。泱泱华夏，从鸦片战争爆发的那一天，国民意志的薪火传承，全赖民国期间先生们的承担。他们以百斤肉体去抵御乱世，以满腔热情承传学问。为后辈注入救世做人之营养，树立正确的方向。

（一）思想自由，兼容并包——蔡元培

蔡元培先生毕生倡导教育救国，学术救国，科学救国，推动中国的思想启蒙和文化复兴。因戊戌变法的失败而出走翰林院，回乡办教育。1916 年国民教育总长范源濂请他担任北京大学校长。

1917 年到任北京大学校长，并改革北大领导体制和学科、学制设置，创办科研机构，倡导平民教育，首行男女同校。采取“囊括大典，网罗众家，思想自由，

兼容并包”的方针，大量引进新人物，不拘一格招聘众家，使北大成为“五四”时期新文化运动的中心。

蔡元培是中国现代史上伟大的教育家，“思想自由，兼容并包”是他教育思想的核心。民国初年他在北京大学当校长的时候，曾把这个核心定为北大的校训。“依世界各大学通例，循思想自由原则，取兼容并包主义”。如今这个校训虽然不被官方提及，但融化到血液里的理念早已经成为北大永恒的精神。

“大学者，‘囊括大典，网罗众家’之学府也。《礼记·中庸》曰：‘万物并育而不相害，道并行而不相悖。’足以形容之。如人身然，官体之有左右也，呼吸之有出入也，骨肉之有刚柔也，若相反实相成。各国大学，哲学之唯心论与唯物论，文学、美术之理想派与写实派，计学之干涉论与放任论，伦理学之动机论与功利论，宇宙学之乐天观与厌世观，常樊然并峙于其中，此思想自由之通则。”这是1918年10月蔡元培在《北京大学月刊》发刊词中阐述所说，也可以说是其“思想自由，兼容并包”的理论和实践依据。当年的北大，在“思想自由，兼容并包”旗帜下，既有共产主义、三民主义和无政府主义，也有立宪派、拥帝派和复古派。在教师队伍中，思想激进、倡导文学革命的陈独秀被请到北大主持文科学院，信仰马克思主义的李大钊被聘担任了北大图书馆主任，刚从美国归来、年仅26岁、提倡文学改良的胡适也被请到了北大当教授；而拖着辫子的保皇党辜鸿铭，拥护帝制的封建文人刘师培等一些满脑子封建余孽，却又很有学问的人也同在北大任教。在学术方面，蔡元培主持下的北大更是五花八门，无奇不有。当时在北大校内，楼上楼下就可以听到观点对立的教授唱对台戏，而学生们则在学习过程中和观点交锋中形成自己的认识。“思想自由，兼容并包”并没有让北大成为思想紊乱的杂货铺，而是使北大成为新文化运动的摇篮，成为五四运动的策源地，内中的道理不言自明，也发人深思。

正是因为蔡元培这种不拘泥于成规，重才能不重履历的大家手法，才使得北京大学在文科方面先获进跃，各学科也逐步打开了局面。对于各类学术学派，蔡元培坚持：“思想自由，兼容并包”。在当时的北京大学，有大骂新文学是背史叛经的黄侃，就连提倡“情人制”、“外婚制”、“性博士”的张竞生在这里也有一席之地。可见当时北大胸襟之大，宽容量之巨。陈独秀称赞：“这样容纳异己的雅量，尊重学术自由思想的卓见，见习与专制，好同恶异的东方人中实所罕见。”

蔡元培在教育救国中的期望是这样的：只要培养一大批学者，国家就有希望。他的教育救国具体为学术救国，所以他主张分文理科，学与术分校。这也为我国现在大学制度奠定了基础，对我国至今仍然具有深远的影响。

北京大学是五四运动的策源地，她之所以能成为策源地，是因为蔡元培在那里当校长。北京大学前身乃清末名为京师大学堂的“官僚养成所”。1917年初，蔡元培执掌北京大学以后，面对封建腐朽的积弊，大刀阔斧地对管理制度、教育体制等进行了全面改革。他先是聘请陈独秀当文科学长（相当于文学院院长），后又陆续聘请了胡适、李大钊、刘半农、杨昌济、钱玄同、鲁迅、梁漱溟、周作人等“新派”人物来校任教或兼课。如此而为，既弥补了北大师资之不足，又开阔了学生们的知识领域，对新文化运动起到了推波助澜的巨大作用。梁漱溟当年所言：“所有陈胡以及各位先生任何一人的工作，蔡先生未必能做，然他们诸位若没有蔡先生，却不得聚拢在北大，更不得机会发抒。聚拢起来，而且使其各得发抒，这毕竟是蔡先生独有的伟大。从而近二三十年中国新机运就不能不说蔡先生实开之了。”“科学与民主”是五四精神的真谛，蔡元培在北大所提倡和实践的精神正是这个真谛。由此我们可知，当年的北大能成为新文化运动的中心和各种社会新思潮的策源地，蔡元培居功至伟。从某种程度上说，没有蔡元培的“思想自由，兼容并包”，就没有北京的新文化运动，就没有广大师生和民众的觉醒，就没有五四运动。

作为一个先生，蔡元培对于学生和学校的爱护从不计较个人得失。蔡元培对爱国学生的鼓励和支持，乃至无“咎”辞职是“五四”运动最后取得胜利的重要因素。

在五四运动中，北大学子作为当时社会中爱国最激烈的代表，激发出的爱国热情也是最强烈的。蔡元培曾强调过：“学生就是读书的，读书不忘救国，救国不忘读书，核心就是读书！”可是却没有去阻止学生游行抗议。最后北洋一声令下，逮捕了大量的学生。蔡元培立即想方设法地营救，学生被释放后，为了保住北大和学生，他立即引咎辞职。

当时在营救学生的时候，整个社会四处散播北洋要解散北大，大总统徐世昌要严惩蔡元培，甚至于有谣传徐树铮已经命令军队将炮口对准了北大。所以蔡元培以辞职来保全北大，保护学生。虽然后来在社会各界的强烈要求下复职了，可是蔡老这种对学校和学生的爱却毋庸置疑。

傅斯年说：“蔡元培先生实在代表两种伟大文化：一曰，中国传统圣贤之修养；一曰，西欧自由博爱之理想。此两种文化，具其一难，兼备尤不可觏。先生殁后，此两种文化，在中国之气象已亡矣！”

（二）非谓大楼，大师之谓——梅贻琦

梅贻琦，是中国首批留美学生，26岁就担任了清华学堂物理系主任，比当时的某些学生都小。任教半年的梅贻琦到天津拜访张伯苓，直接表示了教书没有什么意义，自己想换个工作。张伯苓对他说：“你才教了半年书就不愿意干了，怎么知道没有兴趣？年轻人要忍耐，回去教书。”梅贻琦听完后没有办法，就老老实实的去清华教书，这一忍耐，就是数十载，一辈子。

1931年12月3日，北平清华园。梅贻琦用自己一贯沉稳平静的口吻，向已经10个多月没有校长的清华学生，发表了让后人传诵不已的就职演讲：

"……'所谓大学者，非谓有大楼之谓也，有大师之谓也。'我们的智识，固有赖于教授的教导指点，就是我们的精神修养，亦全赖有教授的inspiration。但是这样的好教授，决不是一朝一夕所可罗致的。我们只有随时随地留意延揽而已。同时对于在校的教授，我们应该尊敬，这也是招致的一法。清华向来有一种俭朴好学的风气，这种良好的校风，我希望今后仍然保持着。清华从前在外间有一个贵族学校的名声，但是这是外界不明真相的结果，实际的清华，是非常俭朴的。从前清华的学生，只有少数的学生，是富家子弟，而大多数的学生，却都是非常俭朴的。平日在校，多是布衣布服，棉布鞋，毫无纨绔习气。我希望清华今后仍然保持这种良好的校风。"

从这天起，清华师生告别久无校长之困局，迎来了一位后来被清华人誉为"终身校长"的梅贻琦。在这篇简短平实的演讲辞中，"所谓大学者，非谓有大楼之谓也，有大师之谓也"一句，即众所周知的"大师论"，随后成为清华，乃至中国大学共同的办学理念。钱学森多次提出的世纪人才之问，他的老师、清华大学原校长梅贻琦先生其实早在八十年前就给出了响亮的回答。

1933年1月6日，学生自治会向学校要求缓考，理由并不是抗日救亡的紧急，而是懦弱犬儒的"平津动摇，人心骚动，日方态度未明，时局瞬息万变，同学爱国有心，避危乏术，忧心忡忡，不可终日……"

梅贻琦断然拒绝了这种要求，回应道："今国势危迫，不能以躬执干以为国家民族者，必须于可能范围内努力进行应做之工作。若以赤手空拳为尽先避难之口实，则平津数百万之市民孰非赤手空拳者，若皆闻风先避，则鱼烂土崩，人不亡我，我先自亡矣。"

1944年，国民党政府当局曾暗示西南联大解聘闻一多等数名进步教授，梅贻琦根本不予理睬。虽然梅对闻的一些做法并不认同，但在国民党当局尤其是最高层面前，却表现出不同常人的爱才惜才之大胸怀。1946年6月梅赴南京，25日蒋介石约见与他谈大学复校问题。蒋问："下年校中办法如何？"梅答："仍当注重学术研究风气之恢复，倘使教授们生活得安定，研究设备得充实，则研究工作定更有进展。"随后梅主动提到清华教授中有少数言论行动实有不当，但多数同人深不以为然，将来由同人自相规劝纠正，谅不致有多大影响。他解释说，此数人以往在学术上颇有成绩，最近之举动当系一时之冲动，故极希望能于规劝之中使其自行觉悟，则其后来结果必更好。梅继续解释，此数人之如此或尚有一原因，即其家属众多或时有病人，生活特困难，而彼等又不欲效他人所为在外兼事，于是愁闷积于胸中，一旦发泄火气更大。梅先生这一番入情入理的分析，蒋介石频频点头说，"生活问题实甚重要。"随后，梅向蒋提出提高教授待遇，改善生活水平的建议。原本要追究进步教授的质疑，却变成为教授争取待遇的由头，这让人不得不佩服梅先生的处事智慧。

梅贻琦先生所处的时代是中国近代史上最为艰难的阶段，早期军阀割据，内乱不已；中期日寇进犯，民族危亡；后期国共对峙，战火纷飞。就是在这样一个环境中，梅贻琦先生却做出在今看来堪称奇迹的教育成就来，他的纯粹、执著、坚定、智慧，奠定了清华校格——自由思想和独立精神。

梅贻琦有时给人的印象是“其言也讱，似不能言者”；有时又给人以模棱两可的印象，以致于有人作“顺口溜”谑之曰：“大概也许可能是，不过仿佛不见得；可是学校总以为，但是我们不敢说。”

他平时少讲话甚或不讲话，但却绝不是无话可讲，更不是思想贫乏的表现，而是“嘴里不说，骨子里自有分寸”。梅贻琦讲话，往往“妙语如虹”，甚多魅力和哲理。“大学者非谓有大楼之谓也，有大师之谓也”，便其一例；此外还有许多生动的例子。他曾说过，“学生没有坏的，坏学生都是被教坏的”，“校长的任务就是给教授搬搬椅子，端端茶水的”，表现出一个教育家的谦卑胸襟。所以陈寅恪先生说：“假使一个政府的法令，可以和梅先生说话那样严谨，那样少，那个政府就是最理想的”。

梅贻琦的寡言还表现在他为人低调和处事不张扬上。无论他主持学校或台湾“教育部”时，公文函札都是由他亲自审阅，常通篇改写，尤其是出任“教育部长”后，每日带重要公文晚间批阅，常到深夜。台湾“教育部”某机关新厦落成，主管司签请立碑纪念，梅先生在签呈上亲绘一图，标明尺寸，只在墙上做一小牌刻上兴工与完成年月。

行成于思，行胜于言，寡言君子，当之无愧。

（三）允公允能，日新月异——张伯苓

北京大学教授陈平原说：“在民国教育史上，最大的奇迹不是北大清华，也不是燕京大学，金陵大学。而是那个政局动荡，军阀混战年代中全靠募捐，艰难发展的私立南开。”

清末，西式教育东渐。张伯苓去日本考察西式教育回国以后，把塾馆改成私立中学，定名敬业学堂。力倡洋务的直隶总督袁世凯视察后很满意，一高兴捐银5000两，这就是南开中学的前身。虽然融资不容易，但张伯苓从来不吝啬于购买教学仪器。民国初年，美国哈佛大学校长伊利奥（Dr.Eliot）到南开参观，见中学有如此设施，深为赞叹，说：即使美国的中学，能有像南开这样的实验仪器者，也不多见。

南开中学之出名，除了西式教育之新颖，还因学校管理之严格。南开中学有不少富二代、官二代。富家弟子吸纸烟在当时很时髦。每次假期回来的训育课，

学校要检查手指的熏黄和口袋的烟味。一次一学生质问："您叫我不抽烟，您干吗还抽烟呢？"张伯苓一时无语，把烟袋撅断说："我不抽，你也别抽！"回到校长室把吕宋烟扔到痰盂，校工连呼可惜。张伯苓从此一生再没有吸烟。

奇迹背后有张伯苓的艰辛。谈起他的办学困境，他说雨中走在南开校园里，看到那雨滴打在小树上，水点儿往下滴，就像自己在落泪一样。张伯苓办南开大学经历过两次失败，但他并不退缩。他经常说的一句话是"南开南开，越难越开"。为了办成南开大学，他 41 岁还到美国哥伦比亚大学师范学院当学生，进修教育学。

从美国回国途中，在日本横滨，周恩来等当年南开中学的学生前来迎候老校长。张伯苓充满信心对自己的学生说：你们都可以回天津上南开自己办的大学了。这时的张伯苓手里还只有多年前买下的天津南开洼八百亩围塘。有人曾惊奇地问张伯苓，围塘有什么用啊？他说："围塘可以变嘛，变平了就可以是一块陆地啊。" 1919 年 9 月在南开洼八百亩围塘之上，南开大学果然建成开学了。第一批学生 96 人，周恩来也在其中。

与国立大学不一样，私立大学必须找到自己的社会价值点，才能招来学生。1928 年，张伯苓提出《南开大学发展方案》，提出"土货化"方针，力图使大学从象牙塔走出来。当时开设了不少实用课程：讲演术、办公室管理、售货学及广告学等。南开大学与当时的实业结合紧密。梁吉生说："化工是当时天津重要的工业支柱，30 年代初南开大学就成立了应用化学系，研究成果无偿地提供给这些厂家。远到云南的厂家都来南开求助。张伯苓是最早探索大学教育本土化的人。"

张伯苓十分重视体育教育，被人称为"体育校长"。他认为在体育精神中散发的爱国主义精神、团体精神、不服输精神等等，都是医治国人病症"愚弱贫散私"的良方。在他倡导下，南开 400 名拉拉队员，在 1934 年第 18 届华北运动会上，举牌变幻出"勿忘国耻"、"收复失地"、"还我河山"等字样，抗议日本侵占中国东北。日本领事一看就气得离开了会场。

后来日本驻华使馆又向国民政府提出所谓抗议。张伯苓只好召集拉拉队骨干，到自己的办公室"训话"。他对他们讲了四句话。他的第 1 句话是："你们讨厌。"第 2 句话："你们讨厌得好。"第 3 句话："下回还这么讨厌。"第 4 句话："要更巧妙地讨厌。"作为教育家的张伯苓，用赞许的语调说的这几句话，使南开师生的抗日爱国热情空前高涨。

张伯苓给学校留下的校训是"允公允能，日新月异"，他给子女留下的遗言是"留德不留财"，他临死的时候，皮夹里头只有几块钱。给工商业培养人才的实业兴学可能是一所私立大学能走的最实际的路线。但这"唯利是从"让张伯苓的"实业兴学"受到非议，何廉在回忆录中写道："他不欣赏自由教育，事实上在南开大学的课程表中看不出自由教育来，他的定向是鼓励职业的、实际的和技术性的学习。”

张伯苓一生致力于教育救国，创造了中华教育史上一道辉煌篇章——“南开”教育。为中华民族的振兴作出了巨大贡献。

（四）教学相彰，知行合一——陶行知

“人民贫，非教育臭与富之；人民愚，非教育莫与智之；党见，非教育不除；精忠，非教育不出。”这是陶行知在金陵大学毕业典礼上宣读的论文《共和精义》中的名言。

1927年1月，在晓庄的村头，贴出了一张别具一格的招生广告：学校的培养目标是要有农夫的身手，科学的头脑，改造社会的精神。考试内容包括：智慧测验、常识测验、写一篇作文和5分钟演讲。广告最后还特别申明：少爷、小姐最好不要来。学校招生还贴广告，考试内容又那么新颖，一传十，十传百，晓庄师范就像一块磁铁吸引了全国各地的有志青年，陶行知这个名字也迅速流传开来。一个留学生，不在城里教书享福，跑到乡下来办学，这是为什么呢?

陶行知出生在安徽歙县的一个农民家庭，1914年，在别人的资助下，他只身赴美国留学。在哥伦比亚大学，他师从美国著名教育家杜威，并与后来成为文学大师的胡适相伴就读。1917年，陶行知一回国就脱下西装，换上布衣，做了几年大学老师后，他毅然谢绝了金陵大学校长的职务，全心致力于平民教育运动。他说：“我本来是中国的一个农民，无奈十几年的学校生活把我向贵族的方向转移，经过一番觉悟，我就像黄河决了堤一样，向那中国平民的路上奔流回来了。”

陶行知曾这样描绘自己：“个子不小不大，穿的白布长褂。黑框眼镜，芭蕉扇儿一把。调子有高有低，满口南京官话。”陶行知学生高云：“办学政府不掏一分钱，全靠陶行知在朋友那儿募捐，经费非常有限。陶行知住在农民家里，晚上和耕牛同睡一屋。”可是陶行知在给母亲的信中却这样写道：“行知近在乡村师范工作，快乐地像活神仙一样。整日打赤脚，穿草鞋，自由得很。大前天我们造了个毛厕。前天自己做了个浴室，昨天又自己做了个厨房。明天晓庄学校行开学礼。”晓庄开学了，这是一所全新教育理念的学校。学生在一天中要参加学术演讲、专题讨论、下田干活、体育锻炼、去农民家交朋友等各种学用结合的内容，陶行知强调要到生活中、社会中去受教育而不是死啃书本，不仅要向读书人学，更要向农夫学习本领，田间就是教室，民间就是大课堂。这对当时只重视高等教育的中国教育界来说，无疑是一场脱胎换骨的革命。

1930年，国民党政府派出五百军警，强行封闭南京郊外的晓庄学校，并以勾结叛逆、图谋不轨为由，对校长陶行知进行通缉。就在晓庄被封两个星期后，他应邀在给新安小学题词时就写下了“捧着一颗心来，不带半根草去”的著名诗

句。晓庄的失败虽然对他打击很大，但他说："晓庄可毁，爱不可灭。"日本避难归国后，他开始尝试在上海郊区以工学团方式办学。工学团是陶行知发明的半工半读的办学模式，在国民党控制下，要在农村办个正规学校很难，陶行知就把孩子三五成群地集中起来，因地制宜地办学，半工半读，在学校、工场、社会打成一片。工学团的组成慢慢地从孩子扩展到成人，种棉花的农民成立了棉花工学团，一群妇女集中起来就是妇女工学团，上课地点选在某户人家的亭子间，就取名叫"亭子间工学团"。

1937 年日本发动侵华战争，国难当头，陶行知以民主知名人士的身份出访二十六国宣传抗日，回国后，他看到成千上万的人才幼苗在战争中枯萎，想办一所专门招收难童和孤儿的学校，1939 年，重庆育才学校就这样诞生了。育才办的完全是活的教育，陶行知提出一系列创造性教育理论，要解放孩子的头脑、双手、时间和空间。育才学校办得很艰难，陶行知一个人靠四处募捐要养活二百多个人，在当时的政治高压下，他天天和米价赛跑，别人劝他：你这是在抱着石头游泳，他却说，我是在抱着爱人游泳。学生就是陶行知的孩子，他对学生的爱是无止境的。陶行知过着像苦行僧一样的生活，他以捧着一颗心来的姿态，以一个读书人的方式对待着黑暗社会，希望能建设一个纯净的校园。陶行知要求师生以集体的力量去创造健康的堡垒，艺术的环境，生活的园地，学术的氛围和真善美的人格。这就是他所追求的育才的诗境。

"朝朝暮暮，快快乐乐，一世到老，四处奔波，为了苦孩，甘为骆驼，于人有益，牛马也做。"这就是陶行知的博爱情怀。在育才学校七周年校庆际，他给育才师生写了一封信，信中他要求育才学生努力培养"富贵不能淫、贫贱不能移、威武不能屈、美人不能动"的品质，"我们应该在这些德行上努力进修，共同勉励，倘使我们当中都锻炼好了这样的人格，那才是值得庆贺了。"没想到这竟是陶行知写下的最后一封信。

陶行知是中国现代教育界最早认识到农民教育问题重要性的人，是最早广泛提倡妇女也有平等受教育权利的人，也是第一个开办乡村幼儿园的人。他提出的"生活即教育"、"社会即学校"等教育思想今天仍在广泛推行。

（五）国性不存，我生何用——梁漱溟

现代史上，梁漱溟以特立独行而著称。终其一生，他坚持独立思考，表里如一。不趋炎、不附势、不妥协、不畏惧。是一位真正的大儒。程思远先生对梁漱溟的评价是：潜心行学、一代宗师、探索人生、无所畏惧。1916 年，梁漱溟写了一篇改变他人生轨迹的文章，《究元决疑论》在上海的《东方杂志》上连载，文章批评了古今中外诸子百家，独推崇佛法。刚接任北大校长的蔡元培看到文章后，觉得立意有偏颇却大胆，决意邀请梁漱溟到北大任教。在北大任教期间，梁

漱溟经历了由“佛”到“儒”的思想转变。他后来回忆，读《论语》时，发现开篇便是“悦”——“学而时习之，不亦说乎”，一直看下去，全书不见一个“苦”字，这引起他的思考。《论语》中与“乐”相对的是“忧”，然而又说“仁者不忧”，孔子自言“乐而忘忧”，其乐观的人生态度在很大程度上改变了梁漱溟对儒家的看法。

梁漱溟的乡村建设运动从一开始就磨难重重。1927年，梁漱溟离开北大，南下广州准备开始他的乡村建设实验。这次实验甚至没有开始就胎死腹中，由于政局变化，支持梁漱溟的李济深被蒋介石软禁，有心报国的梁漱溟只能黯然离开广东。游历和考察让梁漱溟第一次真正接触到了中国乡村的本来面目，所见所闻让他开始思考更为深远的事情。根据留下的文稿，梁漱溟当时坦率地告诉黄炎培，你是在现状下为国家尽点心意，做应该做的事情，而我梁漱溟要在“中国问题”这个大背景下进行思考，讨个究竟解决。这个自称“愚钝不堪，6岁时还不会自己穿裤子”的中年人开始思考如何改变国家了。

梁漱溟在先后参观上海、南京、北平等地的乡村教育工作后，梁漱溟找到了“中国问题”的核心，却无解决之法。梁培宽说，教育家的努力可以为某一个地区带来短时间的繁荣和进步，但不足以从根本解决中国问题和农村问题。在考察期间，对教育问题的思考让梁漱溟坚定了政治信念和政治主张，即从根本上扭转中国政治发展的方向，从而完成民族自救运动的转变。

梁漱溟的理想在1929年终于有了实现的可能，在北平办报期间，他得以接触到了冯玉祥和韩复榘等相对开明的军阀，得到允许在河南筹办村治学院，培养农村人才，用局部的实验来验证自己的理念。村治学院很快投入运作，于1929年冬天开始招生,1930年年初开学。这个来之不易的办学机会很快由于时局的混乱而陷入停顿，随着中原大战的爆发，河南省成为蒋介石、冯玉祥和阎锡山等军阀的交战区，梁漱溟不得不把学院搬往北平。后在重压之下学院停办。梁漱溟寄望于教育改变国人政治理念的实验因为政治压力而中途夭折。

梁培宽回忆父亲在河南的办学经历时仍然记忆犹新：“他过年也没有回家探亲，后来收到父亲的来信，他说‘并非不想念家人，只因见老百姓之苦而心恻恻焉’。”山东乡村建设所在1932年成立了乡村服务人员指导处，梁漱溟兼任主任，他安排学院的先生们到各县巡回讲学，并为各县的乡村学校编著教材。按照梁漱溟的设想，乡村建设研究院不应该是单纯的学院，他在院内开办了农场，教导农民如何提高产量。这所学院仍然没有逃过夭折的命运，但从成立到1936年关闭的短短几年时间内，它培育出了上千名学生，他们为山东农村带去了近代科学的火种。

文革时期，梁漱溟备受打击，可是他依然坚守自己的信仰。虽然失去了很多东西，他却没有丢掉傲骨。当时他的很多朋友怕连累，都不来往了，手稿也被抢走了。梁漱溟立即上书中央，表示“如不发还书稿，无异于宣告我的死刑”，终于手稿被送了回来。

美国五星上将马歇尔在梁漱溟身上看见了甘地的影子。著名学者林毓生认为，梁漱溟与鲁迅是20世纪中国最有创造力的思想家。梁漱溟领导的乡村建设运动，是构思宏大的社会改造试验，他尝试将西方现代化的优点与中国文化的优点融合起来，并为此进行了积极而可贵的探索。梁漱溟开创了现代新儒家学派。梁漱溟说：“我愿终身为华夏民族社会尽力，并愿使自己成为社会所永久信赖的一个人。”

（六）温和静默，刚毅执着——竺可桢

绍兴人竺嘉祥在上虞关东镇开了一家米行，大概对于幼子兆熊寄予了很大希望，他用米行收入的三分之一聘请了闻名乡里的私塾先生章景臣来家授课。后来这个叫竺兆熊的小孩改名为竺可桢，考取了庚款留美官费生，成了气象学家，当了浙江大学的校长，整整13年；抗战烽火中，他让一所辗转流落到贵州湄潭的地方大学成了李约瑟称赞的“东方剑桥”。

1936年，竺可桢受蒋介石“钦点”担任浙大校长，历史学者散木说，“民国时期大学校长的遴选，一般是有清望，又有相应的背景(学者、留学、人脉)，而竺全数合格”，蒋选竺可桢“主要听取了陈布雷、翁文灏、张默君等以及杭州各界的意见”，“蒋介石重视教育，尤其重视浙江(其家乡)的教育，又听谏如流，而有以成之”。

竺可桢上任时提出三点条件：“财政须源源接济；用人校长有全权，不受政党之干涉；而时间以半年为限。”国民政府不仅同意了财政上支援，在“不受政党干涉”这一点上也尽量作了妥协。

竺可桢出任浙大校长不久，日本侵华战争就全面爆发了，国家到了最危急的时刻，因而他对大学培养目标的认识，尤其关注严酷的社会现实，充满了忧患意识和责任意识。1936年秋，他在开学典礼上向新生提出了两个简单但意味深长的问题“诸位在校，有两个问题应该自己问问，第一，到浙大来做什么？第二，将来毕业后要做什么样的人？”他告诫学生“万勿存心只要懂了一点专门技术，以为日后谋生的地步，就算满足”，而要成为“公忠坚毅，能担当大任，主持风尚，转移国运的领导人才”。显然，竺可桢所要培养的不是一般的实用人才，而是栋梁之才。这种人才固然要有广博的知识，但必须具备“求是”的品质。他们既要努力学习，寻求学问之“是”，更要胸怀大志，追求振兴中华之大“是”。

在竺可桢的心目中，具备“求是”品质的英才除了要爱国以外，还必须具备以下三方面的素质：一要具有“清醒而富有理智的头脑”，养成“缜密深沉”的

思考习惯。他指出，一个国家的兴旺发达最需要的不是科学技术本身，而在于国人是否拥有科学的头脑。“若是一般国人无科学头脑，则虽满街引擎，遍地电气，科学还是不能发达”。二要具有“明辨是非而不恂利害”的气概、“排万难冒百死以求真知”的精神，不盲从、不附和。竺可桢认为科学的目的在于追求真理，而追求真理的人必须要突破常人之所见、所识、所思，不为习俗所惑，不随大势所趋，一切以理智为依归，敢于向传统的权威提出质疑与挑战，就像西方近代的科学先驱者布鲁诺、伽利略、达尔文、赫肯黎那样，即便赴汤蹈火也在所不辞。三要具有创新的意识和能力。在竺可桢看来，“大学所施的教育，本来不是供给传授现成的知识，而重在开辟基本的途径，提供获得知识的方法，并且培养学生研究批判和反省的精神，以期学者有主动求知和不断研究的能力。只问是非，不计利害。”

浙大校歌开头两句写道“大不自多，海纳江河；惟学无际，际于天地”，这是竺可桢等老一代浙大人开放精神的一个写照。竺可桢是一位办学思想非常开明的教育家，他既有早年接受儒家传统文化教育的经历，又留学美国接受了现代科学和民主思想的熏陶，形成了“包容、开放、民主”的办学理念。他坚持民主办学，虽然是一校之长，但却从不独断专行，而是集众家之长，共同管理学校。他成立了校务委员会和各专门委员会作为学校最高权力机构，凡重要规章制度、重大校务问题，概由校务委员会和专门委员会审议决定。在竺可桢的领导下，专家学者贯彻教学民主思想，秉持学术自由理念，使得全校的学术气氛非常浓厚。在引进人才上，竺可桢豁然大公，“决无门户之见”。他“三顾茅庐”恭聘马一孚先生，礼聘前校长邵裴子先生，敦聘原先在不同学校任教、具有不同学术经历的学者来校，进一步反映了他开放的胸襟。

抗战西迁期间，浙大集聚了一大批年仅三、四十岁但学问精湛的中青年教授，他们“不惮生活之困苦”，筚路蓝缕，艰辛探索，不仅在学术上取得了令人瞩目的研究成果，并以其创造性的思维，熏陶、培养了一大批青年学子。如著名生物学家贝时璋教授，“一家四口居泥墙草屋，晚间一盏油灯，几根灯草”，生活异常艰辛，但教学和研究不辍。诺贝尔物理学奖获得者、1944 年入学浙大的李政道先生后来回忆道：“一年‘求是’校训的熏陶，发端了几十年来我的细推物理之乐。”在“求是精神”的激励下，竺可桢掌校十三年间，浙大共培养三千多名学生。这些学生毕业后，在不同的领域开拓创新，成为改造社会、“转移国运”的栋梁之材。

在竺可桢的世界观中，“宇宙间有两种很伟大的力量，一种是‘爱’，一种是‘恨’”，而人类的命运就寄托于“爱”能否战胜“恨”，可惜“世界现在还充满了仇恨、残暴和妒嫉，霸道横行。这还是因为仁爱的教育没有普及之故”，因此“办教育者，该有‘人皆可以得善’的信心”。

（七）独立精神，自由思想——陈寅恪

陈寅恪，江西修水（义宁州）人。早年留学日本及欧美，先后就读于德国柏林大学、瑞士苏黎世大学、法国巴黎高等政治学校和美国哈佛大学。1925 年受聘清华大学国学研究院导师，回国任教。"盖世奇才"、"最好的教授"、"教授之教授"、"太老师"……这是校内以至国内外学术界对陈寅恪的尊誉。他来清华后，即为国学研究院四大导师之一。稍后，他又是清华大学唯一的一位中文系和历史系的合聘教授，同时兼任中央研究院史语所研究员和历史组主任。西南联大时期，同时兼有"部聘教授"荣衔，并被英国牛津大学特聘为第一位华籍汉学客座教授，同时兼任英国皇家学会研究员，堪称名满天下的国学泰斗。"独立之精神，自由之思想"可以说是陈寅恪先生一生所崇奉、践履的为学准则，为后人治学留下了宝贵的精神遗产。

求真学问，为学术而学术。陈寅恪先生可谓学贯中西，知识渊博，但有趣的是陈先生并没有像人们想象的取得高学位，哪怕是最基础的学士学位。按照人们的惯性思维，如此大家肯定是师出名校，至少取得博士学位，但陈先生却没有一样学位。陈寅恪先生海外游学断断续续近 20 年，恰如天马行空，忽来忽往，他读书不在取得文凭或学位，而在广采博收，获取学问上的真知灼见。

1953 年，在《对科学院的答复》的自述中，陈寅恪先生明确指出："我的思想，我的主张完全见于我写的王国维纪念碑中。我认为研究学术，最主要的是要具有自由的意志和独立的精神。没有自由思想，没有独立精神，即不能发扬真理，即不能研究学术。但对于独立精神，自由思想，我认为是最重要的。独立精神和自由意志是必须争的，且须以生死力争。一切都是小事，惟此是大事，碑文中所持之宗旨，至今并未改易。"在这篇自述中尤其可见陈寅恪先生对"独立精神，自由思想"之学术宗旨的强调。我们要探究真学问，就必须勇于而且敢于做到"为学术而学术"，做学问不但要知然而且要知所以然。如果不具有这种科学的做学问的态度，在研究某一问题时，或随俗附势，简单地凭借一己好恶进行判断；或存有功利之心，为了追求"名利"或"稳妥"到最后也便是人云亦云，随波逐流，研究的问题变成了一纸空文，成了研究"没有思想的问题"，这实在是真正的学人所不能取的态度。

学统应独立于政统、道统和法统之外。解放前夕，国民党在离开大陆前开始"抢运学人计划"，陈寅恪先生自然是首批抢救的"国宝"。坚持爱国立场的陈寅恪没有追随国民党去台湾，而是南下广州，执教于岭南大学（后为中山大学合并），因为他对国民党政府感到失望和愤恨。但是他也不愿意留在首都北京，而是在南国中山大学的康乐园度过了最后 20 年。1954 年，中国科学院历史研究所请陈寅恪北上担任中古所所长，郭沫若院长和李四光副院长亲笔写信并委托陈寅恪

的心爱弟子转达，他提出“允许中古史研究所不宗奉马克思主义，并不学习政治”；“不止我一人要如此，我要全所的人都如此”。人们对此事有许多误解，认为陈先生是反对马克思主义的，其实陈寅恪先生并不是反对马克思主义，而是感到学术研究不能受政治干扰。这其中固然有很多原因，最主要的恐怕是他坚持“独立之精神，自由之思想”的人生准则，即他既不愿跟随已经厌恶的国民党政权，也不愿意同中共的政治中心密切接触，以妨碍自己学术研究的独立性。

为学之人的信仰和追求：独立精神、自由思想。信仰是人生的根本需要，信仰的确立出于人们自身的要求。信仰在人生中具有重要作用：赋予人生以意义，赐予人生以定力，给予人生以动力，为人生提供奋斗的方向，能充实人的精神生活。人生信仰的作用之一，就是使人有一份认定自己的事业和目标的执著。理想和信仰能给人生一种动力，一种推进的力量。信仰为人生实践提供动力和毅力，是人生的力量源泉。理想和信仰引导人不断地追求更高的目标，使其对于世界和人生有更为正确和彻底的理解。对陈寅恪先生而言，追求“独立之精神、学术之自由”乃是他自己最崇高的理想和毕生的信仰，同时也是他人格魅力的体现。“在他内心深处挥之不去的不是一个学人的学问、才气，而是硬朗的人格底气，是追求知识的自由、捍卫学术独立性，他留给世间最重要的也不是他的学术成就，不是那些有形的文字著述，而是无形的人格遗产（其中包括个性、人格完整性），是一个人傲然独立的精神风貌，那才是他穿越时空的力量所在。”

陈先生终其一生都没有在为人为学的原则上做过妥协。无论是在日常生活、私人生活、与人交往，还是民族大义的去留之间，都始终保持着独立的人格；而其研究学问，始终保持着“独立、自由”，不由外物支配的宗旨，从而达到了做人、做学问的至高境界。

（八）崇尚科学，不谈教理——马相伯

从一场战争到另一场战争，这就是马相伯的个人史：1840年，鸦片战争爆发，马相伯出生；1939年，抗日战争仍在持续，马相伯逝世。百年间，他从容游走，留下一所享誉中外的大学和一个高山仰止的背影，正如柳亚子诗云：“一老南天身是史。”

他在临终前向孙女儿道：“我是一只狗，只会叫，叫了一百年，还没有把中国叫醒。”人们当然不会忘记他的这些“叫声”。1906年，马相伯赴日，在日华学会成立典礼上发表演说，勉励留学生：“爱国不忘读书，读书不忘爱国。”张之洞将此语引为至言，誉他为“中国第一位演说家”。

作为教育家，马相伯“毁家兴学”的故事，已成中国近代教育史上的一段传奇：1900年，他将自己的全部家产，松江、青浦等地的3000亩田产，捐献给天主教江南司教收管，作为创办“中西大学堂”的基金，并立下“捐献家产兴学字

据”。

1902年，他以“中西大学堂”理念，创办震旦学院。“震旦”为梵文，“中国”之谓，含“东方日出，前途无量”之意。1895年创办的北洋大学堂是中国近代第一所国立大学，而震旦学院则是中国近代第一所私立大学。震旦学院成立后，一方面，实行“学生自治制”，校务由学生推选干事自行管理；另一方面，校方提倡“学生自由研究之风”，即倡导学术民主、思想自由，并采用“挈举纲领，开示门径”的启发式教学方法，“注重文艺、崇尚科学、不谈教理”更是马相伯一再强调的办学方针。

马相伯是非常爱护学生的，他重建了孔子以来“有教无类”的传统，只要有才华的人、愿意学的人，他一律收入门下。热衷教育救国的马相伯对革命也非常支持。1904年夏，震旦学院来了个名叫“刘学裕”的新生。此人虽其貌不扬，却大有来头。他就是因刊印《半哭半笑楼诗草》，讥讽时政而被清廷通缉的“要犯”于右任。于右任“潜逃”至上海后无处安身，马相伯得知后立刻将这名心系国家社稷的青年学子破格录取，免去他所有的学膳费，还特意让于右任易名“刘学裕”以避人耳目。

其后因着各种势力破坏，震旦学院仅剩下一副空壳的关键时刻，但马相伯认为，震旦学院的精神不能磨灭。为了同教会抗争到底，他决定再办一所新校，这个想法立即得到学生们的一致响应。那取个什么校名为好呢？有人说：“咱们新办的学校仍叫震旦，和教会办的震旦唱一唱对台戏！”但亦有不同的声音认为：“震旦牌子叫洋人玷污了，新学校干脆就叫上海公学。”就在几种意见相持不下时，于右任提出了一个折中的办法，建议取名“复旦”。一者，“复旦”二字出自《尚书大传·虞夏传》中的名句“日月光华，旦复旦兮”，意在自强不息；另者，“复旦”还有不忘震旦之旧，更含复兴中华之意。马相伯听后，立刻表示赞许。然后，他诚邀热心教育事业的严复、张謇、熊希龄等28人担任校董，筹集复旦建校资金。两江总督周馥也拨出官银一万两，并出借吴淞提督衙门作为复旦的临时校舍。1905年5月27日，复旦公学（复旦大学前身）正式开学，马相伯任校长，严复为总教习。

至于陷入停顿之中的震旦学院，则于同年重新开课，当震旦学院打算迁往别处另建校舍时，马相伯不计前嫌，捐款四万元，又把自己名下、地处公共租界和法租界的八处地皮悉数捐出，募得十万多元，以购置卢家湾吕班路（今重庆南路）的土地103亩，并无偿提供震旦学院使用，震旦学院从此也有了自己固定的校址。

如果仅有一所复旦，马相伯或许不会作为一种象征，赫然出现在中国最流行刊物的封面上，举国上下对他的关注，还在于他年近百岁，仍一次又一次进行抗日广播演说，一次又一次参与组织抗日民主集会。正如他的弟子、国民党元老邵力子所言：“相伯先生的精神，正是我们中华民族的精神。相伯先生所以能享大年，中国所以永久存在于世界，都在此。”

（九）繁华落尽，心归菩提——吕碧城

她不仅是中国第一位女性撰稿人，中国女权运动的首倡者，更是中国女子教育的先驱者……时人写诗赞曰：“绛帷独拥人争羡，到处咸推吕碧城。”

吕碧城是位女强人，才女不是没有柔情似水，然而生在那个金瓯一片，山河破碎的时代，多少女儿梦能圆？吕碧城家里没有兄弟，身为女儿，性情往往有两种发展方向，要么像林黛玉一样长做司马牛之长叹，要么如热血男儿般意志坚强，吕碧城选择了后者。

1903 年春，20 岁的吕碧城有意到天津市内探访女学，外甥女要入新学，脑筋陈旧的舅父严辞骂阻，吕碧城一时激愤，第二天就逃出了家门，只身踏上了去往天津的火车，不但没有旅费，就连行装也没来得及收拾。一个富家女子独自出门，这在当时也算得上是惊世骇俗之举。而此次出走，正是吕碧城登上文坛的开始，也是她与各界名人交往的开始。

身无分文、举目无亲的吕碧城，生活一时陷入困境，吕碧城只好写信向居于《大公报》报馆的方夫人求援，《大公报》总经理英敛之一看信，即为吕碧城的文采所倾倒，连连称许。不仅如此，爱才心切的英敛之还亲去拜访，问明情由，对吕的胆识甚是赞赏，并当即约定聘请她任《大公报》见习编辑。从此，吕碧城就走上了独立自主的人生之路。

“欲使平等自由，得与男子同趋于文明教化之途，同习有用之学，同具强毅之气。”吕碧城认为办女学、开女智、兴女权才是国家自强之道的根本。做《大公报》主笔期间，吕碧城借助这一舆论阵地，积极为她的兴女权、倡导妇女解放等主张发表了大量诗文，还发表了多篇言论，宣扬兴办女学的必要性和重要性。她把兴办女学提到关系国家兴亡的高度，以此冲击积淀千年的“女子无才便是德”的陈腐观念。

1904 年 11 月 17 日，北洋女子公学正式成立并开学，吕碧城出任总教习(教务长)，傅增湘为监督(校长)，两年后添设师范科，更名为北洋女子师范学堂，时年 23 岁的吕碧城升任监督(校长)。在这方校园的净土上，吕碧城为推广新式女子教育不遗余力。她一干就是七八年，既负责行政又亲自任课，把中国的传统美德与西方的民主、自由思想结合起来，将中国国学与西方的自然科学结合起来，使北洋女子师范学堂成为中国现代女性文明的发源地之一。她希望她所培养的学生将来也能致力于教育和培养下一代，为一个文明社会的到来尽各自的力量。

1918 年到 1926 年间，吕碧城只身出国，漫游欧美，此次走的时间更长，达 7 年之久。她将自己的见闻写成《欧美漫游录》（又名《鸿雪因缘》），先后连载于北京《顺天时报》和上海《半月》杂志。吕碧城两度周游世界，写了大量描

述西方风土人情的诗词，脍炙人口，传诵一时。她的诗词造诣深厚，尤擅填词，字字珠玑，吟咏自如，被誉为“近三百年来最后一位女词人”。

繁花似锦转头空，流行文化的大潮中，吕碧城似乎不像林徽因、萧红、张爱玲等才女们具有如此鲜明的符号意义，很多人已经不复能记起吕碧城是何许人也。可当我们翻开历史的面纱，我们不能不为吕碧城的精彩人生惊叹，岁月匆匆，惊鸿一抹，留于凡夫忆与说。

（十）白鸥浩荡，天然无饰——梁思成

在梁启超因“戊戌变法”失败后流亡日本的第三年，梁思成在日本东京出生时，童年时代的梁思成在父亲的影响和督促下，自幼就攻读《左传》、《史记》等古籍，使他对中国古文化产生了浓厚的兴趣。当时的中国屡受外国欺凌，这种环境培养了梁思成浓厚的爱国主义和民族意识。梁启超曾经送给长子梁思成这样一副对联：“清水出芙蓉，天然去雕饰”“白鸥没浩荡，万里谁能驯”。

这是一个父亲希望自己的儿子做人清清白白，做事勇往直前。梁思成的一生，显然是没有辜负父亲的期望。他 11 岁由日本回到北京，14 岁进清华学校（清华大学前身），这是一所留学美国的预备学校。清华大学是梁思成一生钟情的地方，美丽的校园不仅记载了他成长的足迹，而且留下了父亲梁启超的身影。1915 年至 1923 年，他在这里学习生活了八年，从一个不懂事的小孩子长大成人。

梁思成在学习期间，不但学业优秀，而且兴趣广泛。1924 年，梁思成赴美国宾夕法尼亚大学学习建筑，他刻苦好学，尤其对西方文化和建筑历史有特殊爱好，获学士学位。他说自己是用“笨功夫”到图书馆博览群书，研究古代历史，参观古代文物，把著名古建筑一个个默画下来。在梁思成的一生中，他不仅研究中国古建筑，为祖国的教育事业也做出了卓越的贡献。1928 年，他刚回国就到东北大学担任建筑系主任，一心要为中国培养新型的建设者。1945 年，抗日战争胜利，梁思成又想着战后和平建设需要人才，于是回清华大学筹办了建筑系，从此，他把自己的后半生投入了中国的教育上。

在长期的教育工作中，梁思成总是站在教学第一线，即使在他担负着十分繁重的行政工作的情况下，他仍坚持亲自教课。他十分重视对学生专业基础知识的培养，善于将理论与实践相结合，经常教育和引导学生时刻注意周围的环境，观察所见到的建筑，研究与建筑师有关系的一切事物，启发学生对建筑事业的责任感，培养学生对自己专业的兴趣和感情。

梁思成还十分重视在师生中树立民主的作风，努力营造一个宽松、自由的学术环境，鼓励大家畅所欲言。他的学生至今仍记得上学时的民主气氛：“那时四个年级在一个大教室里，我觉得很有好处，高年级的同学固然常到我们的图板边提意见，我们也常常对高年级的作品评头论足，言之有理也好，胡说八道也好，

至少系里形成了一种学术民主、互相切磋的风气……我和比我高的四个年级的同学老混在一起，一道听梁先生和林先生讲课，听蔡方荫和侯仁之的讲座，一道跳土风舞，一道和老师们过节联欢，一道进城去游行。所以虽然在年龄和学识上有差异，但这四个年级的同学感情竟如同班一样，我后来觉得这正是梁先生施教的方式，一方面学术民主，鼓励学生表达不同意见，另一方面让大家互相影响，互相取他人之长，使学生在不知不觉中养成一种朴质的学风“不苟同、不固执也不拘泥，心胸开阔，接纳百川。”

梁思成也将在古建筑研究中所坚持的严谨学风贯穿在他的教育工作中。他审阅青年教师和研究生的论文都是逐句修改，从内容到错别字，连一个标点符号也不放过。他不仅自己做到，而且也要求教师和学生熟悉古今中外的著名建筑，能随手勾画出这些建筑的形象和记住它们的建造时期。他不但培养学生的高超技艺，同时也十分注意培养学生的良好作风，反对少数艺术家的所谓不修边幅的那种散漫习气。他强调一个建筑师要对一个工程负责，必须要有严格和科学的工作作风。他要求每一张设计图纸都要制图清楚，尺寸准确，连写字大小都要按不同等级的规定，文字与图分布均匀，干净利索，一目了然。

作为一名学者，梁思成不仅自己胸襟坦荡，敢讲真话，敢于坚持真理，而且将做人与做学问并重的思想充分体现在教育实践中。他要求学生要善于主动地向周围的人获取知识，要尊重别人，不断查找自己的不足，不再犯同样的错误；同时要说真话，要有自己的观点，切不可人云亦云，随波逐流。他的学生中有很多人在“文化大革命”中历经磨难，甚至家破人亡，但他们敢于坚持原则的初衷不变，对建筑学事业的热情始终不减，用实际行动体现了梁思成的人格与风格。

清华教学二十余载，梁思成为国家培养了大量优秀的建设人才，可谓桃李满天下。在学生们的心目中，他已经成为一座永远的丰碑——学问大家，人格典范。

二、杏坛真学人：大开大阖大气魄

（一）人民公仆，科技泰斗——钱学森

“在他心里，国为重，家为轻，科学最重，名利最轻。五年归国路，十年两弹成。开创祖国航天，他是先行人，披荆斩棘，把智慧锻造成阶梯，留给后来的攀登者。他是知识的宝藏，是科学的旗帜，是中华民族知识分子的典范。”这是感动中国组委会授予钱学森的颁奖词。

钱学森1911年出生在上海市，1936年转入加州理工学院继续学习，1939年他成为加州理工学院最年轻的终身教授。1949年当第一面五星红旗在天安门广场上徐徐升起时，当时任加利福尼亚工学院超音速实验室主任和“古根罕喷气推进研究中心”负责人的钱学森深为祖国的新生而高兴。他打算回国，用自己的专

长为新中国服务。但那时候在美国的中国科学家归国不易，经过努力，1955年10月18日，钱学森一家人终于回到阔别20年的祖国。不久，他便被任命为中国科学院力学研究所所长。1956年10月8日，我国第一个导弹研究机构——国防部第五研究院成立，钱学森被任命为第一任院长。在钱学森的指导下，经过艰苦的努力，1960年10月，我国第一枚国产导弹终于制造成功。钱学森说："我作为一名科技工作者，活着的目的就是为人民服务。如果人民最后对我的工作满意的话，那才是最高奖赏。"

作为我国国防科技事业的主要技术领导者，他不仅担负着技术抓总的重任，而且经常身临一线进行具体指导。在进行"两弹结合"的导弹核武器发射试验期间，为了确保人民的安全万无一失，他竭尽心力。导弹上的元器件成千上万，任何一个零件出现故障，都可能影响导弹的安全性。他就以表格的方式，把各种可能存在的问题一一列出来，详细到晶体管、电位器、电容器、开关插座、螺钉螺帽等。这对需要思考诸多大事的技术统帅来说，是何其可贵。在领导国防科技工作期间，钱学森经常深入地处沙漠戈壁的试验基地。那里自然条件的恶劣，人民生活的艰辛，给他留下了深刻的印象。退出领导岗位后，他还牵挂着生活在那块土地上的人们，思索着如何用科学改变那里的环境。20世纪80年代中期，他提出了发展沙产业的思想。他说："我国沙漠和戈壁大约16亿亩，和农田面积一样大。沙漠戈壁并不是什么也不长。""沙漠和戈壁的潜力远远没有发挥出来。""沙产业就是在'不毛之地'搞农业生产，而且是大农业生产。这可以说是又一项'尖端技术'！"他还把自己获得的何梁何利基金奖100万港元，捐给了促进沙产业发展基金会。

钱学森晚年依然关心着国家的长远发展，思考着科技创新人才的培养。他说："今天找你们来，想和你们说说我近来思考的一个问题，即人才培养问题。我想说的不是一般人才的培养问题，而是科技创新人才的培养问题。"他从美国的大学教育谈到他的老师冯·卡门的教育方法，从自己从事科学研究的体会谈到中国许多著名科学家的成长经历，从"两弹一星"的研制成功谈到我国今后的长远发展。"培养会动脑筋，具有非凡创造能力的人才"，"回国以后，我觉得国家对我很重视，但是社会主义建设需要更多的钱学森，国家才会有大发展。""我今年已90多岁了，想到中国长远发展的事情，忧虑的就是这一点。"

钱学森一直非常关注中国的教育问题，他在教育方面一直有着独到的见解。他为中国的教育提出了几点重要的思想：其一，学龄提前，学制缩短，人人皆可早成才，成就4岁入学，12岁初中毕业；12至17岁上高中及大学，18岁读完达到硕士水平大学的设想；其二，掌握现代科学技术体系，培养理工文艺结合的"全才"；其三，科学技术与哲学的统一结合，品德情感与智慧能力并重，培养高尚品德和科学精神。

“大千世界、浩瀚长空，全纳入赤子心胸。惊世两弹、冲霄一星，尽凝铸中华豪情，霜鬓不坠青云志。寿至期颐回首望去，只付默默一笑中。”2009 年 10 月 31 日，这位科学巨星悄然陨落。此时，从“东方红”卫星到“神舟”系列飞船再到“嫦娥”奔月，钱学森给中国航天事业已经打了足够的底劲，中国航天之父所开拓的事业正阔步向前，但钱老留给当代中国的问题特别是教育问题仍敦促着我们在创新的道路上走得更远。

（二）季荷清香，文韵中华——季羡林

“智者乐，仁者寿，长者随心所欲。一介布衣，言有物，行有格，贫贱不移，宠辱不惊。学问铸成大地的风景，他把心汇入传统，把心留在东方。”这是感动中国组委会给一位 95 岁老人的颁奖词。

季羡林先生为人所敬仰，不仅因为他的学识，还因为他的品格。他说：即使在最困难的时候，也没有丢掉自己的良知。他在“文革”期间偷偷地翻译印度史诗《罗摩衍那》，又完成了《牛棚杂忆》一书，凝结了很多关于人性的思考。

“文革”期间季老先是蹲牛棚，后来他是北大女生宿舍的守门人，在传达室当门房，他除收发信件报纸外，就在那里翻译。因为怕被红卫兵发现，他偷偷地在家里头把原文抄在小纸条上，然后在传达室趁没人经过时拿出小纸条，躲在角落逐字翻译。他说严复翻译，“一名之力，旬月踟蹰”，而他是“一脚(韵脚)之找，失神落魄”。“文革”结束，这篇长得惊人的巨著翻译才完成了前三篇。

作为一个学富五车，博古通今，学贯中西，几乎囊括了学术界、教育界最高荣誉的学者，被誉为“学界泰斗”“国学大师”“国宝”的季老丝毫没有以此自傲，他谦虚自律，和蔼可亲，真诚待人，尊师爱长，和他相处的人丝毫感觉不到紧张拘束。季老一生培养了 6000 名弟子，其中 30 人成为各国驻外大使。但作为誉满国内外的学术大师，他却没有半点架子和派头。他说“什么一代宗师，好像听着不太入耳。我是北大教授，东方学者。足够了。”

季老崇高的文品人品深深地影响了许多人。“俭以修身，静以养德”，季老同样简朴节俭，季老从来只注重精神上的追求，不注重物质上的享受，家中简陋到“无一物可以称道”，但他却将价值过亿的藏品捐赠给了北京大学。在北大校园里，季老经常穿一身洗得发白的咔叽布中山装，圆口布鞋，出门时提着一个 50 年代生产的人造革旧书包。他像一个工友，说话平常，总是面带笑容；他像一个老农，声音低沉，平易近人。他的家谁都可以推门而入，同他谈话，如沐春风，决不会感到紧张局促。在住院期间，一天一位年轻护士说起某报正在连载季先生的著作《留德十年》，表示很爱看。季老马上吩咐身边人去买，他说“书是给人看的，哪怕有几句话对年轻人有用了，也值得。”这一来轰动了全医院，大家都来伸手，还索要签名本。“都给。”，“买去。”季先生发话说：“钱是有

价之宝，人家有收益是无价之宝。”最后，一趟一趟买了600本，也一笔一画地签名600本。

季老说过，自己喜欢的人“是这样的：质朴，淳厚，诚恳，平易；骨头硬，心肠软；怀真情，讲真话；不阿谀奉承，不背后议论；不人前一面，人后一面；无哗众取宠之意，有实事求是之心；不是丝毫不考虑个人利益，而是多为别人考虑；关键是一个‘真’字，是性情中人；最高水平当然是孟子说的‘富贵不能淫，贫贱不能移，威武不能屈’。”季老一生的心思只在学问上，执着地追求学术创新。在学术园地里，他埋头苦干，辛勤耕耘，总是每天清早4点起床，伏案工作，数十年如一日。20世纪90年代里，在3位亲人接连病逝，自己疾病缠身的夹击下，发愤著作，完成了《糖史》等3部开创性的文化巨著，为推动中外文化交流，发展中华文化作出了贡献。

一位耄耋老人，看淡了名利，也直面了生死；他承受着年老的孤独，也享受着生命的馈赠。这是一个快意于书写达观人生的老人，他生命的每一天都有梦，有梦不觉人生寒。他就像那亭亭玉立的清塘之荷，时时刻刻散播着它的幽香。

（三）巧于动手，敏于实验——袁家骝

袁家骝是袁世凯庶子袁克文的儿子，师从中国著名物理学家谢玉铭教授，他曾当选台湾中央研究院院士，被聘为台湾同步辐射研究中心董事长主席。

1972年11月6日，中国科学家和工程师代表团到达瑞士，参观在BASLE举行的核设备及器械展览会，恰巧袁家骝先生也在那里访问，他怀着强烈的爱国热情，千方百计去找关系，终于获得陪同中国代表团参观西欧核子研究中心的机会。

1973年，袁家骝先生应邀访问中国，受到了周恩来总理等国家领导人的亲切接见。通过与国内科学家广泛地接触，袁家骝先生加深了对新中国的了解。他回到西欧核子研究中心后，马上向该所所长提出了向中国提供核物理研究的设备的建议。第二年，经过他的不懈努力，一批核物理实验设备得到批准后运至中国原子能研究所。由此，正式揭开了西欧与中国在核物理、高能物理研究领域广泛合作的序幕。

此后，他多次应邀归国访问，非常关心中国核物理和高能物理的发展，关心北京正负电子对撞机的研制计划，为中美科学合作做出了积极而特殊的贡献。中国科学院院士、南京大学教授冯端先生评价袁家骝先生：他们具有“第一流实验物理学家所具备的难能可贵的素质；对于物理学有深刻的理解和高度的洞察力，从而设计出精巧的实验使大自然俯首帖耳，泄露它的天机；又能巧于动手、敏于实验，将头脑中蓝图变为实验室中的设备装置；能与合作者融洽相处，最大限度地调动他们为共同事业奋斗的积极性；更有锲而不舍的精神，克服前进道路上的

重重障碍和困难，决不半途而废；再加上以严谨的治学态度来对待每一项实验结果，使之颠扑不破，经得起多方面的考验。”

20 世纪 80 年代起，在袁家骝及其夫人吴健雄两位志同道合的华人物理学家的努力下，在他们的全程关注下，中国启用了自己的同步辐射器，这一成果使中国人具有了在该领域与欧美三分天下的地位。也许正是如此，袁家骝先生像吴健雄先生一样，在科学领域里做出了鲜为人知的显赫贡献。在对自己兄嫂的追忆中，袁家倜感动不已：“说出来都没人信，哥哥从来没有给过我们任何一个人一分钱，他说不能让我们产生依赖。他的生活异常俭朴，中午只吃方便面和三文治。”也正是这样两位老人，把毕生积蓄 500 万美元捐赠给江苏省太仓市吴健雄的母校，建了一个实验设备齐全的现代化学校。

“后来，哥哥还将他们的古玩、字画、奖品捐给了东南大学吴健雄纪念馆，当时是我国驻美使馆专门到他家里包装好 ，一样样拉走的。哥哥用 200 万美元成立的袁家骝基金会，用来聘请世界著名的科学家来中国讲学，促进中美两国学者互访 。”82 岁的袁家倜说：“讲了这些，我的心里又要波动三天，家骝和健雄，他们把学识、才华、财产，最后把骨灰都留在祖国。我哥哥自己评价自己曾说，他不愧为一个中国人。”

美国华文报纸《侨报》头版全文刊发了美国联邦政府劳工部长赵小兰的唁电。电文如下：“惊悉袁家骝先生不幸病逝，深感悲痛。作为一位世界杰出的科学家，袁先生为物理学的发展和创树做出了卓越的贡献。他永远是我们所敬佩的长者。袁家骝先生的病逝，是中外科学界的一个重大损失，他虽然离我们而去，但他那对科学事业的执着和热爱的精神，将永远激励后来者勇攀科学高峰。袁先生慈祥、仁爱、文质儒雅，是多年来备受两岸敬重的知名科学家，如今他与我们离别，我对此表示深切哀悼！但相信他在科学界的伟大贡献将永垂不朽！”

（四）大家风范，平民风度—— 任继愈

他是他那一代知识分子中极少数的幸运者，无论时局如何变迁，始终未被湮灭，他在学海中浮沉，为教育尽力，被毛泽东誉为“凤毛麟角” 。

任继愈先生 1942 年起在北京大学任教，先后讲授中国哲学、佛教和逻辑学等课程。1959 年 10 月 13 日深夜，毛泽东把任继愈先生找去说：“我们过去都是搞无神论，搞革命的，没有顾得上宗教这个问题。宗教问题很重要，要开展研究。”1963 年 12 月 31 日他在一份报告上批示说，对世界三大宗教，我们没有知识，国内没有一个由马克思主义者领导的研究机构，没有一本可看的刊物，不批判神学，就不能写好哲学史，也不能写好文学史和世界史。任继愈随即受命组建中国社会科学院世界宗教研究所，并任所长。他在这个岗位上干了 20 多年。

1997 年在中国无神论学会重建时，尽管任先生已是 81 岁高龄，享有许多崇

高的学术荣誉，并已是“高官”，但他作为学会理事长，并不是挂个名，而是认真负责地、实实在在地为无神论学会干实事。在1997年5月26日重建学会的会议上，任先生作了题为《高举无神论旗帜，发扬科学精神，为建设社会主义新文化而奋斗》的报告。多年来，无神论学会举行年会，任老都精心准备报告，针对当前形势提出学会工作方针。

在2003年11月学术年会上，任老作了题为《无神论教育与科教兴国》的报告。他指出，“愚昧无知，不尊重科学，是妨碍科教兴国的阻力，也是妨碍社会进步、人民幸福的阻力。”“伪科学不仅在自然科学领域造假，也在社会科学领域制造骗局。最大的骗局，就是造神，宣扬有神论。”任老强调：“做一个现代的科技工作者，首先应该是坚定的无神论者。做一个合格的共产党员干部，必须是无神论者。这是从事现代化事业的底线。在这个问题上，没有退路，不能模棱两可。”

他这种不挂名、办实事的作风，不仅表现在担任无神论学会理事长的工作上，而且贯穿在他一生全部的学术和社会工作中。作为中国国家图书馆名誉馆长的任继愈，在国图有很高的威望。陈力透露，以前每次参加国图的会议，任老说得最多的就是希望大家多读书。“他还曾幽默地说过，国图博士论文厅中有句话是《楚辞》里的‘路漫漫其修远兮，吾将上下而求索’，任老笑称应该把这话换掉，免得读者觉得在国图里查资料要东奔西跑，国图也要给读者提供更方便的服务。”陈力认为，任老一生处世低调，不图虚名，“他生前曾交待过几件事，不出全集、不过生日、过世后不进行很隆重的告别仪式。”

国家图书馆在任老身边工作过的人都对他的平易近人印象深刻。原秘书科科长吴莹说，“只要有人找他，他几乎没有一次拒绝的，非常尊重别人。”“我们的工作性质就是为馆长服务，但我们对他的服务也是最少的。虽然他是馆长，我是秘书，但是和他的接触从来没有距离。”任先生坚持国家图书馆阅览室等向群众开放的场所为读者铺红地毯，而自己办公室则因陋就简。一位采访他的记者说，他尊重每一个来访者，穿西服，打领带，亲切握手，选择角度配合拍照；访谈时，他始终腰板挺直，双脚合拢，双手置膝，精气神十足。

“做学者要做一流的学者”是任先生的老师对他说的话，任先生也用它要求自己的学生。对于这样一位大学者，同他接触过的人都说，他始终把自己当成一个最平常、最普通的人。任先生在人们心目中已成为一种文化和学识的象征，这位学界大家的智慧和阅历承载着源远流长的过去，也昭示着未来与明天。

（五）拓古心胸，大开大阖——邓广铭

“一个初进大学之门的学生，才竟如此之高，学竟如此之富，简直不可理解。”这是周作人给时为北大学生的邓广铭的评价。邓广铭毕生致力于中国古代史特别

是唐宋辽金史的研究。他治学严谨，领域广阔，成为宋史学界的一代宗师。

对于邓广铭的学术品格首先从学术态度说起。忠诚于学术是邓广铭的一贯原则，尽管有时候坚持自己的信念并不是一件很容易的事情。50 年代末，中宣部副部长张盘石让李新主持中小学历史地理地图教材的编写工作，李新为此召集有关部门负责人及部分历史学家讨论编写条例，其指导方针是由吴晗起草并经周恩来批准的“八条”，“八条”的基本原则是要根据新中国的疆域来解释历史。邓广铭在会上坚决反对这一原则，认为应该尊重历史，不能根据现实去曲解历史。因为“八条”是总理批准了的，所以他的意见显得很孤立，但他始终坚持己见，结果会议不了了之。

对邓广铭稍有一点了解的人都知道，他一生中的许多著作都经过反复再三的修改、增订乃至彻底改写，这种情况在中国史学界似乎还找不到第二例。从邓广铭的著作中可以看到，他一生中凡正式发表的文字都是字斟句酌，决不苟且。就连他 80 岁以后写的文章还常有句子结构很复杂、逻辑很严密的表述，这显然是反复推敲的结果。1996 年，邓广铭为《台大历史学报》写了一篇《怀念我的恩师傅斯年先生》，其中谈到傅斯年去台湾后曾托人给他捎来口信，要把留在北平的藏书全部赠送给他，文中有一段注说：“此乃因傅先生昧于大陆情况之故，当时他已成一个被声讨的人物，其遗存物只应被公家没收，他本人已无权提出处理意见了。”后当中国青年出版社在将这篇文章收入《邓广铭学术文化随笔》一书时，提出要把这段文字删去，邓广铭当即表示：“如果删去这段话，我这本书就不出了！”这就是他始终不渝的学术理想：追求至真、至善、至美的境界。

邓广铭执著的学术精神令人肃然起敬。一位年过九旬的老人，仍坚守在他的学术阵地上，每天坚持读书和写作，直至病倒为止。在他生命的最后几个月里，为了修改讨论《辨奸论》真伪问题的论文，三番五次地托人从医院带回纸条，提出他的修改意见。躺在医院的病床上，面部插着氧气管和引流管，手臂上又在输液，即使在这样的情况下，他仍执意要看《王安石》一书的校样，于是女儿只好拿着放大镜，举着校样让他看。

一个学者有点学问并不难，学问渊博也不甚难，难得的是有见识。“独断之学”要求学者不但要有见识，而且要见识卓越，见识特出。邓广铭素以史识见长，体现在他的论著中的个性化特征极为明显，原因就在于他从不人云亦云，总是能够独树一帜，自成一说。在邓广铭非常个性化的学术特色中，有一点给人们留下了深刻的印象，那就是他的论战风格。他一辈子都在进行学术论战，用陈智超先生的话来说，就是“写作六十年，论战一甲子”。实际上，邓广铭的学术论战还不止 60 年的历史。晚年病重住院期间，曾对女儿谈到他的论战风格：“我批评别人也是为了自己进步。我九十岁了，还在写文章跟人家辩论，不管文章写得好坏，都具有战斗性。”这种论战风格的形成，主要是缘于他那“耿介执拗而不肯随和的性格”，以及他那“从不左瞻右顾而径行直前的处世方式”。他在阐述自己的学术主张时说：“至于‘奄然媚世为乡愿’（章学诚语）的那种作风，更是我所深恶痛绝，一直力求避免的。”文如其人，用在他身上实在是再合适不过了。

（六）谦谦君子，平易近人——贝时璋

2009年10月，贝时璋在睡梦中离去。台湾“中央研究院”随后在其网站首页刊登讣告，悼念“本院生命组贝时璋院士”，一个学术群星璀璨的时代，从此成为追忆。

作为首批中国科学院学部委员（院士），学术同仁评价他为：“他的思想非常前沿，做的都是奠基的工作，在那个年代想到了，也做到了，非常了不起！”贝时璋坚守着科学工作者的底线，无论是在难以掌控的政治风浪中，还是身处难以选择的无奈环境下。“大跃进”期间，各地粮食生产频频放出“卫星”，身为生物学泰斗、最具权威的贝时璋保持了沉默。在必须要发言的场合，他的讲话也紧紧围绕科学范畴。40多年后，当杨利伟乘坐的载人飞船成功着陆后，贝时璋看到新闻后，建议应对杨利伟进行健康安全保护，杨利伟听后很感动，还专程拜访了贝时璋，并在他去世后前往吊唁。中科院生物物理所研究员说，“贝先生做人严谨，心态平和，从不和人争，平时积极劳动，对大家态度也好，所里面就自然形成一种意识，保护贝先生。”

1970年代，“文革”后的贝时璋想重新回到科研第一线，继续做细胞重建的研究，他为此准备了一篇开题报告，详细说明这个课题的意义、研究目的、计划等，但在会上讲了两个多小时，会场没有什么反应。他的助手陈楚楚于1972年进入该课题组，当时生物界就有人写信给贝老，劝他不要再研究这个课题，如果做下去会让他身败名裂。她们这些学生也边做边怀疑。面对外界的质疑，贝时璋自己也很痛苦。陈楚楚回忆，那时当有人说贝老我很尊敬您，贝时璋都会追问，你这是对我个人的尊重，还是对我从事的科学研究的尊重？他曾经因为工作冲陈楚楚发过一次火。当时她拿着一张不太清楚的细胞切片请教贝时璋，贝时璋认为她是不支持细胞重建的学说，很生气地把照片扔到了陈楚楚面前，不过很快他就在会上作了检讨，认为自己那样对待她是不对的。

贝时璋有一次语重心长地对陈楚楚说：“我使得你们没有出头之日。”陈楚楚介绍，他这样一种谦虚、礼让的性格，也影响到他的学生，“他一直只是看重业务上的东西，其他的都不愿做。所以有的学生跟他一段时间就走了，贝先生也不勉强。”陈楚楚表示，“作为他的学生，酸甜苦辣都有。他待人很客气，每次你要走都会把你送到门口。但对从事的研究非常严格，一丝不苟，一字一句、标点符号都会给你改好几遍。”

在贝时璋最后的日子里，虽然年事已高，他依然每周会看《参考消息》等报

纸，不过因为视力的衰退，他只看大标题。贝时璋每次都会关心地询问，国家现在的形势好不好？经济建设怎么样？与人谈话时，他要脱去外套，总会先抱歉，说“对不起，我要放肆一下”。老人不能吹风，但他会特别注意电扇的风是否对着客人，极度替人着想。而他自己的生活简单，对吃穿没有讲究。由于老人去世突然，仓促间甚至找不出一身像样的衣服临时穿戴。在日常生活里，贝时璋只有一种待人之道，不论对方地位尊卑。有人去看他，即便是他的学生和晚辈，他也一定让对方坐沙发，他自己坐椅子。

2009 年诺贝尔奖公布以后，贝时璋的心情很不平静。就在逝世的前一天，10 月 28 日的上午，他召集了 6 位研究人员，一起讨论科学创新，鼓励大家“我们要为国家争气”。

（七）书斋文士，学子恩师——林庚

不熟知林庚的人，或许只知道他是一位诗人，是一位博古通今的文学大师。但熟知林庚的人会更知道先生的一生经历了很多突然：年轻时从物理系转到中文系；所写的旧体诗词备受赞誉时又转到自由诗创作；在自己的自由诗得到广泛好评时，又在别人的责难中开始了新格律诗体建设；解放后许多作家因种种原因纷纷辍笔改行文学或文化研究，他一直研究创作两不误，并且都是硕果累累，并在 90 岁高龄，又新出了一本诗集，而他的文学研究，常有论证细密、创见迭出的成果出现，每次都让学术界感到惊讶；一位书斋里的学人，却赢来学生终生的铭记。

可是，这许多的“突然”里面，有着更为深邃的“自然”。

1930 年，在清华大学物理系读完二年级的林庚自愿转到了中文系。据老先生晚年的回忆，他中学时主要兴趣在理科，醉心于爱因斯坦的“相对论”等科学新成果，想借以探寻未知世界。至于转系，竟是丰子恺的漫画惹的“祸”：

“到清华后，我常在图书馆乱翻乱看，看到了《子恺漫画》，像‘无言独上高楼’、‘过尽千帆皆不是，斜晖脉脉水悠悠’、‘几人相忆在江楼’等等。看了他的画，我就找诗词看去了，结果一看就入了迷。”加上读了郑振铎为《子恺漫画》写的序，他感觉到了文学的巨大力量，对中国古典诗词产生了浓厚的兴趣。其实，更深层的原因是林庚觉得艺术“能于一瞬见终古，于微小显大千”，从而“希望通过诗歌实现人生的解放”。就这样，他走上了漫长的文学创作和研究之路。

他为救亡而歌。九·一八事变后，林庚在抗日救亡运动中为全校写战歌，写出了“为中华，决战生死路”这样铿锵的句子，并随请愿团赴南京要求国民政府抗日，曾绝食于南京。鼓动林庚的除了拳拳爱国心外，就是他崇尚自由的精神。是时，抱怨的多，捶胸顿足的多，大声疾呼的多，真正肯沉潜下来进行考辨研究的不多，像林庚这样取得巨大成就的更是罕见。

林庚几乎用了一生的大部分时间埋头耕作。他要用一个现代人的眼光去读解

古典文学，同时为了文学创作，他把古典文学传统重新挖掘出来。更重要的是，林庚先生有着更为宏阔的文学史视野，人们因先生的新见，如唐诗中的“盛唐气象”和“少年精神”，而生发出来的对古典文学新的理解，正是得益于他的筚路蓝缕之功。

林庚一部重要著作《西游记漫话》的产生颇有些意味。在“文化大革命”中，林庚无以排遣心中的困惑，就经常夜读《西游记》。就这样，白天被批判的林庚，晚上在书斋里摊开书卷，从文学中得到宽慰和愉悦。最终他将《西游记》烂熟于心。难得的是，他将自己人生感悟融进了对小说的理解，在80岁高龄出版了《西游记漫话》这样一部“极具个性的充满诗人气质和潇洒笔意的快意之作”。林庚在大学执教50余年，多少桃李曾领受他在课堂内外的辛勤浇灌。这是他的弟子对他妙语连连的课堂的描述：

上课了，林庚先生身着丝绸长衫，神采奕奕。台下学生屏息凝神，但等开讲。林先生并不匆忙，虽眼神灼灼，说出话来却慢条斯理，京腔京韵。可不要以为先生会平铺直叙，上来就是一串问题：

屈原为什么几乎等于全部楚辞？

楚辞为何句句都用“兮”字？

……

好似凭空划出一根金线，却在同学的心里引起轩然大波，紧紧盯住台上狠狠挠了一下他们痒处的先生。先生清癯儒雅，微笑不答，静静地站在这些路标处等待同学一一跟上。台上台下，激荡着美的灵光。似乎不是在讲课，而是在写诗，先生和同学交换和传递的，也是对文学和艺术的敏感与默契。到紧要处，先生一回身，就是一黑板一黑板漂亮的书法。诗意已经汹涌了课堂。静默片刻，掌声雷动，先生颔首拭汗，如老农兴奋于种子破土萌绿。

源于对艺术、真理和宇宙苍生真纯的热爱，林庚先生写下了至美的诗篇，对专注的问题有了精深的思考，对周遭人伦关爱有加。这也正是先生终生践行的座右铭：“之所以星星之火可以燎原，/ 太多的灰烬却是无用的；/ 我要寻问那星星之火之所以燃烧，/ 追寻那一切的开始之开始！”

（八）蒙难名师，历史重笔——雷海宗

雷海宗，河北永清县人，历史学界名师。1927年留美归国后执教于南京中央大学、西南联大等校。关于雷海宗的人生，和多数中国知识分子一样，在20世纪里既感受到欢乐也蒙受了不少苦难。

在那些以言落难的学人中，以性格而论，雷海宗不是一个棱角分明之人，他性情平和、谦恭，任劳任怨，不自私亦不自大，为人处世恰到好处，当属后者。在妻子眼中，他“品德高尚，好学，虚怀若谷，遇事皆先人后己，热情帮助他人”；

在学生的眼中，他是“真正兼具基督教和儒家品德的学人。他律已极严，终身践履先人后已的原则”。1957年夏天，被划定为“右派分子”的雷海宗遭到精神上的巨大打击，一夜之间，促膝而谈的旧友皆割席退避，形同路人；师友、弟子也大都冷面相对，甚至变得面目狰狞。雷氏夫妇二人“终日默默相对，食不甘味，寝不安眠”，完全陷入向隅的孤寂和痛苦之中。他在1957年的遭遇，被后人称为“蒙难”。当权者甚至拟定了一个为期两年的“批判计划”，“以批判雷海宗的资产阶级学术思想为重点，一共十五项题目”。“披着史学家外衣的、具有二十多年反苏反共政治经验的老牌右派分子”等罪名不断袭来，温文尔雅的雷教授终于声嘶力竭地承认“我叫雷海宗，反苏反共二十多年……”。雷海宗曾说，“中国知识分子一言不发的本领在全世界的历史上，可以考第一名”，而在这样的氛围中，想必他更是感触良深。

1962年春始，雷海宗经常拖着疲病之躯往来于自家寓所、病院与南开大学主楼之间，为历史系高年级学生讲授“外国史学史”，那时的雷先生严重贫血，全身浮肿，步履维艰。尽管如此，但能够重返讲台，能将“有限的余生和满腹学识献给人民”，对于自1957年“反右派”运动以来被剥夺了教学与研究权利的雷海宗而言，已是莫大的欣慰，精神日渐饱满，较以前有所振奋。曾经挥洒自如的雷先生，是时却不得不依靠拐杖、三轮车两样工具，每当上课的时候，一步一步地挪动着双腿，吃力地坐到讲台后的一把椅子上。

雷氏的生命虽然终结于1962年，但是他的学术生命实际上在1957年夏便终结了。被中止教学和研究，这一点恐怕最让雷海宗伤心，郁结于胸中的苦闷无处排遣，必然久积成疾，导致最终的抑郁而终。不过，多少让人感到安慰的是，在雷氏被难之前，曾有杨治玖先生为其“马克思主义的社会科学发展停滞”一说仗义执言，在他遭难之际也有人拒绝落井下石，以一句“雷海宗是我最好的老师”为其正名，在病中除妻子在侧陪护外，尚有弟子王敦书陪侍左右，并最终由敦书先生陪送雷先生走完生命的最后一程，这些都还能让人感到人世间的暖意。2002年，在雷海宗先生诞辰一百周年之际，南开大学举行隆重的纪念活动，并赠给雷海宗夫妇一句诗，那就是“不争两字见平生，全部工夫铸史成”。这是雷先生一生真实的写照。

（九）安贫乐道，锐意开拓——钱伟长

1941年夏，一个28岁的青年与他的导师辛吉合作写出了世界第一篇有关弹性板壳内禀理论的论文。爱因斯坦看到这篇论文后说：“我这一辈子，就这个问题没有解决，我一直睡不好觉，一直在研究，还有东西没弄清楚。《弹性板壳的内禀理论》把问题弄清楚了。”

让爱因斯坦大受震动的这篇文章作者就是钱伟长，自小艰辛的求学经历练就

了他吃苦耐劳、勇于担当、坚韧刚毅的品质。

钱伟长入清华大学中文系后，“九·一八”事变发生，日本帝国主义的铁蹄践踏了中国的东北大地。在一个秋风萧瑟的日子，钱伟长和班上的同学一起走进了圆明园，实地感受了一段中华民族曾经的被侵略的屈辱史。看到这些，钱伟长决定弃文学理，他要研制飞机、大炮，要科学救国。他找到物理系主任吴有训教授，要攻读物理系。吴有训教授查看了他入学考试成绩后，对他说：“你的数理化总共得分25分，中文考这么好。你还是读中文系吧！”

“我读物理是为了将来为祖国造坦克，造大炮，是为了救国。”钱伟长说。

“学文也同样可以救国呀！”吴有训反驳说。

钱伟长并不接受吴教授的逻辑，他就是要读物理。从被拒绝的那天起，吴有训走到哪里，钱伟长就跟到哪里。没办法，吴有训教授有条件地让了步：“你先试读一年，在这一年中，化学、物理、高等数学这三门课，你每门都要能考70分，才收你。若有一门考不到，就转回文学院。”条件苛刻，亦非不能。从此，这个身高只有1.49米的小伙子拼了命，开始恶补数理化。在同学们那里，对他的印象就是，天天躲在一个小角落里，不停地在草稿纸上演算。那段时间，他一天最多睡5个小时。早晨5、6点起床到科学馆去读书，晚上学校10点熄灯后，他就躲在厕所的角落里看书，直到凌晨才悄悄返回宿舍。

一年后，钱伟长成功地越过了吴教授给他设定的门槛——通过了物理系的考试。和他一起转进物理系的有五个人，他是唯一一个留下的人。四年后，他更是成了清华大学物理系最出色的学生。

1940年8月，钱伟长一行人再度乘船去加拿大多伦多大学。钱伟长对特意前来送行的四叔钱穆说：“我此次西行，绝不是为了自己，也不是为了家庭，而是走向一条科学救国的道路。”身在异国他乡，但钱伟长谨记周培源老师的话：“儿不嫌母丑，子不弃家贫。”

在得知国内抗战胜利的消息后，钱伟长向导师冯·卡门提出回国请求。六年后，这位一心报国的动力学家只随身带了简单的行李和几本书籍，一路辗转，终于回到阔别多年的清华园。

从此，他踏上了一段科学报国路。他几乎“承包”了清华大学、北京大学和燕京大学的应用力学、材料力学、理论力学、弹性力学等课程，还担任《清华工程学报》主编，承担审稿工作。这一时期，他在科学理论和工程技术上都取得了许多开创性的成果。除此之外，钱伟长还开创了中国大学第一个力学专业，出版了中国第一本弹性力学专著。之后，钱伟长接到周恩来总理特派的任务——研究坦克电池。可是，钱伟长只有学生时的化学基础，他并不懂电池。为了研究坦克用的高性能电池，以解决我国坦克“走着走着就停了”的问题，他骑着自行车跑遍了北京市所有跟电池有关的单位。查了三百万字的资料，花了一年多时间，终于研制出了比美国通用公司产品性能更高的电池。

“从义理到物理，从固体到流体，顺逆交替，委屈不曲，荣辱数变，老而弥坚，这就是他人生的完美力学，无名无利无悔，有情有义有祖国。”这是2010年钱伟长当选为“感动中国”年度人物时组委会给予他的评价，这也是他一生的真实写照。

作为“三钱”之一的学界巨星，钱伟长提出的“浅壳大扰度方程”被国际学术界誉为“钱伟长方程”；在圆薄板大扰度问题上，他提出的以中心扰度为小参数的摄动法，在国际上称为“钱伟长法”。这些科研成果是后人取之不尽的宝贵财富。他用赤子般的爱国情怀，实现了科学救国的伟大抱负。

（十）疏狂淡薄，人格自由——钱钟书

一度被称为“民国第一才子”，与王国维、陈寅恪并称为20世纪中国学界三座巍巍“文化昆仑”、被柯灵及郑朝宗先生称为是“300年难得一见的天才”的国学大师。他，就是钱钟书。有外国记者曾说，“来到中国，有两个愿望：一是看看万里长城，二是见见钱钟书”。简直把钱钟书看作了中国文化的奇迹与象征。

1929年，钱钟书考入清华，立即名震校园，不仅因为他数学只考了15分，更主要的是他的国文、英文水平使不少同学佩服得五体投地。他到清华后的志愿是：横扫清华图书馆。他的中文造诣很深，又精于哲学及心理学，终日博览中西新旧书籍。最怪的是他上课从不记笔记，总是边听课边看闲书或作图画，或练书法，但每次考试都是第一名，甚至在某个学年还得到清华超等的破纪录成绩。

钱钟书博学多能，兼通数国外语，学贯中西，在文学创作和学术研究两方面均做出了卓越成绩。面对《管锥编》，曾有人惊叹：“其内容之渊博，思路之开阔，联想之活泼，想象之奇特，实属人类罕见。一个人的大脑怎么可能记得古今中外如此浩瀚的内容？一个人的大脑怎么可能将广袤复杂的中西文化如此挥洒自如地连接和通？”钱钟书的涉猎广泛与博闻强记是出了名的，有大量的报道说他过目不忘，有着照相机的记忆功能。凡是钱钟书的朋友、同事或学生，或者哪怕是仅仅与钱钟书交谈过一次的人，都会对钱钟书学问的广博、思维的深刻、反应的敏捷、悟性之高、记忆力之强，叹为观止。黄谨曾有言：“当代学人，最不可思议者，当数钱钟书。他不仅有惊人的渊博和睿智，更有无与伦比的文化包容力；他能够像魔术师一般，把种种本不亲和甚至相互排斥的东西，不落痕迹、天衣无缝地融合在一起。”

钱钟书也是一个非常勤奋的人。据50年代同在文学研究所工作的一些同志回忆，他们当时还是青年人，而钱钟书早已是名震遐迩的大学者了，可是，他们每次进入线装书库，几乎都会见到钱钟书。钱钟书拿着铅笔和笔记本，不断地翻检书籍，不断地抄录、作笔记，常常不知不觉地就过了半天。有时，他会在那里

向青年人介绍各类古籍，告诉他们这些书的插架所在，历历如数家珍。文学研究所图书馆馆藏线装书十分丰富，许多线装书的借阅卡上只有钱钟书一个人的名字。文学研究所图书室当年收藏有许多好书，特别是珍贵的外文书，其中不少就是他帮助订购或搜寻来的。他对精读的每一部书都反复批点，有的连天地两头和页边都写满了，再也找不到一点空地方。钱钟书撰著《管锥编》时，杨绛先生为他整理、检点笔记本，整整费了两天工夫，装了几大麻袋。在河南的“五七”干校无书可读，他就反复地读随身所带的字典和笔记本等。

钱钟书的疏狂，疏狂在对才气的自信，钱钟书的淡泊，淡泊在对名利的清醒。钱钟书一生淡泊名利。对于世人趋之若鹜的名，他有与众不同的看法。在《魔鬼夜访钱钟书先生》一文中写道：“人怕出名啊！出了名后，你就无秘密可言。”基于此，钱钟书对名有一种本能的害怕并时刻保持警惕。钱钟书获得了很高的学术声誉，但终其一生，却从未接受过任何荣誉。钱钟书自己解释说：“如果你吃了个鸡蛋，觉得不错，何必要认识那下蛋的母鸡呢？”在他的眼中，有那些时间，倒不如多看点书。

1991年，18家省级电视台联合拍摄《中国当代名人录》，将钱钟书列入第一辑，结果被他婉拒。友人告诉他对方有巨款酬谢，钱钟书冷冷地说：“我都姓了一辈子‘钱’了，还会迷信这东西吗？”《东方之子》是中央电视台名牌栏目，主要是以国内优秀人物为拍摄对象，很多人将能成为“东方之子”引为毕生之荣耀，然而钱钟书至死不接受采访。他说：“我不需要出名。”桃李不言，下自成蹊。1998年12月，88岁的钱钟书先生因病在北京逝世。尽管妻子杨绛遵钱先生遗嘱“一切从简”，身后事在57个小时内完结。但那日，清华的南北主干道上飘起了一千只纸鹤，学生们用这种方式，静静地送别他们的老学长。一个热爱他的老读者说：“这个世上唯一的钱钟书走了。”回首钱钟书这传奇的一生，他用一颗真挚纯粹的灵魂，笑对人情世故。倾其一生，用知识建立起纯净的“围城”，这座“围城”孤傲地耸立着，独一无二。